B・O・オラタンジ＋D・マッケイ 編著
Bunmi O. Olatunji and Dean McKay
堀越 勝 監修
今田純雄＋岩佐和典 監訳

嫌悪とその関連障害
● 理論・アセスメント・臨床的示唆

Disgust and Its Disorders
Theory, Assessment, and
Treatment Implications

北大路書房

DISGUST AND ITS DISORDERS: Theory, Assessment, and Treatment Implications
By Bunmi O. Olatunji, PhD and Dean McKay, PhD, ABPP
This Work was originally published in English under the title of: DISGUST AND ITS DISORDERS:
Theory, Assessment, and Treatment Implications, as a publication of the
American Psychological Association in the United States of America
Copyrigh © 2008 by American Psychological Association(APA)
The Work has been translated and republished in Japanese language by permission of the
APA through The English Agency(Japan)Ltd.

This translation cannot be republished or reproduced by any third party in any form without
express wtitten permission of the APA. No part of this publication may be reproduced or
distributed in any form or by any means, or stored in any database or retrieval system without
prior permission of the APA.

監修者まえがき

国立精神・神経医療研究センター
堀越　勝

　嫌悪感は Disgust の邦訳で，文字通りに解釈すれば「嫌」な「悪い」感情，または感覚のことである．吐き気，または，うんざり感などと呼ばれることもある．嫌悪感情はその人物にとって嫌な何か，または悪いと思われる何かに遭遇した時に発生する．よくある状況としては腐った臭いを嗅いだ時や，カビが生えて変色した食物を見た時などに身体反応を伴って現れたり，嫌っている人物と出会った時などにも感じたりする．このように，嫌悪は有害なものを判別するアラームのような働きをしており，我々の身体，さらには心を守る役割を果たしているのである．

　嫌悪は臨床の世界でもよく取り上げられている．たとえば，強迫性障害の背景となる感情を，不安から嫌悪へと読み換える動きも出てきた．従来，強迫行為は不安への対処であると解釈されていたが，不快な身体感覚を伴う嫌悪感への対処行動とした方が，臨床的には適切な場合があるのではないかと議論されているのである．嫌悪に限らず，近年の臨床心理学・精神医学においては，感情の重要性を改めて見直す傾向が強くなってきた．たとえば，認知行動療法は歪んだ認知を修正する心理療法だと認識されることが多いが，認知行動療法の開発者 Aaron Beck は，フロイトの「無意識への王道は夢である」という言葉になぞらえて，「認知への王道は感情である」と述べ，心理療法における感情の重要性を強調している．しかし，もしも臨床における感情の重要性に対する認識が欠落し，臨床家が認知，または行動を変える作業に終始しているとしたら，その効果は推して知るべしである．

　我が国の臨床現場において，感情の重要性についての認識が乏しくなっている

とすれば，それには心理療法を輸入するプロセスが影響しているものと考えられる。精神分析であれ認知行動療法であれ，日本で紹介されている心理療法のほとんどは，欧米諸国で開発されたものである。あえて厳しく言うならば，外国語で組み立てられた理論をそのまま援用しているというのが，我が国における臨床の現状だといえよう。つまり，日本で実施されている心理療法は輸入・翻訳されたものであり，精神を「認知，感情，行動」に分けるという発想もまた，ただ輸入・翻訳して用いているだけであって，実は我々の感覚とうまく合致しないものなのかもしれない。日常的な言葉の使い方を顧みても，日本語話者は「感情」よりも，「気分」，「気持ち」といった言葉を使うことの方が多いように感じられる。気分といえば，感情だけではなく身体的な意味合いを含むように受け取れるし，気持ちというと認知的な意味合いが含まれているようにも感じられる。つまり，日本人にとって，感情と認知を分けて理解することや，感情と身体感覚を分けてとらえることは，ある意味で不自然なことなのかもしれない。そうした意味でも，身体と感情，また認知が融合したハイブリッドな感情である嫌悪感に焦点をあてることは，我が国の臨床現場にとっても意義深いことだと思う。

　本書は様々な角度から嫌悪について掘り下げたもので，どの章から始めてもきっと興味をもって読み進めて頂けるものと確信している。研究者にとっては，新しい仮説を編み出す助けとなる情報が網羅されており，臨床家にとってはこれまで臨床現場で出会った嫌悪感に新しい意味づけを加えてくれるものと思う。

巻頭言

SHEILA R. WOODY

　恐怖と悲しみといった他の感情と違って，嫌悪はあまり研究されてこなかった。その理由は定かではないが，多くの人は嫌悪を「紳士淑女」の感情ではなくて，子どもや若者の好む感情だとみなしているのではないだろうか。

　さて，嫌悪とは何だろうか。防衛的な不快感情だというのは確かだろうが，これと同じカテゴリーに属する感情とはどう関係するのだろうか。不味さや汚染感，軽蔑，恥といった，嫌悪と関連する現象との違いは何だろうか。例えば赤ん坊が示す不味そうな顔は，嫌悪を体験していることの証拠となるのだろうか。他の動物も嫌悪を体験するのだろうか。嫌悪は単一の概念なのだろうか。それともいくつかの下位分類とか下位領域が存在するのだろうか。もしもいろんな嫌悪があるとして，何がそれらを区別するのだろうか。そして，そうした様々な嫌悪は，どのように誘発されるのだろうか。特定の精神病理によくあてはまるだろうか，それとも，あてはまらないだろうか。他の感情と神経経路を共有しているのだろうか。神経解剖学的にみて，ニオイと嫌悪には結びつきがあるのだろうか。また，吐き気とはどうだろうか。

　さらに重要な疑問を1つ挙げよう。なぜ嫌悪は存在するのだろうか。言い換えると，嫌悪はどのような機能を持つのか，ということになるが，本書ではこの疑問に対する様々な回答が用意されている。嫌悪はどのように発達し，どのように獲得されるのか。気持ち悪い動物への恐怖症が，嫌悪感受性の高まりと結びついていることには，何か意味があるのだろうか。病的で不適応的な嫌悪反応を形作るものは何なのか。学習された嫌悪反応を減衰させたり消去したりするには，どうすればよいのだろうか。本書は，こうした疑問に対しても，今できる限りの触答を用意している。

巻頭言

　過去20年において嫌悪研究が増加したことには，本書の著者達の寄与するところが大きい．適切にも，本書第1章はPaul Rozinによって書かれている．共著者のJonathan HaidtとClark McCauleyはRozinの共同研究者であり，彼らもまた嫌悪に関連するトピックへの興味関心を刺激してきた人物である．Paulの研究室は，エレガントで独創的な一連の研究を発表してきた．それらは，ユーモアと好奇心を，優れたデザインの研究に昇華させる見本となるような研究群である．彼らは最もよく使用される嫌悪感受性の尺度を開発したが，その尺度は確実にこの分野を発展させてきたといえるだろう．第8章の著者であるGraham Daveyは，彼が提唱した「疾病回避モデル」によって，嫌悪研究に比類なきインパクトを与えた．疾病回避モデルは，嫌悪の機能に関する検証可能な仮説を提供してくれたのである．Andrew Pageもまた，血液・注射・外傷恐怖症における嫌悪の役割を研究し，大きなインパクトを残している．

　Arkansas大学を中心として，嫌悪と不安障害の関係を共同研究している人々のことは，私も個人的によく知っている．このグループは全米を股にかけたものであり，編者の一人であるBunmi Olatunjiもそこに含まれる．Craig SawchukやDavid Tolinについても同様である．博士号取得前のBunmiが国立精神衛生研究所のRuth L. Kirschstein National Research Service Awardプロジェクトに参加していた頃，彼の共同研究あるいは研究指導者だったPeter de JongとDean McKayは，このグループの名誉会員である（少なくとも私のなかでは）．以上の研究者（ここに，皆を結びつけたJeff Lohrを加えよう）は，嫌悪と不安の違いを定義するための研究や，汚染恐怖と洗浄強迫において嫌悪が果たす役割を明らかにする研究など，大変多くの研究をおこなってきた．注意すべきは，不適応的な嫌悪反応に関して，条件づけ，評価学習，感情処理，情報処理といった様々な事柄の役割を調べるために，実に多様な手法が用いられてきたということである．

　嫌悪に関する実証研究に触れたり，それについて議論したりすると，嫌悪についての実験をデザインし，それを実行することが，とても胸の踊る楽しい営みだということがすぐにわかるだろう．嫌悪をテーマとした研究室ミーティングでは，他のどんなトピックよりも，多くの笑いが起こる．院生と嫌悪研究のミーティングをした際，私達は嫌悪の誘発子として使えそうな刺激について，ブレイン・ストーミングすることになった．いつものことではあるのだが，その会話は楽しいおしゃべりによって度々中断した．私が「クラッカーの上をクモに歩かせて，そのクラッカーを食べるように，実験参加者に言ったらどうだろう」と提案すると，

一人の学生は恐怖に打ち震え，ついには泣き出したのである。冗談抜きに，私が嫌悪（楽しいもの）から危険（面白くないし，倫理的でないもの）に，一線を超えてしまったと，彼は感じたらしい。なぜなら，彼の考えでは，クモが歩くと危険なバイキンがクラッカーにも付いてしまうかもしれないからだそうだ。

　このように，嫌悪には面白おかしい側面がある。しかし，研究のなかで問われる問題は，極めて真剣で，深刻なものである。本書には，ほとんど哲学的だと表現しても差し支えないようなトピックも含まれているし，嫌悪感受性尺度の心理測定的な特性を記した実用的な章も含まれている。著者らは，嫌悪の様々な側面に関する研究の現状を，詳細にレビューしている。そして，未だ明らかになっていない嫌悪にまつわる基本的な疑問とも，真正面から向き合っている。本書を読めば，今まさに研究が進められているこの感情について，好奇心を掻き立てられることだろう。

　嫌悪に関心を持つ読者は，上記のような重要な問いへの思慮深い考察に触れることができるだろうし，本書を先行研究の一覧として利用することもできるだろう。残念ながら，本書は学術書であるから，嫌悪についてのジョークを書き込むことは自重した。しかし，本書の著者達が関わった研究を読む機会があったならば，遠慮無く笑って欲しい。もちろん，自分自身がデザインした研究に対しても。心理学研究が面白おかしくてはいけないなんて，誰も言っていないのだから！

序　文
精神病理学における嫌悪の重要性

BUNMI O. OLATUNJI and DEAN McKAY

　臨床心理学は，主に2つの伝統的な方法論を通じて発展してきた。その1つは事例研究であり，もう1つは，実験研究において，仮説と一致しないデータを説明しようとする営みである。臨床心理学の分野で積み重ねられてきたデータのほとんどは，不安や抑うつ，さらには精神病性の思考障害に関するものである。事例研究では，多くのクライエントがこうした問題を主訴とし，実験研究では，これらがデータの分散を説明してきたからこそ，これらに焦点が当てられてきたのだと考えることは，理に適っているのではないだろうか。

　事例研究では，主訴に関するクライエント本人の説明を聞くことが役に立つ。とはいえ，苦しみを生み出した事柄の中から，最も重要な要因を見定めることは，当事者たるクライエントにとっても容易なことではない。これは臨床心理学の分野では当然のことだと考えられており，それゆえ，問題の原因や経過を知るための理論やアセスメント法が生み出されてきたのである。この点は，フロイト派の精神分析であろうが (Fenichel, 1945)，応用行動分析であろうが (Skinner, 1938)，同じことだろう。しかし，その重要な要因が，クライエントによっても，既存の臨床理論によっても，うまく特定できなかったとしたらどうなるだろうか。

　実験データを扱う方法論では，既に存在する理論をもとに研究計画を立てなければならない。そして，科学的な方法で得られたデータを用いて，説明の難しい現象を評価していくことが必要である。さらには，実験中に新たな変数が見つかったなら，それを検証していくことも必要だろう。しかし，そうした追加の分析や，「今後の検討課題」は，その研究者が道標とする理論の影響下にあるのだ。もしその理論や研究法が，まだ研究者本人も気付いていない，極めて重要な第3の変数に対して，敏感でなかったらどうなるだろうか。

精神病理学における嫌悪（disgust）は，事例研究と実験研究双方に存在する，上記のような問題の良い例である。例えば，回避行動を主な問題とする精神障害の治療に取り組むクライエントは，多くの場合，嫌悪には注意を向けない。この理由はまだ十分にわかっていないが，実際，嫌悪に関連するような身体感覚が，不安と表現されることも珍しくない（つまりこの場合，感情の言語表現は，身体的・生理的反応の付帯現象に過ぎない）。さらに，つい最近まで，多くの実験研究者は嫌悪に見向きもしなかった。この理由もまた明らかではないが，これには，以下のような可能性が考えられる。(a) 嫌悪にはほとんど分散が存在しないと考えられてきた。(b) 理論的に，精神病理とは関係がないものと考えられてきた。(c) 研究者自身が，それを研究することに嫌悪を覚えていた。以上のように，2つの伝統的な方法論にいくらかの不備があったにもかかわらず，嫌悪は，精神病理を理解するための重要な感情という地位に辿り着いた（McNally, 2002）。

　この20年間は，精神病理学の分野で嫌悪を研究する者にとって，心躍る時間だった。恐怖症における嫌悪の役割という（Matchett & Davey, 1991），やや狭い路線から始まったものが，極めて多様な精神病理研究へと育ってきたからである（Olatunji & McKay, 2007）。1991年にMatchettとDaveyが嫌悪の「疾病回避モデル」を記述したが，それから数年経った後でさえ，嫌悪は軽視され続けた。嫌悪をベースとする障害を有する人が，特定の対象や状況を避けるのと同じように，科学コミュニティが嫌悪研究を忌み嫌っていたともいえるだろう。それが今や，嫌悪から幅広い問題を研究することは，至極当然のことと感じられる。

　一連の研究の出発点となった恐怖症の疾病回避モデルは，他の感情にはない，嫌悪の本質的な特徴をベースに考えだされた。基本的に，嫌悪は伝播し，拡がっていく感情である。なんらかの物を通して伝播していき，他の中性的な刺激にも容易に転移していく。恐怖症は嫌悪研究の出発点としては自然なものではあったが，その対象は，虫や動物といった極めて狭い範囲に限定されていた。本書では，嫌悪研究が，そこからどれだけ発展してきたのかを明らかにしていく。具体的には，種々の不安障害や性機能障害，摂食障害といった，本書の執筆陣がそれぞれ研究してきた精神疾患について解説していく。

　嫌悪は基本感情のひとつに挙げられており，文化が違っていても，表情を見ればすぐにそれと判別できる感情である。さらには，一定の心理生理的反応や神経構造からも嫌悪を特定することができる。にもかかわらず，嫌悪がこれだけ長く無視されてきたことは興味深い。例えば，精神病理学の分野において，怒りや幸

福感の研究はあまり盛んでないが，嫌悪の研究はそれ以上に少ないのである。図0-1 は，PsycINFO で怒り（anger），幸福感（happiness），嫌悪（disgust）と，障害（disorder）をそれぞれ組み合わせて検索した結果を示している。ここに示した期間中，嫌悪は，幸福感すら一度も上回らない。悲しみなどの感情を用いれば，幸福感の欠如した状態を簡単に記述できるため，幸福感は一般的に精神病理学研究と結びつきにくい感情だといえるのにもかかわらず，である。

しかし幸運にも，臨床研究者が嫌悪に注意を向け始めた時には，既にその包括的なモデルが存在していた（Rozin & Fallon, 1987）。本書で示すように，実験によって実証された嫌悪の構成要素は，多くの精神病理を記述したり予測したりするうえで役に立つことがわかってきた。嫌悪を扱うための治療方法を発展させることも，今後の重要課題に含まれている。数名の執筆者が本書でこの問題を扱い，いくらかの有望な兆しについて述べている。

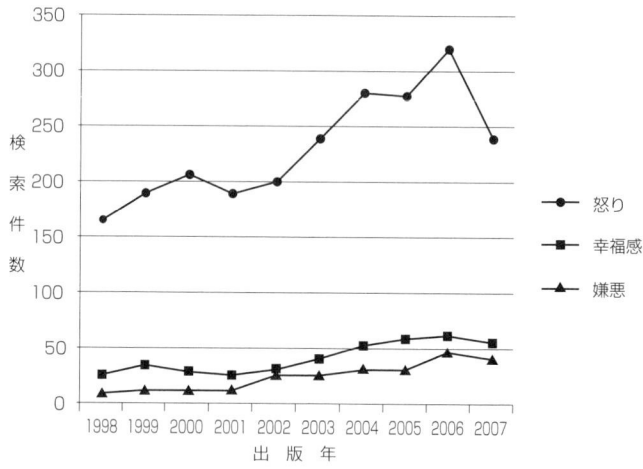

図0-1 「嫌悪」「怒り」「幸福感」と「障害」の組み合わせを検索語とした検索結果（1998～2007）

さらに，嫌悪の複雑さは，反応パターンを扱った章で浮き彫りにされる。嫌悪に対する反応や，嫌悪に関連する事柄は，他の感情と比較しても独特である。例えば，Ann Schienle（第7章）は嫌悪のユニークな神経構造を解説する。これに加えて，嫌悪の獲得パターンや（Craig N. Sawchuk, 第4章），心理生理反応（Scott R. Vrana, 第6章）は，新しい治療アプローチの必要性をよく示している。なぜなら，これらの知見は，臨床心理学者にとって見慣れた治療アプローチとは，やや

異なるものだからである。

　本書の後半では，嫌悪からみた精神障害の研究を取り上げる。長く軽視されてきた嫌悪の現状を前提としつつ，様々な精神障害において嫌悪が果たす役割を，多くの萌芽的研究が検証している。さらにそれだけではなく，様々な精神障害が研究されるうち，そうした疾患における嫌悪独自の役割も明らかになってきた。例えば，恐怖症や，その他の回避行動を伴う精神障害においては，不安が唯一の感情的決定因子だと考えられてきた。しかし，それはもはや正しいとはいえない（第8，9，10章）。

　今日，嫌悪の時代が到来し，これからすべき仕事もまだまだ残っている。本書は嫌悪とその関連障害についての先行研究を一冊にまとめたものだが，嫌悪が精神病理学の中でどのような役割を演じるか，もしくは演じないか，それを理解するうえで，すべきことは多い。本書は，臨床と実験という伝統的な方法論について議論することからスタートする。嫌悪はほとんど無視されてきたが，それは実際に，目の前で生じている臨床的現象を説明する上で，嫌悪が何の役にも立たないからなのかもしれないのである。この点は，嫌悪研究が洗練されていくにつれて明確になるだろう。本書で取り上げた障害の多くで嫌悪の役割が明確になっているものの，いくらかの障害においてはまだまだである。この不明確さは，嫌悪研究がまだ生まれたばかりの分野だからこその問題である。本書を読んだ研究者達によって，嫌悪から説明可能な領域の限界が明らかにされることと，治療の中に嫌悪が正しく位置づけられること，そしてそれらに本書が貢献することを，我々は願っている。

本書の翻訳について

　多数の著者によって執筆される学術書の翻訳は容易ではない。文体，表現形さらに使用する言葉の意味合いが著者ごとに異なる為である。また，翻訳語が定まっていない（定訳がない）ことも珍しくない。さらにやっかいなことは，意味空間の重なる関連語の使い分けが著者毎に異なり，それらに対応する日本語を一定にすると，章（著者）をまたがって読み進めていく時に混乱をきたす。これらのことを考慮し，本書は，以下の方針の下で全章を訳出し，日本語として通読しやすい訳文の作成を目指した。

1. 文脈重視の方針で訳文を作成した。英語論文では婉曲表現，独特の言い回しが頻繁に用いられる。またきわめて凝集された内容の「詩的」ともいえる表現もある。これらを直訳すると意味が不明となる箇所は，思い切った意訳をおこなった。

2. 本書を理解する上で鍵となる用語は，全章を通じて可能な限り統一することとした。以下，幾つかの重要単語について説明する。

    (1) **emotion**: 従来，日本では emotion に情動，情緒，感情といった用語を対応させてきた。「情動」は emotion の行動喚起力（動機づけ）に焦点をあてる場合には適切であるが，近年の emotion 研究は，emotion の主観体験，認知プロセス，社会文化的側面に焦点のあてられることが多い。その場合は，より包括的な概念としての「感情」が適切である。よって本書では emotion を「感情」と訳出した。また，emotion に関連する用語（affect, affective, feel, feeling など）についても原則「感情」と訳出し，emotion との区別が必要な場合には，「感情（affect）」などのように，カッコ内に原語を併記することとした。

    (2) **disgust**:「嫌悪」で統一した。しかしながら，「嫌悪」は aversive に対応す

る訳語として用いられることが一般的である。「嫌悪」と表記すると disgust なのか aversive なのかが不明となる。よって，本書では disgust と区別することが必要な場合には，「嫌悪（aversive）」と，カッコ内に原語を併記することとした。

(3) **contamination**：一般的には，汚れ，きたなさといった物理的汚染を意味する。しかしながら，本書の多くの箇所で強調される意味は，心理的に感じられる汚染「感」である。汚染感には，感染，伝染への怖れ（恐怖）も含まれる。本書では「汚染」「汚染感」を文脈に応じて使い分けることとした。なお contamination ときわめて類似する意味をもつ用語として contagion がある。しかし，本書各章の著者らは必ずしもこれら 2 語（contamination, contagion）を厳密に使い分けてはいないと思われる。よって，contagion も「汚染（感）」と訳出し，上記（2）と同様に，「汚染（contagion）」と，カッコ内に原語を併記した。なお，「感染」は infection に対応させ，「伝染」は使用しないこととした。

(4) **core disgust**：本書全章を通じて頻繁に言及される Rozin の嫌悪理論の中心的概念である。本書では「中核嫌悪」と訳出した。

(5) **その他の用語**：心理学用語については，原則として，「APA 心理学大辞典」（培風館）および「最新心理学事典」（平凡社）を参考とした。

3. 読解が困難になると予想される訳文についてはできる限り訳注（★印）をつけ，読者が少しでも理解しやすくなるように努めた。

（監訳者：今田・岩佐）

目　次

監修者まえがき　　i
巻頭言　　iii
序文　精神病理学における嫌悪の重要性　　vi
本書の翻訳について　　x

Ⅰ．嫌悪の理論とアセスメント

第1章　嫌悪：21世紀における身体と精神の感情　　3
1．なぜ遅れたのか？嫌悪を無視してきた100年間　　3
2．今になってなぜ？嫌悪への関心が生まれたいきさつ　　6
3．嫌悪に関する身体−精神前適応理論　　6
4．(いったい)何が嫌悪をそれほどに興味深いものとしたのか？　　8
　(1)簡便性（convenience）　　9
　(2)汚染（汚染感）　　9
　(3)嫌悪尺度（Disgust Scale）　　10
　(4)感情の神経科学（affective neuroscience）　　10
　(5)不安障害　　11
　(6)社会的関心　　11
5．嫌悪研究のこれから　　11
　(1)脳メカニズム　　12
　(2)嫌悪と精神病理学　　12
　(3)嫌悪，動物性を想起させるもの，そして死　　13
　(4)嫌悪と汚染感の発達　　13
　(5)人類史における嫌悪　　14
　(6)嫌悪と他の感情　　16
　(7)集団間の嫌悪　　16
　(8)嫌悪，道徳性，文化が嫌悪をつくりだす過程　　17
　(9)嫌悪の構造　　17
　(10)汚染　　18
　(11)嫌悪の隠蔽　　18
　(12)嫌悪と身体開孔部　　19
　(13)嫌悪のダイナミクス　　20
　(14)嫌悪の生物進化と文化進化　　20
　(15)ユーモア　　21
6．結論　　21

第2章　嫌悪感受性：測定法と操作的定義　　23
1．嫌悪の測定法　　24
　(1)The Disgust and Contamination Sensitivity Questionnaire（DQ）　　24
　(2)The Disgust Scale（DS）　　26

（3）The Disgust Emotion Scale（DES）　29
　　　（4）The Looming of Disgust Questionnaire（LODQ）　31
　　　（5）DQ, DS, DES, LODQ に関するまとめ　32
　　　（6）The Disgust Propensity and Sensitivity Scale（DPSS）　34
　2．嫌悪の行動的査定法　35
　3．嫌悪感受性は他に類のない臨床的概念だといえるか　40
　4．結論　42

第3章　嫌悪の認知的側面　45
　1．認知バイアスと嫌悪　46
　2．嫌悪と情報処理　48
　　　（1）注意バイアス　49
　　　（2）解釈バイアス　51
　　　（3）記憶バイアス　54
　3．情報処理過程に関する実証的知見のまとめ　57
　4．嫌悪に関する情報処理過程研究のこれから　58
　5．結論　59

II．反応パターン

第4章　嫌悪の獲得と維持：発達と学習の観点から　63
　1．ライフスパンと嫌悪　63
　　　（1）乳幼児期の嫌悪　64
　　　（2）児童期と思春期の嫌悪　65
　　　（3）成人期の嫌悪　68
　2．嫌悪の獲得に関わる過程　69
　　　（1）学習経験と連合条件づけ　70
　　　（2）認知過程　73
　　　（3）生物学的メカニズム　73
　　　（4）社会文化的影響　75
　3．嫌悪の維持に関わる過程　75
　4．嫌悪の学習解除は可能か？　77
　5．要約と今後の課題　78

第5章　嫌悪と文化　81
　1．基本感情としての嫌悪　82
　2．嫌悪の表情　82
　3．嫌悪の交差文化的研究　83
　　　（1）感情の表情認知　83
　　　（2）嫌悪表情の読み取りの正確さ　84
　　　（3）隔絶された文化圏　86
　　　（4）自由反応　87
　　　（5）嫌悪に付随する感情　88
　　　（6）社会的なメッセージ　88
　　　（7）その他の方法　89
　　　（8）強度　90

(9) 生理的特徴　92
　　　(10) 嫌悪誘発子　93
　　　(11) 恐怖　97
　　　(12) 感情を表す言葉　99
　4．結論　100

第6章　嫌悪の心理生理学：動機・作用・自律神経　103
　1．感情への心理生理学的アプローチ　103
　2．嫌悪と，感情の基本的問題　106
　3．嫌悪の動機づけ作用　109
　　　(1) 驚愕反応　109
　　　(2) 皺眉筋の筋電図　112
　4．嫌悪に特有の行動傾向　112
　　　(1) 今後の研究分野　115
　5．嫌悪に関する自律神経の心理生理学　116
　　　(1) 表情の表出　117
　　　(2) 画像の閲覧　118
　　　(3) 動画の視聴　119
　　　(4) イメージ　119
　　　(5) ニオイ　120
　6．結論　120

第7章　嫌悪の機能的神経解剖学　123
　1．ヒトの感情の神経生物学的理論　125
　2．嫌悪の機能的神経解剖学　129
　　　(1) 嫌悪知覚　129
　　　(2) 嫌悪感　132
　　　(3) 嫌悪とその障害の機能的神経解剖学　134
　3．重要な側面と将来への展望　136

Ⅲ．嫌悪の障害

第8章　嫌悪と動物恐怖症　143
　1．動物恐怖と嫌悪感情の関係を示すエビデンス　146
　　　(1) 小動物恐怖・恐怖症　147
　　　(2) 非臨床群における嫌悪感受性と動物恐怖　148
　　　(3) 嫌悪感受性とクモ恐怖　150
　　　(4) クモについての嫌悪的信念（Disgust Beliefs）とクモ恐怖　151
　　　(5) クモ恐怖者におけるクモ関連語と汚染関連語に対する認知バイアス　153
　　　(6) 動物恐怖症における分化結果（differential outcome）に関する信念　154
　2．理論的問題　155
　　　(1) 動物と嫌悪を関連づけるものは何か　156
　　　(2) 動物恐怖の獲得に嫌悪は因果的役割を果たしているか　158
　3．結論　161

目　次

第9章　嫌悪と血液・注射・外傷恐怖　163
1. BII 刺激に対する嫌悪反応を引き起こすものは何なのか？　167
2. 嫌悪は BII 恐怖にどのように関与するのか？　169
3. 嫌悪は BII 失神にどのように関与するのか？　171
4. BII 恐怖の統合的モデル　176

第10章　嫌悪と汚染恐怖　181
1. 汚染恐怖とはなにか　181
   - （1）動物恐怖症と血液・注射・外傷恐怖症　182
   - （2）汚染恐怖型の OCD　183
   - （3）嫌悪と強迫観念　187
   - （4）共感呪術　188
   - （5）評価条件づけと嫌悪・汚染恐怖　190
   - （6）嫌悪の馴化　191
2. 要約と今後の方向性　193

第11章　食物，身体，精神：摂食障害における嫌悪の役割　195
1. 食物に基づく嫌悪の起源　195
2. 神経性無食欲症と神経性大食症　196
3. 嫌悪と摂食障害症状　198
4. 摂食障害における嫌悪と道徳性との交点　201
   - （1）道徳的，宗教的な価値　201
   - （2）性およびセクシュアリティへの態度　202
5. 摂食障害における嫌悪の実証研究　202
   - （1）嫌悪および嫌悪感受性の個人差　202
   - （2）摂食障害関連刺激に対する恐怖および嫌悪　205
   - （3）表情認知　209
6. 摂食障害における嫌悪と恥　210
7. 結　論　213

第12章　性と性機能不全：嫌悪・汚染感受性の役割　217
1. 嫌悪と性　218
   - （1）中核嫌悪　218
   - （2）動物性嫌悪　221
   - （3）社会道徳性嫌悪　221
2. 嫌悪と性機能不全　223
   - （1）欲求，覚醒，オーガズム　223
   - （2）膣痙攣について　224
3. 治療的示唆についての考察　229

第13章　嫌悪の治療　233
1. 感情障害の心理療法　233
2. 状態嫌悪と特性嫌悪　234
3. 認知行動療法に対して嫌悪が示唆すること　235
   - （1）嫌悪は治療転帰を予測するか　235
   - （2）嫌悪は治療の中で低減するか　237

4．嫌悪を扱えるように治療法を改良することは可能か　238
　　（1）不適応な認知　238
　　（2）感情回避と気分不一致な行動傾向　240
5．今後の研究について　241
　　（1）嫌悪感受性と嫌悪反応性（disgust reactivity）　241
　　（2）嫌悪の主観報告は生理指標と一致するか　241
　　（3）嫌悪の馴化が恐怖より遅いことは問題になるか　242
　　（4）現行の治療法に修正は必要か　242
　　（5）嫌悪と摂食障害　243
　　（6）複合的な嫌悪反応　243
6．結論　244

第14章　嫌悪と精神病理学：治療と研究の新たな領域と，その次なるステップ　245
1．嫌悪と精神障害：実証的知見の範囲　245
　　（1）恐怖症性回避　245
　　（2）その他の精神障害　246
2．精神病理学における嫌悪の包括的モデルへの招待　247
　　（1）精神障害は弱い嫌悪とも関係するのだろうか　249
3．嫌悪の治療　249

引用文献　253
人名索引　309
事項索引　316

I
嫌悪の理論とアセスメント

第 1 章

嫌悪：21 世紀における身体と精神の感情

PAUL ROZIN, JONATHAN HAIDT, and CLARK McCAULEY

　本書は，我々の知る限り，嫌悪感情を主題とした最初の専門書である。本章では，(a) 1990 年あたりまで無視され続けてきた嫌悪が，それ以降になって急速に研究者の関心を集めるようになった理由，(b) 嫌悪に関する，統合的な，身体－精神前適応理論の概略，(c) 嫌悪の諸特徴の中でも，実験室研究によって検証可能な特徴は何か，また心理学の根本問題として取り扱うにふさわしい特徴とは何か，といった事柄について述べていく。最後に，嫌悪に関わる脳メカニズム，精神病理，心理測定に焦点を当てた諸研究から浮上してきた新たな問題を取り上げる。結論として，これまで組織的に探求されてこなかった，嫌悪に関する重要な諸側面を指摘していく。

1. なぜ遅れたのか？ 嫌悪を無視してきた 100 年間

　嫌悪は，Charles Darwin (1872/1998) が著した『ヒト及び動物の表情について (The Expression of the Emotions in Man and Animals)』によってすばらしい研究のスタートを切った。Darwin は，嫌悪を 32 種類ある感情の 1 つとみなし，第 11 章「侮辱 - 軽蔑 - 嫌悪 - 罪悪感 - 誇りなど」の中で詳しく取り上げている。そこでは嫌悪の表情を描いた図も掲載されている。しかしながら感情の研究が進展するに従い，嫌悪（と共に Darwin が言及した他の多くの感情）は研究対象から漏れ落ちていった。研究者の関心は，悲しみ，怒り，恐怖（と最近では幸福感）に集中していった。

　William James (1890/1950) が著した古典的書物[★1]における感情の章の中で

は，嫌悪という言葉は，怒り（20回さらに激怒は11回）や恐怖・怖れ・おびえ（42回）という言葉と比較して，たったの3回しか登場していない[★2]。1890年から1958年にかけて出版された代表的な心理学の教科書においても，嫌悪の登場する総ページ数は5ページにすぎず，怒りが46ページ，恐怖が85ページであることとは対照的である。(ペンシルバニア大学図書館に所蔵されている教科書を対象とした。詳しくはRozin, 2006を参照されたい)。

[★1]：『心理学原理』（The principles of psychology）のことを指す。
[★2]：原文のanger/angry, rageを「怒り」「激怒」，fear/afraid/frightを「恐怖・怖れ・おびえ」と訳出した。

嫌悪はEkman（1992）が設けた基本感情の標準的基準を満たしており，怒り，恐怖，幸福感，悲しみ，驚きと並ぶ基本感情のひとつだとみなすのが一般的である。そのことを考えると，嫌悪に対する関心の欠如には驚くべきものがある。感情に関する古典的著書（Izard, 1977; Lazarus, 1991; Plutchik, 1980; Tomkins, 1963）は嫌悪にかなりの関心を示しているが，学術論文はAngyal（1941）による古典的論文が一つあるのみである。嫌悪は研究テーマとしても心理学の授業テーマとしても，20世紀の最後の10年に達するまでほとんど顧みられることがなかった。

OlatunjiとSawchuk（2005）は，1960年から2003年までの期間における怒り，恐怖，嫌悪に関する論文をPsycINFOによって調べ，嫌悪に関する研究の欠如は近年においても継続していることを示した。1990年代に入るまで嫌悪に関する学術論文の刊行数は事実上ゼロであった。

このような嫌悪研究の欠如の理由は簡単に説明できるものではないが，4つの理由が考えられる。第1は，人間の努力には限界があり，情報が多すぎるとそれらを取捨選択せざるを得ないということである。アカデミックな心理学研究を行うための認知資源には限界があるが為に，数限りなく存在する研究テーマを絞り込ませ，その絞り込まれたテーマに注意を集中させることとなる（Rozin, 2007）。それ故に，Darwinによって32種類もの感情が取り上げられたにもかかわらず，主たる研究の対象がその中のほんのわずかなものにすぎなくなったのである。

第2は，恐怖は多くの動物に観察され，研究することも容易であり，また人の様々な精神病理学的症状の根底に位置することが明らかであった為である。怒りは暴力の原因として社会問題と関連していることが明確であり，それ故に，恐怖と怒りが嫌悪以上に多くの人々の注意を引いてきたのである。これは驚くべきことではない。

先に述べたように，William James以降の心理学者達は，恐怖と怒りに焦点を

絞り，日常の諸問題と病理の双方を理解しようと努めてきた。言語データ・コンソーチアム（http://www.ldc.upenn.edu）が有する2種類の言語データベース，すなわち英文ニュース・データベースと，電話による会話テキストをサンプリングした口語英語データベースから以下のことが明らかとなった。英文ニュース・データベースからは嫌悪（disgust, disgusted, disgusting）は 17,663 件検索され，怒り（anger/angry）は 177,018 件，恐怖（fear/afraid）は 285,194 件であった。すなわち嫌悪と比較して，怒りは 10 倍の，恐怖に至っては 16 倍の検索数であった。しかしながら，口語英語データベースにおける，怒りと嫌悪の検索数の比は 1.4 対 1 であり，恐怖と嫌悪のそれは 7 対 1 であった。両者の比の違いをみると，嫌悪という言葉は，書き言葉として使用される頻度と比較して，ふだんの会話ではより頻繁に用いられていることがわかる。

　第3は，その名前が示唆するように，嫌悪が食物や食行動と結びついている為である★3。心理学者は，生活の特定領域に焦点をあてることよりも，行動の一般機構を解明することに精力をかたむけてきたので（Rozin, 2006），食物という特定領域にはそもそもあまり関心が向けられていない（Rozin, 2006, 2007）。

★3：英語圏における disgust（特に disgusting）は，日本人にとっての「嫌悪」以上に，食に関連する対象（食物や飲料）や行為（食行為）に対して使用されることが多い。

　嫌悪が研究対象として避けられてきた第4の理由は，単に，嫌悪という感情がまさに嫌悪的である為だ。Pelham ら（2002）は，人々が結婚相手を選んだり仕事を選んだりする時，その名称が自分の名前と似ているといったほんのささいなことが影響を与えていることを示した（例えば，Lawrence という名前の人は，他の名前の人以上に法律家：lawyers になることが多く，Laurie という名前の人と結婚することが多い）。それ故に，大学院生たちが研究テーマを選ぶ時に，嫌悪というぞっとする気持ちにさせる対象を避けようとすることは大いにありうる。

　以上のことをまとめると，心理学者たちが嫌悪に関心を払ってこなかった理由は以下のとおりである。(a) 嫌悪が Darwin の記した長い感情リストから消えていったこと，(b) 人の抱える問題を解決しようとするレースにおいて，嫌悪が恐怖や怒りに敗れたこと，(c) 嫌悪が，食物と食行動に関連する人間行動の一部にのみ当てはまると思われてきたこと，(d) 嫌悪そのものが避けたい対象であるが故にその研究も回避されてきたこと。

2. 今になってなぜ？ 嫌悪への関心が生まれたいきさつ

　OlatunjiとSawchuk（2005）の分析によれば，1990年代になると嫌悪に関する文献の出版数が飛躍的に増え，21世紀の最初の10年間における出版数はほぼ50で安定した。怒りの出版数が500であり，恐怖の出版数が1200であることと比較すると，嫌悪の出版数はまだまだ少ないが，この増加は印象的である。嫌悪は，今や，英語ニュースの中ではそれなりの頻度で使用される語としての位置を得たように思われるが，英語会話での使用頻度はまだ低い位置にある（the Linguistic Data Consortium, http://www.ldc.upenn.edu/ を参照のこと）。

　嫌悪をとりあげた学術的専門書は，1997年以前においては見あたらないが，William Ian Miller（1997）による『嫌悪の解剖（Anatomy of Disgust）』が出版されて以降，少なくとも，嫌悪に焦点をあてたものが1冊（S. B. Miller, 2004），嫌悪に大きな関心を寄せた心理学の専門書が2冊（Bloom, 2004; Pinker, 1997）出版されている。また，嫌悪が不安障害（特に恐怖症と強迫性障害［OCD］）に関与している点に着目したJournal of Anxiety Disorders（McKay, 2002）とJournal of Behavior Therapy and Experimental Psychiatry（Olatunji & McKay, 2006）による嫌悪特集号も注目される。

　我々は最近PsyINFOを用いて，2001年から2006年までの期間，タイトル，アブストラクト，キーフレーズのいずれかに嫌悪という言葉が使われている論文を139件検索し，それらを分析した。その結果，これら最近の論文は嫌悪と精神病理との関連性（恐怖症やOCDに関するものが37％）に焦点をあてていることがわかった。それらに続くものが，嫌悪に関する神経学，神経解剖学，神経化学であった（18％）。これら以外のトピックスで7％を超えるものはなかった。なお7％未満のトピックスは，嫌悪の心理測定，汚染感とニオイ，嫌悪のダイナミスク（特に一瞬一瞬の変化と他の諸感情との交互作用），嫌悪の道徳性，心理生理学，発達，表情などであった。

3. 嫌悪に関する身体-精神前適応理論

　嫌悪への関心が最近になって急速に高まった理由のひとつは，嫌悪が数多くの

3. 嫌悪に関する身体－精神前適応理論

社会的，文化的さらには精神的問題と関連しているという認識が広まった為であろう。1993年，我々は嫌悪に関する理論を展開し，そこにおいて，起点は食関連感情であった嫌悪が，生物的および文化的進化のなかで，身体，社会秩序さらに精神の守衛としての役割を担っていくと論じた（身体－精神前適応理論）。我々は，嫌悪は食物拒否の感情を中核（コア）に位置させている★4 という認識から始め（Rozin & Fallon,1987），交差文化的研究を通じて，嫌悪を誘発するものが広範囲な領域に拡がっていることを論じた。我々は，食物と身体分泌物が中核嫌悪誘発子（core disgust elicitor）であること，この中核嫌悪誘発子は自然淘汰によって脳が直接的に形成してきたものであること，また中核嫌悪誘発子によって喚起される嫌悪は病原体からの回避を導くものであることを示唆してきた（Rozin & Fallon, 1987; Rozin et al., 1993, 2000; Rozin et al., 1997）。我々の見解は，むかつき（repulsion）と嫌悪誘発子からの退却を導くところの，この強力な中核嫌悪が前適応の役割を担い，社会的文化的脅威という威嚇的実体を嫌悪させるようになっていき，やがて，あるものを嫌悪的と感じることが，それを回避させる内発的動機を生み出すようになっていくというものである。

★4：何らかの物質（食物など）を口腔に取り込み，それを吐き出す（摂取拒否する）際に関与する感情が「食物拒否の感情」である。嫌悪は，その感情を中核（コア）に位置させており，やがて，個体発達プロセスを経て，食物以外の様々な物質，事象に対しても嫌悪が喚起されるようになるというのが身体‐精神前適応理論の考え方である。

トイレット・トレーニングの際に糞便がどのように取り扱われるかが，不適切な性行為，非衛生，身体損壊（手首が切断された痕，外傷による内臓の露出など），死といったことがらの取り扱われ方へとつながっていく。これらを避けることはなんらかの健康上の利益をもたらしうるが，そのことを意識的に正当化することと健康とはあまり関係しない★5。嫌悪誘発子の多くは，食行動・食物，排泄・分泌，性，柔らかな内臓，死などであり，これらは人が他の動物と共有する特徴である。Rozinら（1993, 2000）は，これら嫌悪誘発子の全体を，「人が動物性を有していること」を想起させるものと規定した。この見解によれば，人は，地上のほとんどの文化において，人が他の動物とは質的に異なるものであり，すなわち「動物ではない」ことを示したがる強力な願望をもつということになる。嫌悪は，この願望によって，動物性を想起させるものから我々を退却させるのである。

★5：糞便を手で直接触らないのは，糞便に付着しているであろう細菌がもたらす健康阻害の可能性を考えたが故のことというよりも，単に糞便を嫌悪している為である（糞便を「汚い」と感じる嫌悪感），というのが文意である。「意識的に正当化する」とは，「後付け」の説明という意味である。

人が他の動物と共有する特徴の中でもっとも脅威的なものは死であり，物理的であれ心理的であれ，死との接触を回避することが嫌悪の中心にある。もっとも嫌悪的なニオイである腐臭は，腐敗した動物身体から発せられるニオイである。嫌悪と死との結びつきは，部分的には Ernest Becker's（1973）著の『死の否定（The Denial of Death）』からひらめいた考え方であり，また，社会心理学における恐怖管理理論（Greenberg et al., 1986; Solomon et al., 1991）に類似した考え方でもある。Becker の主張にルーツをもつ恐怖管理理論は，文化規範が，個人の死に対する防衛としての役割を果たしていることの重要性を強調している。ここに至って，死と嫌悪との直接的な結びつきが確立されるのである（Cox et al., 2006; Goldenberg et al., 2001）。

我々の分析はさらに，「人が有する動物性」とは関係しないところの，2つの嫌悪誘発子のグループが存在することを示した。第1のものは**対人嫌悪**であり，これは部外者や外集団に対する嫌悪である。第2のものは**道徳性嫌悪**であり，この嫌悪は不道徳な行為に対する攻撃心（offense）を生み出す。Shweder は3つの用語を用いて，道徳構造に関する交差文化研究をおこなった（CAD; Shweder et al., 1997）が[★6]，そこでは嫌悪は神性（divinity）からの逸脱と結びつく感情であると見なされた（the CAD triad hypothesis; Rozin, Lowery et al., 1999）。Haidt ら（Haidt, 2001; Haidt et al., 1993; Wheatley & Haidt, 2005）は，嫌悪が数多くの道徳性判断に直接的な役割を果たしていることを示した。ここに至って嫌悪は，道徳心理学の一部となったのである。

> [★6]: Shweder は，道徳を記述する為に，共同社会性（community），自律性（autonomy），神性（divinity）の3軸を仮定し，世界のあらゆる道徳はその3軸上にマッピングすることができると論じた。彼は，欧米文化は自律性に，日本文化は共同社会性に，インド文化は神性のそれぞれの軸（モラル）に重みをおく（すなわち，特徴づけられる）文化であると見なした。CAD とはそれらの頭文字をとって表記したものである。なお，CAD 三幅対理論（the CAD triad hypothesis; Rozin et al. 1999）は，community, autonomy, divinity のそれぞれが contempt, anger, disgust と対応していることを論じた理論である。頭文字が重なったことは偶然である。

4. （いったい）何が嫌悪をそれほどに興味深いものとしたのか？

嫌悪は数多くの特別な特性をもっており，そのことが，嫌悪が近年になって急速に学際的研究の対象となってきたことを説明するだろう。我々は今後，今以上に数多くの研究を動機づけていくに違いない6つの特性を同定した。

(1) 簡便性（convenience）

　心理学者たちは当然のように自らの研究テーマを実験室へ持ち込み，十分に統制された条件下で実験的研究を行おうとする。感情研究をやっかいなものとしてきた理由のひとつは，実験室で強力な感情を誘発させることが倫理的には許されないということである。特に，実験室内において，実際の場面で見られるような恐怖や怒りを喚起させることには倫理的な問題がある。しかしながら実験室で嫌悪を喚起させることは比較的容易であり，fMRIを用いた研究ですら可能である。嫌悪に関する研究は，倫理的に許容され，かつ生態学的に確実な方法で実験することができる。写真や実物（ゴキブリなど）を用いるといった，実際の嫌悪誘発子を呈示することが可能である。現に，我々は20を超える実験を，実際の嫌悪誘発子を用いることによって行ってきた（Rozin, Haidt et al., 1999）。

(2) 汚染（汚染感）

　汚染は嫌悪誘発子の注目すべき特性である。汚染は，ほんのわずかな接触によっても，好ましい食物を食べられないものに変える力をもっている（Rozin et al., 1986）。汚染の諸例は，「一度の接触は，永続的な接触になる」という汚染（contagion）に関する共感呪術の法則に従うようだ★7。汚染に対する感受性はすべての成人に見られるが子どもには見られない（Fallon et al., 1984 を参照；Rozin & Nemeroff, 1990 でレビューされている）。汚染の効果は，その効果が強力かつしばしば「非合理的」であるが為に，判断と意志決定を専門とする研究者にとっては興味深い研究対象となる。

> ★7：共感呪術の法則（the sympathetic magical law）とは，文化人類学者のフレイザー（J. Frazer）が『金枝篇』の中で展開している理論であり，類似の法則と汚染の法則に分類される。例えばある人物をのろい殺そうとする時，その人物の持ち物を焼いたり壊したりすることがあるが，この行為の背後では汚染の法則が機能しており，時空間を超えて災いがその人物に及ぶというつよい信念がある為であると説明される。

　汚染の効果は嫌悪誘発子によって生じる効果であって，感染（infection）に対する恐怖に直接媒介されるものではない★8，という点を認識しておくことは重要である。ある実験に参加した人々は，ゴキブリの入ったジュースを飲もうとはせず，その理由を健康リスクによって正当化したが，この時の嫌悪（aversion）はゴキブリが無菌処理されたものであっても有意に減少しなかった（Rozin et al., 1986★9）。汚染の効果は，嫌悪研究を，発達心理学領域における本質主義的研究およびOCDに関する研究と結びつけるものである。

★8：我々現代人は、「汚いもの」に対する嫌悪感を、細菌、ウィルスなど不可視な病原菌による感染を怖れるが為であると考えがちだが、そもそも細菌、ウィルスの存在を認識するようになったのはごく最近のことである。「汚いもの」「汚らわしいもの」に対する嫌悪感は、細菌、ウィルスの存在が発見された遙か以前の段階から見られるものであり、感染に対する恐怖は媒介しようがなかった、というのが文意である。

★9：Rozin らによって行われた実験結果である。無菌処理されたゴキブリならば、細菌等による汚染の可能性はなく、健康リスクは存在しないはずである。しかしながら、実験参加者の多くは無菌処理されたゴキブリ入りのジュースを飲もうとはしなかった。

(3) 嫌悪尺度（Disgust Scale）

なんらかのツールが使えることは研究を刺激するし、そのツールが測っているものをより以上に明確にする。このことは嫌悪についてもいえる。嫌悪尺度（Haidt et al., 1994) は広範に使用されてきたツールであり、それは、総得点を算出できるだけでなく、嫌悪の諸相をも調べられるようにもなっている。それらを用いることによって、嫌悪の構造と、特定の精神障害が嫌悪の諸相のいずれと関連するかという議論を活性化させてきた (Olatunji et al., 2007; 嫌悪尺度については以下の URL を参照されたい：http://people.stern.nyu.edu/jhaidt/disgustscale.html）。

(4) 感情の神経科学（affective neuroscience）

神経科学上の 2 つの重要な発見が、嫌悪と脳に関する広範な探求を導いてきた。これは部分的に、脳スキャンの技術が急速に発展したことによるものである。Sprengelmeyer ら（1996）は、成人後に発症する遺伝性疾患であり、運動系障害を主症状とするハンチントン病患者が、嫌悪を表出している顔面を認識できないという驚くべき事実を発見した。恐怖と扁桃体との関連性を示す研究とともに、この発見は、様々な感情が異なった脳部位を媒介していることを示す研究のひとつである。ハンチントン病を発症させる遺伝子をもつ人が、運動系障害を発症させていない場合であっても、嫌悪の顔面表出を認識できないということは驚くべきことである（Gray et al., 1997）。

Phillips ら（1997）によって行われた研究をかわぎりに、脳スキャンを用いた研究が数多くおこなわれるようになった。これらの研究は、諸々の脳領域、すなわち前島、大脳基底核の一部、前頭皮質の一部は、嫌悪の経験に関与していることを示した。これらの研究は嫌悪と神経科学を結びつけるものであり、心理学の中にあって急速に進展しつつある研究テーマの一つとなっている。そこでは、現実の場面同様に嫌悪を誘発することができるという点がセールスポイントとなるだろう。神経科学研究は、嫌悪のメカニズムを明らかにし、嫌悪に関する心理学的仮説を検証することに貢献する。後者は、例えば、あらゆるタイプの嫌悪が脳の

食物 – 味覚 – 嗅覚システムと関係するのか，あるいは道徳性嫌悪は中核嫌悪と神経回路を共有しているのかといった事柄である。

(5) 不安障害

Davey らは，不安障害症の一部において嫌悪が中心的な役割を果たしていることを示唆し（Davey, 1993; Matchett & Davey, 1991），嫌悪は恐怖症の重要かつこれまで無視されてきた一側面であることを指摘した。さらに彼らは，嫌悪は疾病回避を目的とするものであると解釈し，その解釈は嫌悪研究と恐怖症研究との間に，概念上のリンクを与えるものとなった。嫌悪 – 恐怖症のリンクは今や研究の主流となっており，現在，Davey らの研究グループや Woody と Teachman (2000)，また彼ら以外の研究者らが研究を継続させている。

嫌悪が OCD の中心に位置することもよく知られている。少なくとも OCD 患者に見られる様々な汚染事例に関して，嫌悪 – OCD のリンクが存在することは明らかである。嫌悪が高まることと汚染感受性が高まることは相互に関連しているようである。嫌悪 – OCD リンクの存在は，1999 年から 2001 年の期間に発表された嫌悪感受性と OCD あるいは OCD 傾向との関連性を示す一連の研究から明らかである（Berle & Phillips, 2006; Husted et al., 2006; Olatunji & Sawchuk, 2005）。

(6) 社会的関心

心理学は一般社会が強い関心を寄せる学問ではないが（Rozin, 2006），嫌悪については多くの人々が関心をもっている。嫌悪研究に対するメディアの関心には強いものがあり，Fear Factor というテレビ番組などがその魅力を伝えている。

5. 嫌悪研究のこれから

これまで，嫌悪は感情研究からの抜け落ちた穴であった。穴がふさがれるとその周辺にいくつもの小さな穴が生み出される（Rozin, 2007）★10。現在，脳研究と精神病理学という2つの熱狂が，嫌悪の穴を部分的に埋めようとしており，同時に多くの小さな穴を生み出している。以下では，さらなる関心を受けてしかるべき研究の方向性について述べていきたい。先に述べた2つの領域（脳研究と精神病理学）での研究は順調に進行しているが，より以上に探求されるべきテーマも

存在する。なお，これらの領域外では，まったくといっていいほど嫌悪に関心はもたれていない。

> ★10：従来研究者が関心を寄せてこなかった嫌悪は「穴」（研究の穴場ともいえよう）的存在であったが，今や多くの研究者がその「穴」を埋めようとしている。しかし，研究が進めば進むほど（「穴」がふさがれていけばいくほど），その「穴」周辺に「小さな穴」（新たな研究テーマ）が生まれてきている，という意味である。

(1) 脳メカニズム

嫌悪や汚染感が誘発・表出される時に，脳のどの領域がいかに活性化されるかを調べる脳スキャンを用いた研究が，今後より以上に進められることが期待される。これらの研究と，脳損傷に起因する嫌悪消失に関する分析の結果とが合わさることによって，嫌悪に関わる脳回路の詳細が判明し，いくつかの心理学的問題の検証が行われるであろう。例えば，すでに言及されているように（Moll et al., 2005），中核嫌悪と道徳性嫌悪に共有される，あるいは両者を区別する脳回路を示すことは可能であろう。さらに脳画像を用いた研究は，嫌悪に関連する感情，例えば軽蔑，怒り，恥，恐怖との関連性にも光を投げかけるであろう。

ハンチントン病の保因者は嫌悪表情の認知に重大な障害を有するというエビデンス（Gray et al., 1997; Sprengelmeyer et al., 1996）は，興奮すべき心理学上の発見である。これらの不幸な人々は，嫌悪のもっとも顕著な信号（他者の表情）が処理されない環境で育つということがどういうことなのか研究することを可能としてくれる。嫌悪が文化的洗練（civilization）に関わる感情であるなら，ハンチントン病の保因者にはどのような結果が待っているのだろうか？

(2) 嫌悪と精神病理学

同様に我々は，OCDと恐怖症の関係に関しても数多くの研究の行われていくことを期待し，また嫌悪と汚染との関係に関する研究も数多く行われることを期待している。多くの恐怖症において観察される恐怖と嫌悪の混合は注意を払われるべきものであり（Davey, 1993），研究は現在も進行中である（Davey, 1993）。汚染感受性は嫌悪尺度を構成する下位尺度の一つであり（Haidt et al., 1994），それは嫌悪の特定領域における感受性と相関する。嫌悪尺度の初期バージョンが有する8尺度のすべてとOCD傾向との相関が見られている（Olatunji et al., 2007; Olatunji et al., 2005）。しかしながら，概念上以下の3つの要因を区別する必要がある。(a) あるものを嫌悪している時の様相，(b) 接触によって伝達される嫌

悪の程度(汚染の潜在力はどの程度なのか),(c) この伝達の消去不可能性(これについては精神的な要素と物質的な要素による違いが関係するかもしれない; Nemeroff & Rozin, 1994)。

さらに,嫌悪は,OCDや恐怖症以外にも広範囲の障害とも関連するといわれており,嫌悪と精神病理との結びつきは強いといえよう(Davey et al., 1998; Power & Dalgleish, 1997; Schienle et al., 2003)。

(3) 嫌悪,動物性を想起させるもの,そして死

我々は,嫌悪を構成する1領域として動物性嫌悪を提案し,これは中核嫌悪と道徳性嫌悪の間に位置するものであると主張してきた。この考えは,心理測定によって嫌悪の構造を検討した研究から支持されたが(Olatunji et al., 2007),さらなる洗練とエビデンスを必要としている。特に興味深いものは,死と嫌悪のリンクである。Becker (1973)によれば,死は人がかかえる根本的なジレンマであり(Freudが性や攻撃を強調したこととは対照的である),嫌悪は,死を否認し,抑圧するメカニズムとして機能しているものと考えられる。それ故に嫌悪は,死について考えることや死と接触することから人を遠ざけるのである。現在,関連する実証研究の生産性を高めている恐怖管理理論は,間違いなく,嫌悪研究と結びつくであろう。

(4) 嫌悪と汚染感の発達

トイレット・トレーニングは,それを行う文化に限定した話ではあるが,発達初期に出会う重要な嫌悪の体験である。精神分析学の立場に立てば,トイレット・トレーニングの失敗はその後の人生を決定してしまう。トイレット・トレーニングと離乳は,Freudが好んだ発達上の問題であるが,心理学的研究はほとんど行われていない(Rozin, 2006)。糞便は全世界に共通するベーシックな嫌悪対象であるが故に,トイレット・トレーニングは嫌悪の獲得を研究する上で実り多い研究対象となるであろう。糞便は好ましいものからひどく嫌われ嫌悪されるものへと変化していく★11が,このことは,恥,罪悪感,当惑といった社会的感情を含んだ,数多くの強力な感情の獲得を研究していく上での,ひとつのモデルとなるだろう。

★11:トイレット・トレーニング以前の乳幼児は糞便をつかんだり,口に入れようとすることがあるが,やがて糞便を嫌悪していくようになる。ここではそのような発達過程における変化について述べている。

嫌悪の対象が糞便から，身体分泌物，動物由来の食物，さらにその他の物質といった糞便以外のものへと拡がっていくことは，発達上の問題として実に興味深い。はたして嫌悪の獲得は，我々が提案してきた嫌悪の文化進化（cultural evolution）の流れを追いかけるものなのだろうか？　すでに嫌悪の対象となったものからの般化によって，嫌悪は2次性の嫌悪を獲得していくのだろうか？　嫌悪表情あるいは不快な事象と対呈示されることによって，嫌悪は獲得されていくのだろうか？　嫌悪感受性の獲得は，評価条件づけ（evaluative conditioning）の枠組の中で理解可能なのだろうか？

我々は，親子間ならびにきょうだい間の相互作用を経て，嫌悪の社会化は始まると仮定しているが，これに関する研究はまだなされていない。現時点で我々が手にしている研究は，嫌悪感受性の家族内（親子間）の類似性はほどほどのレベルにすぎないというものである（Davey et al., 1991; Rozin et al., 1984）。

汚染に対する感受性は4歳以下の幼児には見られない（Fallon et al., 1984; Siegal, 1988）。我々が提案してきたように，汚染の感受性が嫌悪の中心に位置するとするならば，このあたりの年齢に達するまでは，十分な嫌悪は出現しないであろう。（糞便やその他の嫌悪対象物に対して）汚染感をいだくことは地上の全成人に共通するものである一方，幼児と動物にはそれがみられないということは，広く知られている。「一度の接触は，永続的な接触となる」という観念（idea）はどのようにして獲得されるのだろう？　この観念は，例えば，細菌といった不可視な物質の働きを認知することによって獲得されるのだろうか？（Rosen & Rozin, 1993）

嫌悪と汚染感の発達は，文化によってどの程度異なるのだろうか？例えばそれはトイレット・トレーニングの方法やその厳しさと関連するものなのだろうか？我々は，アメリカとインドにおいて，就学前から小学校低学年までの児童を対象に，汚染感受性（contagion sensitivity）の文化間類似性を調べたが，確かな証拠は得られなかった。しかし汚染感受性はインドの子ども達の方が幾分早い時期から出現させ，さらに，対人汚染（interpersonal contagion）に焦点をあてる傾向もインドの子ども達の方が早いということが観察された（Hejmadi et al., 2004）。しかし，こういった問題に対する研究者の関心は低いようである。

(5) 人類史における嫌悪

嫌悪は，これまでに見てきたように，汚染及び観念による（感覚によらない）

食物拒否に特徴づけられるところの，ヒトに固有の感情である。対象の本質あるいはその履歴に反応するには洗練された認知能力が必要とされるが，それは3～4歳以降に得られる。当然のことであるが，嫌悪の原型であるところの，まずい食物に対する表出（苦味を感じると大きく口を開け吐き出そうとする反応など）を伴う拒否システムは，多くの哺乳動物やヒトの幼児にも見られる。そのことが生物的有効性をもつことは明確であり，それ故に，嫌悪は人間進化の最終段階で出現した「基本」感情であるといえよう。

食物に対する（感覚上ではない，その食物の本質と起源に対する）観念上の拒否が，歴史のどの段階で出現したかについては不明である。嫌悪が，古代ヒンズー教やユダヤ教で見られる食物タブーの一部（すべてではないが）を構成していることは確かである。西洋史の，確かな記録のある1000年以上もの期間，嫌悪は，特に食行動と食卓マナーに関連した変化に対して一定の役割を果たしてきた。

嫌悪の文化進化を論じる上で，西洋史における2つの出来事が重要となる。第1は，Darwinによる，自然淘汰による進化論を受け入れたことである。ヒトと動物との関係に関するDarwin以前の見方は，Darwinが1859年に出版した『種の起源（On the Origin of Species）』以降の50～100年後に見られた見解とは全く異なるものであった。

第2は，Darwin以後半世紀を待たずに提出された細菌理論である。細菌理論は，汚染（contagion）に対する考え方に対する科学的基礎を与え，それはその以前の数千年にわたる考え方に代わるものとなった。不可視な実体（細菌）が効力をもつことを科学的に実証することによって，汚染と嫌悪に対する一般的な考え方に大きな衝撃を与えたのである。この新しい考え方に啓蒙的吟味を与えたのは，19世紀中旬から後半における，パリの下水（「パリ大悪臭」）に対する役人と医者の反応を研究したBarnes（2006）である。パリ大悪臭は，細菌理論がフランスに根を下ろした丁度その時に発生した。Barnesによれば，「衛生－バクテリアの統合」あるいは「汚物－ばい菌のマリアージュ」が，病気と死に対する直感的態度として収束していった。これは細菌理論に基づく科学的態度といえるものである。

我々の知る限り，東アジア，南アジア，アフリカそしてアメリカ先住民の文化において，嫌悪と汚染の関連性がどのような歴史的経緯をたどってきたかは，未だ知られていない。

(6) 嫌悪と他の感情

様々な感情の中で，嫌悪は軽蔑にもっとも近接した感情であろう。Tomkins (1963) と W. I. Miller (1997) は，大きな関心をもってこの2つの感情について論じている。Tomkins によれば，軽蔑はより以上にニオイと結びつき，嫌悪はより以上に味と結びついている。Miller によれば，軽蔑は誇り（pride），優越感（superiority）と結びついているが，嫌悪はそうではない。これらの考えは CAD 三幅対理論と合致する。CAD 三幅対理論によれば，嫌悪は神性（divinity）の道徳律からの逸脱と結びつく道徳感情であり，軽蔑は（階級組織と敬意を含む）共同社会性の道徳律からの逸脱と結びつく感情である（Rozin, Lowery et al., 1999）。

嫌悪と恥（shame）もまた関連しあう感情である。あるひとつの見方によれば，嫌悪は他者に方向づけられた道徳感情であり，恥は自己に方向づけられた道徳感情である。最後に，嫌悪と憎悪（hatred）も関連があるように思われる（Tomkins, 1963 と W. I. Miller, 1997 の議論を参照されたい）。総じていえることであるが，嫌悪と他の社会的感情との関連ついては十分に解明されていない。

(7) 集団間の嫌悪

嫌悪は集団同士の関係にも重要な役割を果たしているだろう。非人間化とは，特定集団に対する残虐な行為を導くネガティヴな態度のことであり，大量虐殺といったことすら可能とする（Chirot & McCauley, 2006）。Haslam (2006) は非人間化を，敵を動物扱いする，動物視的な非人間化（animalistic dehumanization）と，敵を，その人間としての独自性を否定し機械扱いする，機械視的な非人間化（machanistic dehumanization）とに区別している。Haslam によると，嫌悪は，動物視的な非人間化に結びついた感情である。

同様に DesPres (1976) は，ナチスによる強制収容所でのユダヤ人やその関係者の殺害は，彼らの生活状況を非人間化することで支えられていたと述べている。ナチスは相手が人ではなく動物であると考えることにより，彼らを気軽に殺害したのである。DesPres によれば，動物扱いされることに抵抗した（例えば，泥水であってもそれで身体を洗うことを忘れなかった）収容者ほど生き延びる可能性が高かったとのことである。

Fiske ら (2002) は，準拠集団より下位にあり異質であると見なされた集団は，その準拠集団からは嫌悪と軽蔑の視線で見られると述べている。多くの研究は，嫌悪の感受性は，外国人，移民，外集団や逸脱者に対するネガティヴな態度と正相関

することを示している（Faulkner et al., 2004; Hodson & Costello, 2007; Navarette & Fessler, 2006）。この関係性は伝染や汚染に対する恐怖に媒介されているようである（Faulkner et al., 2004; Navarette & Fessler, 2006）。以上のことより，集団間の関係性において，嫌悪は汚染の脅威に対する反応と，敵意を正当化するという役割を果たし，大量虐殺すら導きうるものとなるといえよう。

(8) 嫌悪，道徳性，文化が嫌悪をつくりだす過程

嫌悪は道徳性の研究を刺激してきたが，そこには2つの道筋があった。第1は，嫌悪が，感情と道徳性を理解するための新たな次元を生み出してきたことであり，これは怒りに焦点のおかれた従来の考え方とは異なるものである。道徳化のプロセスを経て，かつては道徳的に中立か好ましいものとみなされた行為ですら好ましくないものとみなされていく（Rozin, 1997）。タバコやタバコの灰はもとより喫煙者に対しても，感情反応としての嫌悪が喚起されるようになっていく（Rozin & Singh, 1999）★12。

> ★12：本章執筆者であるRozinらは，嫌悪の対象が，個体発達と共に，食物，食行為，身体からの分泌物，動物性を想起させるものを経て，社会的事象，倫理・道徳に属する事象へと拡がっていくプロセスを道徳化（moralization）とみなしている。

第2は，嫌悪研究が，道徳判断における理性（rationality）と感情（affect or emotion）の相対的役割に関する議論に貢献してきたことである。道徳心理学の領域において直観主義の立場をとる代表的な研究者（Haidt, 2001）が，嫌悪の研究からスタートし，その以降において道徳判断に関心をもつようになったことは偶然ではない（Haidt et al., 1993）。HaidtとBjörklund（2008）は，感情に負荷された（affectively laden）直感は，この時の感情は嫌悪に関連したものといえるが，政治イデオロギーのみならず道徳判断をも生み出すと述べており，またInbarら（2008）は，政治的保守の傾向は嫌悪感受性が高くなるほど強まることを見いだしている。文化内における嫌悪感受性の個人差が，どの程度政治イデオロギーの違いを説明できるかについては今後の研究がまたれる。

(9) 嫌悪の構造

嫌悪の構造についてはまだまだ調べるべきことが残っている。我々が提案してきた身体－精神前適応理論は数多くある説明のひとつにすぎない。例えばOlatunjiら（2007）による心理測定的研究は，嫌悪の構造に関する新たな見解を

与えてくれる。心理生理学的研究，脳活動や脳損傷事例を用いた研究は，どのような嫌悪誘発子がどのようなメカニズムを共有しているかを教えてくれるであろう。

(10) 汚染
　NemeroffとRozin（1994）は，アメリカ人を対象に，汚染（contagion）に関する2つのモデルを示した。一つは，汚染の原因となる物質的な要素が微少粒子同様な働きをするというものである。物質的な要素は洗ったり，消毒したりといった何らかの物理手段によって除去することができる。もう一つのモデルは，精神的な要素を想定するものであり，これは永続性があり，取り除くことができない。ほとんどの人にとって，ヒットラー（Adolf Hitler）が着ていたセーターに対する嫌悪（aversion）は，いくら洗っても落とすことのできない精神的な要素に基づくものである。しかしながら，多くの人は，肝炎を患っていた人が着ていたセーターに対する嫌悪（aversion）は，そのセーターをしっかりと洗濯をして，さらに消毒をすれば取り除くことができると考えるだろう。
　一般的にいって，2つの汚染モデルの背後にある認知と感情は，嫌悪と結びついていることを理解しておく必要がある。また，認知と感情が，文化間や文化内における要素特性の差異をもたらす原因となっていること，さらに，嫌悪の対象あるいは他のネガティヴな実体との接触によって伝達されると想定される要素のタイプについても，文化間や文化内におけるにおける差異を生み出す原因となっていることを理解しておく必要がある。嫌悪と平行して生起する汚染の重要な特徴は，物質から道徳へ移動していくことである。道徳に関わる汚染感はなかなかぬぐい取ることができず，さながら物質によるものであるかのように取り扱われる。なおアメリカ人を対象として，洗うことに関する効果を実証した最近の研究によれば，道徳的汚染から自己を開放させる方法として，物理的に洗うことが効果をもつということである（Zhong & Liljenquist, 2006）。

(11) 嫌悪の隠蔽
　我々は，嫌悪的な，汚染された世界に生きている。我々が接するほとんどすべてのもの，椅子，ドアノブ，空気，食物などは，他者が接触してきたものである。これはやっかいなことであるが，我々は，馴化，リフレーミング，儀式的および宗教的行為を組み合わせることにより，なんとか折り合いを付けようとしている。

我々がいかに折り合いをつけているのかはわからないが，確かなことは，特別の注意を向けない限り，日々の生活において山とある潜在的な嫌悪誘発子を無視しているということである。一例を挙げよう。例えば，公衆トイレに入ろうとする時，我々はトイレのドアノブに注意を払うことはないが，見た目の怪しげな人がそのトイレから出て行こうとしてドアノブに触ったとなるとそうではないだろう。

　馴化は，間違いなく重要な役割を果たしているが，大きな問題はいかにして馴化が起きるかである。この問題は，外科医，葬儀業者，清掃業者など，嫌悪誘発子の存在が明確である場合は顕著な問題となる。我々は最近，数か月間にわたって死体の解剖実習の授業を受ける医学生を対象に，死体が有する嫌悪誘発特性への馴化がどのように生じるかを調べた。その結果，実習終了後には死に関連する嫌悪誘発子への馴化が生じているようだったが，まだ温かい死体に対しては馴化に至らないというものであった(Rozin, 2008)。ヒンズー教やユダヤ教といった汚染に敏感な宗教は，洗浄さらに，受け入れ可能な汚染の閾値を決めるといった方法により，汚染に対処している（例えば，カシュルースにおける心的感染に関する1/60ルールなど★13; Grunfeld, 1982; Nemeroff & Rozin, 1992)。

> ★13：カシュルース（kashruth）とはユダヤ教の食事戒律のこと。1/60ルールとは，戒律で禁じられている食品であっても，意図せずに食べたのであれば，その量が全体の1/60を超えないかぎりは許されるというルール。

　実験心理学者にとって嫌悪の馴化は理解しやすい現象である。学生が冷蔵庫を開けて，眼球にピンが刺さっている羊の頭部を目撃して，嫌悪を感じないということがあるだろうか？馴化が起こるまでにどの程度の時間がかかるのだろうか？馴化に文化差はあるのだろうか？幸いなことに，この種の実験は専門学術雑誌の興味はひかないようである。人が汚染された世界で生きているという事実に対してそれぞれの文化がどのように関与しているかを理解していく必要がある。

(12) 嫌悪と身体開孔部

　嫌悪は身体の開孔部に焦点をあわせている。もっとも嫌悪的な身体分泌物（糞便，嘔吐物など）のほとんどは身体の様々な開孔部から出てくるものであり，また身体の開孔部は嫌悪感受性が焦点を合わせる部位でもある。身体の開孔部に関する研究は少なく，あってもFreud理論に対する一般的な反応形成の一部にすぎないようだ。身体の開孔部は，特にFreudがいうところの「主要な3箇所」（口腔，肛門，性器）については，嫌悪とつよく関連しているだけに無視されてきた。こ

れらは，自己と身体，すなわち内界と外界との間をつなぐもっとも脆弱な通路であり，別の見方をすれば身体の門衛であって，なんらかの物理的汚染に対する防御者の役割を果たしているものとみなされる (Fessler & Haley, 2006; S. B. Miller, 2004; W. I. Miller, 1997; Rozin et al., 1995)。

(13) 嫌悪のダイナミクス

嫌悪は，他の感情と同様に，すばやく展開していく。認知的評価，表出，行動，生理的事象などが即時に生起し，それらは互いに影響しあう。SchererとWallbott (1994) は，嫌悪を含む多数の感情に関して，これらの生起がもたらす全体的な変化を理解するための枠組みを提出した。同様に，いくつかの心理生理学的研究は，嫌悪の生理学的要素の経時的生起に意味を与え始めた (Levenson, 1992; Stark et al., 2005)。とはいえ，時間経過に伴って変化していく嫌悪体験の複合的側面について，心理学者はほとんど知らない。

つまり，嫌悪が他の感情とどのように関係し合い，いかに他の感情と置き換わり，いかに他の感情と混合していくかという問題がわからないままである。様々な感情の相互作用と経時的変化の様相は，感情に関心をもつ研究者にとっての一般的課題である (Marzillier & Davey, 2005 など)。

(14) 嫌悪の生物進化と文化進化

心理学において何かを理解するということの重要な一側面は，それがどの程度進化的な基盤をもつかということであり，さらには，それが何なのかを理解することである。嫌悪は，Darwin (1872/1998) の著作を経て，心理学の領域にやってきた。当初，嫌悪は身体を保護する適応機能をもつものであり，潜在的危険を有した，すなわち汚染された食物の摂取を回避するためのものであり，また同種の動物に対してその脅威を教え合うものであると見なされた。他の研究者らもまた，嫌悪と汚染感受性は，細菌による感染からの保護を目的とする適応的反応として生み出された，と考えている (Curtis et al., 2004; Curtis & Biran, 2001; Davey, 1993; Faulkner et al., 2004; Fessler & Haley, 2006)。ヒトはある種の物質やニオイを嫌悪的と感じるように進化してきたのであろう。特に糞便や死骸は，それらが病原菌を媒介するものであったが故に，それらを嫌悪するように進化してきたものと考えられる。Fessler (Fessler & Haley, 2006 など) と Schaller (Schaller & Neuberg, 2007 など) は，嫌悪と汚染 (contagion) の関係について進化論的見方

をすることに特に積極的である。残されたもっとも興味深い問題のひとつは，遺伝的及び文化的進化が絡み合うことによって，この本来は食物に関連した感情が，文化間で変動するところの社会的機能（例えば，集団間の境界を維持することや，スピリチュアルな汚染から身を守ることなど）をいかにして獲得するようになったかという問題である。

(15) ユーモア

嫌悪の普通ではないが愉快な側面に触れることで終わりとしたい。本書の巻頭言でも述べられているように，嫌悪はしばしば滑稽感をもたらす。嫌悪は年少者にとっては主要なユーモアの種となり，冗談ジャンルのひとつとなる（Fine, 1988; W. I. Miller, 1997）。トウガラシ，ジェットコースター，ホラー映画などと同様に，現実的脅威がないとわかっている場合においては，嫌悪によって負の感情が喚起されることは楽しい気持ちにさせる。実際に，嫌悪の研究に参加した参加者達はしばしば笑いだし，楽しんだ。

我々はこれを温和な被虐嗜好（benign masochism; Rozin, 1990）と命名した。温和な被虐嗜好は，嫌悪を経験することと共に，人生を豊かにする。温和な被虐嗜好は，身体が発する感情と文明生活から引き起こされる感情間の競合に依存するものと思われる。すなわち，文明化された心が動物的本能を乗り越えた時に，快感をおぼえるのではないだろうか。

6. 結論

多くの人は，すばらしい研究がもたらすものは解答ではなくさらなる疑問であることを知っている。この10年から20年の期間，嫌悪に関して広範な研究がおこなわれてきたが，それらは解答を超える数多くの疑問を残してきた。著者らが思うに，もっとも重要な疑問は，口腔と食物に方向づけられた拒否のメカニズムすなわち「身体から吐き出せ」という感情が，（文化的及び生物学的に）進展していくことによって，身体のみならず精神（soul）を保護するという，広範にして意味深い役割をいかにして持つようになったかという問題である。本書はこれからの10年の期間になすべきことを教えてくれる。解き明かすべき問題は数多く残っている。

第2章

嫌悪感受性：測定法と操作的定義

BUNMI O. OLATUNJI & JOSH M. CISLER

　本書のはじめに，嫌悪は実験的な精神病理学における「忘れられた感情」だと述べた（Phillips et al., 1998）。しかし今日，嫌悪は様々な精神障害の原因を考えるうえで，重要な感情だとみなされるようになった。本書のなかで触れられるが，特にクモ恐怖や血液・注射・外傷（BII）恐怖，汚染恐怖型の強迫性障害（OCD），摂食障害，性機能不全などといった精神障害においては，嫌悪が重要な役割を果たすことが認められてきている。また，これに伴って，嫌悪感受性は様々な障害の素因や脆弱性となることが指摘されてきた（Olatunji & Sawchuk, 2005）。なお嫌悪感受性とは，多種多様な嫌悪（aversive）刺激に対して，嫌悪感情をおぼえやすい傾向のことである（Tolin et al., 1999）。

　嫌悪感受性の個人差についてよく知るためには，信頼性と妥当性の確立された測定法を開発しなければならない。実際，過去20年間で，嫌悪感受性の測定法はかなり洗練されてきた。嫌悪感受性が提唱された当初は，腐った食物に関する研究文脈に限られた概念だったが（Rozin et al., 1984），後の研究によってその範囲は拡張され，より広い文脈に応用されるようになった（Haidt et al., 1994; Kleinknecht et al., 1997）。さらに最近の研究では，特定の文脈に依存しない形で嫌悪感受性を測定する方法も開発されている（Cavanagh & Davey, 2000; van Overveld et al., 2006）。実際に，現在入手可能な嫌悪感受性の尺度を見てみると，内容や範囲だけでなく，形式の面でも実に様々であることがわかる。それぞれの違いは認めるにせよ，それらの測定法の良し悪しは，それぞれの信頼性や妥当性といった特徴によって評価されるべきであろう。よってこの章では，嫌悪感受性の自記式尺度を批判的に吟味していく。ここでは，それぞれの尺度を，同じ嫌悪感受性という構成概念を測定する方法として扱い，特にその妥当性に注目して検討する。さらに，より良い尺度の開発や，既存尺度の改良に寄与するために，今後行われるべ

き研究の方向性についても議論していく。

1. 嫌悪の測定法

　嫌悪を測定する自記式尺度の開発は，嫌悪に関する理論の進歩に伴って進んできた。例えば，Disgust and Contamination Sensitivity Questionnaire（DQ; Rozin et al., 1984），Disgust Scale（DS; Haidt et al., 1994），Disgust Emotion Scale（DES; Walls & Kleinknecht, 1996），Looming of Disgust Questionnaire（LODQ; Williams et al., 2006），Disgust Propensity and Sensitivity Scale（DPSS; Cavanagh & Davey, 2000）などである。これらの尺度は，様々な臨床的・社会的文脈において，嫌悪が演じる役割を研究するのに役立てられてきた（Olatunji & Sawchuk, 2005）。これらの尺度はすべて「嫌悪反応」を査定するものではあるが，尺度項目の構成は理論的に見ても大きく異なっている。そうした尺度間の違いは，嫌悪を研究するうえで重要な示唆をもつものと思われる。

(1) The Disgust and Contamination Sensitivity Questionnaire（DQ）

　最初に発表された嫌悪感受性の尺度はDQである（Rozin et al., 1984）。もともとDQは，特定の食物に対して，子どもとその親が示す態度の異同を調べるために開発された尺度の一部だった。その尺度は，食べ物の好き嫌い，嫌悪感受性，料理の知識という3つのセクションから構成されていた。嫌悪感受性のセクションには24項目が含まれ，それぞれ9件法の評定尺度（好き嫌いであれば，1 =「全く食べたくない」，9 =「とても食べたい」）によって評定させるというものだった。DQの項目例を以下に示す。「あなたは大好きなスープを飲んでいます。もしも，それがハエたたきでかき混ぜられたものだとしたら，どれくらい嫌悪感をおぼえますか？」，「あなたは大好きなレモネードを飲んでいます。もしも，そこに，庭の鉢植えから落ちた無害な葉っぱが入り，底まで沈んでしまったとしたら，どれくらい嫌悪感をおぼえますか？」，「あなたは大好きなクッキーを食べています。もしも，あなたが食べる前に，レストランのウエイターがそれを口に含んでいたとしたら，どれくらい嫌悪感をおぼえますか？」などである。全24項目の評定値を合計したものがDQの得点となるので，その範囲は24〜216であり，得点が低いほど嫌悪感受性が高いと解釈する。

DQ を心理測定的に検証した研究は少ないが，表 2-1 にあるように，汚染された食物に対する嫌悪感受性を測定する尺度として，十分な内的整合性を有することが確かめられている。また，再検査信頼性も検証されている。例えば Merckelbach ら（1993）は，28 名のクモ恐怖者を対象に治療前と治療後（2 〜 6 か月後）に DQ を実施している。その結果，DQ の平均値はそれぞれ 123.7（SD = 31.8）と 120.5（SD = 36.5）であり，ピアソンの相関係数は .84 だった。さらに Mulkens ら（1996）は 22 名の女子大学生を対象に，4 週間後の再検査信頼性を検討している。このサンプルにおいても十分な再検査信頼性が示され（r = .80），事前事後の平均値はそれぞれ 131.2（SD = 28.4）と 135.2（SD = 28.6）だった。

　DQ の妥当性に関する研究は，そのほとんどが嫌悪感受性と特定恐怖症との関

表 2-1　嫌悪感受性を測定する自記式尺度の内的整合性

尺度	研究	サンプル	α 係数
Disgust and Contamination Sensitivity Questionnaire	Merchelbach et al.（1999）	大学生 166 名	.96
	Merchelbach et al.（1999）	大学生 44 名	.94
	Merchelbach et al.（1999）	BII 恐怖症患者 36 名	.97
	Muris et al.（1999）	児童 189 名（平均年齢 = 9.76 歳）	.91
	Muris et al.（2000）	大学生 173 名	.95
	Exeter-Kent & Page（2006）	大学生 44 名	.96
	van Overveld et al.（2006）	大学生 967 名	.72
Disgust Scale	Haidt et al.（1994）	大学生と食品加工施設従事者 454 名	.84
	Haidt et al.（1994）	大学生 251 名	.81
	Quigley et al.（1997）	大学生 149 名	.86
	Druschel & Sherman（1999）	大学生 149 名	.87
	Olatunji et al.（2005）	大学生 100 名	.86
	Tolin et al.（2006）	大学生 1005 名	.83
	Olatunji et al.（2007）	汚染恐怖者 30 名 非汚染恐怖者 30 名	.91
	Olatunji, Smits et al.（2007）	注射恐怖者 22 名	.74
Disgust Emotion Scale	Olatunji（2006）	クモ恐怖者 22 名 非クモ恐怖者 28 名	.93
	Olatunji, Lohr et al.（2006）	汚染恐怖者 30 名 非汚染恐怖者 30 名	.93
	Olatunji, Sawchuk et al.（2007）	大学生 260 名	.90
	Olatunji, Sawchuk et al.（2007）	大学生 307 名	.91
	Olatunji, Smits et al.（2007）	注射恐怖者 22 名	.95

係を検証したものに限られる。そうした研究を見てみると，DQ と動物恐怖症（Arrindell et al., 1999; Mulkens et al., 1996），DQ と BII 恐怖（Merckelbach et al., 1999）間の有意な関係が報告されている。とはいえ，DQ と恐怖症との正の相関関係は，先行研究において一貫して報告されているわけではない（de Jong & Merckelbach, 1998; Thorpe & Salkovskis, 1998）。また，DQ と嫌悪に関する他の自己報告指標との関係を調べた研究もいくらかある。例えば，de Jong と Merckelbach（1998）は，DQ が，小動物や食物，衛生上の問題といった広範な嫌悪刺激に対する反応と有意な相関を示すことを明らかにした。さらに DQ は特性不安と中程度の相関を示すが（$r = .35$; Muris et al., 1999），抑うつとの相関は有意でなかった（$r = .10$; Muris et al., 2000）。こうした知見から，DQ で測定される嫌悪感受性は，安定した人格特性の個人差を反映しており，いくらかの疾患について，その原因を考えるうえで重要なものとなりうることを示している。

(2) The Disgust Scale (DS)

　理論上，嫌悪誘発子は，汚染された食物だけでなく，もっと幅広い刺激によって構成されている（Rozin et al., 1993）。DQ は汚染された食物だけに焦点を絞っているため，他の研究領域（例えば不安障害の研究）への応用がききにくいことは想像に難くない（Olatunji & Sawchuk, 2005）。こうした DQ の抱える内容的な問題を解決するために，Haidt ら（1994）は DS を開発した。DS は以下に示す 8 領域に関する嫌悪感受性の測度だと見なされている。(a) **食物**。腐っていたり，文化的に受け容れがたいか，嫌な臭いのする食物。(b) **動物**。ネバネバしていたり，汚れた場所に住む動物。(c) **身体分泌物**。体臭，糞便，粘液を含む身体分泌物。(d) **身体損壊**（身体内部の露出：body envelope violation）(e) **死**。死体。(f) **性行為**。文化的に逸脱した性的行動を含む。(g) **衛生状態**。文化的に求められる衛生上の慣習を破ること。(h) **共感呪術**。それ自体は感染力をもたないが，汚染物に形状が似たもの（糞の形をした飴）や，汚染源に接触したもの（病人が着たセーター等）といった刺激を含む。

　DS は 32 項目からなり，2 つのセクションに分かれている。第 1 セクション（16 項目）では，嫌悪を喚起する可能性がある刺激を呈示し，それらに対する回避行動と感情的反応を査定するようになっている。なお，項目文に嫌悪という言葉は使用されていない。その各項目について，参加者はハイかイイエで答えるよう求められる。例えば「公園の通り道をネズミが横切ると，嫌な気持ちになるだろう」

といった項目に，ハイかイイエで答える。第1セクションは，ハイと答えた項目を数えて得点化する。なお，第1セクションに含まれる逆転項目は3つである。第2セクション（16項目）では，実際に嫌悪的な場面を呈示し，それらに対する嫌悪体験の強さを，0（全く嫌悪感をおぼえない）から2（強い嫌悪感をおぼえる）の3件法で評定するよう求めている。例えば「交通事故にあって腸がはみ出た男性を見た」といった項目がここに含まれる。第2セクションでは，全ての回答を合計し，それを2で割って得点化する。以上2つのセクションの得点を合計したものが，DSの総得点である。よってその範囲は0から32であり，得点が大きいほど嫌悪感受性が強いと解釈する。

現在のところ，DSは嫌悪感受性を測定するための最適な方法だと見なされている（Olatunji & Sawchuk, 2005）。それもあってか，DSはスウェーデン語やドイツ語，日本語といった複数の言語に翻訳されている。しかしながら，DSの特徴に関する包括的な検証は行われていない。Haidtら（1994）も，オリジナルの英語版について，因子構造と心理測定的特徴を報告しているにすぎない。表2-1に示した通り，Haidtら（1994）はDSの合計得点が十分な内的整合性を有していると報告している。その一方で，8つある下位尺度のα係数は不十分なものだった（.27から.63）。これ以降の研究でも，尺度全体では十分な内的整合性が示されてきたが，下位尺度の内的整合性は十分な水準にないことが繰り返し報告されている。例えば，Tolinら（2006）によると下位尺度のα係数は.36から.65であり，van Overveldら（2006）によると全下位尺度のα係数が.43以下だったという。またSchienleら（2003）によるドイツ語版でも下位尺度のα係数は.26から.64であり，BjörklundとHursti（2004）によるスウェーデン語版でもα係数は平均して.43程度であった。

DSの再検査信頼性はあまり検討されていない。数少ない知見のひとつが，注射恐怖者を対象に，1週間間隔でDSを実施したものである（Olatunjiet al., 2007）。これによると，1度目の2度目の平均値は，それぞれ21.40（$SD = 3.82$）と21.18（$SD = 3.48$）であり，ほとんど変化がなかった。DQと同様に，DSの妥当性も不安障害の症状をはじめとした精神病理との関係を調べることで検証されてきた。特にクモ恐怖（de Jong & Muris, 2002），BII恐怖（Olatunji et al., 2006），OCD（Mancini et al., 2001; Olatunji et al., 2004），摂食障害（Troop et al., 2000）の測度との関係が確かめられてきた。またHaidtら（1994）はDSの収束的妥当性を支持する証拠として，DSがスリル希求尺度（$r = -.47$），経験希求尺度（$r = -.49$）

と有意な相関を示すことを報告した★1。さらに DS は，不安（$r = .20$; Thorpe et al., 2003）や神経症傾向（$r = .45$; Druschel & Sherman, 1997）に加え，シゾイド・パーソナリティ傾向，依存性パーソナリティ傾向とも有意に相関することが示されている（Quigley et al., 1997）。加えて，食物に対する新奇性恐怖（$r = .30$）や，吐き気の頻度（$rs = .28$）との正の相関も報告されている（Björklund & Hursti, 2004）。

★1：Haidt ら（1994）は，これを嫌悪感受性の行動抑制的な性質と対応するものと考察している。

　心理生理学的な研究からは，DS の収束的妥当性を支持する根拠があまり得られていない。例えば Stark ら（2005）によると，嫌悪画像を呈示した際の心拍，皮膚電位反応，眼窩下筋の電気活動といった生理的指標は，DS 得点と有意な関連を示さなかった。それでも，嫌悪感受性を測定するその他の尺度や行動指標が DS と正の相関を示すことは，DS の収束的妥当性を支持する証拠だといえるだろう。例えば de Jong ら（2002）は，クモ恐怖者と非クモ恐怖者の女性を対象とした調査で，DS と DQ が有意な相関を示すことを明らかにした（$r = -.33$）。さらに Rozin ら（1999）は，32 の行動課題における嫌悪行動と DS 得点が比較的強く相関することを示している（$r = .51$）。同様に Björklund と Hursti（2004）は，嫌悪的な食物を触ったり，持ったり，味わったりしようとする意欲の強さと，DS の得点が負の相関を示すことを報告している（$r = -.46$）。

　DS の弁別的妥当性は Haidt ら（1994）によって報告されている。それによると，DS と外向性の相関係数はかなり小さく（$r = -.06$），これは後の研究でも再現されている（Druschel & Sherman, 1999）。また，DS と抑うつとの間には弱い相関関係がある（$r = .17$; Tolin et al., 2006）。さらに，いくつかの研究が不安感受性と比較的弱い相関関係を見出した（$r = .17$; Cisler et al., 2007; Valentiner et al., 2005）。不安感受性とは，差し迫った身体的な危害や，認知・感情的コントロールの喪失を知らせる内臓感覚的なサインに対する信念，または敏感さのことである（Reiss & McNally, 1985）。上記の結果は，DS によって測定される嫌悪感受性が，不安感受性と概念的に重複しないことを示唆している。しかし，いくつかの研究は DS の弁別的妥当性に疑問を呈している。例えば Davey と Bond（2006）は閉所恐怖症（窒息恐怖とは $rs = .51$; 拘束恐怖とは $rs = .44$）や高所恐怖症（高所不安とは $rs = .42$; 高所回避とは $rs = .41$）といった嫌悪と関係のない不安症状が，DS と正の有意な相関を示すことを見出した。

　様々な刺激に対する嫌悪体験をよりよく理解するための研究が，DS によって

促進されてきたことは確かである。しかし，この尺度に心理測定的な限界が存在するのは明らかである。実際，ある研究では7つの質問項目（項目番号2, 7, 8, 21, 23, 24, 25）をDSから除外するべきだと指摘した（Olatunji et al., 2007）。さらに，DSの下位尺度得点は0～4という狭い範囲に収まるので，天井効果が生じやすい。そのため，他の変数との意味ある関連性を検出するための感度が損なわれている（Olatunji et al., 2007）。しかしながら，もっとも深刻な問題は下位尺度の内的整合性が低いことであろう。とはいえ，こうしたDSの問題は，決して驚くべきことではない。というのも，Haidtら（1994）が報告した因子分析において，そもそもオリジナルの8因子構造は全く支持されなかったからである。Haidtら（1994）が行った最初の主成分分析では，負荷量の大きい1因子と，それに比べて小さい9因子からなる，10因子構造が見いだされた。さらに2度目の主成分分析では11因子が見いだされたが，バリマックス回転の結果からは解釈可能な因子構造を見出すことができていない。一方で，スウェーデン語版DSの心理測定的評価において，8因子構造の確認的因子分析が行われている（Björklund & Hursti, 2004）。それによると，オリジナルの8因子モデルは十分な適合度を示しており，1因子モデルと5因子モデルよりも良く適合していた。しかし，オリジナルの英語版DSに関しては，8下位尺度の妥当性が既に十分評価されたとはいいがたい。こうした因子構造の問題に関連して，下位尺度の内的整合性が総じて低いことは先に述べたとおりである。こうした問題は，各尺度の項目が4つずつと少ないことによるものなのかもしれない。以上のことから，DSが複数の領域にまたがる嫌悪感受性を測定するための，より包括的な尺度となるためには，さらなる心理測定的な改善が必要といえよう。

(3) The Disgust Emotion Scale (DES)

DSの下位尺度の内的整合性が低いことをうけて，WallsとKleinknecht（1966）は新たにDESを開発した。DESは30項目からなる尺度で，動物，注射・採血，損傷・死，腐った食品，悪臭の5領域に関する嫌悪感受性が測定できる。各項目で記述される刺激に晒された場合，どの程度嫌悪や不快感をおぼえるか，0（全く嫌悪・不快感をおぼえない）から4（激しく嫌悪・不快感をおぼえる）の5件法で回答を求める。DESは2つの重要な点でDSと異なっている。1点目は，5件法による評定を採用している点であり，DSが「ハイ-イイエ」の2件法と，3件法を採用しているのとは対照的である。2点目は，DESが5領域について測定す

る点であり，8領域をカバーする DS とは異なる。さらに，DES は各下位尺度が 6 項目ずつからなっており，この点も，3 項目ずつしかない DS とは異なる。これらの違いにより，DES の下位尺度得点は 0 ～ 30 点という DS よりもかなり広い範囲をとる。そのため，嫌悪感受性の個人差をより敏感に検出できる可能性を有している。

先行研究において，DES の合計得点は高い内的整合性を示すことがわかっている（表 2-1 参照）。また，5 つの下位尺度も十分な内的整合性を示す。例えば，Kleinknecht ら（1997）は，DES の下位尺度が .80 から .90 の α 係数を示すことを明らかにした。さらに Sawchuk ら（2000）も下位尺度の α 係数が .73 から .87 の範囲に収まると報告している。その一方，Olatunji ら（2006）はやや控えめな報告をしており，彼らによると DES の α 係数は .63 から .89 の範囲だという。心理測定的にみて，DES は DS よりも改善されているが，もともとの 5 因子構造について，その妥当性を検証した研究は少ない。Olatunji ら（2007）は，DES の心理測定的特徴を詳細に研究した唯一の研究だが，探索的因子分析と確認的因子分析の結果は，5 因子構造を支持するものだった。さらに，2 つの異なる非臨床群サンプルにおいて，5 つの下位尺度がほどほどの α 係数を示すと報告した（.67 ～ .89，.58 ～ .89）。加えて，DES の下位尺度得点が合計得点と有意な相関を示すことも（rs = .28 ～ .55），DES を支持する根拠のひとつだといえるだろう。

DES の収束的妥当性を支持する知見もまた，不安症状との関係を調べた研究によって得られている。例えば，Sawchuk ら（2000）によると，DES の合計得点は，BII 恐怖症（r = .68），クモ恐怖症（r = .24），汚染恐怖型の OCD（r = .43）といった症状の評価尺度と有意な正の相関を示した。また Kleinknecht ら（1997）は，DES の下位尺度からなる嫌悪体験の指標が，特性不安の指標と有意に相関することを報告した（r = .56）。一方で，行動的指標や生理的指標によって DES の収束的妥当性を調べた研究は，現在のところ存在しない。ただ，最近の研究では DES の得点と，嫌悪画像に対する評定値との関係が調べられている。例えば，Olatunji（2006）は，クモ恐怖者と統制群から得たデータによって，クモの画像に対する恐怖・嫌悪の評定が DES と有意に相関することを示した（それぞれ，rs = .42，.56）。同様に，腐った食品と身体分泌物の画像に対する恐怖・嫌悪の評定も，DES とよく相関していた（それぞれ，rs = .69，.53）。さらに，これとよく似た Olatunji ら（2006）の研究では，汚染恐怖群と統制群から得たデータにより，脅威画像に対する恐怖・嫌悪の評定が DES と相関すること（rs = .46 ～ .53），同

様に腐った食品と身体分泌物に対する恐怖・嫌悪の評定がよく相関することが明らかにされた（rs = .46 ～ .78)。

(4) The Looming of Disgust Questionnaire（LODQ）

　嫌悪感受性と不安障害の症状との関係を理解するうえで，ある種の認知バイアスを考慮にいれることが役立つかもしれない。例えばTeachman（2006）は，嫌悪関連状況に対するバイアスがかった認知的評価が，病理的な嫌悪反応の形成と維持に多大な影響をおよぼすと主張した。それ以外の，嫌悪と特によく関係する認知バイアスの一つがルーミング脆弱性（looming vulnerability）である（Riskind, 1997）。ルーミング脆弱性とは，おおまかにいうと，自分にとって脅威となったり，嫌悪や恐怖を喚起したりしかねない刺激が，動いたり，近づいてきたり，拡散したり，そのリスクや危険性を強めたりするという，ダイナミックな心的シナリオを構成してしまう傾向のことである。いくつかの研究において，ルーミング脆弱性は様々な不安障害症状（特定恐怖症，OCD，全般性不安障害など；Riskind & Williams, 2005）と特有の関係を示すことが明らかにされている。こうした研究結果をうけて，Williamsら（2006）は，ルーミング脆弱性が嫌悪とどのように関係するか調べるために，LODQを開発したのである。

　LODQは，これから嫌悪的になるかもしれない状況に対して，その脅威が増大していくように感じる傾向を測定する尺度である。LODQでは，嫌悪の領域ごとに，これから嫌悪的になるかもしれない状況を記述した，8つの場面を刺激として用いる。LODQで取り上げられる嫌悪の領域は，腐った食品と身体分泌物，汚染された食物，死と身体損壊，小動物の4領域である。これらの各場面について，それぞれを鮮明にイメージするよう求める。そして，場面ごとに6つの質問に対して5件法で回答させる。LODQの合計得点（LOD total）は，6つある質問項目のうち，以下の5項目への回答を加算して算出される。(1) 脅威（LOD threat）：「この場面がこのまま進むと，あなたが感じる脅威や危機感は，どの程度強くなるでしょうか」，(2) ムカつき（LOD sick）：「この場面がこのまま進むとして，あなたが吐き気をもよおすか，むかむかしてくる危険性はどの程度ありますか」，(3) 嫌悪（LOD disgust）：「この場面がこのまま進むと，あなたがおぼえる嫌悪感は，どの程度強くなりますか」，(4) 拡散（LOD spread）：「あなたの想像のなかで，その嫌悪的な刺激は，どれくらい早く近づき，広がり，動きますか」，(5) 嫌悪感受性（LOD ds）：「この場面を想像して，どれくらい嫌悪感をおぼえますか」。

合計得点とは別に，各場面への回答を項目別に合計することで，下位尺度得点を求めることができる。さらに，嫌悪に関する二次的評価得点（LOD cope）は，各場面に対する6つ目の質問（例えば「この場面がこのまま進むとして，あなたがその状況に対処できると感じる程度は，どのくらいでしょうか」）を合計することで求められる。

　LODの合計得点，因子得点，下位尺度得点は，十分な内的整合性を有することがわかっている。Williamsら（2006）によると，合計得点のα係数は.96であり，もっとも低い二次的評価得点でも.80だったという。またLODの合計得点は，嫌悪に対する認知的脆弱性因子，嫌悪感受性因子の得点，そしてLODの下位尺度と強い正の相関を示した。さらにLODの合計得点，因子得点，下位尺度のすべてが，二次的評価得点と負の相関を示した。つまり，想像した嫌悪場面に対して自分が上手く対処できると感じるならば，嫌悪刺激の動きや拡散を小さく感じ，脅威性，ムカつき，吐き気，嫌悪といった反応も小さくなり，その場面からあまり嫌悪を感じなくなるということだろう。LOD合計得点は，DSの合計得点とも中程度の相関を示した（$r = .58, p < .001$）。一方，二次的評価得点はDSによる嫌悪感受性と負の相関を示していた。この結果は，嫌悪的なシナリオへの対処能力の強さが，嫌悪感受性の弱さと結びつくことを意味する。加えて，LODの拡散得点が嫌悪感受性と結びつくこともわかった。

　Williamsら（2006）は，汚染恐怖型のOCD群（OCDs），低不安の統制群（NACs），高不安の統制群（ACs）とで，LODの得点を比較している。その結果，OCDsはACsよりLODの合計得点が高く，ACsはNACsよりも高かった。さらにLOD下位尺度の群間差を検証したところ，すべての下位尺度によって，NACsをOCDsとACsから弁別することができた。しかし，OCDsとACsを弁別できたのは拡散尺度だけだった。因子得点の結果もこれとよく似ており，4つの文脈的因子はNACsをOCDsとACsから弁別できたが，ACsとOCDsを弁別できたのは二次的評価の得点だけだった。

(5) DQ, DS, DES, LODQに関するまとめ

　嫌悪体験が様々な精神障害におよぼす影響の研究は，DQ，DS，DESの開発によって押し進められてきた（Olatunji & Sawchuk, 2005）。また，最近になって開発されたLODQは，種々の精神障害における嫌悪と認知的評価の関係を調べるのに役立つことだろう。これらの尺度（特に合計得点）の信頼性は総じて良好だが，

いくつかの面で限界も存在する。第1に，これらの尺度は特定の文脈に限定的な嫌悪誘発子を用いて嫌悪感受性を測定している。これは，限られた刺激や状況に対する嫌悪反応を査定しているということである。それゆえ，DQ，DS，DESの3尺度で査定される嫌悪感受性は，その尺度に含まれる刺激によって喚起されるタイプの嫌悪に限られる。人が一般的に経験する嫌悪の強さや，その頻度を測定するわけではないのだ。さらに，尺度項目が特定の不安障害の症状と重なっていることも問題である。例えば，DSの「公衆トイレの便座には，身体の一部たりとも触れたくない」という項目は，OCDの汚染恐怖症状と重複している。したがって，様々な精神障害の患者が高い嫌悪感受性を示すのは，部分的にではあるが，嫌悪感受性の尺度と精神症状の尺度が同じような項目を共有しているからなのかもしれない。

　これまでに挙げてきた尺度は，嫌悪感受性と嫌悪傾向（disgust propensity）をハッキリと区別せずに嫌悪感受性を測定している。「嫌悪感受性」という用語は，食物の好き嫌いと嫌悪の関係を検討したRozinらの研究から生まれた（Rozin et al., 1993; Rozin et al., 1984など）。そのなかで，Rozinらは嫌悪と汚染への感受性を，刺激に対する嫌悪反応の強さや，嫌悪的に反応しやすい傾向だとみなした。それにもかかわらず，嫌悪の文脈における「感受性」は，不安感受性など，その他の文脈でいう「感受性」と混同されてきた（Taylor, 1999）。Rozinらによって定義された嫌悪感受性は，嫌悪的な反応を呈しやすい傾向（propensity）を意味していたが，不安感受性は不安反応を呈しやすい傾向（propensity）を意味しない。同様に，不安感受性は恐怖感に伴う内臓感覚への恐れを指すが，Rozinらによる嫌悪感受性は，嫌悪感の内蔵感覚に対する嫌悪反応を指してはいない。このように，異なる心理的過程を同じ用語で表現することが，嫌悪感受性の操作的定義に不明確さと混乱をもたらした。以上から，DQ，DS，DES，LODQで測定される嫌悪感受性について，より妥当な定義を行なうとすれば，それは嫌悪傾向か，もしくは嫌悪の体験しやすさということになるだろう。よって嫌悪感受性は，むしろ嫌悪体験を嫌悪する傾向とか，わずかに嫌悪的なだけの出来事（歯を磨いた後に練りハミガキを吐き出す様子など）に対して，激しい嫌悪反応を呈する傾向といったように概念化されるだろう。実際に，最近開発された嫌悪感受性の尺度は，DQ，DS，DES，LODQの抱えていた限界を乗り越え，嫌悪感受性の査定を概念的にもうまく拡張している。

(6) The Disgust Propensity and Sensitivity Scale (DPSS)

　Cavanagh と Davey (2000) は DPSS を新たに開発したが,この尺度では嫌悪の測定に用いられてきた文脈的手がかり[*2]が取り除かれ,さらに,嫌悪感受性と嫌悪傾向が区別された。嫌悪感受性と嫌悪傾向の区別については議論もあるが (Lilienfeld, 1996),嫌悪感受性と嫌悪傾向を区別することは,不安を経験しやすい傾向(特性不安)と,不安の体験を忌み嫌う傾向(不安感受性)とを区別することとよく似ている。DPSS は 32 項目からなる尺度で,嫌悪を体験する頻度(嫌悪傾向;16 項目)と,嫌悪が引き起こす感情的な影響(嫌悪感受性;16 項目)を測定することができる。DPSS の心理測定的評価を行った研究では,この尺度の合計得点が高い内的整合性を示すことが明らかにされている(a = .92; Davey & Bond, 2006)。また,嫌悪感受性と嫌悪傾向も,それぞれの a 係数は .89 と .87 であり,その内的整合性は高い。さらに,この両下位尺度は心気症尺度とも有意な相関を示しており,収束的妥当についても良好な知見が得られている(Davey & Bond, 2006)。

　[*2]:参加者にあえて嫌悪を感じさせるような尺度項目文のことを指す。

　嫌悪体験と精神疾患症状の関係を調べる研究が,DPSS によって促進されるのではないかと考えた van Overveld ら (2006) は,オランダ人の大規模サンプルを用いて DPSS の心理測定的特徴を検証した。理論とデータの両方をもとに,改めて項目を選定したところ,DPSS の改訂版 (DPSS-R) は 16 項目の尺度となった。DPSS-R の確認的因子分析では,嫌悪傾向(a = .78; 再検査信頼性 = .69)と嫌悪感受性(a = .77; 再検査信頼性 = .77)からなる 2 因子モデルが支持されている。DPSS-R の収束的妥当性を検証したところ,嫌悪傾向と嫌悪感受性は互いに有意な相関を示し(r = .54),他にもクモ恐怖(r = .20, .16)や,BII 恐怖(r = .35, .35)の指標と有意な相関を示した。さらに,DPSS の両下位尺度は,DQ (r = -.21, -.16) や DS (r = .37, .29) とも有意な相関を示すことがわかった。

　Olatunji ら (2007) はアメリカ人サンプルを用いて DPSS-R の心理測定上の諸特徴を検証している。van Overveld ら (2006) と同様に,DPSS-R の主成分分析では嫌悪傾向と嫌悪感受性の 2 因子構造が見いだされている。この因子構造は van Overveld ら (2006) とよく合致するものではあったが,4 つの項目が予測とは異なる因子に負荷していた。とはいえ,尺度全体でも,嫌悪傾向,嫌悪感受性の両下位尺度でも,信頼性の高さが見いだされている(a = .90, .84, .83)。加えて,DPSS-R の収束的妥当性を検証したところ,嫌悪傾向と嫌悪感受性の両下位尺度

が，DPSS の合計得点と高い相関を示し（$r = .84, .83$），下位尺度間の相関係数も高かった（$r = .66$）。さらに，DPSS の合計得点，嫌悪傾向，嫌悪感受性の両下位尺度が，クモ恐怖（$rs = .32 \sim .34$），注射恐怖（$rs = .25 \sim .34$），汚染恐怖（$r = .32 \sim .37$），否定的感情（$r = .37 \sim .38$）といった指標と有意な相関を示すことがわかった。DPSS-R とその下位尺度が，肯定的感情とかなり弱い相関しか示さなかったことから（$r = -.02 \sim -.09$），良好な弁別的妥当性が示されたともいえる。

DQ や DS，DES は，特定の嫌悪刺激や，研究目的に応じた嫌悪刺激に関する査定を行なうのに有利だと考えられるし，LODQ は嫌悪に基づく認知的評価の研究を促進するのではないかと考えられていた。その一方，DPSS-R は様々な精神障害に関係する嫌悪感受性を調べる方法として有用だと考えられる。しかしながら，DPSS-R の項目を改善するために，さらなる研究を行なうことが求められるだろう。特に，嫌悪傾向因子と嫌悪感受性因子が，文化を超えて安定していることが必須である。今後は DPSS-R の因子構造が，複数のサンプル間で異なるかどうかを確かめる必要がある。さらには，臨床群を対象として DPSS-R の心理測定上の諸特徴を調べたデータは，現在のところ存在しない。大学生のみをサンプルとするだけでは，データ取得時の利便性は高くとも，一般化可能性には制約が生じてしまいかねない。今後，地域住民のサンプルや臨床群サンプルを用いて DPSS-R の因子構造を検証すれば，現状認められる因子項目レベルでの一貫性の乏しさは解決されるかもしれない。DPSS-R はそれ特有の長所を有すると考えられるので，今後の研究は，臨床研究における有用性を強調する方向に進むことが期待される。

2. 嫌悪の行動的査定法

DQ，DS，DES，DPSS-R といった尺度の開発は，臨床のなかで出会う精神疾患と嫌悪感受性の関係を調べる研究の進展を後押ししてきた（Olatunji & Sawchuk, 2005）。しかし，自己報告だけに頼って嫌悪感受性を測定しようというところに限界がある。例えば，自記式尺度だけを使った相関研究のようなデザインでは，因果関係の推定を行なうのが難しい場合もある。さらに注意すべきは，嫌悪の尺度と，研究で取り上げるその他の変数との関連性が，質問紙法固有のバイアスによって誇張される場合があることだろう。一方，実験的には，統制された条件下

であれば，重大な倫理的問題に抵触することなく，比較的容易に嫌悪を誘発することができる（Rozin et al., 1994）。さらに，特定の心理状態の原因や維持要因として嫌悪感受性が重要なものであるなら，自記式尺度で見出される差異は，行動的な測度でも観察されてしかるべきだろう。

もっとも包括的な嫌悪感受性の行動的測度を提案したのは，Rozinら（1999）であろう。彼らは，68名の大学生を対象に32の課題を実施している。それらの課題において，参加者は，ゴキブリや遺灰，死んだ直後の豚の頭といった刺激に，自分をどの程度曝露するか決めるよう求められた。ここでいう曝露とは，見たり持ち上げたり触ったりすることであり，ときには食べる場合もあった。また，気持ち悪いビデオを何秒間見続けるか，という課題もそれに含まれていた。これに併せて，参加者は嫌悪を喚起しない統制条件の課題を遂行することも求められ，それには鶏のモノマネや，氷水に手を浸すといった課題が含まれていた。32の課題間の相関関係を分析すると，以下に示す4つの因子が存在することがわかった。その4因子とは，食品関連嫌悪，外傷・死関連嫌悪，従順性動機，そして，狼狽しやすさであった。DSの合計得点と有意な相関を示したのは2因子のみで，その2因子を組み合わせた得点は，実験1か月前に実施したDSの得点と.58の相関を示し，実験後速やかに測定したDSの得点とは.71の相関を示した。

精神疾患に関する研究でも，嫌悪感受性の行動的測度が利用されている。Mulkensら（1996）は女性のクモ恐怖群と，同じく女性の統制群に対し，クモが上を通り過ぎたクッキーを食べるよう求めた。クモ恐怖群でクッキーを食べた女性は全体の25%に過ぎなかったが，統制群では71%がクッキーを食べた。さらに両群の女性には，クモと関連しない嫌悪課題として，紅茶の味見をする課題に参加してもらった。この課題では，3杯の紅茶について，それぞれ「この紅茶の味を，どれくらい好みますか？」と尋ね，100mmの視覚的アナログ尺度でそれを評価するよう求めた。3杯のうち2杯は綺麗なカップに入っていたが，1杯は汚れたカップに入っていた。なお，カップそのものは全て同じものを用いた。全体的に，汚いカップから紅茶を飲むときの方が，綺麗なカップから紅茶を飲むときよりも，飲み始めるまでに時間がかかってはいたが，両群間で有意な差は見られなかった。さらに，綺麗なカップの紅茶の方が飲まれた量は多かったものの，汚いカップの紅茶を飲んだ量に群間差は認められなかった。

WoodyとTolin（2002）は行動的な測度を用いてクモ恐怖群の嫌悪感受性を検討している。表2-2に示したように，この行動的測度は，4領域（食品，動物，身

体分泌物，身体損壊の刺激を含んでいた。その結果，動物を用いた課題がもっとも頻繁に回避行動を誘発し，この課題を完遂できたのは全体の58%だった。また，各課題に対する不安と嫌悪の評定は強く相関していたが（$r = .61 \sim .85$），全ての課題において不安よりも嫌悪の方が有意に強かった。さらに，課題中の回避行動と嫌悪評定を，DSの合計得点がどの程度予測するか，ロジスティック回帰分析による解析を行っている。その結果，DSの合計得点が有意に予測していたのは動物を用いた課題だけだった。加えて，クモ恐怖高群が経験した嫌悪と不安は，全課題を通してクモ恐怖低群よりも強かった。しかし，回避行動については群間差が見られなかった。

　嫌悪感受性の行動的測度は，BII恐怖症の研究においても使用されている。Kochら（2002）は，食品，血液，損傷，動物の4つの嫌悪領域について，BII恐怖群と統制群との違いを検討している（表2-2参照）。その結果，BII恐怖群は，血液と損傷に関連する刺激に対して，統制群よりも恐怖と嫌悪を高く評定した。その際，血液と損傷に関連する刺激に対して，BII恐怖群は，恐怖よりも嫌悪を高く評定した。動物刺激を用いた課題における嫌悪と恐怖の評定値には，群間差がなかった。また課題に対する行動反応を分析したところ，BII恐怖群は血液と損傷刺激を用いた全課題を遂行したがらず，動物刺激を用いた課題でも，課題後半において遂行したがらないことがわかった。また，BII恐怖群は，統制群に比べて，動物が触れたクッキーを食べたがらなかった。なお，血液刺激と損傷刺激に接触したクッキーを食べることについては，群間差がなかった。

　OCDの下位分類である汚染恐怖について調べた最近の研究でも，嫌悪感受性の査定に行動的測度が導入されている。TsaoとMcKay（2004）は，汚染恐怖群，高特性不安群，低特性不安群の3群に対して，6つの嫌悪領域（食品，動物，身体分泌物，身体損壊，死，共感呪術）の刺激を用いた課題を実施した（表2-2）。その結果，動物課題と共感呪術課題において，汚染恐怖群と高特性不安群との間に有意差が認められた。さらに，食品課題，動物課題，身体損壊課題，死課題において，汚染恐怖群と低特性不安群との間に有意差が認められた。

　Olatunjiら（2007）は，汚染恐怖群と統制群に対して，表2-2にある8つの行動課題を実施した。その結果，汚染恐怖群は統制群と比べて，嫌悪関連課題を遂行したがならなかったが，身体損壊課題のみ，その傾向は認められなかった。また，汚染恐怖群は統制群に比べて嫌悪刺激に接近しないことがわかった。ただし，動物課題でのみ，その傾向は認められなかった。さらに，汚染恐怖群が評定した

表 2-2　嫌悪感受性の行動査定課題の例

研究	嫌悪の領域	行動課題の説明
Woody & Tolin (2002)	食品	以下の決断を求めた。新品のハエたたきに載せたクッキーを食べるか（ハエたたきをパッケージから取り出すところを示した）。新品だが，パッケージから取り出し済みのハエたたきでかき混ぜたジュースを飲むか。洗浄消毒された使用済みのクシでかき混ぜたジュースを飲むか。プラスティック製の大きなゴキブリが浮いたジュースを飲むか。
	動物	3分の2をミミズで満たしたガラス製の器を呈示し，ミミズに触れることを含めて，いくつかのステップを実際に行うかどうか尋ねた。もっとも困難なステップは，片手全体をミミズの入った器に3秒間入れることだった。
	身体分泌物	吐瀉物のような物を入れた器をよく見たり，嗅いだりすることを含むいくつかのステップについて，実際に行うかどうか尋ねた。吐瀉物を模した刺激は，よくある食材を用いて作成された（カッテージチーズ，トマトスープ，りんごジュース，醤油，野菜の破片など）。吐瀉物のような臭いは，吉草酸と酪酸の溶液を1％追加して付与した。もっとも困難なステップは，器の内側を指でなぞることだった。
	身体損壊	心臓手術映像を3分ずつの断片に編集し，それを順に見ていくことを求めた。映像には，最初の切開，胸筋の切開と開胸，そして最終的には医療用鋸によって胸骨を切断するところまでが含まれていた。
Koch et al. (2002)	血液	大量の血液が付着した4×4インチのガーゼについて，実際にそれをよく見たり，それに触ったりする（ゴム手袋あり・なし）つもりがどの程度あるかを尋ねた。
	損傷	毛皮や蹄が残った15インチの切断された鹿の脚について，実際にそれをよく見たり，それに触ったりするつもりがどの程度あるかを尋ねた。
	動物	ワモンゴキブリの剥製と，2センチ長のミミズの剥製について，実際にそれをよく見たり，触ったり，つまみ上げたり，手に持ったり（ゴム手袋あり・なし）するつもりがどの程度あるかを尋ねた。
	食品	上記3課題の刺激に5秒間接触したクッキーについて，実際にそれを食べるつもりがどの程度あるかを尋ねた。食べるつもりがあると回答したら，実際に食べるよう求めた。
Tsao & McKay (2004)	食品	未使用のネズミ取りに載せられた5つのクッキーを，被験者に食べるよう勧めた。
	動物	完全に洗浄されたミミズをプラスティック容器に置いて呈示し，どの程度の時間ミミズを持っていられるか尋ねた。
	身体分泌物	吐瀉物の偽物をきれいな皿に乗せて呈示し，どの程度の時間吐瀉物の偽物を持っていられるか尋ねた。
	身体損壊	フタの空いたチョコレートの入れ物を呈示した。その際，全て同じチョコレートを入れてあるが，中心に眼球を模したチョコレートを一つ配置した。被験者には，どれか一つ好きなものを選んで食べるよう伝えた。
	死	骨壺に似せた黒い飾り壺を呈示した。壺口には煙草の灰で白い線を引いた。被験者には，その骨壺には灰が入っていたが，現在は取り出されたと伝えた。そのうえで，可能な限り長く，壺の中に手を入れるよう求めた。
	共感呪術	発泡スチロール製のカップに200mlの水を入れ，そこに「唾液」とラベル付けし，そのラベルが被験者から見えるようにカップを呈示する。そして，それはただの水なので，自由に好きな量を飲んで良いと被験者に伝えた。
Olatunji, Lohr, Sawchuk & Tolin (2007)	悪臭	ジップロックバッグの中に入ったシャツに接近するよう求めた。被験者には，そのシャツが犬小屋に数日置いてあったことと，その上には犬の糞と尿が排泄されていたことを伝えた。そのうえで，バッグを空けてその臭いを嗅ぐよう教示した。
	食品	腐ったオレンジについたカビに接近するよう求めた。
	動物	プラスティックの容器に入ったミミズに近づき，それを手に取るよう求めた。
	身体分泌物	便器に入った尿（実際はりんごジュース）に，手袋をつけて接近し，便器の中に手を入れるよう求めた。
	死	遺灰（実際は煙草の灰）の入った骨壺に接近し，骨壺を開いて中身に触るよう教示した。
	衛生	茶色いシミのある下着に接近し，それを手に取るよう求めた。便に似せるために，茶色いプリンでシミを作った。
	身体損壊	トレイに乗った牛の眼球に接近し，眼球の1つに注射針を刺すよう教示した。
	共感呪術	鉛筆に接近し，手に取るように教示した。その際，その鉛筆はトイレに落ちたため消毒したと伝えた。

課題遂行中の恐怖と嫌悪の程度は，全課題を通じて統制群よりも強かった。その際，汚染恐怖群においては，課題遂行中の嫌悪評定の方が，恐怖評定よりも有意に高かった。加えて，各課題における嫌悪と恐怖の評定値は，汚染恐怖群でも（$r = .68 \sim .93$），統制群でも（$r = .48 \sim .91$），有意に相関していた。

　嫌悪感受性の行動的測度は，自記式尺度を補完するものとして有用である。なぜなら，行動的測度は嫌悪感受性をより敏感に査定する可能性を有するし，自記式尺度を使って得られた知見を裏付けることも可能だからである。さらに，嫌悪感受性の行動的測度を用いれば，自記式尺度では捉えられないような治療効果を捉えることができるかもしれない。とはいえ，こうした行動的測度も，自記式尺度一般に適用されている心理測定的基準を満たす必要がある。その際，もっとも重要な心理測定的問題は，信頼性と構成概念妥当性，そして嫌悪感受性の行動的測度と他の心理的プロセスとのつながりを確立していくことだろう。

　もし行動的測度によって本当に嫌悪感受性が測定できるなら，その再検査信頼性は高くなるはずである。この点は重要なのだが，嫌悪感受性の行動的測度について，再検査信頼性が確かめられたり報告されたりすることは稀である。また，嫌悪感受性の行動的測度と自記式尺度の結果に乖離があることは，その構成概念妥当性に問題があることを示唆している。例えば，Olatunjiら（2007）によると，身体損壊に関する嫌悪感受性の行動的測度は，自記式尺度で測定された動物，死，衛生問題，性に関する嫌悪感受性と相関しない。さらに，WoodyとTolin（2002）によると，DSの合計得点は，嫌悪感受性4領域の行動的測度のうち，動物領域だけを予測するという。おそらく，こうした行動的測度の構成概念妥当性を究明するのが難しいのは，研究ごとに測度の内容が異なることによるのだろう。例えば，Rozinら（1999）が開発した嫌悪の行動的測度は，そのほとんどがあまりに不快なものだったため，ほとんどの参加者は課題を完遂することができなかった（ゴミムシダマシの幼虫を唇に触れさせる課題を完遂できた者は全体の9％だけだった）。それもあって，その後の研究ではそれほど不快でない課題を用いるようになってきている。また，嫌悪感受性を測定する行動的測度の構成概念妥当性は，実際の従属変数に表れる個人差（課題の実施，実施する意欲，嫌悪刺激との接触時間，嫌悪刺激との物理的距離等）を検討することで，より完全なものとなるだろう。心理測定的に標準化され，様々な嫌悪領域をカバーした行動的測度を開発し，妥当化することができれば，今後行われる嫌悪と嫌悪感受性の研究は，そこから大きな恩恵を受けることになるに違いない。

嫌悪感受性の行動的測度を標準化すれば、様々な精神障害の脆弱性因子となる嫌悪感受性と、他の心理的プロセスの関係を検討する研究は、大いに促進されるものと考えられる。実際いくらかの研究が、心理的な障害の治療における、嫌悪感受性の行動的査定の重要性を主張している。例えば、McKay（2006）は汚染恐怖型のOCDに対する治療を行うなかで、以下の嫌悪刺激に対する曝露を行っている。その刺激とは、ゴミ箱、大型のゴミ容器、ベタつき脂ぎった食品、タバコの灰、汚い水（水に土を溶かしたもの）といった刺激で、これらは不安でなく嫌悪を喚起することが確認されていた。この研究で嫌悪刺激に対する曝露が行われたことは、この研究領域における重要な進歩を表すものではあったが、ここでも行動的測度の信頼性・妥当性などは調べられていない。こうした方法を利用する研究者は、その信頼性や妥当性、一般化可能性を系統的に確かめることを、もっと重要視すべきである。嫌悪の行動的査定法を標準化すれば、研究間での結果の不一致を解決できるだろうし、様々な心理的障害において嫌悪感受性が果たす役割についても、より明瞭に推論できるだろう。

3. 嫌悪感受性は他に類のない臨床的概念だといえるか

　精神障害の研究文脈においては、嫌悪感受性概念の独自性・固有性に関する議論が存在する。そのなかで、嫌悪感受性は独立した固有の臨床的概念ではなく、神経症傾向や否定的な感情性を増幅する要素にすぎないのだとする見解が主張されてきた（Thorpe & Salkovskis, 1998）。実際、嫌悪感受性が神経症傾向や否定的な感情性と有意に相関することを示した研究はいくつもある（Haidt ら, 1994; Olatunji, 2006; Quigley ら, 1997）。しかし、否定的な感情状態の影響を統制してもなお、嫌悪感受性の尺度と、特定恐怖症や汚染恐怖型のOCDの尺度とが有意に相関するという結果が、先行研究において一貫して得られている。不安感受性との相関関係が中程度であることも、嫌悪感受性と不安感受性が別個の概念であることを示唆している（Cisler et al., 2007）。また、特性不安などの不安感受性と相関する変数について考えてみても、嫌悪感受性がそれと全く重複するものであるとは考えにくい（Valentiner et al., 2005）。実際のところ今日では、特性不安と嫌悪感受性が互いに独立した概念であり、それぞれが独自に不安障害の症状と関係していることを示した、明白な証拠が既に得られている（Davey & Bond, 2006）。

こうした知見は，様々な障害の症状形成や維持，もしくはその重症度に対し，嫌悪感受性が独自かつ固有の働きをすることを示唆しているといえるだろう。

　嫌悪の主観的体験は，恐怖のそれとは異なるように思われる（Page, 1994）。とはいえ，恐怖が顕在していると，嫌悪感情はより強くなるともいわれており（Thorpe & Salkovskis, 1998），これは両者に機能的なつながりがあるというよりも，両者が一種の付帯現象であることを意味している（Woody & Tolin, 2002）。実際，嫌悪と恐怖の自己式尺度は強く相関する（$r = .83$; Sawchuk et al., 2002）。こうした恐怖と嫌悪の主観報告指標間に見られる関連性は，WoodyとTeachman（2000）が考案した「不正確な感情命名モデル（imprecise emotional labels model）」に，よくまとめられている。このモデルのなかで，WoodyとTeachman（2000）は，感情体験が弱いか，ほどほどの強さでしかない場合に，恐怖と嫌悪の混同が生じやすいと述べている。このことから，非臨床群を用いた研究（弱い嫌悪をもつ者を対象とした研究）やアナログ研究（中程度の嫌悪をもつ者を対象とした研究）で得られた知見から，嫌悪独自の役割を解釈することは難しいと考えられる。むしろ，激しい嫌悪を経験することが予想される臨床群を対象として研究することが，恐怖と嫌悪を区別することの後押しとなるだろう（Olatunji & Sawchuk, 2005）。

　恐怖と嫌悪の混同は，現状の質問紙尺度がもつ限界を反映しているのかもしれない。例えば，DSのような尺度は，特定の刺激や状況に対する嫌悪反応を査定している。同様に，Fear Survey Schedule（FFS; Geer, 1965）もまた恐怖反応だけを査定する。現在入手可能な質問紙尺度は，嫌悪と恐怖が対照的な感情であり，同時には生じないという前提に立っている。そのため，参加者には1種類の反応しか許されていない。すなわち，DSについていえば，もし参加者がその刺激を嫌いだと伝えたいとして，仮に恐怖を感じていたとしても，嫌悪的であると評定するより他に選択肢がないのである。今後は，嫌悪と恐怖を交差する感情だとみなした2次元からなる自記式尺度を開発することが有益だろう。そうした尺度があれば，図2-1のような障害関連刺激に対する感情反応をベースとした診断分類と，合致したものになるはずである（Berenbaum et al., 2003）。また，このような複数次元からなる自記式尺度を開発すれば，「不正確な感情命名モデル」で述べられている問題も，いくらか解決できるかもしれない。呈示した刺激に対する恐怖と嫌悪の両方を査定する方法が開発できれば，参加者は2つの感情の違いを区別して考えるようになるだろうし，そのことにより感情反応の自己報告はより正確でハッキリしたものとなるだろう。

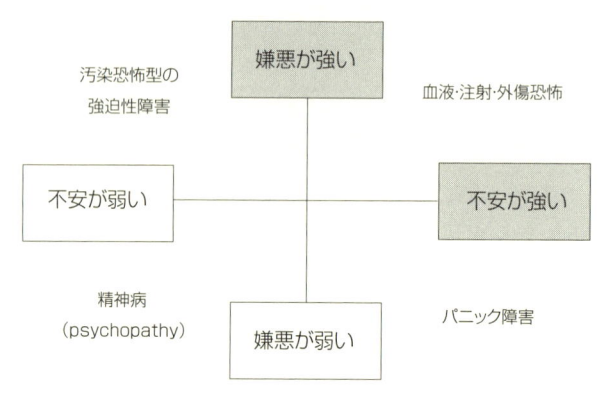

第2章 嫌悪感受性：測定法と操作的定義

```
                    嫌悪が強い
  汚染恐怖型の                    血液・注射・外傷恐怖
  強迫性障害

  不安が弱い                      不安が強い

  精神病                          パニック障害
  (psychopathy)
                    嫌悪が弱い
```

図2-1　特定の障害に対する恐怖と嫌悪の査定における次元的アプローチのモデル図

4. 結論

　これまでに提示してきた嫌悪と様々な障害との関係を考えると，嫌悪感受性の査定については，批判的な観点から心理測定上の問題に注意を向けることが重要だと指摘できる。嫌悪感受性を測定するための自記式尺度や行動的測度について，その信頼性，時間的安定性，一般化可能性を系統的に検討すれば，様々な障害における嫌悪の役割をよりよく理解する助けとなるだろう。とはいえ，嫌悪感受性の操作的定義について，より一貫した言及を行っていくことが先決である。これまでに提案されている重要な概念上の区別は，状態嫌悪と特性嫌悪の区別であろう（Woody & Tolin, 2002）。前者は嫌悪刺激によって誘発される嫌悪感情であり，後者は嫌悪を感じやすい傾向，すなわち嫌悪感受性を指す。ここから，DQやDS，DES，LODQは，状態嫌悪の尺度と考えられるし，一方でDPSS-Rはより特性嫌悪の尺度に近いものと考えられる（表2-3の項目例を参照）。理論的には，嫌悪感受性の個人差は様々な状況下で経験する嫌悪と関係するはずである。実際，嫌悪の尺度に関する心理測定的な知見をレビューすると，特性嫌悪と状態嫌悪は一定の重なりをもっていることがわかる。つまり，特性嫌悪が強いものほど，より強い状態嫌悪反応を示すのである。しかし，本当に特性嫌悪と状態嫌悪が別の概念なのか，それとも嫌悪と不安の連続体上に位置する同一の概念なのか，明確な結論が出たわけではない。

表 2-3 様々な領域の嫌悪感受性を測定する自記式尺度の項目例

尺度	嫌悪の領域	項目例
Disgust Scale	食品	誰かがバニラアイスの上にケチャップをかけて食べているのを見る。
	動物	公園の通り道をネズミが横切ると，嫌な気持ちになるだろう。
	身体分泌物	誰かが嘔吐しているのを見ると，吐き気がしてくる。
	性	同性愛行為は倫理に反すると思う。
	身体損壊	事故にあって腸がはみ出た男性を見た。
	死	死体にさわると，強い嫌悪感をおぼえるだろう。
	衛生	友達が週に一回しか下着を変えないと分かった。
	共感呪術	友達が犬の糞の形をしたチョコレートをすすめてきた。
Disgust Emotion Scale	食品	くさった牛乳 1 杯
	血液と注射	容器に入った自分の血液
	悪臭	尿のにおい
	損傷と死	自分の知らない死人
	動物	ドブネズミ
Disgust Propensity and Sensitivity Scale-Revised	嫌悪感受性	吐き気を感じると怖くなる。
	嫌悪傾向	嫌悪感で顔を歪ませる。

　嫌悪感受性はある種の障害に対して何らかの役割を果たしているようだが，現在入手可能な根拠のほとんどは相関研究である。したがって，嫌悪感受性と心理的障害との尺度間の相関関係は，嫌悪が単に心理的障害の症状として経験されることを示しているのかもしれないのだ。嫌悪感受性尺度の心理測定的妥当性に関する基準を厳しく設定していくことは，嫌悪感受性と心理的障害との関係を直接支持するような，質の高い前向き研究や縦断研究の知見を生み出すために欠かすことのできないことである。嫌悪感受性と，他の心理的脆弱性（不安感受性など）とで，研究数に差があることは，嫌悪感受性の観点が不足していることを意味する。この格差は，嫌悪感受性概念の心理測定的特性を調べた研究が少ないために生じている部分も大きい。嫌悪感受性が様々な障害の発生，維持，治療に影響する過程を，予測したり統制したりできるのなら，なおさら，嫌悪感受性概念を裏付けるような心理測定的知見を積み重ねていくことが必要である。

第 3 章

嫌悪の認知的側面

NATHAN L. WILLIAMS, KEVIN M. CONNOLLY, JOSH M. CISLER,
LISA S. ELWOOD, JEFFEREY L. WILLEMS, and JEFFEREY M. LOHR

　基本感情のひとつに数えられる嫌悪は，様々な生理的，行動的，主観的，認知的変数と，特有の関連性を示すことがわかっている（Izard, 1992, 1993）。第1章にあるように，この10年に行われた研究のなかで，嫌悪の主観的，行動的，生理的側面についての検討が進められてきた（Olatunji & Sawchuk, 2005; Woody & Teachman, 2000 など）。しかし同時に，嫌悪の認知的側面や情報処理バイアス，さらには適応的な嫌悪反応が病理的なものになっていく際の認知的プロセスについては，まだまだ研究が不足している。よって本章では，まず嫌悪の認知的特性を調べた先行研究についてレビューしていく。

　嫌悪への認知的アプローチでは，以下の2点が検討されている。その1つは嫌悪と結びついた認知的評価や信念であり，もう1つは嫌悪と結びついた情報処理バイアスである。不安障害に関する研究においては，認知過程に大きな関心が向けられており，特に注意バイアス，解釈バイアス，潜在的記憶バイアスを扱った研究が目立っている（Williams et al., 1997）。不安障害や他の関連する障害において，嫌悪は特有の認知過程や情報処理バイアスと結びつき，それが恐怖関連のバイアスと影響し合いながら働くか，もしくは，両者が個別に独特な影響を与えているのだろうと考えられている。嫌悪と情報処理過程に関する研究をレビューする前に，まずは嫌悪体験に関連する認知バイアスや認知的評価，信念について議論しておく。

　嫌悪と恐怖は相互作用し，特定恐怖症や汚染恐怖型の強迫性障害（OCD）の発症や維持に影響すると考えられる。一部の研究者によると，嫌悪はネガティヴ感情を増強する要素として，相互作用的・付加的なやり方で恐怖に影響をおよぼすのだという（Sawchuk et al., 2002; Thorpe & Salkovskis, 1998; Woody & Teachman,

2000)。それとは別に，嫌悪と恐怖は，不安障害に特有の「疾病回避」という機能（汚染を防ぐ働き）を共有しているのだと指摘する研究者もいる（Tolin et al., 2004; Woody & Teachman, 2000）。こうした議論のなかで，Woody と Teachman (2000) は，汚染の脅威に対する認知的評価は恐怖と嫌悪に共通するものであり，嫌悪感受性の高まりや認知過程のバイアスが，その脅威を過大評価させ，嫌悪刺激に曝されることで生じる痛ましい結果を，とても大きなものだと感じさせるのだろうと指摘している（Teachman, 2006 も参照のこと）。

1. 認知バイアスと嫌悪

　嫌悪と不安障害との関係を理解するうえで，複数の認知バイアスが示唆を与えてくれる。Teachman (2006) は，嫌悪の認知的評価過程について，以下のような興味深い分析を行っている。感情の一次的評価は，危険性に対する信念と関係している。よって嫌悪の一次的評価は，汚染の危険性に対する信念を反映しているだろう。感情の二次的評価は，危険への対処能力に対する信念と関係している。よって嫌悪の二次的評価は，嫌悪や汚染の可能性が存在するとき，それに対処する能力についての信念を反映しているだろう。Teachman (2006) は，こうした認知的評価過程と，病理的過程とを関連付けて，以下のように述べている。「多くの人が，嫌悪刺激に対してその人なりの水準で嫌悪反応を示す。しかし，嫌悪を感じること自体が危険であり，それは決して無視できない事態だと考える人は，自身の機能を妨げるほどの嫌悪反応を示すのである (p.337)」。これが正しいとすれば，たとえば，もし嫌悪的な状況下で汚染の危険性を感じたとしても，それにうまく対処できると思えるのならば，その人は汚染恐怖型の OCD や，特定の恐怖症に対して脆弱でないと予測できる。
　Rozin と Fallon (1987) や Rozin と Nemeroff (1990) は，嫌悪と汚染の関係を考えるうえで，共感呪術が不可欠な要素だと考えている。共感呪術とは，現実的であれ空想的であれ，汚染された対象と接触するだけで汚染が伝染してしまうという，にわかには信じ難い信念のことである。共感呪術的思考における「汚染の法則」は，「1 度の接触は，永続的な接触となる (once in contact, always in contact)」という信念だといえるだろう。この信念に従えば，たとえば誰かの飲み物にハエがとまったとしたら，ハエをそこから取り除いたとしても，その汚れはずっと消

えずに残ると感じるだろう。次に，共感呪術における「類似の法則」は，不潔なものと似ているなら，それ自体は本来的に無害であっても，同じように不潔である，という信念のことである。この信念に従えば，たとえばチョコレート菓子が犬の糞の形をしていたら，食べるのを避けたくなるだろう。こうした共感呪術の法則をもとに考えれば，なぜある人が実際は無害なものを汚染物質だと信じてしまうか（汚染の法則），さらには，なぜ嫌悪的な物質と似ているだけのものを汚染物質だと信じてしまうのか（類似の法則）を説明できる（Rozin & Nemeroff, 1990）。これについて Tolin ら（2004）は，「汚染の連鎖」課題を用いた実験から，その証拠を提示している。この課題では，参加者が汚染されていると感じる物に，新品の鉛筆を接触させた後，その鉛筆がどの程度汚染されたと感じるか評定させた。そして，その鉛筆に別の新しい鉛筆を接触させ，その新しい鉛筆の汚染度を評定させるという手続きを繰り返すことで，汚染の連鎖がどのように知覚されるか検討した。その結果，OCD 患者は，社交恐怖者や低不安の統制群と比べて，共感呪術の程度が大きいことがわかった。具体的には，この手続きを複数回繰り返しても，OCD 患者が感じる汚染の程度は低減していかなかったのである。

もう1つ嫌悪と関係しそうな認知バイアスをあげるなら，それはルーミング脆弱性であろう(Riskind, 1997; Riskind & Williams, 2006)。ルーミング脆弱性とは，広く解釈すれば，自分にとって脅威となったり，嫌悪や恐怖を喚起しそうな刺激が，動いたり，近づいてきたり，拡散したり，拡大・激化したりするのではないかといった，ダイナミックな心的シナリオを作りだしてしまう傾向のことである。不安のルーミング脆弱性モデルは，危険性がダイナミックに激化していく様子や，リスクが急速に高まっていく様子の心的表象が，不安と不安障害の認知的現象に含まれると仮定している（Riskind, 1997; Riskind & Williams, 2006; Riskind et al., 2000）。たとえば，ルーミング的な解釈バイアスを持つ者は，部屋の隅にいるクモが素早く近づいてくるように感じるだろう。しかしそれを持たない者は，同じクモを，ただ部屋の隅でじっとしているように感じるのである。

ここでの興味深い関心事は，ルーミング脆弱性が嫌悪や汚染の懸念と関係するかどうかという点である。実際，準臨床的な水準の OCD 症状を有する大学生は，汚染場面をイメージするとき，それを拡散し，運動し，リスクが高まっていく形でイメージすることがわかっている（Riskind et al., 1997）。これは彼らがルーミング脆弱性的な認知バイアスを有する証拠だと考えられるだろう。さらに，汚染恐怖傾向の強い大学生に対し，汚染場面をルーミングする形でイメージするよう

求めると，静的な形でイメージすることを求められるよりも，強い嫌悪反応を示した（Riskind, Wheeler et al., 1997）。汚染恐怖に対してルーミング脆弱性が果たす役割を支持する知見は，Tolin ら（2004）によっても得られている。それによると，汚染物質がルーミングする（拡散，変化，接近）と感じる程度は，刺激から刺激に汚染が連鎖していくと感じる程度を媒介するのだという。ルーミング脆弱性は，その汚染の脅威に対するバイアス効果によって，病的嫌悪を発達させる認知的脆弱性となりうる。我々は，嫌悪の認知的評価が，汚染の危険性や，汚染源の運動や拡散，接近に焦点づけられていて，しかもそうした認知的評価が深刻な汚染恐怖と結びついているとするならば（Tolin et al., 2004 など），嫌悪を感じさせる可能性を持つ物体がルーミングしてくるという心的シナリオは，より激しい嫌悪と結びつくだろうと考えている。特定恐怖症の疾病回避モデル（Matchett & Davey, 1991）を考慮すると，嫌悪的な物体が自分に接触する可能性や，自分を汚染する可能性が大きい場合にのみ，嫌悪反応が生じると予測できる。以上をまとめると，嫌悪感受性の強い者は，嫌悪を喚起してくるかもしれない物体に対して，それが素早く近づいてきたり，拡散したり，その危険性を増していくだろうと考えており，同時にそうした刺激に対する自身の対処能力を低く見積もっているのである。

2. 嫌悪と情報処理

　嫌悪に対するもう 1 つの認知的アプローチは，注意や解釈，記憶といった情報処理のバイアスと，嫌悪がどの程度結びついているのかを検討することである。情報処理過程の働きによって，我々は外界を正確に解釈し，自身の生命機能を維持するように行動することができる。また，どのようにして不安や恐怖といった感情が獲得・維持されるのかを理解することに，情報処理過程の理論を応用することが可能である。
　情報処理理論によると，人は環境内にある刺激を解釈するための認知的ネットワークを持つという（Lang, 1977）。これに関連して，Foa と Kozak（1986）は，情報処理バイアスを有する者は，自身が持つ恐怖関連の認知的ネットワークと整合しない新しい情報を処理しないと述べている。ただし，この仮説は恐怖や不安の概念に焦点を当てたものであり，嫌悪感情についてはまだあまり検討されてい

ない（Woody & Teachman, 2000）。しかし，嫌悪は他と明確に区別できる感情なので，恐怖や不安とも異なる，独特な情報処理パターンを示すのではないかと予測できる。

(1) 注意バイアス

注意とは，特定の課題に集中したり，後続の情報処理を行うために競合する複数の刺激を選別したり，邪魔になる刺激を意識から除外したりといった，様々な心理的プロセスを含む概念である（Shapiro, 1994 など）。我々が持つ注意システムは，外界に対する気づきを促進し，適応的で効果的な行動を導いてくれる。すなわち注意とは，潜在的な脅威や危険に対する，早期検出システムだと考えられるのである（Williams et al., 1996）。また注意の配分は，与えられた刺激がどの程度自分に関係するものであるかに影響されると考えられている（Bundesen et al., 2005）。これを前提として注意バイアスを定義するなら，感情価が中性的な刺激に比べて，脅威や危険となりかねない刺激に対して注意資源を配分しやすい傾向のことだといえるだろう（McNally, 1996）。注意バイアスは，不安の発達や維持をもたらすプロセスだと考えられている（Beck & Clark, 1997; MacLeod et al., 2002; Mogg & Bradley, 1998）。実際，心的外傷後ストレス障害（Bryant & Harvey, 1995; McNally et al., 1990），全般性不安障害（Bradley et al., 1995），社交恐怖障害（Becker et al., 2001），パニック障害（Buckley et al., 2002）といった種々の不安障害において，注意バイアスが観察されている。

このように，多くの研究が恐怖関連刺激に対する注意バイアスを検討している一方で，嫌悪関連刺激に対する注意バイアスについては，まだあまり検討されていない。ただ，嫌悪に関係する注意バイアスを検討した研究においては，暫定的な結果ではあるものの，嫌悪関連刺激に対する注意バイアスが観察されている。Charash と McKay（2002）は，嫌悪関連語，一般的な脅威語，中性語を用いたストループ課題に対する，一般健常者のパフォーマンスを検討した。なお，このストループ課題（Stroop, 1935）においては，様々な色で書かれた単語が刺激として呈示された。そして参加者は，単語の意味を無視して，その色を命名するように求められた。その結果，嫌悪関連語に対する反応時間が，中性語に対する反応時間よりも遅延することがわかった。これは，嫌悪関連語の意味内容を無視することが，中性語の意味内容を無視することよりも難しかったことによるものだろうと解釈された。これは嫌悪刺激に対する注意バイアスの存在を示唆する実験結果

だとみなせる（Cisler et al., 2009）。加えて，嫌悪関連のプライム刺激（ゴキブリが自分の口あたりを這いまわるというストーリー）を呈示された参加者においては，嫌悪感受性が嫌悪に関する注意バイアスと相関することがわかった。このことから，嫌悪の主観的体験と，嫌悪関連の注意バイアスとが，線形的に関係することが示唆される。ここで紹介した Charash と McKay による研究結果は，臨床的な不安の程度にかかわらず，嫌悪関連刺激に対する注意バイアスが生じうることを示したものだといえるだろう。

　嫌悪刺激に対する標準的な注意バイアスについてはエビデンスがある。しかし，嫌悪に関連するいかなる不安障害（クモ恐怖症，血液・注射・外傷恐怖症，汚染恐怖型の OCD）においても，嫌悪刺激への注意バイアスがその病態に不可欠な要素だと証明した研究は存在しない。クモ恐怖者が様々な実験課題においてクモ関連刺激への注意バイアスを示すことは明らかだが（Miltner et al., 2004; Öhman et al., 2001; Rinck et al., 2005; Thorpe & Salkovskis, 1997; van den Hout et al., 1997），同時に Thorpe と Salkovskis（1997）によると，彼らが注意バイアスを示すのはクモ関連刺激だけであり，その他の嫌悪刺激に対しては注意バイアスが生じなかったのである。同様に Sawchuk ら（1999）は，血液・注射・外傷（BII）恐怖群と統制群とを比較して，嫌悪刺激に対する注意バイアスの程度に差がないことを明らかにした。すなわち，嫌悪刺激への注意バイアスは，BII 恐怖者を特徴づけるものではない。汚染恐怖型の OCD に関しても，症状に関連する刺激に対する注意バイアスは確認されているが（Foa et al., 1993; Tata et al., 1996），嫌悪刺激一般に対する注意バイアスについては検討されていない。

　まとめると，現存するエビデンスが示しているのは（a）嫌悪刺激への注意バイアスは標準的な現象であり（Charash & McKay, 2002; Sawchuk et al., 1999），（b）クモ恐怖症，BII 恐怖症，汚染関連の OCD は嫌悪への注意バイアスと関係しない，という2点である。嫌悪に関する注意バイアス研究は，まだ始まったばかりの研究領域である。実際，嫌悪に関する標準的な注意バイアスを支持するエビデンスも，たった2つの研究からしか得られていない。よって，これまでとは別の注意バイアス課題を用いて，その知見を追試していく必要がある。今後の研究においては，嫌悪に関する注意バイアスの現象学的特徴を解明することにも，その焦点を当てていくべきである。たとえば，嫌悪刺激から注意を解放することが難しいのか，それとも嫌悪刺激を検出することが難しいのか，もしくはその両方なのか，といった問題を検討する必要がある。こういった基本的な問への答えが

得られれば，嫌悪刺激に対する回避や不快感に，どのような認知メカニズムが媒介しているのかが理解できるだろう。

(2) 解釈バイアス

解釈バイアスとは，曖昧な刺激を危険なものと解釈する傾向のことであり，不安障害の原因や維持要因のひとつだと考えられてきた（Clark et al., 1997; Huppert et al., 2003）。曖昧刺激に対する誤った解釈は，そこから導かれる回避行動を通じて，嫌悪を異常な水準に保つ働きをするのかもしれない。なぜなら，そういう状況を回避してしまうと，その解釈が誤りだと学習する機会を逃してしまうからである。

ある研究では（Davey et al., 2006），それぞれ嫌悪，不安，幸福感，中性的な気分への誘導を施した4群に対して，ヘッドホンを用いて同音異義語を聴覚呈示した。その同音異義語は感情価の異なる2通りの語として理解できるものであり，その一方は中性語で，もう一方は脅威語だった。たとえば，「dye（染料）」と「die（死ぬ）」は同じように発音するが，その意味合いを見れば感情価の違いがわかるだろう。この課題では，上記のような同音異義語を聴覚呈示した後，参加者にその語の綴りを尋ねた。ここで中性語（たとえば「dye」）よりも脅威語（たとえば「die」）の綴りを多く報告する場合，それは解釈バイアスの存在を示すものだと考えられる。実験の結果，嫌悪群と不安群は，幸福感群と中性的気分群よりも同音異義語を脅威語として解釈することがわかった。この研究結果は，嫌悪体験が否定的な解釈バイアスを引き起こす可能性を示したものであり，これは従来不安や恐怖において報告されてきたものと同様の結果であった。

その他の解釈バイアスとして，共変動バイアス（covariation bias）と予期バイアス（expectancy bias）の2つをあげることができる。共変動バイアスとは，無関係な2つの出来事に関連性を見出したり，関係する2つの出来事について間違った関連性を見出したりする傾向のことである。たとえば，はじめてその町に訪れた日が悪天候だったという事実から，その町はいつも天気が悪いのだろうという誤った解釈が導かれる場合，これは共変動バイアスだといえる。準備性理論（preparedness theory: Seligman, 1971）によると，ヒトは嫌悪的な出来事と，それを避ける方が進化的に有利となるような刺激との間の連合を学習しやすいのだという。この理論を支持する研究では，恐怖刺激（クモやヘビ）と嫌悪刺激の連合学習は，非恐怖刺激と嫌悪刺激の連合学習に比べて消去しにくいうえに，言語

的な教示によっても影響を受けにくいことが示されている。すなわち，クモと痛みの連合学習は，マッシュルームと痛みの連合学習よりも容易に成立しやすい，ということである。これに関連して，Tomarken ら（1989）によると，共変動バイアスは条件づけを促進したり，恐怖症を発症させたりするのだという。すなわち，「台所にいたらクモが飛びかかってきたんだ。あの台所にはいつでもクモが潜んでいるに違いない！」というように，共変動バイアスによって，その刺激にまつわるたった1つの否定的な出来事から，過剰な解釈が導かれてしまうのである。

　一方，予期バイアスとは，脅威刺激を呈示された後，何のデータにも基づかず嫌悪的な結果を予測する認知バイアスである。すなわち，共変動バイアスが，過去2つの出来事がどれくらい同時に生じたのかということに関する記憶の偏りだったのとは対称的に，予期バイアスとは，将来どんなことが生じるかという未来予測の偏りだといえる。また共変動バイアスは，それに先行して生じていた予期バイアスが存続したものに過ぎないとする考え方もできる。もしも共変動の推定があらかじめ存在していた予期バイアスの延長にあるものだとすれば，恐怖症者と非恐怖症者とで，予期バイアスと共変動バイアスは一致したパターンを示すと予測できる。

　de Jong と Peters（2007a）は，BII 恐怖群と統制群に対して，中性刺激（うさぎの画像等）と，嫌悪刺激（献血の画像等）を呈示した。そして画像刺激の呈示後，電気ショックを受ける，嫌悪的な液体を飲む，何も起こらない，という3つの刺激のうち一つが後続して呈示された。すなわち，うさぎ画像の後に電気ショックが与えられたり，献血画像の後に嫌悪的な液体を飲まされたり，といった手続きであった。その際，それぞれの後続刺激は，各刺激画像につき同じ確率で呈示された。なおこの実験に先立って，各刺激画像に対し，3つの後続刺激がそれぞれどれくらいの確率で生じるか予想するよう，参加者は求められていた。このとき，特定の刺激画像と後続刺激のペアが，他のペアよりも頻繁に生じると予想したならば，それは予期バイアスによるものだといえるだろう。そして，実際の刺激呈示が終わった後で，各刺激画像がそれぞれ各後続刺激とどのくらいの頻度でペアになっていたかを想起させた。ここで，特定のペアが他のペアよりも頻繁に生じたと報告されたならば，それは共変動バイアスによるものだといえるだろう。これはたとえば，献血画像と嫌悪刺激のペアが，献血画像と何も起こらないことのペアよりも頻繁に生じたと記憶しているような場合である。以上のような実験

を行った結果，BII 恐怖群と統制群はどちらも，献血画像は嫌悪刺激とより頻繁にペアになるだろうと予想していた。ただし献血画像とペアになると予想された嫌悪刺激について，種類による違いは認められなかった。すなわち，参加者は献血画像の後に電気ショックが与えられる頻度が，嫌悪的な液体を飲まされる頻度と同じくらいだと予想したのである。一方で，この実験から共変動バイアスを支持する結果は得られなかった。BII 恐怖群と統制群はどちらも献血画像の後に嫌悪的な液体を飲まされる回数が多かったとは報告しなかったし，これは電気ショックについても同様だった。この研究は，参加者の BII 恐怖の強さにかかわらず，献血画像の後には嫌悪的な後続刺激の呈示が予想されるという，標準的な予期バイアスの存在を示している。一方で，標準的な共変動バイアスは支持されなかった。これらに加えて，電気ショックという恐怖刺激と，嫌悪的な液体という嫌悪刺激との間で，その予想に違いが認められなかったのである。これは，献血画像が身体損傷関連の嫌悪刺激（電気ショック）と結びつくように見えることを考えると，少しばかり驚きの結果だといえるだろう。

　de Jong と Peters（2007b）においても，これによく似たデザインの実験が行われた。症状関連の刺激はクモの画像であり，後続刺激は先ほどと同様に電気ショックを受ける，嫌悪的な液体を飲む，何も起こらない，の 3 つのうち 1 つだった。その結果，両群ともにクモ画像の後には電気ショックを与えられる頻度が高いと予測したが，クモ恐怖群のみ，嫌悪的な液体を飲まされる頻度が高いと予想したのである。また，前述した de Jong と Peters（2007a）と同様に，どちらの群においても，クモ画像と電気ショック・嫌悪的な液体との間の共変動バイアスは認められなかった。すなわち，クモ恐怖の弱い者は恐怖を伴う刺激が頻繁に後続すると予想し，嫌悪を伴う刺激については，偏った予想をしなかったのである。この結果は，クモを嫌悪刺激だと解釈しないのが正常値だということを示唆している。しかし，クモ恐怖群においては，クモは恐怖でなく嫌悪と結びついていた。これとよく似た結果は，表情の画像を後続刺激とした Olatunji ら（2008）においても見いだされている。すなわち，クモ画像の後続刺激として，クモ恐怖者は嫌悪表情がより頻繁に生じるだろうと予想し，統制群は恐怖表情が頻繁に生じるだろうと予想したのである。

　これまでに紹介した 3 つの研究から，何らかの結論を導くことは難しい。しかし，これらのデータからいくつか推論をすることはできる。第 1 に，クモ恐怖者だけがクモ刺激に嫌悪刺激が後続することを予期したことから，クモ恐怖におい

て嫌悪は不可欠な要素だと考えられる。こうした嫌悪に関する予期バイアスは，クモの嫌悪的性質を誇張した信念を反映しているのかもしれないし（一次的評価；Teachman, 2006），クモへの嫌悪感情に対処することの難しさを誇張した信念が反映されているのかもしれない（二次的評価）。第2に，BII恐怖者と統制群のどちらもが，血液刺激の後には嫌悪刺激と恐怖刺激が同じくらいの頻度で後続すると予期していた。このことは，血液刺激が恐怖と嫌悪の両方と結びつくことを示唆している（Sawchuk, Lohr et al., 2002）。そして，この予期バイアスがBII恐怖の程度にかかわらず生じていたことから，嫌悪的な予期はBII恐怖に不可欠な要素ではないと考えることができる。これは必ずしも嫌悪そのものがBII恐怖に不可欠でないことを意味するわけではなく，ただ嫌悪的な予期がBII恐怖の維持要因として重要でないことを意味しているだけである。第3に，クモ刺激でも血液刺激でも，予期バイアスが先行して形成されたときにさえ，嫌悪的な後続刺激との共変動バイアスは認められなかった。よって嫌悪に関する共変動バイアスの存在には反論の余地があるといえるだろう。共変動バイアスを予期バイアスの延長にあるものだとする考え方からこれを解釈すると，嫌悪の予期バイアスは不安定で変化しやすいものだといえるかもしれない。つまり，共変動バイアスが検出されないのは，その源である予期バイアスが課題の進行と共に変化していったことを意味していると考えられるのである。だとすると，認知的コントロールの範囲外にある恐怖とは違い（Öhman & Mineka, 2001），嫌悪は（少なくとも嫌悪的な予期バイアスは）認知再構成にもよく反応すると考えられる。

(3) 記憶バイアス

不安や恐怖，そして嫌悪にまつわる記憶バイアスは，様々な手法によって検討されてきた。そこで用いられてきた手法は，ノイズ評定課題（Foa et al., 1997），語幹完成課題（McCabe, 1999），表情再認課題（Foa et al., 2000），文章再認課題（Foa et al., 1997），信号検出課題（Sawshuk et al., 2002），語彙性判断パラダイム（MacLeod & Mathews, 1991）などである。一般に，潜在記憶は意識的な情報処理過程の範囲外にある記憶の機能だと考えられており，顕在記憶は意識的思考の範囲内にある記憶の機能だと考えられている。嫌悪にまつわる記憶バイアスを調べた研究はまだ多くないので，ここではそれに代わるものとして，汚染恐怖型のOCDに関する研究を併せて概観していく。なぜなら，汚染恐怖と嫌悪の関連は頑健なものであるし，汚染恐怖関連刺激（たとえば，病原菌や汚れたトイレ）の多

くは，標準的な嫌悪喚起刺激とよく似ているからである。

　これまでに，汚染恐怖や嫌悪の潜在記憶バイアスを調べた研究は2つだけである（Foa et al., 1997; Sawchuk et al., 1999）。Foaらは，これを検討するためにノイズ評定課題を用いた。この実験パラダイムにおいては，まず参加者に対してニュートラルな文章と汚染に関連する文章を聴覚呈示し，大きい声で復唱させた。次に，それらの文章を様々な音量のホワイトノイズと共に聴覚呈示し，文章の再認を求めた。そして，汚染関連文章とニュートラル文章の両方について，それに伴うノイズの音量を評定させた。このとき，汚染関連文章に伴うノイズの音量を，ニュートラル文章に伴うものよりも小さく評定したら，それは汚染恐怖に関する潜在的な記憶バイアスを反映したものだと考えられた。なぜなら，一般的にいって，再認しやすい文章に伴うノイズは，再認にあまり干渉しないと考えられるので，再認しにくい文章に伴うノイズよりも音量が小さかったと評定されると考えられるためである。すなわち，ノイズの音量を小さく評定することが，潜在的な記憶バイアスを示すと考えられるのである。しかしFoaらによると，OCD患者群と統制群の両方において，汚染恐怖刺激に伴うノイズの方が，ニュートラル刺激に伴うノイズよりも，音量が大きいと評定された。すなわち，この研究においては，OCD患者が健常群よりも強い水準で潜在記憶バイアスを示すだろうという仮説は支持されなかった。

　さらにSawchukら（1999）の実験では，まずBII恐怖者と統制群に対して，嫌悪的な映像とニュートラルな映像のうち一つを選んで視聴させた。その後，全参加者に医療用語，嫌悪関連語，ネガティヴ語，ニュートラル語の4種の刺激語を含むストループ課題を遂行させた。そのうえで，このストループ課題で呈示された語を用いた語幹完成課題を実施した。もしも特定の種類の語について（たとえば嫌悪関連語），他種類の語よりもよく語幹完成に成功したならば，それは潜在的な記憶バイアスを反映したものだと考えられる。実験の結果，BII恐怖者は統制群に比べて医療関連語と嫌悪関連語の語幹完成の成績が良かった。この結果は，BII恐怖者にのみ，嫌悪関連語に関する記憶バイアスが存在することを示唆している。

　以上のように，嫌悪に関する潜在記憶バイアス研究の結果からは一貫した結果が得られていない。その一方で，顕在記憶バイアスについての研究結果は，より一貫したものだといえる。RadomskyとRachman（1999）は，一般的な高不安者や統制群との比較から，OCD（汚染恐怖）患者がもつ記憶バイアスを明らかに

した。この研究では，50個ある実験刺激（コンパクト・ディスク等）のうち，25個については実験者が汚す様子を参加者に目撃させ，残りの25個については汚さずにただ触る様子を見せた。そして50分程度の干渉課題（ウェクスラー式記憶検査）を行った後，先ほど実験者が触った物を自由再生するよう参加者に求めた。その結果，OCD患者は，実験者によって汚された実験刺激を，そうでない刺激よりも多く再生した。この研究は，汚染恐怖型のOCD患者が汚染関連刺激への顕在的な記憶バイアスを有するという予測を支持したものといえるだろう。

さらにCeschiら（2003）は，より特定的な実験群（洗浄強迫群）と統制群（社交不安群，非不安群）に対する実験を行い，先行研究を追試している。その結果，RadomskyとRachman（1999）とはいくらか異なる結果が得られた。すなわち，先行研究とは異なり，実験刺激の自由再生課題においては，洗浄強迫患者と統制群との間に有意差が認められなかったのである。しかし，各刺激が実験者によって汚されたか汚されていないかを問うたところ，OCD患者は，事前に汚されていた刺激に対する汚染・非汚染の再認を正確に行なうことができた。一方，統制群ではこうした反応パターンが観察されなかった。この実験結果は，ある文脈がプライムされた状況で生じる，脅威情報に対する記憶バイアスなのではないかと説明されている。

嫌悪に関する顕在記憶バイアスは，一般大学生サンプルを参加者としたCharashとMcKay（2002）においても検討された。まずプライム刺激として，嫌悪喚起ストーリー，恐怖喚起ストーリー，中性的ストーリーの3つのうち1つを参加者に呈示した。プライム刺激の呈示後，ストループ課題（Stroop, 1935）を実施するよう求めた。そして最後に，ストループ課題で呈示された単語をできるだけ多く自由再生するよう求めた。その結果, Disgust Sensitivity Questionnaireによって測定された嫌悪感受性が，嫌悪関連語の再生数と正の相関を示すことがわかった。この結果は，嫌悪感受性と，嫌悪刺激に対する記憶バイアスとのつながりを示唆している。

一方で，Foaら（1997）は上記のような研究とは相反する実験結果を報告している。この研究では，汚染恐怖型のOCD患者と統制群に対して，汚染関連文章と中性的文章を含む文章再認課題を実施し，顕在的な再認のバイアスについて検討している。実験の結果，両群ともに汚染関連文章よりも中性的文章を多く再認することが示されたことから，彼らが設定した「OCD患者による汚染関連刺激の再認成績は統制群と異なる」という仮説は支持されなかった。

以上をまとめると，嫌悪の顕在記憶バイアスを支持する唯一のエビデンスは，BII恐怖症患者が統制群に比べて嫌悪語の語幹完成課題で良い成績を示すことを示した研究だけである。しかし，語幹完成課題における低BII恐怖者の成績が，中性語よりも嫌悪語で良くなるかどうかは報告されていない。そのため，低不安者が嫌悪語に対して潜在記憶バイアスを示すかどうかは明らかでなく，従ってそれがBII恐怖症に特有のものなのかどうかはわかっていない。一方で，これとは異なる実験パラダイムを用いたFoaら（1997）は，OCD患者群と統制群の両群において，汚染関連刺激に対する潜在記憶バイアスを見いだせなかった。こうした実験結果の違いを踏まえると，たった2つの研究から嫌悪の潜在記憶バイアスについて結論を下すことは難しい。ただし結果の違いを考慮すると，語幹完成課題はノイズ検出課題よりも潜在記憶を敏感に捉える課題だとはいえるかもしれない。そして，嫌悪語の再生成績と嫌悪感受性が正の相関を示すことを明らかにした研究は，嫌悪にまつわる個人差が顕在記憶バイアスの効果を媒介することを示唆している。汚染恐怖を題材とした一連の研究では，総じて顕在記憶バイアスの存在が支持されている。ただし，その効果は記憶の内容そのものよりも，むしろ記憶の文脈やソースに限定されたものなのかもしれない。くわえて，その効果は汚染恐怖の強い者でのみ観察されていた。以上のような研究結果が得られているとはいえ，汚染恐怖には恐怖と嫌悪の両方が関わることを考慮すると（Rachman, 2004），上記のような記憶バイアスについて，嫌悪の役割だけを考察するのは難しいだろう。

3. 情報処理過程に関する実証的知見のまとめ

　本章では，汚染恐怖と嫌悪に関わる情報処理バイアスを検討した実験精神病理学研究について，批判的に吟味して要約することを目指した。他の領域と比べ研究の数は限られるが，総じて嫌悪に関する注意バイアスの存在を支持している。しかしながら，そうした注意バイアスが嫌悪関連の不安障害を特徴づけているかというと，それを支持する研究はかなり限られている。また，潜在記憶バイアスに関する研究は数少なく，その結果は一貫していないが，顕在記憶バイアスの研究からは概ねポジティヴな結果が得られている。今後の研究においては，潜在記憶や顕在記憶を検出するために，これまでの研究とは異なる課題を用いるのが良い

だろう。さらに，予期バイアスと共変動バイアスの研究においても，結果は一貫していない。共変動バイアスを予期バイアスの延長線上にあるものとみなせるかどうかは，いまだに議論の残る問題であり，当該の研究領域において検討されているところである (Amin & Lovibond, 1997)。共変動バイアス現象を，事前に形成された予期の連続線上にあるものだと考える研究者もいれば (Davey, 1995)，予期バイアスとは独立した特有の現象だと考える研究者もいる (Amin & Lovibond, 1997)。なかでも Amin と Lovibond (1997) は，高不安者は自分で形成した予期の修整に新しい情報を用いることができないが，低不安者は情報の修整にそれを用いることができると述べ，そうした違いが共変動バイアスとして表れるのではないかと主張している。今後，嫌悪にまつわるこうした相違をさらに検討していく必要がある。

4. 嫌悪に関する情報処理過程研究のこれから

　本章のテーマに関連する研究はまだまだ少ないのが現状である。そのため，ここで何らかの結論や理論的説明を述べるよりも，むしろこの研究領域が今後どのような方向に進めばよいか提案する方が建設的だろう。第1に，嫌悪に関する標準的な認知過程を検討することに力を注ぐべきだろう。標準的な認知過程についての知識が得られれば，嫌悪関連障害 (BII恐怖症など) における認知過程の病理を検討する礎となるだろう。第2に，嫌悪に関する認知機能研究では，恐怖との比較を通して，嫌悪特有の性質を明らかにしていくべきである。たとえば，我々が行った研究によると，恐怖と比較した場合，嫌悪の注意バイアスにおいて特徴的な現象は，嫌悪刺激から注意を解放することの難しさである (Cisler et al., 2010)。恐怖と嫌悪の認知的な違いを研究することで，嫌悪に関連する認知過程が，精神障害の発症や維持に寄与しているかを明らかにできるかもしれない。第3に，恐怖との比較から嫌悪の認知過程を明らかにしようとする場合には，両者には感情価と覚醒度の点で違いがあるかもしれないので，これを統制する必要があるだろう。というのも，情報処理過程は感情価と覚醒度に影響される場合があるからである。嫌悪関連刺激と恐怖関連刺激とで感情価と覚醒度に違いがある可能性を考えると，嫌悪に特有の認知過程を検討する際には，それらを統制しておくべきであろう。第4に，今後の解釈バイアス研究においては，嫌悪刺激に対する予期バ

イアスと共変動バイアスを連続的に検討していくことが有益だろう。その種の研究は，予期バイアスと共変動バイアスが本当に同じ現象だといえるのか，それとも全く異なる性質をもつものなのかという，現在進行形の議論に何らかの光をあてるものになるだろう。そして最後になるが，嫌悪に関するルーミング現象については，まだ十分に実験が行われたとは言いがたい。共感呪術的な信念とルーミング概念との重複を踏まえると，嫌悪におけるルーミングを実験的に研究していくのが堅実なやり方だろう。

5. 結論

本章では，認知的なアプローチから嫌悪を検討した諸研究を総括した。このアプローチには，嫌悪と結びつく認知的評価や信念，認知バイアスを評価すること，そして注意や解釈，記憶といった情報処理過程と嫌悪がどのくらい強く関連するかを明らかにすることが含まれている。Rozinら（2000）と同様に，我々は嫌悪を多次元的な概念だと捉えている。つまり嫌悪は，心と身体，そしてより広範な社会的文脈における汚染の可能性という，様々な思考内容に共通するテーマを軸としたものなのだろう。さらに，認知的評価や信念，そして認知バイアスが果たす役割は，嫌悪の種類によっても異なるのではないだろうか。つまり，原初的なかたちの嫌悪は意識的な認知過程とあまり関わらないだろうし，より発達したかたちの嫌悪においては，認知的側面や文化的側面が強調されるだろう。

II
反応パターン

第4章

嫌悪の獲得と維持：発達と学習の観点から

CRAIG N.SAWCHUK

　嫌悪は，生理的，表出的，行動的に安定した反応を伴う基本感情のひとつであり，諸文化を通じて普遍的に認められる。発達初期に生得的な嫌悪反応が明確に現れることは，種にとって明らかな適応価がある。特定の学習経験と社会文化的な影響により，生涯を通じた嫌悪反応の強度と作用の範囲が形成される。乳幼児期から老年にわたる嫌悪の発達的特徴をまとめることからこの章を始める。次に，それぞれが組み合わされて嫌悪の獲得に影響する，学習的要因，認知的要因，生物的要因，社会文化的要因について考える。最後に，通時的に嫌悪反応を維持する鍵となる学習概念を概説する。

1. ライフスパンと嫌悪

　嫌悪は，人生を通じ誕生から現在まで容易に同定が可能な感情である（Rozin & Fallon, 1987; Rozin et al., 2000; Sullivan & Lewis, 2003）。人間の基本感情のうちのひとつとして広く認められているが，嫌悪は著しく複雑で永続的かつダイナミックな感情である。人の発達に伴い，神経生理学的なしくみと環境的な相互作用が嫌悪反応の形成に加わる。この感情を喚起する刺激と状況の範囲においても大きな変化が起こる。すなわち，生物学的に準備された発達初期の基本的な味覚嫌悪から，成人期における倫理的・道徳的な，より高次の認知的評価へと発展していくのである。

(1) 乳幼児期の嫌悪

　個別感情に関連した表情は，出生直後から容易に観察できる（Camara et al., 1993）。乳幼児期の嫌悪反応について詳細に記述する前に，まず顔の表情を研究する意義を考察する必要がある。発達初期段階の表情について注意深く研究を行う意義は2つある（Sullivan & Lewis, 2003）。第1は，表情はしばしば身体運動と発声とに統合されており，そこから乳幼児の状態と機能に関する基本的な情報が得られる，という点である。形式言語（formal language）や他のコミュニケーション手段がないこの発達段階では，乳幼児の欲求，覚醒水準，環境刺激への反応の質を推定する手がかりとして表情が使われる。養育者が乳幼児と相互作用する際，養育者は乳幼児の表情に頼りながら自分自身の反応をガイドする。表情は，社会的モデリングなどのように，ライフスパンを通じて高度な影響力を持つ他の学習過程にとっての，発達的に適切な構成要素として機能する。乳幼児と養育者との相互作用は，感情表出，感情規則，およびその後の言語発達に対する，初期の基盤を形成する（Mundy & Willoughby, 1996; Walden & Knieps, 1996）。

　第2に，表情を検討することによって，発達過程にある乳幼児の神経認知的機能を洞察できる。脳が成熟するとともに皮質下レベルで生み出される生得的表出はますます複雑になり，児童期を通して，他のより高次な感覚，認知，動機づけシステムが関与してくる（Sullivan & Lewis, 2003）。神経学的な損傷や発達遅滞のみられる乳幼児でも，人間の表情の基本レパートリーは，とりわけ嫌悪表情（Steiner, 1979）において，その大部分が保たれている。したがって，洗練された感情表出が増えることは総合的な指標となり，それによって乳幼児の発達段階への到達や，発達段階間の移行をモニターすることができる。

　乳幼児と子供についての，表情のアセスメントと符号化に関する方法論は，この30年間で相当進歩した（Izard, 1982; Oster, 1978 など）。児童期後期に発達してくる他のコミュニケーション様式がない発達初期に，顔の符号化は感情を特定するのに欠かせない手段となる。嫌悪の表情は新生児において明確に観察可能である（Soussignan et al., 1997）。生涯を通じて似たようなものだが（Ekman et al., 1980; Izard, 1971; Levenson, 1992），新生児と乳幼児の嫌悪表情とは，口を大きく開け，下唇を下垂し，鼻にしわを寄せ，上唇を引く（Rosenstein & Oster, 1988）というものである。しかし，この発達初期段階の嫌悪反応は味覚・嗅覚刺激によってのみ引き起こされる。例えば，キニーネなどの苦味物質は嫌悪特有の顔面反応を生じさせる。その濃度を高めると，「有害な」刺激物から乳幼児が顔を背けるという

動作となる (Ganchrow et al., 1983; Rosenstein & Oster, 1988; Steiner, 1979)。発達初期の嫌悪反応における顔の特徴は，消化や嗅覚のための開孔部へ物質が入ったり取り込まれたりするのを防ぐという，基本的な機能的意義があることを支持している (Plutchik, 1980; Rozin et al., 2000; Rozin & Fallon, 1987)。

酸味物質への反応を見ると，引き起こされる顔の反応はさほど強くない (Sullivan & Lewis, 2003)。嫌悪の表出はわずかに遅延し，唇がすぼめられるが，その物質から必ず顔を背けるわけではない。よりマイルドな酸味への反応については，4カ月齢時に際立った多様化が起こる。例えば，酸味刺激に接した後，乳幼児は微笑などのより肯定的でより接近指向の反応を示すことがある (Bennett, 2002)。酸味刺激に対する定位反応がこのように多様なことは，食べ物の個人の嗜好が発達初期から現れることを示唆しているのかもしれない。

新生児と乳幼児の嫌悪研究は，またとない発達科学的な窓口を提供する。それによって，この感情の最も生得的で純粋で非認知的な形態が観察できる。乳幼児期の嫌悪表出は，それが短時間ですぐに消失するものであっても，生涯を通じた形態と機能に著しく類似している。知覚障害，神経認知的障害や発達障害をもつ乳幼児でさえ，嫌悪特有の表情はほとんど損なわれない。味覚反応や嗅覚反応を引き起こす嫌悪誘発子の範囲が狭いことは，特定の嫌悪刺激が生物学的に準備されているという考え方を支持している。

(2) 児童期と思春期の嫌悪

児童期は，身体的，神経認知的，社会的に著しい発達期である。味とニオイに対する基本的な嫌悪 (aversion) は，児童期の初期において，優勢な嫌悪反応レパートリーであり続ける。8歳未満の子供は，高次の嫌悪的表象に対して，嫌悪や拒絶を示さない傾向にある (Rozin & Fallon, 1987; Rozin et al., 1986)。例えば低年齢の子供は，犬の便のように形成されたチョコレートを食べることや，ハエたたきでかき回されたジュースをコップから飲むことは，かなり平気でおこなう。両親や保護者はひどく驚くのだが，身体分泌物（便，尿，粘液，吐瀉物など）やある種の動物（虫，ナメクジ，クモなど）をいじりたくなり，実際，それらは遊びの中でも注目の的になる。汚染を評価したり解釈したりする分別は，この時期，まるで見られない。汚染についての知覚がある (Siegal & Share, 1990) ことから，4歳程度の幼児が拒絶の兆候を示す可能性はある。とはいえ，この反応は，脅威の程度や病気への罹患に対する内的に動機づけられた懸念によるというより

も，親をモデリングしているものとして説明する方が適切だと思われる（Rozin & Fallon, 1987）。

　3.5歳と12歳の間の子供を使った一連の巧妙な実験で，Fallonら（1984）は，食物拒否と汚染観念の発達的変化について，量的・質的な知見を提出した。大きい絵本を子供に呈示し，汚染の脅威が起こるかもしれない話を実験者が聞かせた。物語は，様々な汚染物（キャンディ，ホットドッグ，気持ちの悪い食物，葉，バッタ，毒，便）が様々な接近度（グラスの縁にくっついている；グラスの下に沈んでいる；グラスに沈んでいたがスプーンで取り出された；取り出された後，同じ飲料をついだ；取り出した後グラスを徹底的に洗ってまた同じ飲料をついだ）で自分の好きな飲料に入れられるというものであり，その時に，どの程度，その飲料を飲みたいかが評定された。その結果，年齢が上がると汚染への感受性が分化していくことが示された。とりわけ，最幼年群（3.9～6.1歳）は，汚染物質の間にほとんど区別がなく，スプーンでその物質を取り出した後，その飲料を飲むと報告した。中年齢群（6.4～7.8歳）は同様に，汚染物質への反応にほとんど区別がなかったが，物質を取り出してから，改めてグラスにつがれた飲料を飲むと報告した。最年長群（8.2～11.11歳）は，はるかに明確に汚染物を弁別し，汚染刺激がバッタや毒や便だった時はより否定的に評定した。さらに，この年齢層は，グラスが洗われてつぎ直された後にだけ飲料を飲むと報告したのである。このことは，汚染する可能性のある物質が，それを取り除いても永続的に作用すること，そして汚染されたと感じる飲料を飲む前にその器を洗浄する必要があるという信念が生じてきたことを意味する。成人の実験参加者が同じ一連の課題を行ったとき，バッタ，毒および便に接触した飲料を飲むには洗浄すら不十分であったことを考えると，さらに興味深い。

　日本で行われたその後の研究は，汚染の認知的評価に含まれる発達過程をさらに明らかにしようとねらったものである（Toyama, 1999）。Fallonら（1984）と同様の「物語－絵」手続きを使用し，Toyama（1999）は4～7歳の日本人の子供と成人大学生を用いて一連の3つの実験を行った。Fallonら（1984）の研究は実験参加者自身が対象物を飲食するか否かを検討したものだが，Toyama（1999）の実験は対象物を飲食する架空の人物を呈示するというものだった。この研究では，嫌悪されるもの（便），危険なもの（毒），および味のするもの（砂糖）といった汚染物を，水の入ったグラスの内側に（接触），被覆されずに外側に（近接），または被覆された状態で外側に（非接触），それぞれ配置した。その結果，7歳児と

成人の参加者は汚染の可能性を評価する際，類似した推論スタイルを示すことが明らかになった。嫌悪されるものと危険なものによって水の汚染がおこるためには，水との直接的な接触か接近が必要となる。一般に4歳の実験参加児は，3種すべての物質が潜在的な汚染物質であるという，比較的おおざっぱな見方をした。その上，年長の対照群に比べて，非接触の設定でも汚染されたものと見なしがちだった。最後に，接触，近接，非接触の状況設定の後，物理的に外観を変化させるため色素が水に投入された。このとき，4歳児は色素を投入しない条件よりも，汚染されたと見なしたのである。そのような外見的な変化は，7歳児群や成人群では汚染評価にほとんど影響しなかった。

つまり，年長の児童と思春期直前の子供は成人に近く，どの刺激が汚染の潜在的キャリアなのかを評価するスタイルが類似している。しかし，加齢につれ汚染物質の永続性の知覚は（また，物理的接触の結果についての懸念も）強まる。したがって，児童期後期は「共感呪術の法則」（Rozin & Nemeroff, 1990）が成立し始める時期なのかもしれない。低年齢児もある程度は汚染されたと評価するように見えるが，汚染されたことや食べられなくなったことの根拠にしている事柄は，具体的な視覚的手がかり（ここでは色素）の有無なのだろう。

子供の認知的洗練と抽象能力の高まりは，先行経験から学習して将来の結果を予期する子供の能力の目安となる。さらには，児童期後期，思春期，および青年期を通して，嫌悪反応を形成する際には，個人的経験，社会的モデリング，そして文化的影響が著しく優勢になる。前に述べたように，年長の子供は汚染の脅威の度合いに関していっそう精緻な刺激間弁別を見せ始める。同様に，「汚れている」と感じる物質に接近したり接触したりする前に，年長の子供は主観的により高い安全度（または清潔度）を求めるようになる。嫌悪をもよおす対象物（便のような形のチョコレートなど）の概念表象によって，ますます嫌な感じ（repugnance）が引き起こされるようになる。言語発達により，感情的なラベリングと嫌悪の語彙（気味が悪い，むかむかする，オエッとなる，など）の拡大が進む。押しのける，視線回避する，接触を回避するといった，拒絶を示す顕在的行動傾向は嫌悪反応レパートリーの中核となっていく。人生を通じて表出される形態の嫌悪表情は，子どもが年長になる頃には安定して表出されるようになる。

残念ながら，児童期後期と思春期児童を対象として，加齢による嫌悪誘発子の変化を実証的に検証した研究はほとんどない。乳幼児期と児童期初期では味覚的・嗅覚的手がかりだけが嫌悪を引き起こしたが，年長の子供では，視覚（腐敗した

動物を見る，など），聴覚（嘔吐の音を聞く，など），触覚（ぬめぬめした昆虫に触わる，など）の感覚モダリティがそれに加わる。乳幼児と低年齢児（Sullivan & Lewis, 2003）を対象とした研究から推測すると，嫌悪を引き起こす刺激の領域は，単純な食物拒否の範疇を超えて拡張するようだ。身体分泌物，小動物，衛生，対人，社会道徳といった領域が，嫌悪や拒絶に関連するようになるのである。そして，対人的領域や社会道徳的な領域など，より抽象的な嫌悪の表象が10代でさらに発達してくるようだ。思春期は，仲間集団と文化的な期待が，態度，価値観，信念，行動に対していっそう強く影響する，「臨界期」のような性質を帯びている（Remschmidt, 1994）。様々な嫌悪誘発子に対する成人の反応には性別による差異が見いだされているが，これはこの発達段階に起源をもつものと思われる。抽象的思考，内省，他者の視点に立つ能力が向上することで（Remschmidt, 1994），軽蔑，怒り，困惑，罪悪感，恥といった，嫌悪に関わるより複雑な感情表現が可能となる（McNally, 2002; Power & Dalgleish, 1997; Rozin et al., 1999）。

(3) 成人期の嫌悪

嫌悪研究は記述的なものでも実験的なものでも，そのほとんどは大学生と若い成人を対象に実施されてきた。これまでに様々な嫌悪の自記式尺度が用いられてきたが，それらの結果は共通して明白な性差を見いだしている。すなわち，一般に女性は男性より嫌悪感受性が高いのである（Arrindell et al., 1999; Haidt et al., 1994; Olatunji et al., 2005; Tempter et al., 1984; Tucker & Bond, 1997; Wronska, 1990）。その後の研究では，汚染恐怖の測度において男性よりも女性の得点が高いことも示されており，汚染に関する懸念にも性差があることを一貫して支持している（Mancini et al., 2001; Olatunji et al., 2005; van Oppen, 1992）。女性は嫌悪を強く自己報告するが，脳画像研究によると，嫌悪関連刺激を処理する際，脳の活性化に男女差はほとんどないのだという（Schienle et al., 2005）。

RozinとFallon（1987）は，表情，吐き気，観念的拒絶[★1]，汚染といった事柄が組み合わされることが，発達初期の嫌悪と成人期の嫌悪を区別する重要な特徴であると主張した。思春期について先に述べたように，嫌悪感受性の加齢に伴う変化に関する文献には，成人期以降，特に高齢者の研究が欠けている。異なる年代群が特定の嫌悪刺激に対して異なるレベルの嫌悪反応を示す可能性もあるのだ。例えば若年の成人は，年配の成人に比べてボディーピアスに対してさほど嫌悪を示さないといったように，皮膚の損壊についても一定の傾向があるかもしれ

ない。加えて、年齢が上がるにつれ身体機能、病気や死に関する経験と知識が積み重ねられていくので、若い成人と比べ、比較的高い年齢層の人々は、こういった事柄についてあまり嫌悪を感じないかもしれない。対人嫌悪や道徳性嫌悪の領域は、年代につれて優勢にもなり得るが、より高齢時の社会道徳的推論は、健康状態、教育水準、ソーシャル・サポートといった、いくつかの要因によって影響されるように思われる（Pratt et al., 1996）。今後の研究で求められることのひとつは、嫌悪感受性の性差が人生の後半でもずっと安定して明白なものなのか、それとも年代によって違いがあるのかを明らかにすることである。

★1：観念的拒絶（ideational rejection）とは、「セミは昆虫だから食べない（食用として嫌悪する）」といった高度な認知的判断に基づく拒否・拒絶である。

　高齢者を対象とした嫌悪研究は、脳画像研究と表情認知研究に限られており、多くはサンプル・サイズが小さいという問題をかかえている。ある研究では、55歳から78歳の健康な参加者に、幸福、嫌悪、恐怖のそれぞれを表現する映像を見せた。その結果、全ての感情状態において、辺縁系および旁辺縁系（paralimbic）で血流量が増加したが、嫌悪では他の感情と比べて視床領域でより血流量が増加していた（Paradiso et al., 1997）。表情認知研究においても、感情の種類ごとに、その手がかりを処理する特定の脳領域があるという考えが支持されており、なかでも嫌悪表情は島と大脳基底核の活性化によって特徴づけられている（Phillips et al., 1998; Sprengelmeyer et al., 1998）。さらに、大脳基底核を侵すハンチントン病などの病気は、嫌悪に関連する表情の処理能力に深刻な影響を与えることが知られている（Gray et al., 1997; Sprengelmeyer et al., 1996）。加齢によって認知機能の様々な側面が徐々に衰えていくが、様々な感情状態の処理が加齢によって変化するかどうかを調べた研究は少ない。18歳、30歳、58歳、70歳の参加者を横断的に調べた研究では、加齢によって恐怖および怒り表情の処理が減退していたが、嫌悪の処理はライフスパンを通じてわずかに向上していた（Calder et al., 2003）。すなわち、結果を集約すると、他の基本感情とは対照的に、嫌悪の神経生物学的な処理は年代を通して安定していることが示唆されるのである。

2. 嫌悪の獲得に関わる過程

　嫌悪は、容易に学習されるがなかなか無くならない感情である。理論的な文献

を全体的に見ると，学習経験，認知過程，生物学的メカニズム，および社会文化的影響を含む複数のメカニズムが嫌悪の獲得に関わっていることが示唆される (Rozin et al., 2000; Rozin & Fallon, 1987; Woody & Teachman, 2000)。

(1) 学習経験と連合条件づけ

嫌悪文献ではさほど明示されていないものの，特定の嫌悪反応が連合過程や条件づけ過程を通じてどのように学習されるかを記述する際，恐怖獲得の3経路モデル (Rachman, 1977) は有効な枠組みになる。第1の経路は古典的条件づけであり，以前は中性であったり無害であったりした対象（条件刺激；卵など）が，嫌悪感情（無条件反応；吐き気，悪心，嘔吐など）を自然に引き起こす別の刺激（無条件刺激；食中毒，インフルエンザウイルスなど）と連合するようになるというものだ。空間的・時間的随伴性を通じ，以前に中性だったものが元の無条件刺激に関わりなく嫌悪（条件反応）を引き起こすようになる。RozinとZellner (1985) は，人間と動物の食物嗜好と食物回避を説明するため，このパヴロフ型条件づけ過程を明らかにした。彼らの議論の要点は，嫌悪は食物に関連する拒絶メカニズムであり，生存に有利に働くよう進化の過程で設計されてきたものだということである。そのため，様々な種の動物で，短時間のうちに食物への嫌悪反応（aversions）を実験的に引き起こすことができる (Garcia & Koelling, 1966; Goudie et al., 1982) のも，決して驚くに値しない。

人間では，化学療法と放射線療法を受けている癌患者を用いた研究で，治療によって起こる吐き気と連合して食物嫌悪が急速に獲得されることが示されている (Andresen et al., 1990; Bernstein, 1978; Bernstein & Treneer, 1985; Bernstein & Webster, 1980; Carrell et al., 1986; Okifuji & Friedman, 1992; Schafe & Bernstein, 1996; Schwartz et al., 1996)。食物に対する感情的反応および行動的反応について，化学療法で誘発される吐き気の特異的な影響を強調する者もいる。例えばSchwartsら (1996) は，化学療法の点滴後によって誘発される吐き気が，食物への感情評定にはかなり強く影響するものの，点滴後の食事パターンには他の治療的要因も関係するため，食物摂取行動への影響は比較的少なかったことを強調している。

条件性食物嫌悪（conditioned food aversion）にはその範囲と（対象物の）数において大きな個人差が存在する (de Silva & Rachman, 1987; Mattes, 1991) が，こういった個人差を媒介する要因について調べた研究はさほど多くない。その種

の研究のひとつは，女性参加者だけしか有意でなかったものの，乗り物酔いの自己報告が条件性食物嫌悪の数と相関していたことを明らかにしている（Fessler & Arguello, 2004）。患者がはじめて化学療法を受ける時は，化学療法後の食物嫌悪が拡大するリスクを高める，潜在的な脆弱性となる要因（嫌悪感受性，不安感受性，気質，化学療法以前の食物嫌悪の数など）を検討する絶好の機会である。さらに，その後も継時的にこの群を調査すれば，こういった条件性食物嫌悪が消失する速さを予測する要因を縦断的に調べられるかもしれない。

　食物嫌悪の他には，古典的条件づけによって条件づけられる嫌悪反応の研究に注意が向けられることはあまりなかった。血液・注射・外傷恐怖症と小動物恐怖症をもつ人の約47%が，恐怖症を発症した当時に，直接的な古典的条件づけの経験があったことを報告している（Öst, 1989）。嫌悪はこれらの恐怖症に関与しているのかもしれない（Matchett & Davey, 1991; Page, 1994）が，こうした回想法を用いた研究の方法論的限界を考えると，嫌悪と恐怖の影響を分離して捉えるのは難しい。WoodyとTeachman（2000）によると，ニオイのような嫌悪を喚起する無条件刺激は基本的な感覚刺激を主とするものであり，文化規範と信念体系によってより直接的に形成される道徳的・観念的領域に属する刺激とは対照的である。したがって，特定の文脈，状況，対象物，動物や個人は，伝統的な古典的条件づけにより，特に悪臭，腐敗物の味，そして嫌悪的な視覚的特徴と連合することで，嫌悪を引き起こす力を獲得するのかもしれない。

　伝統的な古典的条件づけによる説明の難点と，直接経験がなくとも恐怖が獲得されることがあるという観察結果から，他にも2種の間接的な学習メカニズムがあることが示唆される。すなわち，観察学習と否定的情報の転移（Rachman, 1977）である。嫌悪は，これらの2つの代理的過程を通じて条件づけられている可能性もある。観察学習では，観察者が同じ反応を獲得するのに，特定の刺激に対して嫌悪的な様子（表情手がかり，拒絶，嘔吐など）で他者が反応しているのを観察するだけで十分である（Rozin & Fallon, 1987）。RozinとZellner（1985）は，社会的モデリングによって多くの食物嫌悪が獲得されていると主張した。例えば年少児は，養育者の表情と行動的な反応を観察することによって，特定の食物や物質を拒絶し，避けることを学習する。これは，刺激の嫌悪的特性や，汚染の危険性を知覚すること，さらには自身の否定的経験に基づいて行うものとは異なる。両親と子供がかなり類似した食物嫌悪を有することは，決して驚くに値しない。つまり，食物嫌悪は遺伝とモデリングとの組み合わせによって生じるのである。

また，身体分泌物，血液，小動物，衛生，セックス，対人，道徳といった領域を含む，はるかに広範囲の嫌悪誘発子が，社会的モデリング過程によって条件づけされると考えられる。こうした様々な嫌悪誘発子に対する態度の個人差や文化差は，大部分がこういった社会的手がかりによって説明されるかもしれない。特定のテレビ番組を見ることや様々なインターネットサイトを閲覧することが，嫌悪の観察的伝播を補助する媒体として機能しているのかもしれない。例えば，NBCの「Fear Factor」という番組は，露骨で強烈な嫌悪誘発子（ガラス箱の中に閉じ込められイモムシや臭い虫，ゴキブリやウジ虫で覆われる，牛の腸を食べる，など）と，これらに対する参加者の反応（嫌がる表情，むかつき，嘔吐など）を常に放映している。また，「ratemyvomit.com」など，この種の目的をもった，あからさまなウェブサイトすら存在するのである。

　否定的情報を受容することによって嫌悪が獲得される可能性もある。社会的モデリングと同様に，他者やメディアからの否定的情報の伝達が食物嫌悪と食物回避に影響しているのかもしれない（Fallon et al., 1984; Rozin & Zellner, 1985）。RozinとFallon（1987）は，こうした嫌悪獲得の過程は，本来，感情的というよりもまず認知的であることを示唆した。次節でさらに詳細に論じるように，評価条件づけは，特定の嫌悪刺激の受容／非受容に関して，個人が基本的な判断をする際の基礎となる過程のひとつである。いったん判断が下されて，物理的特性，出所，接触可能性，感染（infectious）の可能性が認知的に精緻化されていくと，その印象は固定され，将来の行動を導く可能性をもちはじめる。観念的なレベルでは，あるもの（本当は犬肉であることが知らされたステーキなど）の起源や内容を学習することが，それを受け入れ難く不快なものにするかもしれない。さらに，汚染の脅威（狂牛病，SARS，HIVなど）に関するメディア報道は，拒絶と嫌悪を媒介して，回避傾向に影響するだろう。嫌悪が社会道徳や秩序の形成に関与するうえで，情報伝達はひとつの鍵となるプロセスである（Rozin et al., 1999, 2000）。一度広く受け入れられた行動は，嫌悪を喚起する特性と結びつくことによって，「不道徳」なものになるかもしれない。喫煙（Rozin et al., 1999; Rozin & Singh, 1999），菜食主義（Fessler et al., 2003; Rozin et al., 1999），そして同性愛に対する嫌悪（Olatunji & Sawchuk, 2005）は，嫌悪を喚起する特性や観念と連合することで，それにまつわる社会道徳が増強された好例である。

（2）認知過程

評価学習[★2]などの認知過程は，それを伝統的な条件づけモデルに適用することによって，嫌悪反応がどのように獲得されるかをさらによく説明するかもしれない。評価学習は，特定の刺激に関する好き嫌いという単純な「快楽原則的」判断を含む。情報処理には効率的だが，こういった判断はその後の精緻化にバイアスをかけるだろうし，バイアスのかかった精緻化は，最初の印象をさらに固定化するだろう。一例を挙げれば，ウジ虫は，最初から好きだという人がほとんどいない生き物である。誰かにウジ虫を触らせようとしたら，ウジ虫の嫌悪喚起的な特徴（ぬるぬるしている，寄生性，病気を媒介しそう，腐ることなどに関係する）について，いっそう精緻化させてしまうかもしれない。評価学習をつかさどるメカニズムはよくわかっていないが，そのような評価は消去抵抗となり，嫌悪獲得を媒介するプロセスとして重要性を発揮することになるものと考えられる。

　　　　★2：評価条件づけによる学習。

（3）生物学的メカニズム

準備性（preparedness）や遺伝などの生物学的要因によって，嫌悪手がかりに対する反応の，個人間（場合によっては文化間）の類似性や差異を部分的に説明できるかもしれない。準備性理論（Seligman, 1971）は，人間が感じる恐怖の非ランダム分布[★3]を説明するために提唱された。この理論では，狭い範囲の刺激群が自然かつ容易に恐怖行動を誘発し，そうした恐怖はいったん獲得されると消去が遅く，かつ本質的に非認知的なものだとされている。さらに，準備された刺激はしばしば生物種に特異的であり，そうした準備性はその種の祖先が生存する上で適応価をもっていたと考えられるため，これは遺伝的素因に基づくものだとも考えられている（Seligman, 1971）。人間の恐怖の獲得と持続における準備性を実証的に検証した研究では，あいまいな結果が示されている（McNally, 1987を参照）。消去抵抗と，生物学的に準備された恐怖症が，どちらも非認知的な性質を帯びていることについては，比較的強く支持されている。しかし，こういった恐怖が選択的かつ急速に獲得されるとする仮説は未だ実証されていない（McNally, 1987）。

　　　★3：恐怖と連合しやすい対象物と，そうでない対象物があるという意味で，恐怖の分布はランダムでないということ。

誘発子となりうる刺激群への嫌悪反応は，準備性の特徴を示している。嫌悪がもつ第1の機能は，衛生的にすることで汚染的感染から生体を保護することであ

る。有害な病原体のキャリアと思しき刺激を口から取り込むことに対する嫌悪的な排除行動（吐き気，嘔吐など）は，進化的な適応機能を反映している（Rozin & Fallon, 1987）。基本的な味覚嫌悪は，人間においても動物においても素早く獲得され，消去が遅く，非認知的なプロセスであることから，準備性の考え方とよく一致している。莫大な刺激群が人間の嫌悪対象になりうるはずだが，実際には全てが等しく嫌悪誘発子になるわけではない。社会的な構成物と思われる刺激のカテゴリ（対人的な領域や道徳的な領域など）とは対照的に，食物，小動物，身体分泌物に対しては，より頻繁に嫌悪が出現する。これらの嫌悪誘発子は非ランダム分布のパターンを示しているように見える。さらに，小動物恐怖症（McNally, 1987; Skre et al., 2000）は準備性の特徴を最もよく支持するケースと思われるが，ここには恐怖と嫌悪両方の特徴が混在しているようだ。ただし，嫌悪関連刺激の選択性や維持を記述するのに準備性理論が役立つかどうかは，その仮説が実証的に確かめられていないという点で，まだ結論を下す段階にはない。

　遺伝的要因は嫌悪に関連している可能性があるが，その寄与の程度は推測されたものにすぎない。現在入手可能な研究には遺伝と環境の影響が混在している上，研究の数も明らかに足りていない。食物の嗜好や嫌悪・汚染感受性は，親子間で中程度の相関を示す。また，汚染感受性についての双生児研究によると，二卵性双生児（$r = .24$）と比較して，一卵性双子（$r = .29$）はわずかに強い相関を示した（Rozin & Millman, 1987）。

　嫌悪感受性の生物学的素因は存在するのだろうか。この点については，今後も研究と論争が続いていくに違いない。論理的なレベルでは，嫌悪反応の個人差を部分的に説明する脆弱性要因として，一般的な嫌悪傾向や，ある種の気質的な特徴が挙げられそうである。しかし，実証的見地から，この領域の進展には制限が生じている。嫌悪感受性という構成概念は，不安感受性のアナロジーを枠組みとしていたが，不安感受性の測定は，より一元的な方法でなされている（Taylor & Cox, 1998）。すなわちそれは，「恐怖関連刺激に対する恐怖症状に対する恐怖」という基本概念に焦点を合わせているのである（Reiss et al., 1986）。一方，嫌悪感受性の測定は，食物への嫌悪か，もしくは広範な嫌悪刺激に対する嫌悪の強度にもっぱら焦点を合わせてきた（Haidt et al., 1994; Olatunji & Sawchuk, 2005）。今後の研究では，嫌悪感受性の操作的定義とアセスメントの洗練に加え，この概念による予測の結果をさらに明確にし，実証研究上の注目を担保する必要がある。

(4) 社会文化的影響

　本書第7章で詳述されるが，文化は嫌悪の獲得過程において大きな役割を果たしている。嫌悪の表情は異なる文化間で顕著な類似性を示すことから，嫌悪は文化に普遍的な感情だと見なされている。感情表現の強さの調整や，嫌悪誘発子のカテゴリーの形成 (Haidt et al., 1994; Olatunji & Sawchuk, 2005; Rozin & Fallon, 1987) において，特に対人的領域や道徳的領域では (Rozin et al., 2000)，社会文化的な違いが現れる。ちょうど家族のミクロ文化が子どもの嫌悪感に強く影響するのと同様，より大きな集団や社会や国家といったマクロな文化は，成員に対して強く影響するのである。また，多くの理論家は，人間が回避・拒絶傾向を発達させるうえで，嫌悪の社会的影響は進化的な準備性の価値以上に重要だと考えている (Haidt et al., 1994; Rozin et al., 2000)。社会文化的な影響は，人間において，嫌悪するものとしないものの境界を定めることや，嫌悪を体験することの基本的な構成要素となっているだけでなく，人生を通じてこの感情を大いに媒介しているのである。

3. 嫌悪の維持に関わる過程

　負の強化，刺激般化，および予期学習（expectancy learning）はすべて，時を超えて嫌悪が維持される一因となっている可能性がある。さらに，これらの概念は，嫌悪に関連した機能障害の個人差を説明するのにも役立つ。負の強化とは，不快感の低減や防止に有効であるという理由で，特定の行動が時間につれて増加することを指す。嫌悪についていえば，反応的行動と先見的行動（proactive behavior）が，吐き気の感覚や悪臭や汚染されているという感覚を減少させるために発現してくる。したがって，こういった行動は負の強化としての性質を帯びている。反応的行動には，洗浄や掃除，さらには実際にあるいは主観的に嫌悪刺激と接触した後に生じるあからさまな逃避行動などが含まれる。これらは基本的に，脅威自体を無効化する（洗浄など）か，自己と脅威刺激を物理的に遠ざけることによって，安全と衛生を維持するという保護的な機能を果たしている。先見的行動とは，嫌悪刺激と直面する可能性のある全ての状況や環境に対して，先手を打つように行われる行動のことである。街のゴミ捨て場，汚水処理場や肉屋を避けるのは，そうした行動傾向の好例だろう。また，だらしない浮浪者や外科手

術を放映するテレビ番組から目を逸らすといった微妙な回避行動には，ある程度，負の強化としての意味合いがあるのかもしれない。さらに，特定の人，組織，集団，および理念に関連するものを回避することは，対人的・社会道徳的なレベルの嫌悪における負の強化だといえるかもしれない。

　恐怖と嫌悪では，それらに対する逃避反応や回避反応が類似しているように見えるが，こうした行動は嫌悪刺激にさらされた時には，安全確保行動としてあまり効果的でないだろう。クモに触って嚙みつかれることを恐れる人にとっては，その状況から逃げ，自分とクモを物理的に遠ざけることが安全と安心を得るために有効な手段である。クモに触って汚染されることを心配している人にとっては，うまく状況から逃げ，クモを遠ざけた後でも，汚染にまつわる懸念を払拭するのは難しいだろう。ここでの脅威はクモ自体にあるのではなく，病気の媒介者だと見なされたクモの表象にあるのだ。細菌とバクテリアは顕微鏡サイズなのだから，脅威が回避されたことを視覚的に確かめるのは不可能である。その上，汚染物質は，汚染の脅威にさらされた結果（病気，感染症など）が後々まで現れないという，「潜伏する性質」をもつかもしれない。したがって，嫌悪と汚染の関係は，たとえ土壌や細菌とのほんの少し触れただけでも急速に拡大する感染症がもたらされてしまうという信念（Riskind et al., 1997）と，嫌悪の対象物が有する感染性は永続的なものであるという信念（Nemeroff & Rozin, 1994）に媒介されているのかもしれない。すなわち，こういった信念は嫌悪に関連した反応を維持するのに一役買っているのである。

　刺激般化は嫌悪を維持するだけでなく，嫌悪感情と連合する刺激範囲を拡張させる（Rozin & Fallon, 1987）。般化は，刺激間に共通する物理的特性や観念を介して生じる（Rozin & Fallon, 1987）。物理的性質についていえば，ある対象物は，嫌悪を喚起する別の刺激と構造的に類似していることにより，嫌悪と連合するようになるのだろう。まったく無害でも，ネバネバして浸潤する物質が避けられるのは，人間や動物の粘液と似ているためだろう。観念の観点からは，動物は汚いと感じられる環境に接近したり関わったりしていると考えられるために回避される。疾病回避モデルは，一般的な物理的性質と観念的過程がどのように動物恐怖症の発症に影響するかという点に着目している。このモデルは，嫌悪対象物（ナメクジ，便など）との物理的な類似や，病気を媒介する動物（ネズミなど）かもしれないという懸念によって，特定の無害な動物が避けられると仮定している。

　ある経験が反復されると，予期的な評価によって，条件づけによる連合とその

結果に関する情報を予測できるようになる。予期は嫌悪の学習モデルに直接適用されてこなかったが、恐怖と不安の知見を応用して考えることは可能だろう。不安な人は、逆境に対処する自分の能力を過小評価する一方で、恐怖刺激と直面する可能性、刺激にさらされたときの恐怖の程度、および否定的な結果の強度を過大評価する傾向にある（Arntz et al., 1994; Rachman, 1994; Thorpe & Salkovskis, 1995）。嫌悪に起因する回避行動においても、同様の認知過程が作用しているものと思われ、とりわけ汚染に対する懸念についてはこれがよく当てはまるだろう。

以上のような嫌悪を維持するメカニズムは、嫌悪感受性の個人差を説明するのに役立ち、どのように嫌悪が機能不全を引き起こすのかを記述するのに有効な観点を提供する。学習とは、予期、信念、身体反応および行動傾向を形成する際の、個人と環境とのダイナミックな相互作用を含むものである。学習によって、容易には払拭されない嫌悪感を引き起こしうる不愉快な状況を予期できるので、最初からそれをあらかじめ回避することができるのである。対象物、状況、個人、理想などの「猛毒」性が過大視されることと、感染に対する脆弱性が高まるように感じられることとが相まって、それらへの反証に抵抗するような信念体系が作り出される。その結果、個人的、社会的、職業的な役割と責任が損なわれるという、客観的な脆弱性をもつようになるのである★4。

★4：嫌悪症状によって生じる、様々な適応的機能の低下を意味している。

4. 嫌悪の学習解除は可能か？

消去、馴化、および認知的処理の変容は、曝露療法による恐怖治療の有効性を説明するのに用いられる有力な概念である（Lang et al., 1999）。病的恐怖が低減するプロセスを記述しようとする治療方法は、参加者による一般的な主観的苦悩の言語報告に頼ってきた。参加者は、特に恐怖という感情自体に向きあうのでもなく、嫌悪を含む他の感情状態に焦点を当てるのでもなかった。実際、嫌悪を曝露療法の過程で起こる恐怖と区別して研究するようになったのは、つい最近のことである（Smits et al., 2002 など）。

特に消去では、条件刺激の多様な刺激勾配に繰り返し曝露したところで、もともとの恐怖学習が単純に書き直されたり一掃されたりするわけではないことが、現在では広く認められている（Bouton et al., 2006; Rescorla, 2001）。個人は恐怖

手がかりの新しい意味を学習するかもしれないが、おそらく人々が真に学習することは、恐怖それ自体が引き起こす作用に耐え、行動を制止・抑制する方法なのである（Bouton, 2002; Bouton et al., 2006）。この新たな「制止学習」の効果が最大になるのは、コーピングに関する複数の検索手がかりを学習することが促進されるような条件下での治療である（Bouton, 2002）。今日まで、不適応的な嫌悪反応の治療に関する情報はほとんどない。とはいえ、恐怖に関する伝統的な曝露療法を離れ、制止学習の原理を適用すれば、治療的な文脈における嫌悪マネジメントのアプローチについて直接的な示唆が得られるだろう。

5. 要約と今後の課題

　乳幼児期の味覚刺激に対する反射反応から、成人期の汚染に関する高次の認知的評価に至るまで、嫌悪は単純な面と複雑な面をあわせもつ感情である。ほとんどの研究が乳幼児、年少児童、大学生を用いて実施されているので、年齢の連続軸に沿えるよう、他の年齢集団について研究する必要があるのは明白である。残念ながら、嫌悪研究では思春期、成人中年期および高齢者の研究が抜け落ちている。これらの年齢集団を研究することは、嫌悪の表出を形成する重要な発達時期を特定することに役立つだろう。さらには、嫌悪がどのように他の感情と混ざり合い、より複雑な感情的表象を形成するのかを理解することにも貢献する可能性がある。また、脳画像の技術的進歩によって、嫌悪とそれに結びつく感情の神経生物学的プロセスが、人間のライフスパン全体において、よりよく理解されていくことは間違いないだろう。さらに、思春期と、より年長の成人を研究することにより、加齢に伴って拡張されていく嫌悪誘発子への反応性について、その推移を記述した発達曲線を描くことも可能になるだろう。

　恐怖の獲得に関する伝統的な学習理論や認知理論は嫌悪にもよく当てはまる。しかし、嫌悪傾向の個人差を明らかにするためには、生物学的要因と社会文化的要因を考慮した研究を行わねばならない。新たな研究領域としては、嫌悪関連手がかりに対して比較的小さな反応しか示さない個人や集団(ゴミ処理従業員など)の研究を挙げることができる。そのような、嫌悪と汚染の効果を「予防接種」し「耐性」を得た人々の傾向や、予防接種のような働きをした出来事の特徴を理解することで、嫌悪感が大きな役割を果たすといわれる恐怖症性障害や種々の嫌悪反

応（aversions）をターゲットとした，ユニークな臨床応用の方向性が見いだされる可能性がある。

第5章

嫌悪と文化

LISA S. ELWOOD and BUNMI O. OLATUNJI

　観察，理論，実験研究等によって，いくつかの感情は生得的で普遍的であるとする考え方が支持されてきた（Darwin, 1872, 1965; Ekman, 1992, 1999; Izard, 1991, 1992; Tomkins & McCarter, 1964）。感情が普遍的であることを主張する研究者は，人間が基本感情を体験できるしくみをあらかじめ組み込まれた状態で生まれてくると考えている（Ekman et al., 1983; Tomkins & McCarter, 1964）。感情は文化の違いを越えて類似したものと考えられてはいるが，感情の要素のいくつかは，環境と各人の経験から影響を受けやすいものだと考えられている（Abe & Izard, 1999）。とくに，それぞれの感情に対応した表情は，文化を越えて一貫していると思われがちだ。しかし，どのような刺激が感情を喚起するか，関連する感情は何か，感情表出のルール，行動の結果などは，文化の影響を受けるとされてきた（Ekman, 1994; Ekman et al., 1969）。

　基本感情の伝統的なリストは，嫌悪，怒り，恐怖，驚き，幸福，悲しみで構成されている（Ekman et al., 1969, 1983; Ekman & Friesen, 1971）。実証的な研究は，異なる文化圏の人々や，幼児，あるいは動物が，基本感情が喚起されるような類似した状況でどのように反応するかを調べることによって，「感情の普遍仮説」を検証してきた。そして，感情の普遍性はある程度存在するという証拠が得られてきた（Ekman, 1992, 1994）。このように，文化を通じて，感情経験にはいくつもの類似性が存在するという研究者間での合意はあるものの，感情の経験や表出に及ぼす文化の影響の大きさについては，異なる考え方もある（Russell, 1995）。感情の普遍性を重視する研究に対する批判は，これらの研究が，文化間の類似性を強調するような手法を採用する一方で，得られた結果について感情の普遍性という観点以外から為される解釈を無視する傾向があるというものだ。Russell（1994）

は，これまで得られてきた結果は，感情の普遍性からだけでなく，別の観点からの説明も可能であると指摘している。例えば，感情表出は文化に固有のカテゴリーの中で解釈され，その後，それと最も類似した感情，2次元からなる感情表出，事態に固有の諸反応，道具的行為と対にされていくものと解釈できる。

1. 基本感情としての嫌悪

　嫌悪に関わる研究と理論は，嫌悪が基本感情としてどのように位置づけられるべきかを明らかにするために，嫌悪に特有のシグナル，嫌悪の生理反応，嫌悪に先行する出来事，嫌悪の機能を特定することに注目してきた。嫌悪は，元々は，不適切なものを口に入れないようにするための一種の防御メカニズムとして概念化された（Darwin, 1872/1965）。嫌悪本来の機能（病気になるのを避けるために，適切な食物を選択すること，つまり，不適切なものを口に入れないこと），は，現在中核嫌悪と言われているものと密接に関連している。中核嫌悪を引き出すのは，ある種の食物，動物，排泄物など，口に入れることが不可能ではないが，潜在的に有害なものである（Haidt et al., 1997; Rozin et al., 2000）。Rozin ら（2000）は，有害なものを口に入れることを避けようとする嫌悪本来の機能が，道徳的嫌悪や，身体，さらには社会秩序の保護にまで及ぶようになったと指摘している（Rozin et al., 2000）。現在の考え方では，嫌悪誘発子として，さらに3つのカテゴリーを追加している。すなわち，動物性（性行為，死，不衛生，身体損壊など），対人的問題（見知らぬ人や嫌いな人との直接または間接的な接触など），道徳違反（Rozin et al., 2000）である。

2. 嫌悪の表情

　嫌悪がもつ本来の機能は，不適切なものを口に入れることを避けることである。このために，嫌悪を表すシグナルは，顔，とりわけ口に集中する。嫌悪表情に関する初期の考え方のいくつかは，それぞれ強調点が異なっていた。Darwin（1872, 1965）による嫌悪表情に関する初期の説明では，大きく開かれた状態の口が強調されていたが，上がった唇や鼻によった皺についても言及されていた。Izard（1971）

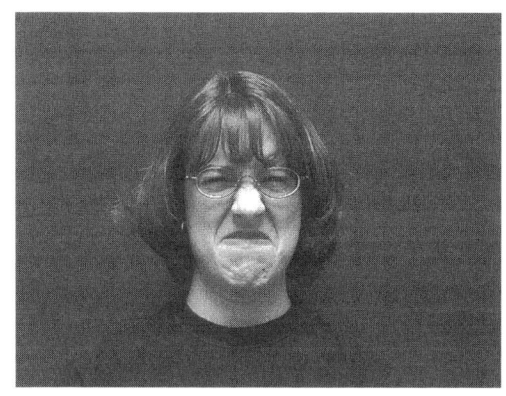

図 5-1 典型的な嫌悪表情

による説明では，吊り上がった唇，後に引かれた口角，少し前に突き出された舌について言及されていた。図5-1に示されているように，EkmanとFriesen（1975）の説明では，唇の動き，下唇の突き出し，鼻によった皺について言及されている。往々にして，こうした表情は，望ましくないものを口に入れることから身を守るために，吐き気をもよおしたり，唾液を増やしたり，副交感神経系の反応をとったりする場合のシグナルとなる（Levenson, 1992; Levenson et al., 1990; Rozin et al., 2000）。

3. 嫌悪の交差文化的研究

　嫌悪に関する現在の概念は，その多くが，西欧諸国で行われた研究による知見に基づいている。もし，嫌悪が普遍的な感情であるなら，異なる文化を通じて，嫌悪の表出や嫌悪の経験について，類似の特徴が見られるはずだ。嫌悪が普遍的な感情であると結論づけるためには，交差文化的研究によって，嫌悪のシグナル，嫌悪時の生理反応，嫌悪に先行する出来事，嫌悪の機能それぞれの類似性が示される必要がある。

（1）感情の表情認知
　感情の普遍性を示す理論を検証するために用いられる最も一般的な方法は，異なる文化から選ばれた参加者に，人がある感情を感じたときに示す表情と，それ

を意味する感情のラベルとのマッチングを行わせるというものである (Ekman et al., 1969)。この標準的な表情判定課題では，基本感情を表出している写真がいくつか用意される。多くの場合，写真は，表情の作り手であるモデルに，様々な表情をとらせることによって作られる。その際，モデルは，特定の感情を示すように求められるか，特定の方法で顔の筋肉を動かすように求められる。その表情が参加者に短時間呈示される。参加者は，感情のラベルのリストから，その表情に対応するものを選択しなければならない (Ekman et al., 1969)。その正答率について，基準値と比べて高いか低いか分析したり，それを異なるグループ間で比較したりする。表情判定課題は，西欧諸国，非西欧諸国，未開の文化圏など，様々な地域から集めた参加者を用いて行われてきた。感情に関わる交差文化的研究で最もよく用いられるアプローチは，一部は西欧諸国から，一部は非西欧諸国から参加者を選び，表情判定課題での反応や正答率を比較するというものである。こうした判定課題で，いずれもの参加者が，高い正答率で嫌悪の表情を読み取ることができたという結果が得られれば，嫌悪の普遍性が支持されることになる。

(2) 嫌悪表情の読み取りの正確さ

表情判定課題では，呈示された表情に，それが示している感情のラベルを当てはめることができる正確さの程度が測定される。これまでこうしたタイプの判定課題が，多くの参加者に実施されてきた。大部分の研究はアメリカ人の研究者によって行われ，アメリカ人のモデルによって作られた表情を用いてきた。こうした場合，アメリカで集められた参加者は，60％〜96％の正答率で嫌悪の判定に成功している (Biehl et al., 1997; Ekman et al., 1969, 1987; Haidt & Keltner, 1999; Matsumoto, 1992; Matsumoto & Ekman, 1989)。日本人は，表情判定を用いた研究で2番目によく参加者になっている。日本人は，一般にアメリカ人より正確さの程度が低く，正答率は30％〜82％の範囲である (Biehl et al., 1997; Ekman et al., 1969, 1987; Izard, 1971; Matsumoto, 1992; Matsumoto & Ekman, 1989; Yik & Russell, 1999)。

アメリカを除いた参加者をすべて含めると，嫌悪表情が正しく判定できた割合は，29％（ニューギニアのピジン言語を使う人々）〜98％（マレーシア）であった (Biehl et al., 1997; Ekman et al., 1969, 1987; Haidt & Keltner, 1999)。表5-1は，嫌悪を含めこれまで報告されてきた研究における表情判定の正答率である。参加者間で正答率を吟味してみると，いくつかのパターンがあることに気づく。第1に，

3. 嫌悪の交差文化的研究

表 5-1　嫌悪表情の同定率：強制選択法と自由反応を用いた先行研究

研究	国（％正判定率）	使用された刺激強制選択法
強制選択法		
Biehl et al., 1997	アメリカ（81），日本（75），スマトラ（76），ヴェトナム（57），ポーランド（83），ハンガリー（84）	JACFEE。
Boucher & Carlson, 1980	アメリカ人の刺激：アメリカ（87），マレー（67） マレー人の刺激：アメリカ（57），マレー（52）	アメリカ人の刺激は FACS を使ってコーディングした。マレー人の刺激はこの研究のために作成され，演者と実験者が選定した。
Ducci et al., 1982	エチオピア（55）	Ekman & Friesen による刺激を FACS でコーディングした。
Ekman, 1972	アメリカ（86），ブラジル（86），チリ（85），アルゼンチン（79），日本（82），ニューギニアのダニ（91），ニューギニアのフォレ（85）	ニューギニアでの調査には感情ストーリー課題を使用した。他の地域では標準課題を使用した。表情のスコアリングシステムを用いて選定した。
Ekman & Friesen, 1971	ニューギニアのフォレの成人（77, 89）；同子ども（95, 78）	感情ストーリー。
Ekman et al., 1969	アメリカ（82），ブラジル（86），日本（82），ニューギニアのピジン（29），ニューギニアのフォレ（44），ボルネオ（最高値の反応はなし）	本研究用に選定した。
Ekman et al., 1987	エストニア（71），ドイツ（61），ギリシャ（77），香港（65），イタリア（89），日本（60），スコットランド（79），スマトラ（70），トルコ（74），アメリカ（86）	FACS を使用して本研究用に選定した。
Haidt & Keltner, 1999[a]	アメリカ（78），インド（83）	FACS を使用して本研究用に選定した。
Hejmadi et al., 2000[a]	アメリカ（96, 60, 92），インド（65, 57, 52）	インドの伝統舞踊をもとに，感情的な踊りを作成した。
Huang et al., 2001	中国（50）；アメリカでの先行研究と比較された結果	JACFEE。
Izard, 1971	アメリカ人（83），イギリス人（85），ドイツ人（73），スウェーデン人（88），フランス人（79），スイス人（78），ギリシャ人（88），日本人（56），アフリカ人（55）	本研究用に選定した。
Matsumoto, 1992	アメリカ（91），日本（75）	Matsumoto & Ekman（1989）と同じもの。
Matsumoto & Ekman, 1989	アメリカ（78），日本（68）	FACS を使用して本研究用に選定。
McAndrew, 1986	マレーシア（98）	Ekman & Friesen（1975）によるもの。
Yik & Russell, 1999	カナダ（57），中国（57），日本（30）	Ekman & Friesen（1976）によるもの。
自由反応法		
Haidt & Keltner, 1999[a]	アメリカ（64），インド（82）	FACS を使用して本研究用に選定した。
Hejmadi et al., 2000[a]	アメリカ（83, 65, 74），インド（67, 54, 71）	インドの伝統舞踊をもとに感情的な踊りを作成した。
Russell et al., 1993	狭い基準：カナダ（62），ギリシャ（68），日本（50） 広い基準：カナダ（66），ギリシャ（68），日本（56）	JACFEE。

注）JACFEE = Japanese and Caucasian Facial Expressions of Emotion（Matsumoto & Ekman, 1988）；
FACS = Facial Action Coding System（Ekman & Friesen, 1978）。
a 2つの研究は，強制選択法と自由反応法の両条件が含まれている。各方法の結果は，それぞれ対応する箇所に示されている。

参加者の大部分では，正答率が50％以上に達している。50％以下であった参加者のグループは，ニューギニアのフォレ族とピジン言語を使う人々，日本で行われた研究での1グループのみであった（日本人を含んだ他の6つの研究ではいずれも正答率が50％以上だった）。50％以上の結果を示した参加者にもいくつかの違いはあった。アメリカ，大半のヨーロッパ諸国，南米諸国は，ほとんどが75％以上の正答率となっているが，カナダとドイツは，近隣の国々よりも正答率が低く，75％以上ではなかった。アジアとアフリカでは，50％〜75％の範囲であった。まとめると，欧米諸国と南アメリカ文化圏の方が，それら以外の国々よりも，嫌悪の表情判定が正確な傾向にある。研究の大部分は，欧米人のモデルと欧米の言語（つまり，欧米人にとっての母国語）を用いていたため，この結果は，文化や言語が表情の判定にある程度の影響を与えることを示唆しているのかもしれない。

(3) 隔絶された文化圏

　表情判定研究の大部分は，西欧または西欧の影響を受けた文化圏の人々を参加者にしているが，西欧から隔絶された文化圏の人々を参加者にした研究もある。EkmanとFriesen（1971）は，ニューギニアのフォレ族の言語を使用する文化圏の人々を参加者とした。西欧の文化とごくわずかしか接触がない人々と，ある程度の接触がある人々の両方が参加者とされた。彼らは，特定の感情の描写が含まれている短いストーリーを読み聞かされた。そして，様々な感情を示すいくつかの表情写真の中から，そのストーリーで描写されている感情を意味するものを選ぶように求められた。前述したように，通常の手続きによる表情判定課題を用いた研究では，ニューギニアの参加者の正答率は低かったが，今回の手続きを用いた場合には，正答率はずっと高くなった。嫌悪表情は，どの嫌悪ストーリーでも，また，参加者が大人でも子どもでも，その大部分が，他の表情よりも有意に多く，嫌悪を意味するものと判定された（大人では，「ニオイに関係したストーリー」では77％の正答率，「嫌いなものに関係したストーリー」では89％の正答率。子どもでは，それぞれ95％と78％の正答率［Ekman & Friesen, 1971］）。感情を読み取る正確さについて，西欧文化の影響を受けてきた参加者と，あまり受けていない参加者の間に，統計的に有意な差は認められなかった。Ekman（1972）も，ニューギニアのフォレ族とダニ族の参加者に，上述の「感情ストーリー課題」を行わせた。いずれの集団も，嫌悪が含まれているストーリーに対しては，嫌悪表情を最も多く選んだ（フォレ族では85％の正答率，ダニ族では91％の正答率

であった)。感情を読み取る正確さの程度が，隔絶された文化圏の参加者と，西欧およびその影響を受けた文化圏の大学生と同様であったという調査結果は，嫌悪が明確に判断できる表情を伴った普遍的な感情であることを支持するものとして解釈された。

　嫌悪の表情判定の正確さを調べることに加えて，嫌悪表情がいかに生み出されるかについても，隔絶された文化圏の人々を対象に行われた研究がある。Ekman (1972) は，ニューギニアのフォレ族の人々で，表情判定課題をしたことがない参加者に，感情表出がどのように生み出されるのかに関わる研究を行った。この参加者は，感情ストーリーを読み聞かされた後，自分がその状況にあったならするであろう表情を，実際にそこでするよう求められた。その後，アメリカの大学生に対して，フォレ族の参加者の表情が示す感情の判定を求めたところ，嫌悪については 46% の正確さであった (Ekman, 1972)。これは，嫌悪の表情を正しく判定できる程度であると考えられ，これもまた嫌悪の表情の普遍性を支持するものと解釈された。

(4) 自由反応

　よく用いられる表情判定課題に対する批判の一つは，強制選択法が用いられていることである。強制選択法を用いることが，異なる文化間での感情の類似性を過大に見積もらせることになっているという指摘がある (Russell, 1994)。強制選択法では，参加者に選ばせるための感情語リストが呈示されるが，自由反応を用いる方法では，参加者は，特定の指示なしに回答が求められる。そのため，参加者は，彼らがその表情に最もよく合うと感じる感情を述べることができる。例えば，参加者は，肯定的な表情の写真を見て，その表情が興奮状態を示していると感じるかもしれない。自由反応による方法が使用された場合，参加者は自身が判定した感情として「興奮」を挙げることができる。一方，強制選択法の場合は，参加者の反応の選択肢は限られることになる。この場合，参加者は，選択肢のリストの中から彼らの感じた感情に最も近いものを選ぶことになるだろう。したがって，幸福，怒り，悲しみ，嫌悪のいずれかから選ぶように求められた場合，参加者の最終的な回答は，彼らの感じた本来の回答が「興奮」であったとしても，それはリストにないのだから，これに最も近いと思われる「幸福」を選んでしまうことになるだろう。アメリカとインドの参加者から得られた自由反応を比較した 2 つの研究では，嫌悪表情に対して最もよく現れた反応は，正しく「嫌悪」であった

ことが報告されている（Haidt & Keltner, 1999; Hejmadi et al., 2000）。また，正答率のいくらかは強制選択法を用いた場合より低かったが，すべての参加者が50％より高い正答率で嫌悪と判定した（Haidt & Keltner, 1999; Hejmadi et al., 2000）。参加者自身に自由に回答させた別の研究では，カナダ人，ギリシャ人，および日本人を実験対象とした（Russell et al., 1993）。「嫌悪」は，嫌悪表情に対して最もよく出現する反応であり，カナダ人，ギリシャ人，日本人のいずれにおいても，50％以上の参加者が，嫌悪の表情に対しては，正しく「嫌悪」を選んだ（Russell et al., 1993）。表5-1は，自由反応を用いた研究で，嫌悪表情に対して正しく「嫌悪」と反応した参加者の割合を示したものだ。これらの研究からわかることは，自由反応法を用いた場合，正答率は強制選択法の場合より低くなるかもしれないが，大部分において嫌悪感情は正確に判断されるということである。

(5) 嫌悪に付随する感情

標準的な表情判定課題では，参加者に感情のリストからひとつだけを選ばせる。この点にも疑問が向けられてきた。このやり方は，感情というものが個々独立に存在していて，様々な文化が実際以上に類似したものであるという幻想を与えてしまうからだ（Russell, 1994）。2つの研究では，標準的な表情判定課題の方法を一部変更し，参加者がそこに現れている表情を説明するために，複数の感情を列挙してもよいようにした。どちらの研究でも，嫌悪表情に対して最も多く挙げられたのは「嫌悪」であった（Ekman et al., 1987; Yrizarry et al., 1998）。ただし，Yrizarryら（1998）によって行われた分析によると，嫌悪を表した写真が「嫌悪」反応によって説明される分散の量が，アメリカの参加者では44％，日本の参加者では15％に過ぎなかった。上記いずれの研究でも，「嫌悪」の次に「軽蔑」が多く挙げられた（Ekman et al., 1987; Yrizarry et al., 1998）。また，一方の研究では，「嫌悪」とともに「怒り」も多く挙げられた（Yrizarry et al., 1998）。このように，「嫌悪」に付随して他の感情が挙げられることがあったとしても，最もよく挙げられる感情は「嫌悪」であるのだから，嫌悪が普遍的な感情であるとYrizarryら（1998）は結論づけている。

(6) 社会的なメッセージ

感情を表情によって示すことは，他者に情報を伝達する役割も果たす（Fridlund, 1994）。YikとRussell（1999）は，表情に合致する感情を選ばせるという標準的

な表情判定課題に加えて，カナダ人，広東語を話す中国人，日本語を話す日本人の参加者に，表情の写真によって伝えられる社会的なメッセージが何かを特定するように求めた。これら3つの文化圏の参加者すべてで，嫌悪感情は，平均的水準よりも高い正答率となった。カナダ人と中国人の参加者では，嫌悪表情に対しては嫌悪を表す感情的な表現（「私は嫌な気持ちがする」）が最も多く認められたが，日本人参加者では，嫌悪表情に対しては怒り（「私はものすごく腹が立っている」）が最も多く見られた表現であった（Yik & Russell, 1999）。上記3つの文化圏の参加者すべてで，嫌悪表情に対しては，嫌悪に関連した社会的なメッセージ（「それ，嫌な臭いがする！」）が，最も頻繁に認められた（Yik & Russell, 1999）。

　Yrizarryら（1998），および，YikとRussell（1999）による研究で見いだされた，軽蔑（Contempt）と怒り（Anger）と嫌悪（Disgust）の関係は，CAD三幅対理論[★1]で説明できる。この仮説では，これら3つの感情は，社会的，文化的な規範からの逸脱に対して喚起され，重要で相互に関連し，道徳的な判断に絡んだ感情であるとされる（Rozin et al., 1999）。社会的，文化的な規範からの逸脱は，多くの文化で見られる3つの倫理のいずれかに分類される。3つの倫理とは，共同社会性（階級制度を含む共同社会のきまり），自律性（個人の権利），神性（純粋さや高潔さ）である（Shweder et al., 1997）。軽蔑は共同社会における違反，怒りは自律性への妨害，嫌悪は神性への冒涜に関連したものと見なされる。Rozinらは，アメリカと日本の参加者を用いて，CAD三幅対理論が異文化においてもあてはまるかを調べる一連の研究を行った。アメリカと日本の参加者いずれも，ほとんどの場合，3つの感情語と3つの表情を，それぞれ対応する規範からの逸脱に割り当てた。ある状況にふさわしい表情をするように求められたとき，アメリカの参加者は（この条件では日本人は含まれていなかった），それぞれの状況で通常喚起される感情と一致した表情をした。CAD三幅対理論に従うならば，軽蔑，怒り，嫌悪の感情は，文化を通じて，社会の秩序を維持するための機能を果たしているという点で，ひとつにまとめることもできるであろう。

　　　★1：第1章の★7を参照されたい。

（7）その他の方法

　対応する感情語をあてはめるという前述の方法を改良した，2つの交差文化的研究がある。これらは，追体験感情課題（relived emotion task）を用いて，嫌悪の現れ方を各文化で調べたものである。追体験感情課題では，参加者が特定の感

情を経験した状況を思い出したときに示す表情が分析される（モン族系アメリカ人とヨーロッパ系アメリカ人の比較は，Tsai & Chentsova-Dutton, 2003；スカンジナビア系アメリカ人とアイルランド系のアメリカ人の比較は，Tsai et al., 2002）。その結果，顔面筋肉の AU4，AU9，AU10（Ekman & Friesen ［1978］による表情符号化システム ［FACS: Facial Action Coding System］ を使用したもの）が，他の感情以上に嫌悪に関連していることが，すべての文化で見いだされた（Tsai & Chentsova-Dutton, 2003; Tsai et al., 2002）。

感情の自然な表出を評価する試みとして，Ekman（1972）は，アメリカ人と日本人の参加者に，中立的な内容の映像と，ストレスを感じるような映像を見せ，そのときの彼らの表情を録画した。この研究では，参加者が映像を注視している間に彼らが示した表情が観察され，示された感情の頻度が記録された。日米双方の参加者は，ストレスをもたらす場面を見ている間，嫌悪的な反応を示した（嫌悪が現れた頻度は，日本人，アメリカ人，それぞれ 48 回と 61 回だった[2]）。Ekman（1972）は，中性的な場面とストレス場面とで，嫌悪が出現する頻度が非常に異なるという点に注目した。これらの実験結果は，日米いずれにおいても，嫌悪が否定的な刺激に対する自然な反応であることを示している。

★2：この実験では，6つの基本感情を示す表情と，その中間的な表情，さらに分類不能な表情を集計している。ストレス場面に対して示された表情の総計はアメリカ人で 301 回，日本人で 343 回であった。そのうち，アメリカ人では驚き（76 回），日本人では悲しみ（126 回）がそれぞれ最も多かった。嫌悪はアメリカ人で驚きに次いで2番目に多く，日本人では悲しみ，中間（52 回），驚き（50 回）に次いで4番目に多かった。

表情判定課題の別のものとして，ダンスによる感情表出を用いた研究もある。そのダンスとは，感情の理論と，古代の感情がどう表出されるかについて詳細な説明が述べられている古いヒンズー教典に掲載されているものであった（Hejmadi et al., 2000）。この判定課題で用いられた写真は，顔に加えて，両手に強調点が置かれている。アメリカ人とインド人の参加者は，自由反応条件か強制選択条件のいずれかに割り当てられ，嫌悪を表現した3つの写真がそれぞれの条件で呈示された。嫌悪は，いずれの写真と条件でも，嫌悪を表現した写真に対して最も多く見られた反応だった。正判定率は，強制選択条件で 60％ 〜 96％，自由反応条件で 65％ 〜 83％ の範囲であった（Hejmadi et al., 2000）。非西欧文化の刺激材料を使用したこの研究も，嫌悪の普遍性を支持するものと言える。

（8）強度

表情判定課題の結果も重要ではあるが，嫌悪感情の普遍性をより明確に概念化

するためには，感情を複数の次元で検討してみることが必要である．いくつかの研究が，感情表出の強度を異文化間で比較することに着目してきた．それらの結果によると，嫌悪表情が知覚される強度に，文化間の違いがあるとか，あるいは違いがないとかといった具体に，一貫した傾向が得られているわけではない．2つの研究では，日本人とアメリカ人参加者の間で強度の評定値が比較された．MatsumotoとEkman（1989）による研究では，強度の評定値の有意な差異は見られなかったが，Matsumotoら（1999）では，知覚される嫌悪表情の強さと嫌悪体験のいずれにおいても，アメリカ人と日本人との間に差異が見いだされた．Matsumotoらは，参加者が，表情に出た嫌悪の強さ（すなわち，他者の感情表出の強度）と，感情表出した時の感情体験の強さ（すなわち，感情を外部に示す時のその人物の内的経験の強さ）の区別をしているかもしれないということを指摘している．アメリカ人参加者は，日本人参加者より，表情をより強いものと評定したが，日本人参加者は，アメリカ人参加者より，嫌悪体験をより強いものと評定したということである（Matsumoto et al., 1999）．アメリカ人参加者だけで見ると，嫌悪体験よりも表情をより強いものと評定していた．一方，日本人参加者を見ると，表情と体験を同程度に評定していた．

　いくつかの研究では，同一化する文化が異なるアメリカ人を参加者として，嫌悪の強さが調べられた．Matsumoto（1993）では，「自身を黒人だと思っている」アメリカ人の参加者は，「自身を白人またはアジア人だと思っている」参加者より，嫌悪表情の写真をより強く評定していることがわかった．Tsaiとその同僚ら（2002）は，参加者にひとつの感情とそれに対応する記述を呈示して，彼らがその感情を非常に強く感じた時のことを思い起こさせた．そして，その感情を感じた瞬間に集中し，それを追体験するように求めた．この追体験感情課題では，モン族系アメリカ人とヨーロッパ系アメリカ人の間で，表情に出る嫌悪の強さ，あるいは，自身が感じる嫌悪の強さの違いは見られなかった．これと同様に，TsaiとChentsova-Dutton（2003）は，スカンジナビア系の先祖を持つアメリカ人とアイルランド系の先祖を持つアメリカ人の間で，表情に出る嫌悪の強さには，有意な違いがなかったことを報告している．

　以下の2つの研究では，嫌悪表情の知覚された強度を調べるために，多様な文化圏からの参加者を対象に実験を行った．Biehlら（1997）は，6つの国（ハンガリー，日本，ポーランド，スマトラ，アメリカ，ベトナム）の参加者を用いた．これらの国々は，後の分析のために，西欧（アメリカ，ポーランド，ハンガ

リー）と非西欧（日本，ベトナム，スマトラ）に分類された。結果は，嫌悪写真の半数（8枚のうち4枚）では，西欧諸国の参加者は非西欧諸国の参加者よりも嫌悪をより強く評定したが，他の嫌悪写真の評定では，有意な違いがないというものであった（Biehl et al., 1997）。これまで行われた交差文化的研究の中なかでも，Ekmanら（1987）のものはより包括的である。ここでは，エストニア，ドイツ，ギリシャ，香港，イタリア，日本，スコットランド，スマトラ，トルコ，およびアメリカの10ヶ国から参加者が集められた。表情から読み取られる嫌悪の強度には，国によって有意な違いがあったが，その違いについて何らかの一貫したパターンは見いだされなかった（Ekman et al., 1987）。表情から読み取られる感情の差異を調べる交差文化的研究が，文化間に差異があることを一貫して示してきたわけではないのだが，違いを見いだしている研究は，文化が，表情から読み取られる強度と，おそらくは感情の経験の強度にも，影響を与えている可能性を示唆している。

(9) 生理的特徴

　嫌悪の普遍性仮説からすれば，嫌悪に関わる生理的特徴が，文化間で似たものになると予測される。しかしながら，嫌悪に関わる生理反応を文化間で比較した研究は非常に少ない。嫌悪経験を追体験させたときの生理的パターンを異なる文化間で比較した2つの研究では，皮膚伝導反応のレベルに何らの差異も見られなかった（モン族アメリカ人とヨーロッパ系アメリカ人の比較は，Tsai & Chentsova-Dutton, 2003；スカンジナビア系アメリカ人とアイルランド系アメリカ人の比較は，Tsai et al., 2002）。

　より包括的な生理反応の分析を行うために，Levensonら（1992）は，西スマトラのミナンカバウ文化圏の男性参加者に，指示通りの表情を作るという課題をやらせた。この調査結果が，これまでアメリカで得られてきた調査結果と比較された。嫌悪表情を作るために，参加者は，口を開きながら鼻に皺をよせ，下唇を引き下げ，舌を外には出さずに前方へ動かすよう指示された（Levenson et al., 1992）。おおまかにみると，こうした嫌悪の表情を取らせた場合，心拍加速の低下，指のパルス伝播時間の短縮，指のパルス振幅の減少（実際に振幅の減少を示している），呼吸間隔の短縮，呼吸が浅くなる等の特徴が現れた。嫌悪は，怒り，恐怖，悲しみより，有意に心拍の減少を示した（幸福は，嫌悪と，怒り・恐怖・悲しみとの間になった）。嫌悪と幸福は，悲しみより，指のパルス伝播時間がか

なり短縮された（怒りと恐怖は，嫌悪・幸福と，悲しみとの間になった）。嫌悪と恐怖は，幸福より呼吸間隔が有意に短縮された（怒りと悲しみは，嫌悪・恐怖と，幸福の間になった）。また，嫌悪は，幸福より有意に呼吸が浅かった（他の感情は嫌悪と幸福の間になった）。文化の違い（アメリカ文化圏かミナンカバウ文化圏か）と感情の交互作用は，呼吸の深さを除いて，いずれの生理指標でも有意ではなかった。これは，感情による生理反応の特徴が，文化によって異なるわけではないことを意味している。ミナンカバウ文化圏の参加者は，多くの感情で，アメリカの参加者より表情の作り方がはっきりしていなかったのだが，両参加者の間で，嫌悪のときの生理的特徴の違いは有意ではなかった。ただし，ミナンカバウの参加者は，アメリカの参加者に比べて，表情を作ることをより難しいと評定し，嫌悪の表情を作っている間に実際に嫌悪が感じられるという報告が少ない傾向にあった。

(10) 嫌悪誘発子

　嫌悪が文化の影響を受けているとするならば，それぞれの文化でどんなものが嫌悪を誘発しているのかを明らかにすることが有効である（Ekman, 1994）。嫌悪誘発子を調べるための標準的な方法は，参加者に，嫌悪をもよおすような事物を列挙させるというものだ。しかし，これまでの研究では，反応の分類方法や参加者による報告のされ方がまちまちであった。それでも何人かの研究者によって，一般的な特徴が報告されてきた。これらの示すところによると，モン族アメリカ人，ヨーロッパ系アメリカ人，スカンジナビア系アメリカ人，アイルランド系アメリカ人は，嫌悪誘発子として，他のふるまいに関わる事柄をとくに多く列挙する傾向があった（Tsai & Chentsova-Dutton, 2003; Tsai et al., 2002）。また，モン族アメリカ人，ヨーロッパ系アメリカ人からは，嫌悪誘発子として，人間以外の生き物や事物も数多く列挙された（Tsai et al., 2002）。

　CurtisとBiran（2001）は，以前の研究で指摘されてきた嫌悪誘発子の特徴を検討した。参加者は，インド，ブルキナファソ，オランダ，イギリス，および，国際空港にいた人々（ヨーロッパ，ギリシャ，アメリカ，中東，アフリカの人々）から集められた。表5-2に示されているように，参加者を通じて，嫌悪の誘発子には多くの類似性が見られた。例えば，糞便は，文化を通じ，人間にとって明らかな嫌悪刺激であるようだ。CurtisとBiran（2001）は，参加者の反応を検討し，文化に共通する典型的な嫌悪の誘発子として，5つのカテゴリーを示した。それら

第5章　嫌悪と文化

表5-2　5つの異なる文化圏で見られる嫌悪誘発子の例

国	それぞれの地域・場所でよく見られる嫌悪誘発子
インド	糞便，尿，トイレ，ぼろぼろの衣服，ハエ，虫類，死んだネズミ，食べ物の中の死んだコオロギ，腐った肉
ブルキナファソ，西アフリカ	糞便，汚い庭，食べ物にとまったハエ，汚れたトイレ，下痢，傷，不潔な食べ物，ミミズの類，身体部位の異常
オランダ	糞便，髪の毛，害虫，ネコ，イヌ，腐ったゴミ，公害，麻薬使用者，レタスの中のアブラムシ
イギリス	糞便，嘔吐物，傷，汚れた台所，ハエ，腐った食べ物，無礼な人々，汚れたホテル，酔っぱらい
国際空港	糞便，動物の唾，吐き出された唾，汗，嘔吐物，腐った食物，悪臭，虫類，鼻水・鼻くそ

注) Curtis and Biran (2001) より.

は，(a) 排泄物，身体部位，(b) 腐敗した食べ物，(c) 特殊な生き物，(d) 特定のカテゴリーに分類される「他人」，(e) 道徳的，社会的規範からの逸脱，である (Curtis & Biran, 2001)。CurtisとBiranは，これらの嫌悪誘発子の特徴は，嫌悪の疾病回避モデルを支持するものであり，嫌悪誘発子は，それぞれに関連した病原体に対応していると結論づけた（例えば，糞便は，サルモネラ菌のような病原体の感染で生じる消化器官の病気と関連する）。

　研究者が設定した枠組みに基づいて，嫌悪誘発子を分類した研究もある。HaidtとKeltner (1999) は，参加者らに複数の表情写真を呈示し，その表情を示している人たちがそのような表情をするに至った出来事が起こった状況を想像させ，それについて記述することを求めた。記述された状況は，5つの領域（他者に批判的，自己意識的，否定的，肯定的，認知的）のいずれかに分類された。これらの領域は，さらに，計15種類（他者が間違っている，不愉快な状況，自身が間違っている，社交の経験，失敗，損失，身体の不快さ，危険，成功，愉快な状況，喜劇的，予期外，混乱した，考え中）に下位分類された。例えば，「否定的」のカテゴリーは，失敗，損失，身体の不快さ，危険の4つに下位分類された。HaidtとKeltner (1999) は，嫌悪とは「受け入れることのできない物質や考えを取り入れること，あるいはそれらに接近すること」であると述べた (Haidt & Keltner, 1999, p.249)。こうした考えに基づいて，嫌悪表情をもたらす状況は，一般的な「否定的」カテゴリーに分類され，さらに，「身体の不快さ」カテゴリーにより多くのものが分類されるだろうと予測された。否定的な要素を伴う自己目標，アタッチメント，快不快に関する出来事は，「否定的」カテゴリーに割り当てられた。「身体の不快さ」カテゴリーに属する出来事は，身体に不快さをもたらす物事への曝露

であった。参加者が記述した嫌悪誘発子は，予測におおむね合致する結果であった。アメリカ人の反応の73%とインド人の反応の93%が「否定的」カテゴリーに属しており，アメリカ人の反応の58%とインド人の反応の59%が，「身体の不快さ」カテゴリーとして分類された。つまり，アメリカとインド双方の参加者の大部分は，予測と一致して，嫌悪の状況と嫌悪の表情とを関連づけていた。これは，嫌悪表情がアメリカとインド双方の集団によって同様に解釈されていたことを示唆している。

　Galatiら（2005）は，イタリア，スペイン，キューバの参加者に，強い感情を引き起こした出来事を述べるように求めた。ただし，その時にどんな感情が経験されたかを特定させるようなことはさせなかった。感情が引き起こされた状況を想起した後，参加者は，その出来事を，珍しさ（novelty），心地よさ（pleasantness），目標関連性（goal relevance），対処可能性（coping potential），社会および個人の規範との整合性（compatibility with social and individual norms）のそれぞれについて，評定するよう求められた。残念ながら，ここで用いられた自由反応法では，述べられた嫌悪的な出来事はほんのわずか（9個）であったため，それらの出来事がグループ間で違いがあるかどうかについての分析は行われなかった。各グループを通して，出来事を検討してみると，嫌悪の経験に先立つ出来事は，新奇で，不快で，目標到達の助けにならず，制御不能で，往々にして他人に関係していて，個人の規範には整合的だが社会規範にはそうでないことを示していた。

　Schererと彼の共同研究者（Scherer, 1997; Scherer & Wallbott, 1994）は，様々な感情を引き出すような出来事に関わる情報を想起させるために，37の国から参加者を集めて，感情を引き出す出来事と出来事への評価を調べた。Schererらは，国々の間で違いがあるものの，それ以上に文化間に共通する類似性の方が大きいことを見いだした。Schererらは，国や地域ごとに感情のプロフィールを表すのではなく，国々の結果をまとめて感情のプロフィールを作成した。結果は，嫌悪が頻繁に経験される感情であることを示しており，大部分の参加者は，嫌悪を誘発した出来事を想起できることがわかった（Scherer & Wallbott, 1994）。また，嫌悪は長続きしない感情だと述べられていた。嫌悪経験の大部分の持続時間は数分から1時間に過ぎなかったのである。要するに，参加者の反応が示しているところによると，嫌悪は，強度が小さく，比較的自由に表出され，付随する生理反応は小さく，行動をしぼませやすいということだ（Scherer & Wallbott, 1994）。また，参加者の反応は，嫌悪が人間関係にマイナスの効果をもたらすこと，小さな非言

語的行動が伴うこと，しばしば短い発声が生じること等も示していた（Scherer & Wallbott, 1994)。

　Schererの研究で，参加者の反応は，嫌悪感情を誘発する出来事の特徴と普遍性を分析することにも使用された（Scherer, 1997)。その結果，嫌悪を誘発する出来事は，多くの場合，予想外のもの，不快なもの，非常に不道徳なもの，公正でないもの等であることがわかった（Scherer, 1997)。また，嫌悪は，必ずしもはっきりとした理由があるわけではなく，つねに行動目標の妨害として働くわけでもないことも示された。しかし，複数の次元からなる嫌悪プロフィールは，喜び，怒り，罪悪感などの他の感情と比較すると，プロフィール全体の強度は弱かった。また，嫌悪を誘発する出来事は，しばしば怒りを喚起する出来事として誤分類されていた。「不道徳」の次元が，他の感情と嫌悪を最もよく区別するものであった。感情プロフィールをいくつかの文化圏を通して比較した場合，嫌悪のプロフィールの相関係数は.61であった。しかしながら，この相関係数は，ここで検討された感情（喜び，怒り，恐怖，悲しみ，罪悪感，恥）の中では最も低いものであった。これは，感情のプロフィールが，文化によって違いがあることを意味している（Scherer, 1997)。上記の研究者らは，この低い相関関係は，部分的には，嫌悪のプロフィールがはっきりしていないためではないかと指摘している。感情プロフィールの相関関係の総合的なパターンは，ラテンアメリカ人やアフリカ人のプロフィールが，他の地域（北部および中央ヨーロッパ，地中海周辺，新大陸，アジア）とそれほど似ているわけではないことを示していた。

　Haidtら（1997）は，嫌悪誘発子を調べるために，アメリカに住んでいるが英語ネイティヴではない人々に，英語以外の言語で嫌悪に関連した言葉を尋ねるインタビューを行った。身体に関わる言葉や，社会的，道徳的な事柄に関わる言葉が，ほとんどの言語で見いだされたが，社会的，道徳的な事柄に関わる言葉のタイプには，文化によって違いがあった。例えば，アメリカ人が示す社会道徳性嫌悪は，他者の人格上の欠点を見つけてしまった場合に強く喚起される。それらは，他の人々への品位を貶めるような行為をしたり，破壊的，攻撃的な考えや態度をとっていたりといったもの等である。日本人が示す社会道徳性嫌悪は，日々の対人的なやりとりと強く関わっていることが多かった。それらは，他者が自分の希望や期待を満たしてくれなかった場合，あるいは，自分が，自分自身の基準を満たせなかったような場合である。Haidtらは，社会の秩序に関する人々の基本的な常識や期待が満たされない場合に，道徳的な嫌悪がしばしば経験されると結論

づけた。これらの結果から考察すれば，前述のアメリカ人と日本人の差異は，それぞれの国の個人主義的性質と集団主義的性質によって説明が可能である。こうした考え方は，嫌悪に文化間の違いがあることを認めることになる。そして，これらの嫌悪誘発子の類似性は，その文化における道徳と社会的な特徴との類似性に関連していることを示唆することになる。

　いくつかの食物も嫌悪誘発子とみなされ（Haidt et al., 1994），どんな食物が嫌悪をもたらすかについても，文化による違いがある。事実，アメリカでは，嫌悪体験と食物の間には特定の関連が認められているが，ヒンズー教を中心とするインドでは，嫌悪体験は，しばしば対人関係や道徳違反に関連している（Rozin, 1999）。西欧文化圏では，クモはよく嫌悪をもたらすものとしてあげられるが，多くの他の国々（インドシナ半島，カリブ海周辺，アフリカ）では，クモは珍味として頻繁に食べられている（Bristowe, 1932, 1945）。「我々は，自分が食べたものからできている（you are what you eat）」というのは，多くの文化圏，とくに西欧文化圏では一般的な信念である（Rozin, 1990）。この信念が示しているのは，だれでも，自分が食べた物の何らかの特徴（身体的特徴，行動的特徴，意図的な特徴）を帯びるということだ（Rozin & Nemeroff, 1990）。したがって，食物への嫌悪反応は，その食物自体への反応か，あるいは，その食物が食べられる前に触れた人物や事物への反応である可能性がある。Rozin（1990）は，これらの信念は，食物に関連するいくつかの文化的な習慣（例えば，自分に敵対する者や下層階級の人物によって提供される食物は拒絶するというような習慣）を説明するものであると指摘した。

(11) 恐怖

　嫌悪は，異常な不安症状（小動物恐怖症，血液・注射・外傷（BII）恐怖症，強迫性障害等）の発症や，それがなかなか治らずに維持されてしまうことと関連づけられてきた（Olatunji & Sawchuk, 2005）。しかし，嫌悪と異常な不安症状との関連についての交差文化的研究は非常に限られている。Daveyら（1998）は，7つの国（香港，日本，インド，韓国，オランダ，イギリス，アメリカ）で動物恐怖について調査した。この研究の参加者は，51種類の動物に対する恐怖の程度を評定するよう求められた。因子分析の結果，すべての国の参加者で，3因子構造になった。3つの因子とは，恐怖無関連動物（通常は恐怖を抱かない動物。ウサギ，ヒツジなど），恐怖関連動物（猛獣とされる動物。ライオン，トラなど），嫌

悪関連動物（不潔なもの，病気，感染と関連づけられる動物。ゴキブリ，クモなど）であった。「嫌悪」因子に負荷量の高い動物は，文化を通じてかなり一貫していた。7つの国すべてにおいて，ゴキブリ，クモ，ミミズ，ヒル，コウモリ，トカゲ，ネズミは，「嫌悪」因子への負荷量が大きかった。しかし，国による違いも見られた。インド人は，他のすべての国より，嫌悪関連動物に対する恐怖の程度が低かった。日本人は，インド，イギリス，アメリカ，韓国，香港よりも，嫌悪関連動物に対する恐怖の程度が有意に高かった。これと同様に，インド人では，嫌悪に関連した恐怖因子に含まれている動物が他国より少なかったが，日本人では，嫌悪に関連した恐怖因子に他のすべての国より多くの動物が含まれていた。このように国によっていくつかの違いはあるものの，嫌悪関連動物への恐怖は，国による相違点よりも類似点の方が多いようだ。

　Olatunjiら（2006）は，アメリカとオランダの参加者を用いて，嫌悪感受性と血液・注射・外傷恐怖との関係を調べた。アメリカの参加者は，食物，セックス，皮膚の損壊（注射など），衛生，死，共感呪術（汚染物質に類似しているもの，または以前に汚染物質に接触していたもの，ただし，それら自身が何かに汚染されているわけではないもの）の領域で，強い嫌悪を報告した。小動物と身体分泌物の領域で，アメリカとオランダの違いは認められなかった。しかし，アメリカとオランダの参加者では，BII恐怖のレベルが異なっていた。アメリカの参加者は，注射や，採血されることに，より強い恐怖を報告しているのに対して，オランダの参加者は，体を傷つけられることに，より強い恐怖を報告していた。アメリカ，オランダいずれも，嫌悪感受性とBII恐怖との間で相関が見られたが，相関の程度は，オランダよりもアメリカの方が大きかった（アメリカでの相関の程度は中から高，オランダでは低から中だった）。しかし，嫌悪とBII恐怖との間には，なんらかの関係が想定されそうなことが，両国において見いだされたといえる。以上の結果は，嫌悪感受性の現れ方や強さは文化によって異なることもあるが，嫌悪感受性と病的恐怖との間には，なんらかの基本的な関係があることを示唆している。

　Sawchukら（2006）は，アメリカとオランダの参加者を用いて，嫌悪と，汚染に関連した強迫性障害との関係について，両国で違いが見られるかどうかを分析した。ステップワイズ回帰分析の結果，アメリカ，オランダいずれにおいても，注射，採血，衛生，ニオイに対する嫌悪が，汚染恐怖の得点を予測できるものであることが明らかになった。ただし，オランダ人参加者では，注射と採血への嫌

悪がより優位な予測子であったが，アメリカ人参加者では，衛生に関連した嫌悪が優位な予測因子であった。さらに，回答者が女性であることは，アメリカ人参加者では，有意な独立した予測因子であったが，オランダ人参加者では，性別の変数は，汚染に関連した予測因子ではなかった。また，中核嫌悪の領域と，動物性嫌悪の領域を比較してみると，オランダ人参加者では，汚染恐怖は，中核嫌悪の誘発子と動物性嫌悪の誘発子の組み合わせによって，最もよく予測されること，一方，アメリカ人参加者では，汚染恐怖は，中核嫌悪の領域のみによって，最もよく予測されることが示された。

(12) 感情を表す言葉

　交差文化的研究における困難な点のひとつは，言語の壁を乗り越えねばならないことである。異なる国々の結果を比較するためには，すべての国の参加者が，同じ研究に参加しているということが前提となる。このためには，研究で行われる教示，質問，回答が，文化を通じて同じものでなければならない。感情の判定研究では，特定の感情を表すために選ばれた言葉が，すべての言語で同じ意味を持っていることが保証されなければならない。しかし，いろいろな事情が翻訳の過程を複雑にしている。研究で用いられる基本感情のすべては，英語による単一の言葉によって表されるが，他の言語は，その感情を表す適切な言葉を持っているとは限らない。また，英語では異なるものとして区別されている基本感情を区別していない言語があるかもしれないし，その文化にとって重要な感情の言葉でありながら，英語には相当する言葉がないような言語があるかもしれない（Haidt & Keltner, 1999; Russell, 1991）。

　交差文化的研究では，異なる言語間で，各感情を表す言葉が同等になることを確実にするために，通常は翻訳と逆翻訳の手続きを採用している。この手続きでは，まず，第1翻訳者が，各言葉を原語から別の言語に翻訳する。次に，第2翻訳者が，その別言語の単語を原語に翻訳し戻す（これが逆翻訳である）。逆翻訳によって再び原語が示されるということが，別言語に翻訳された言葉が，原語の言葉を正確に翻訳していることを保証しているものと解釈される。しかし，大半の研究ではこの過程の有効性が検討されてこなかった。この手続きの妥当性に疑いを投げかけている研究もある。RussellとSato（1995）は，14の感情語（嫌悪も含む）の英語と，これらの逆翻訳の過程であてはめられた日本語と中国語に該当する言葉を比較した。参加者には，表情の写真に示されている感情を判定させる

のではなく，示されたそれぞれの顔が，X（Xは，14の感情語のどれかとする）を感じている人物の表情として，どれくらい適切なものであるかの判断を7件法の尺度で示すよう求めた（Russell & Sato, 1995）。参加者間の相関を調べたところ，14の感情語のうち12は高い相関を示していたため，適切な翻訳がなされていることがわかった。しかし，嫌悪は問題のありそうな言葉のひとつであった。「disgust」に相当する日本語は，英語や中国語と同等のものではなかったのだ（英語と中国語は同等のものであった）。disgustに相当する日本語（つまり「嫌悪」）は，英語との相関係数が.18，中国語との相関係数が.09に過ぎなかった。（英語と中国語の相関係数は.83; Russell & Sato, 1995）。感情語を，快－不快，覚醒－非覚醒の2次元座標上に表示すると，中国語と英語の「disgust」は，いずれも「怒り」と「恐怖」に近い位置にあった。日本語の「嫌悪」は，「悲しみ」に関連する言葉の近くになっていた。これらの結果は，「disgust」という言葉を翻訳するために用いられてきた従来の方法が，以前想定されていたほどには適切でないかもしれないことを示している。

4. 結論

嫌悪は，人間の基本感情のひとつであり，特有なシグナル，特有な生理反応，特有な先行状況などによって特徴づけられる（Ekman, 1999）。これまでの嫌悪に関する交差文化的研究はこれらの特徴を調べてきた。最も多くの注目を集めてきた嫌悪のシグナルは，嫌悪の表情である（上方に歪んだ上唇，皺のよった鼻，引き下げられた口角など）。様々な方法と参加者を用いた多くの研究によって，嫌悪の表情は，偶然以上の確率で，嫌悪感情に関連していることが示されてきた（Biehl et al., 1997; Ekman et al., 1969, 1987; Ekman & Friesen, 1971; Haidt & Keltner, 1999; Hejmadi et al., 2000, Huang et al., 2001; Matsumoto, 1992; Matsumoto & Ekman, 1989; Russell et al., 1993; Yik & Russell, 1997）。強制選択法を用いた研究では，2つのケース（Ekman et al, 1969; Yik & Russell, 1997）を除いたすべての研究で，嫌悪は，嫌悪表情の写真に非常によく合致する感情であることが報告されている。多くの調査結果の示すところによると，参加者に，彼ら自身の感情を表出させるという課題（標準的な感情判定課題を変形したもの）を行っても，嫌悪感情に嫌悪表情をあてはめることに成功する回答者の割合をほんのわずか減少させただけ

であり，一貫して，50％かそれ以上の判定率という高い結果であった（Haidt & Keltner, 1999; Hejmadi et al., 2000, Russell et al., 1993）。ただし，西欧文化圏での調査結果の方が，非西欧文化圏より，常に一定程度は高い判定率を示していた（Ekman et al., 1969, Matsumoto, 1992; Matsumoto & Ekman, 1989）。

　隔絶された文化圏で行われた嫌悪の表情判定に関する調査では，様々な調査結果が混在していた。「感情を伴ったストーリー」に対応する表情の判断を求められた場合，参加者は高い正答率を示したが，これとは逆に，特定の表情に対応する感情語を選ばせる課題では高い正答率が得られなかった（Ekman et al., 1969; Ekman & Friesen, 1971）。こうした結果の違いはあるものの，文化の違いを越えて，参加者は，一貫して嫌悪感情を嫌悪時の表情にあてはめていた。このことは，嫌悪感情が普遍的な体験であることを支持するものである。嫌悪感情が普遍的なものであることを支持する他の証拠として，嫌悪時の生理的特徴を文化間で比較したいくつかの研究がある。これらの研究は，嫌悪時の生理反応は文化を通じて類似したものであることを示している（Tsai & Chentosva-Dutton, 2003; Tsai et al., 2002; Levenson et al., 1992）。

　諸研究の結果から，嫌悪はどの文化においても現れるものであるように思われるが，嫌悪の特性のいくつかは，文化的な影響に敏感である可能性もある。知覚された嫌悪表情の強度は，文化によって有意に異なることがいくつかの研究によって明らかにされている（Biehl et al., 1997; Ekman et al., 1987, Matsumoto, 1993; Matsumoto et al., 1999）。また，嫌悪誘発子の大まかな内容は文化を通じて一貫しているように見えるが，文化に特有な誘発子もある（Haidt et al., 1997; Haidt & Keltner, 1999; Scherer, 1997; Scherer & Wallbott, 1994; Tsai & Chentsova-Dutton, 2003; Tsai et al., 2002）。要するに，嫌悪が普遍的な感情であることが多くの研究により示されてはいるものの，文化の違いも嫌悪体験と嫌悪誘発子に影響を及ぼしているかもしれないということである。

　これまでの研究結果の不一致や，不明なままになっている疑問を整理するためには，さらなる嫌悪の交差文化的研究が必要である。逆翻訳の手続きの妥当性に関連したRussellとSato（1995）による研究結果は，今後の研究とこれまでの研究の両方にとって重要な意味を持っている。これまでの研究は，逆翻訳の手続きには問題がないという前提に基づいていた。しかし，これから必要とされるのは，研究に用いられる言葉が，言語の違いを越えて，同じ意味であることが確実に保証されるような方法を使った研究である。ここで概観してきた研究に関するもう

第5章 嫌悪と文化

　ひとつの問題点は，嫌悪研究の大部分が，他の感情に付随して位置づけられたものとして（つまり，他の感情のついでに）研究されてきたということだ。他の感情のついでではなく，ひとつの独立した感情として嫌悪を調べる研究であれば嫌悪に特有の情報を得られるだろうし，おそらく文化間にある微妙な違いも特定できて，より詳細な知見が得られるだろう。

　交差文化的研究は，第1に文化間の違いに注目するというところから始まり，次に，なぜそうした違いが起こるのかを説明するという流れで進展してきた（Matsumoto & Yoo, 2006）。この研究史の「第1期」にあたる研究は，文化間の違いが生じる原因には無頓着なまま，研究結果の違いを記録していくという異文化間比較の分析を中心としたものであった。「第2期」にあたる研究では，文化による違いが，どんな次元で現れるかを明らかにしようとするものが中心であった。例えば，「個人主義対集団主義」というように，文化の違いを示す手法を説明しようとしてきた。「第3期」は，その文化の中で見られる個々人の違いを予測して説明する方法を見いだそうとしている。MatsumotoとYoo（2006）は，これまでの交差文化的研究の大部分は，これら3つの期間のいずれかに位置づけられるとしている。しかし，交差文化的研究は，「リンケージ研究（linkage study）」を利用した新しい段階に入らねばならない（Matsumoto & Yoo, 2006）。リンケージ研究とは，観察された文化間での違いと，その違いの原因となっている文化的要因とのつながりを実証的に分析するというものである。リンケージ研究は，こうした仮説的な媒介モデルにおいて，仮定された事柄のすべてを検証するべきである。例えば，ある研究で，特性不安が文化Aと文化Bとで異なることが，2つの文化間の嫌悪の違いにつながったのだという仮説を立てたとしよう。この場合のリンケージ研究では，特性不安と嫌悪との関係を調べると共に，その2つの文化における特性不安と嫌悪の違いを検証するものとなる。交差文化的研究の大部分は，第1期の研究に属するものであり，それらは，単に文化の違いがあることを明らかにして報告したにすぎない。嫌悪の文化差について理論づけられてきたもので，最も一般的な変数は，「個人主義対集団主義」である（Haidt et al., 1997; Matsumoto, 1992; Matsumoto et al., 1999 など）。今後，嫌悪の研究が進展すれば，将来の交差文化的研究は，まだあまり研究されていない領域（嫌悪の発達，嫌悪と精神病理学との関係など）における嫌悪の文化差にも注目し，その文化差を説明できるような理論モデルを提案していくようになるであろう。

第6章

嫌悪の心理生理学：動機・作用・自律神経

SCOTT R. VRANA

　本章の主なテーマは，嫌悪の研究がごく最近までほとんど無視されてきたということである。感情の心理生理学の研究文献において，これは確かにその通りである。心理生理学研究者たちが最も注目してきた感情カテゴリーは，心理生理学的な現象が精神病理や身体の健康に直接影響する感情であると共に，不安障害の診断と治療に関係する恐怖（Lang, 1968）や，タイプA性格や心血管疾患に関係する怒り（al'Absi & Bongard, 2006）であった。このような嫌悪への注目の欠如は，精神病理学の進展にとって不運なことであり，他の章で述べられているように，不安障害に関する研究の進展にとっては特に不運なことである。さらに，嫌悪と怒りは語義的に重複する部分があるので，嫌悪の心理生理学研究には心血管疾患の研究に貢献できる可能性があり，感情の基本問題に関するいくつかの重要な疑問に答えるのに特に好適である。本章では，嫌悪に関する心理生理学的知見をレビューし，それらと感情の基礎研究との関連について論じていく。まず感情へのアプローチについて述べるが，それによって，嫌悪研究を感情研究の文脈に位置づけることができるだろう。

1. 感情への心理生理学的アプローチ

　感情とは，一般に，行動[★1]を構成し，方向づけ，その行動をおこすために身体を準備する作用傾向と考えられている（Lang, 1979, 1995）。感情は通常，実験室において自己報告された感情，生理反応，行動を測定することによって研究されてきた。感情のこれら3つのシステムは，ゆるやかに構成されている。すなわち，

各システムは複合的に決定されるが，ある程度は個別に決定され，それぞれ中程度に相関しているだけである（Lang, 1968）。

★1：本章における「行動」には，純粋な行為としての行動だけでなく，生理反応や認知なども含む場合がある。

多くの理論家は，感情の領域（emotional terrain）を，通常，喜び，悲しみ，怒り，恐怖，嫌悪を（少なくとも一つ以上）含む一次的感情，すなわち基本感情の小さいまとまりと捉えている。これらの基本感情にまたがる3つのシステムにはバリエーションがあるが，多くの理論家は，感情は2次元で最もうまく整理できると確信している。第1の次元は感情価（valence）である（Mehrabian, 1970; Russell, 1980）。この次元は行動の動機を方向づける（接近−回避）。第2の次元は覚醒度（arounsal）で，これは行動に必要とされる活力（vigor）を示している。これらの次元に加えて，感情現象は，固有の感情に応じた文脈に限定的な戦略的行動も伴う。典型的な恐怖行動は逃走（flight），典型的な怒り行動は闘争（fighting）であり，感情はその感情に関連する文脈に限定的な行動によってうまく定義されることが多い。しかし，状況的文脈によって，同じ基本感情でもこれら戦略的行動が大きく異なることがある。例えば，恐怖はとっさの逃走や不動のすくみ（freezing）を伴うかもしれないし，怒りは警告のしかめ面や怒りを抑える微笑を引き起こすかもしれない。

感情に伴う心理生理反応は，動機システム（食餌性−嫌悪性：appetitive-aversive），感情行動の活性化に必要な活力（高覚醒度または低覚醒度），その状況で必要とされる戦略的行動によって左右される。これらと嫌悪の心理生理反応との関連は，後半のセクションで詳しくレビューするが，簡潔に述べておくと，過去15年間の多くの研究（Bradley et al., 1999によってレビューされている）は，驚愕反応が嫌悪感の指標となることを示してきた。さらに，表情（特に皺眉筋の活動）は，ネガティヴな感情価の測度として手堅いものである（Witvliet & Vrana, 1995）。覚醒度や活性化は，自律神経系の活動によって測定される（Witvliet & Vrana, 1995）。最も一般的に使用されるのは，心拍や皮膚の発汗活動の指標である皮膚伝導反応（skin conductance）であり，さらに，顕著な活性化は全身の筋肉の活動にも影響する。

戦略的行動の発現や，特定の行動反応のための準備状態は，複数の心理生理的チャンネルで観察されうる。その状況が誘発する行動に必要なエネルギーは，個体が活発な行動の準備をしている時の自律神経系において明瞭である。さらに，

顔や足にある特定の筋肉の動き（筋電図によって測定される）も，文脈に限定的な感情活動パターンや表情表出の一部とみなせるだろう。感情活動パターンの一部としての社会的信号（例えば，攻撃の意図を示すために冷笑したり眉にしわを寄せたりすること）は，おそらく顔の筋電図で測定されるであろう（Fridlund, 1992）。既に述べたように，こうした行動上の必要条件と，それに伴う生理的プロフィールは，同じ感情であっても異なるかもしれない。例えば，動物恐怖症の人にとって，恐怖の心理生理反応は，逃走準備のための心拍や筋緊張の著しい上昇であるかもしれないが，社交恐怖症の人にとっては，その行動傾向が社会的状況でのネガティヴな評価に対する過度の警戒である時，心拍の変化はほとんど関係しないかもしれない（McNeil et al., 1993）。このように，感情に伴う心理生理反応は，その感情が生じた状況に適合した，特定の作用に左右されるのである。

　感情が心理生理学的現象に及ぼす効果を測定するためには，実験室において感情を引き起こさねばならないが，それはイメージ，静止画像，動画，音楽，ニオイ，社会的相互作用といった内的・外的刺激を個体に呈示することによって行われる。こうした感情を喚起するための方法は，知覚や認知を必要とするものである。それと同時に，知覚・認知過程自体も，心理生理学的な効果を持っているのである。知覚・認知過程の心理生理学研究で最もよく知られている知見は，環境から情報を取り入れている時と，労力を要するような知的処理を行っている時との差異であり，後者では環境から情報を取り入れることに対する拒否が起こるということである（Lacey, 1967）。刺激の取り入れは定位反応[2]を引き起こすのだが，心拍の減少もそのひとつである。定位反応とその結果として起こる心拍の減少は，刺激がより興味深く，複雑で有意味であるほど大きくなる。反対に，情報の拒否は心拍の加速を引き起こし，より労力を必要とする情報処理と関係する，より大きな心拍の加速を伴う（Panayiotou & Vrana, 1998）。恐怖を引き起こす画像（ヘビ，銃，攻撃を仕掛けている犬，怒り顔など）は，一般に中性画像（家庭にある物品や無表情の顔）よりも興味を引き，かつ有意味である。結果として，全員ではないものの，恐怖を感じているほとんどの人が，恐怖画像を見る時には，中性画像を見る時よりも心拍を大きく低下させる（Hamm et al., 1997）。しかし，これらと同じ恐怖内容を心の中でイメージさせると，中性的なシナリオをイメージさせた時より，心拍の大きな上昇が起こる。

★2：新奇な／有意味な刺激が呈示された際に，その刺激に注意を向けたり，そちらに体を向けたりすることで，刺激を定位する反応

要約すると，感情的な刺激に対する心理生理反応は，感情的な状況の動機次元（食餌性－嫌悪性），感情的な文脈における行動的／エネルギー的な必要条件，その状況で必要とされる特有の戦略的行動，そして感情処理課題の知覚的・認知的必要条件によってほとんどが説明されうる。この観点から考えると，「感情の心理生理学とは何か？」と尋ねるのは，それほど生産的ではない。また「嫌悪に対する心理生理反応とは何か」というのも，特定の状況における知覚的，認知的，感情的な必要条件を考慮しない限り，あまりにも広すぎる質問である。すなわち，嫌悪に特徴的な心理生理的プロフィールというものは存在しない。むしろ，環境から意味ある情報を知覚し，処理し，それを評価する反応が存在し，それが環境に対する適応的な反応を発現させたり実行させたりしていくのである。様々な反応の出力チャンネル（心拍，皮膚発汗活動，表情など）は，課題が要求するものに応じ，嫌悪の活性化と一致した反応，あるいは一致しない反応を発現させるのである。

2. 嫌悪と，感情の基本的問題

　本章では，嫌悪の心理生理学研究を，動機の次元，嫌悪的文脈における行動発現に必要とされる活力，その状況で必要とされる特有の行動，および課題に対する知覚的・認知的必要条件といった変数に注目してレビューしていく。既に述べたとおり，基本感情の1つであるにもかかわらず，嫌悪はあまりにも研究されてこなかった。しかし，本書の他章において明らかにされているように，最近提唱された嫌悪に関する学説から，不安障害の様々な面が新たに検討されてきている。嫌悪に関連する古いデータを再検討するために，これらの新たなアプローチを用いることができる。例えば，心理生理学の研究は動物や昆虫といった一般的な恐怖刺激をよく用いてきたが，恐怖症に関するより最近の考え方（Davey et al., 2003）によれば，危険に関連する恐怖症（大きい犬やライオンなど）のプロセスと，汚染や病気に関する嫌悪に関連する恐怖症（ドブネズミやゴキブリなど）のプロセスは区別される。

　1990年代，感情の心理生理学と神経生物学の研究で最も一般的に用いられてきた刺激は，International Affective Picture Set（IAPS; Lang et al., 1995）のスライドである。IAPSとは，並外れて広い範囲の内容と感情特性を網羅した500枚以

上の画像からなる画像刺激のセットである。IAPS を用いる研究の一般的なデザインは，刺激の感情価が心理生理反応に及ぼす影響を検討するために，ポジティヴ（異性のヌード，おいしそうな食べ物，子供の画像など），中性（家庭にある物品，無表情な人の顔の画像など），ネガティヴな感情カテゴリーの様々な内容の画像を組み合わせたものである。ネガティヴな感情カテゴリーには，汚染に関連する動物，切断された身体や顔のような一般的にいって嫌悪的なものばかりでなく，恐怖を喚起するような画像（攻撃している動物，怒り顔）も含まれている。実のところ，身体が切断された画像は，IAPS の中で最も嫌悪的である（Bradley et al., 2001）。残念なことに，ほとんどの研究では，画像の内容をネガティヴ感情という大枠の中に包括していたので，嫌悪に限定的な効果を確かめることができない。しかし，より最近の研究では，嫌悪に関連するテーマの効果を検討できるよう，身体切断，病気，公害のような画像内容に限定的な効果が研究されている（Bradley et al., 2001 など）。このように，ごく最近になって潜在的な注目を集めてきてはいるが，嫌悪はしばしば「ネガティヴ」あるいは「恐怖」刺激とみなされ，不快な感情に対する心理生理反応の基礎研究において重要な役割を果たしつつも，その役割は過小評価されたものだったのである。

　嫌悪は基本感情の研究においても重要である。なぜなら，嫌悪は感情表出の様々なシステム間の非同期（desynchrony）★3 を解明できるからである。本章のアプローチは，ある状況における感情経験の言語報告を，ひとつの反応出力チャンネルだと考えようとするものである。すなわち，感情経験の言語報告もまた，何らかの状況下における知覚や認知，さらには行動の文脈によって，複合的に決定されるものだという点で，心理生理反応と共通するのではないかと考えるのである。感情の言語報告は，その大部分が実験参加者の使用言語と文化における感情語の意味によって決定されるという点で，ある種の意味的な評価課題とみなすことができる（Vrana et al., 1986）。一方，感情の生理的表出は，その感情に含まれる基本的な作用に由来するものなのかもしれない。例えば，ある状況での闘争や逃走といった作用が，怒りや恐怖を特徴づけるように，である（Lang, 1979）。

　　　★3：desynchrony は一般的に「脱同期」と訳されるが，ここではシステム間の非連動性を論じているので，同期しないという意味で「非同期」と訳した。以下，同様である。

　このように考えると，感情の言語報告と生理反応の間に一貫性が見いだされる時（典型的には，$r = .30$ 程度），それは状況の意味的ラベルとその状況で必要とされる作用との間の一貫性によるものであって，感情体験の結果として言語報告と

生理反応が生じるからではない，といえよう。すなわち，恐怖の報告と高い心拍が同時に起こるのは，我々が「恐怖」とラベル付ける状況の種類が，我々が逃げ出したくなる状況であり，走るという作用が，この活発な行動に必要となるエネルギーを捻出するために心血管系を動員しようとするからである。このことは，言語報告と生理反応の同期は，その状況の意味が，感情の基本的な作用傾向と一致する時にだけ起こることを示唆している。例えば，社交恐怖症の人は社交上の心配事を恐怖とラベル付けする一方で，恐怖と対応する心拍の加速は示さないかもしれない。彼らがもともともっている社会的文脈での行動傾向が，自発的に逃走するというものではなく，あれこれと心配したり過剰に警戒しながら否定的評価のサインを探し求めたりするというものであるなら，まさにそうなるであろう。感情の言語的，生理的，行動的表出の間の同期と非同期は，臨床心理学者と感情研究者にとって長きにわたる興味の対象であった（Lang, 1968; Rachman & Hodgson, 1974）。なぜなら彼らは，それらがよく同期していることが，曝露療法の治療効果に関する良い予測因子になることを既に知っていたからである（Beckham et al., 1990）。

　嫌悪感情は非同期に対して特に興味深い視点を提供する。嫌悪を一次的感情あるいは基本感情とみなした場合（Ekman & Friesen, 1975; Izard, 1971; Plutchik, 1980; Tomkins, 1963 など），嫌悪は典型的には「不快な物体を（口へ）取り込むことを予想する際に生じる強烈な不快感」（Rozin & Fallon, 1987, p.23）として定義される。この定義を用いると，嫌悪を喚起する刺激（不快または汚染された物質）と，適応的な行動傾向（その物質を避けたり追い払ったり）との関係は明白である。しかし別の定義では，他者の行為や容姿に対する道徳的な非承認という意味合いもある（Ekman & Friesen, 1975）。この解釈に沿う典型的な辞書的定義は「嫌いという強い感情，なんらかのものごとを非常に不快に思うこと，または自分の主義に反すると思うこと」である（Oxford American Dictionary, 1980）。この定義を用いると，ある人の道徳的な行動や，政治的な視点，あるいは「人生そのものへの嫌悪（Disgust with life in general）」（Finlay-Jones, 1983）という忘れ難い論文タイトルを引用することにさえ，嫌悪を感じると言って良いことになる。さらに，たいてい，何に嫌悪を感じますかと訊かれた時に，人々が指摘するこの言葉の道徳的意味が（Haidt et al., 1997），一般的な言語における嫌悪の定義と，基本感情としての嫌悪との科学的な定義の間に，ある種の非同期を生じさせているのである。しかし，嫌悪という言葉の使用を引き起こす刺激は，人によって大きく異なっているようであり，この種の嫌悪と関係する作用の傾向は全く明

らかではない。このように，腐った牛乳を飲むことや，ラッシュ・リンボー（またはアル・フランケン）★4の話を聴くことで，人がどちらにも強い嫌悪を報告することは想像に難くないが，これら2つのケースで引き起こされる心理生理反応は全く異なっていることだろう。

★4：ラッシュ・リンボーは米右派・タカ派の代表的ラジオパーソナリティ，アル・フランケンはリベラルな放送作家。

3. 嫌悪の動機づけ作用

感情に関する多次元的視点のはしりとなったLang（1995）は，感情はほぼ2つの動機システムにまとめられると述べている。生存を促進する物体に対する接近を含む食餌性システム（appetitive system）と，生存を脅かすような物体からの回避や退却と関係する防衛－嫌悪システム（defensive-aversive system）である。既に述べたように，嫌悪の意味的な定義や，実験室で嫌悪を引き起こす知覚，認知，行動課題に伴う心理生理学的プロフィールにはかなりのばらつきがある。しかし，嫌悪に関して明確に意見がまとまるのは，それが感情の防衛－嫌悪システムという次元に位置づけられるということである。嫌悪が害獣によって引き起こされるか，政治的なイデオロギーによって引き起こされるかにかかわらず，嫌悪の感情価は常にネガティヴであり，基本的な動機づけの方向性は回避か逃避である。少なくとも2つの心理生理学的な測度，すなわち驚愕反応の増強と皺眉筋活動の増加は，防衛－嫌悪の動機次元とよく一致している。

（1）驚愕反応

10年以上にわたる研究成果（Bradley et al., 1999でレビューされている）は，驚愕反応が防衛的な動機システムの指標として手堅いものであることを示してきた。驚愕反応は，強烈で突然起こる刺激（大きい音や明るいフラッシュ光など）によって引き起こされる。ヒトは，まず身体全体を収縮させるが，その反応はすばやく馴化し，続いて眼輪筋（目を閉じる時に緊張する筋肉）の筋緊張の変化として測定される瞬目反応が観察される（Graham, 1975）。不快な刺激の処理にあわせて驚愕刺激を呈示すると，驚愕反応の強度は増強し，その開始潜時は短くなる。驚愕反応の増大は，不快な処理を引き起こす様々な実験場面で起こることが

見いだされており，IAPSのネガティヴな画像を見ること（Vrana et al., 1988），恐怖をイメージさせること（Vrana & Lang, 1990），有害なニオイ（Miltner et al., 1994），嫌悪（aversive）条件づけ（Hamm et al., 1993），電気ショックの脅威（Grillon et al., 1991）によって生じる。

　嫌悪的な実験材料に対する驚愕反応を具体的に検討した最初の研究（Vrana, 1994）では，嫌悪的な状況（「口いっぱいにサラダをほおばっている時，ゴキブリが自分のサラダの皿から出て来てテーブルに走り去るのを見る」など），怒りを引き起こす状況（「古いおんぼろ車が自分の新しい車に追突し，進入してはいけない車線に割り込んでいったので，自分は，交通渋滞の中で身動きのつかない状態におかれている。できるだけ一生懸命見張っていたが，車のナンバーを控える前にその車は逃走していく」など），中性的な状況（「勉強し続けた長い1日の終わりに，ソファーに座ってテレビのドキュメンタリー番組を見ている」など）を描写する短い文章を，大学生の参加者に記憶してもらった。一定の基準に達するまでそれらを記憶した後，どのシーンを思い出すべきか知らせる様々な音程の聴覚刺激を手がかりとして，参加者は自発的に該当するシーンを思い出すよう教示された。イメージ期間とリラックス期間に95db（A）★5のホワイトノイズが驚愕刺激として呈示された（呈示時間は50ミリ秒）。結果は，中性的なシーンをイメージしている時より，嫌悪や怒りのシーンをイメージしている時に誘発された反応の方がより大きいというものであった。

　　　★5：db（A）は可聴域のみの周波数の補正値

　既に述べたように，心理生理反応に及ぼす感情価の効果を検討するためにIAPSのスライドを用いた研究の多くは，ネガティヴ感情のなかでも嫌悪と関連付けられる身体切断の画像を使用している。それらの研究によると，ネガティヴな感情を引き起こす画像を見ている実験参加者に驚愕刺激を呈示すると，ポジティヴな画像や中性的な画像を見ている時と比べて，大きな反応が起こるのだという。Hammら（1997）は，身体切断の画像を独立したカテゴリーとして検討した最初の研究グループである。彼らは，身体切断の画像を見ている際に呈示される聴覚刺激に対する驚愕反応が，感情的に中性なスライドを見ている時よりも大きくなること，そしてその傾向は，特に身体切断に対して恐怖を示す参加者において顕著であることを見いだした。YartzとHawk（2002）は，恐怖画像，中性的な画像，快画像，血液の見える嫌悪画像，その他の嫌悪画像，それぞれを見ている実験参加に対して，驚愕反応を誘発した。その結果，ネガティヴ画像（恐怖，嫌悪

の画像）を見ている時の驚愕反応は，快画像を見ている時よりもが大きくなるが，2つの嫌悪関連画像の間には驚愕反応の大きさに違いが無かった。全体として見ると，嫌悪画像を見ている時の驚愕反応の平均が，恐怖画像を見ている時の驚愕反応より有意に大きいということはなかったが，女性では，恐怖画像を見ている時より嫌悪画像を見ている時の驚愕反応の方が有意に大きかった。

　Bradleyら（2001）は，潜在的に嫌悪と関連している5種類のネガティヴ画像（身体切断，事故，汚染，病気，公害）と，その他3種類のネガティヴ画像（人による攻撃，動物の攻撃，損失），7種類のポジティヴ画像（異性のヌード，エロティックなカップル，冒険，食べ物，自然，スポーツ，家族）を含むIAPS画像が，驚愕反応に及ぼす影響をきめ細かく観察している。95bB（A）のホワイトノイズに対する驚愕反応は，全体的に，ポジティヴ画像よりネガティヴ画像を見ている時に大きかった。各ネガティヴ画像に対する驚愕反応の違いは，内容の嫌悪性（aversiveness）の評定で見られた違いとほぼ一致していたが，ネガティヴ画像のカテゴリー間で統計的に比較をおこなうと，概ね有意ではなかった。同様に，StanleyとKnight（2004）はポジティヴ画像を見ている時よりも嫌悪画像を見ている時の方が驚愕反応は大きいが，嫌悪画像を見ている時の驚愕反応は，中性画像や脅威画像を見ている時の驚愕反応と変わらないことを見いだした。StanleyとKnight（2004）と同様に，BalabanとTaussig（1994）も，嫌悪画像を見ている時と，中性画像を見ている時とで，誘発された驚愕反応の大きさに違いが無いことを示した。他の研究とは異なり，この研究では，嫌悪画像を見ている時に引き起こされた驚愕反応が，脅威画像を見ている時に引き起こされた驚愕反応より有意に小さいことを見いだした。しかし，これらの知見を差し引きすると，嫌悪画像が引き起こす驚愕反応の大きさは，他のネガティヴで覚醒度の高い感情を引き起こす画像と同程度であるという主張が支持される。

　驚愕反応は，不快なニオイによって引き起こされるネガティヴ感情によっても変化する。不快なニオイは恐怖，怒り，悲しみといった他のネガティヴ感情より，嫌悪と関連づけられることが多いと推測するかもしれないが，この領域で行われてきた研究では，ニオイを操作することがネガティヴな感情全般を喚起する手続きとして記述されることがある。とはいえ実際には，不快なニオイに対する感情について尋ねた時に，最もよくあげられる感情が嫌悪であることは示されている（Alaoui-Ismaili, Robin et al., 1997）。読者も直感的に理解できるだろうが，嗅覚刺激は他の感情喚起法よりも嫌悪を喚起するのに効果的なようである。この研究で

用いられたニオイをイメージする方法（硫化水素，リンバーガーチーズ★6，たばこの吸い殻など）によっても反応は引き起こされる。ニオイによる驚愕反応の変化を調べた4つの研究（Ehrlichman et al., 1995, 1997; Kaviani et al., 1998, Miltner et al., 1994）によると，中性的なニオイに曝される状況や，ニオイのない状況と比較して，不快なニオイに曝される状況では驚愕反応が強まるのだという。ニオイが，驚愕反応の変化によって示されるような防衛－嫌悪システムの活性化に成功し，ニオイと嫌悪の間に明確な関係があるとみなすことができるのならば，嫌悪誘発子としてのニオイは，将来の有望な研究領域であるといえるだろう。

★6：鼻を突くような悪臭で有名

(2) 皺眉筋の筋電図

ネガティヴ感情の処理の指標として他に信頼できるものといえば，皺眉筋領域の筋電活動である。皺眉筋は目の上にあり，これが活動することにより，眉間に皺を寄せ，しかめ面がつくられる。感情を喚起するのに用いた方法に関わらず，多くの研究（Dimberg, 1990を参照。初期の研究のレビューとしてはFridlund & Izard, 1983）が，種々のネガティヴな感情刺激を処理する際にに生じる皺眉筋の筋電活動の増大と，ポジティヴ感情を処理する際に生じる皺眉筋の筋電活動の減少を見いだしている。他のネガティヴ感情を用いた知見とも一貫して，IAPSの画像を見たり（Bradley et al., 2001; Hamm et al., 1997; Yartz & Hawk, 2002），嫌悪的なシナリオをイメージしている時（Vrana, 1993, 1994）の嫌悪は，中性的またはポジティヴな感情を処理している時と比較して，皺眉筋の筋電活動を増大させる。実際，YartzとHawk（2002）は，実験参加者が嫌悪喚起画像を見た時に皺眉筋の活動が大きくなることを見いだしているし，複数カテゴリーの画像を呈示した2つの研究（Bradley et al., 2001; Hamm et al., 1997）は，他の全カテゴリーの画像と比較して，身体切断の画像を見ている際の皺眉筋の活動が大きいことを示している。

4. 嫌悪に特有の行動傾向

嫌悪を処理している間，驚愕反応の増大が起こったり，皺眉筋の活動（眉をひそめる）が増大したりすることから示されるように，嫌悪が防衛－嫌悪システム

の一部であることは明らかである。防衛 – 嫌悪システムの意味を補足すると，嫌悪に特有の機能とは，有害または不快な物質を回避したり，それを口から吐き出すことである。この機能を果たすためにとられる典型的な行動は，Darwin（1872）によって同定された，不快なニオイを避けるために鼻孔を閉じ，受動的または能動的に不快なものを吐き出そうと口を開くという，あの特徴的な表情である。基本感情のひとつとして，この嫌悪の表情は文化を超えて観察され（Ekman, 1973），ヒトの新生児でも見られる（Steiner, 1979）。この身体的な表出は，種を超え，例えば苦味を与えられたラットでも見られる（Grill & Norgren, 1978）。ヒトでは，この表情は唇挙筋（上唇鼻翼挙筋）の筋電活動として測定できる。上唇鼻翼挙筋は鼻の脇に並んでいる筋肉で，この筋肉が緊張すると，鼻孔を閉じるために鼻に皺をよせたり，口を開くために上唇が持ち上げられたりする。

　唇挙筋の筋電活動は嫌悪に対して特に感度が高いという仮説を，はじめて検証した研究（Vrana, 1993）では，実験参加者は，嫌悪，怒り，喜び（ポジティヴな高覚醒），快いリラックスといった，特定の感情を喚起する一文のシナリオについてイメージすることが求められた。実験では，高さの異なる音を手がかりとして，どのシナリオをイメージするか知らせるという方法が用いられた。唇挙筋の筋電活動は，怒りや喜びをイメージしている時より，嫌悪をイメージしている時，有意に大きくなった。多くの先行研究が再現していることであるが，皺眉筋の筋電活動はネガティヴなイメージとポジティヴなイメージのどちらを思い描いているかによっても異なり，大頬骨筋（口角を引き上げて笑顔をつくる）の筋電活動は，喜びをイメージしている時に最も大きくなる（喜びのイメージは唇挙筋の高レベルの活動も引き起こすが，これは大頬骨筋との相互干渉によるものであることが証明されている）。この研究は，嫌悪を感じている際に，特有の顔面筋電活動が生じることを最初に証明したものとして重要であり，実験参加者の選別を行っていない大きなグループで，2つのネガティヴな感情の筋電活動に，信頼できる差異を示した数少ない研究のひとつである。

　これらの結果は，後続するイメージ研究（Vrana, 1994）でも再現された。その後の研究は，IAPS の嫌悪画像を見ている時に唇挙筋の活動が増大することを示した。Yartz と Hawk（2002）は，嫌悪画像を見ている時は，恐怖画像を見ている時と比べて唇挙筋の活動が大きくなり，その結果は画像の感情価，覚醒度や興味のレベル，嫌悪のサブタイプ（血液かそれ以外か），実験参加者の性別にかかわらず，同様であることを見いだした。Schienle ら（2001）は，嫌悪感受性が高

く血液恐怖のある実験参加者では，中性画像や快画像と比べて嫌悪画像に対する唇挙筋活動がより大きくなることを発見した。その後，同じ研究グループ（Stark et al., 2005）が，中性画像を見ている時と比べて，一般的な嫌悪画像（不衛生や腐った食べ物のような）や嫌悪／身体切断画像を見ている時は，唇挙筋の活動が増大することを発見した。

Vrana（1993）による研究には，特筆すべき優れた点がいくつか存在する。第1は，実験参加者は，怒りをイメージしている時に強い嫌悪を感じていると自己報告したが，嫌悪をイメージしている時に見られた高いレベルの唇挙筋活動は怒りをイメージしている時には見られなかったということである。この実験において，参加者は様々な嫌悪シナリオと怒りシナリオについてイメージすることを求められた★7。その結果から，参加者ごとに最も嫌悪評定の高い怒りシナリオと，最も嫌悪評定の低い嫌悪シナリオとで，顔面筋の活動を比較したのである。この方法では，生理反応ではなく，自己報告の嫌悪と一致するように，怒りと嫌悪のシナリオを作成した（実際，この怒りイメージと嫌悪イメージの嫌悪の評定値には有意な差は見られず，怒りイメージは嫌悪イメージより，感情価の評定が有意にネガティヴであった）。そのように工夫されたシナリオを用いても，唇挙筋の活動は「怒り」をイメージしている時より「嫌悪」をイメージしている時に有意に大きかった。このことは，自己報告された嫌悪体験と，嫌悪に特徴的な表情パターンの間の非同期を劇的に証明しており，感情語の意味的な側面と，その感情状況で必要とされる固有の行動は必ずしも一致しない一般原理を例証している。

★7：実際の実験手続きは以下のとおりである：嫌悪状況に関するシナリオ8個，怒り9個，快6個，喜び8個，合計31個のシナリオを選定し，各実験参加者に対して「この状況が実際に起こったとしたらどのように感じるか」について，7項目（感情価，覚醒度，統制，生々しさ，嫌悪，怒り，喜び）7件法で尋ねた。このシナリオの中から，その実験参加者の怒りの評定値が高く，怒りと嫌悪の評定値の差が大きいもの3つを「怒り」のシナリオ，嫌悪の評定値が高く，怒りと嫌悪の評定値の差が大きいもの3つを「嫌悪」のシナリオとして用いた。

この研究の2番目の優れたところは，嫌悪の表情がその状況に適した機能的行動（有害な物質を口から吐き出す）と明確に結びついていることを例証したことである。この研究で用いられた嫌悪を喚起させるシナリオのいくつかは，口から摂取した有害な刺激を吐き出すというものであり（「うとうとと目を覚ました時，私は上唇にヌルヌルとした動きを感じ，ゆっくりとそれをつかんだが遅すぎた。ナメクジは私の口の中に既に入ってしまった」など），他のシナリオはそうではなかった（「隣のブースの太った男が耳が釘付けになるようなゲップをするのを聞く。彼がむちゃ食いした揚げ物の匂いが私の胃をムカムカさせる」など）。これら

のシナリオから喚起されたイメージは嫌悪，感情価（valence），覚醒度，生々しさについてはほとんど同じと評価されたにも関わらず，唇挙筋の活動は，口とは関係のない嫌悪イメージより，口から吐き出す嫌悪イメージを喚起させるシナリオでより大きくなった。以上見てきたように，嫌悪の表情はその感情に固有の機能的行動作用と関係しているようである。すなわち，複数のシナリオ下で自己報告された嫌悪体験は様々な点で同等であったにもかかわらず，怒りイメージなどの固有の行動作用を必要としない嫌悪状況ではそこに差異が生じることを見いだしたのである。この自己報告された嫌悪体験と表情の非同期は，感情報告と表情は両方とも内的な感情経験の反映であると主張する感情理論と擦り合せることが難しい。むしろこれらの研究結果は，言語報告と表情は別々に決定されているという考えと一致している。すなわち，言語報告は状況の意味についての意味的な判断によって，表情は感情状況の行動的な要求によって決定されるのである。

　状況が要求する行動が感情反応の唯一の原因であるといっているわけではない。唇挙筋の活動は，口からの排出を必要とする嫌悪的文脈で最も大きかったが，他の嫌悪イメージでも唇挙筋の活動はいくらか見られた。有害な刺激や嫌悪的な刺激に出会うと，遂行しようとしている文脈に関係した行動だけではなく，刺激を排出したり回避したりするためのあらゆる行動傾向（口からの排出と，全身運動による回避）が活性化されるのかもしれない。この現象は，「ダーウィンアルゴリズム」[★8]と呼ばれている。すなわち，生存に関わるような状況を見極め，その状況に対処する際，動物は危険を過大視し，過剰な反応をとる傾向を有しているである（Cosmides & Tooby, 1987）。さらに，表情は防衛あるいは欲求機能と同様に，社会的コミュニケーション機能も持っており（Fridlund, 1992），道徳違反や政治的思想への嫌悪を伝える際，故意に唇挙筋を活性化させて鼻に皺をよせるかもしれない。

　　　★8：ダーウィンアルゴリズムとは『進化心理学における用語で，特定の適応機能を実現させるために進化した先天的な領域固有の認知プログラム』（APA心理学大辞典，p.567，培風館，2013）のことである。

（1）今後の研究分野

　少なくとも他の2つの潜在的機能が，嫌悪に特有の行動傾向の測定に影響を及ぼしているようである。有害な物質を排出するために口を開く機能と同様に，嘔吐は，既に摂取してしまった有害物質を吐き出す機能を持っている。胃筋電図（electrogastrogram: EEG）は胃の筋電活動を測定するもので，4〜9cpmのスペ

クトルパワーの増加は，乗り物酔い，吐き気，嘔吐と関連している[9]（Hu et al., 1999）。したがって，胃筋電図は嫌悪に敏感に反応するだろう。ある研究は，感情的刺激が胃筋電図に及ぼす効果を検討している（Vianna & Tranel, 2006）。この研究では，実験参加者が幸福，嫌悪，恐怖，悲しみを引き起こす映画のクリップを見ている時に自己報告した覚醒度が，胃筋電図の最大振幅数[10]の増大と関連することが見いだされた。この効果は嫌悪に特有のものではなかったが，嫌悪と消化器不調とが関係すると考えれば，嫌悪と胃筋電図に関する研究は今後より一層におこなわれるべきである。

★9：胃筋電図の正常波形は3cpm（cycle per min：1分間に3サイクル）であるが，乗り物酔いの症状を報告している際には，4-9cpmの異常波形に変化する（Stern et al. (1985). Tachygastria and motion sickness. *Aviat Space Environ Med.* 56（11），1074-7.）。
★10：本文にはスペクトルパワー（spectral power）と記述されているが，原著にはEGG peak amplitudeとあるので，そのように変更した。Vianna & Tranel (2006)の研究では，4-9cpmの異常波形は検出されず，すべて正常範囲の波形（2.5-3.5cpm）であった。

第2の潜在的機能は，身体切断や外傷に直面した時に顕著であるが，失血を防ぐために失神することである。失神は嫌悪とつながっている（Olatunji et al., 2006など）。血液・外傷恐怖症の人々では，心拍と血圧が最初の短時間に上昇し，その後，急速かつ持続的に下降して時に失神するという二相性の血管迷走神経性反応が見いだされてきた（Öst et al., 1984）。このように，嫌悪刺激に対する秒刻みの心血管反応を検討する研究は，嫌悪の自律神経系の「サイン（signature）」，特に血液や外傷と関連した刺激に対するサインを知る上で有用であろう。

最後に強調しておきたいのは，嫌悪と関連したあらゆる種類の行動傾向や最終的な作用のパターンは，きわめて強力な刺激が存在する時においてのみ現れるものかもしれないということである。したがって，画像やイメージは，嫌悪反応のすべてを研究するのにそこそこ効果的な方法だというだけで，最善のものではないのかもしれない。この点において，唇挙筋の筋電活動や胃筋電図に不快なニオイが及ぼす効果を検討する研究は，この研究領域に光をあて，重要な進展をもたらすものとなるであろう。

5. 嫌悪に関する自律神経の心理生理学

嫌悪に伴う自律神経系の反応は，複数の要因によって決定される。既に見てきたように，嫌悪に伴う自律神経系の反応は，嫌悪的な状況において要求される特

定の行動に影響される。すなわち，もし嫌悪が身体の外傷によって引き起こされるなら，血管迷走神経性の反応が心拍と血圧の低下を生じさせ，失血を食い止めるだろう。さらに，いかなる感情的状況の自律神経反応であっても，行動のために求められるエネルギーを捻出するために，全身の心血管系を動員するだろう。例えば，迅速な逃避や激しい闘争の準備には，身体のエネルギー要求を満たすための心拍，血圧，呼吸活動の増大が必要である。既に述べたように，嫌悪が引き起こす典型的な行動は，有害な物質を回避したり吐き出したりすることである。このように，嫌悪的な状況が求める行動と，そこで必要となるエネルギーの程度に応じて，心血管反応は，不快な対象を積極的に排除する上で必要とされる心拍と血圧の有意な上昇から，それらが変化しないことも含めて（有毒物質を受動的に回避する間），さらには身体の外傷によって引き起こされる血管迷走神経の反応による心拍と血圧の有意な低下まで，様々に変化しうる。

　最後に，感情喚起課題が備える知覚・認知的要求が自律神経系の反応に及ぼす影響についてふれておく。刺激の取り入れ（画像や動画を見ることなど）は，定位反応を引き起こすのと共に心拍を減少させる。その際，新奇で興味深く有意義な（すなわち感情的な）情報はより強い定位反応（より大きい心拍の減少）を引き起こす。反対に，認知的に情報を処理する（イメージ課題を完成するなど）ために周囲の情報をシャットアウトすると，心拍の上昇が起こり，情報処理の負荷が大きければ大きいほど心拍は増大するのである。皮膚伝導反応（skin conductance response: SCR）は，皮膚の発汗活動を，一般的には手掌で測定するものである。交感神経活動の測度として好ましいものだと考えられており，新奇で興味深く有意義な環境情報に反応することが知られている(Boucsein, 1992)。以上，研究データを解釈する際，自律神経系におけるこれら無数の影響を心に留めておく必要がある。自律神経系には知覚・認知の要素が大きな影響を及ぼすので，ここでは嫌悪を引き起こすために用いられてきた方法によって結果を整理していく。

（1）表情の表出

　嫌悪の自律神経系反応を調べた最も初期の研究は，感情を顔面の表情として表出させるものであった(Ekman et al., 1983; Levenson et al., 1991; Levenson et al., 1990)。この方法では，教示どおりに特定の筋肉を運動させ，実験参加者に顔面の表情をつくらせるというものである。その際，その表情がどのような感情に対応するかというラベル付けはおこなわれなかった。この研究方法は，表情と感情

反応の生理学的,経験的要素との関連性を検討する為に用いられてきた。これらの研究によって,嫌悪の表情表出は,怒り,恐怖,または悲しみの表情表出と比べて,より小さい心拍の上昇を示し,また,それらと同等の皮膚伝導反応を引き起こすことがわかった。これらの表情を表出するために顔の筋肉を動かし,それを保持することは,それ自体エネルギーを必要とするものであり,身体的な労力を要するのである。後続する研究では,心拍はその表情表出に必要とされる労力によってほとんど説明されることが見いだされた(Boiten, 1996)。しかし,元論文の著者らは,自分たちの実験結果に対するこうした解釈に,意義を唱えている(Levenson & Ekman, 2002)。

(2) 画像の閲覧

　より最近の研究は,嫌悪を引き起こす手段としてIAPSの画像や動画を用いており,これまでに論じられてきた事柄と一致する結果を得てきた。Schienleら(2001)は嫌悪画像を見ている時は,中性画像や快画像を見ている時よりも,心拍は低くなるが,血圧は変わらないことを発見した。後に行われたこのグループによる研究は(Stark et al., 2005),嫌悪画像に対する定位反応(すなわち心拍の減少)は,自己報告された嫌悪体験の増大に伴って大きくなることを見いだした。Bradleyら(2001)も同様に,嫌悪に関連する様々な内容の画像(身体切断,公害,病気,汚染)を見ている間,心拍が低下することを見いだした。Johnsenら(1995)は,EkmanとFriesen(1975)によって作成されたスライドセットを用いて,嫌悪や怒りの表情をしている人の画像を見ている時には,恐怖の表情をしている人の画像を見ている時より,実験参加者の心拍の減少は大きくなることを見いだした。Hammら(1997)は,身体切断に恐怖を覚える女性では,身体切断のスライドを見ている6秒の間に心拍が上昇することを見いだしたが,この心拍上昇が起こるのは最初の試行だけで,その後に身体切断のスライドを見た時には,典型的な嫌悪反応である心拍の低下が見られたことを報告している。同様に,Page(2003)は,嫌悪感受性が強い実験参加者に対して針や血液の画像を見せると,血圧の上昇が起こることを見いだしたが,この実験は各試行で画像が1回だけしか呈示されないというものだった。多くの研究は(Bradley et al., 2001; Hamm et al., 1997; Johnsen et al., 1995; Schienle et al., 2001; Stanley & Knight, 2004; Stark et al., 2005),画像の呈示直後に皮膚伝導反応を測定してきた。環境の中で興味を引く刺激に対する感受性の高さから予測されるように,これらの研究はすべて,中

性的な刺激や覚醒度の低い刺激より，嫌悪画像を見た時に皮膚伝導反応がより増大することを見いだしてきた。

(3) 動画の視聴

　嫌悪的な場面，特に身体切断や外科手術を含む動画は，実に強力な生理的，心理的効果をもたらすため，感情制御（emotional regulation）の効果を検討することに興味を持っている研究者によって，感情反応を操作するための方法としてよく用いられている。よって，ここで述べられるほとんどの研究は，嫌悪に限定されない心理生理学上の研究目的をもって行われてきたものであり，ここで紹介する実験結果は，研究全体から本章の関心にあう部分を抽出したものである。Gross（1998; Gross & Levenson, 1993）は，火傷の被害者や外科手術の動画を見せると，心拍の減少が起こることを見いだした。同様に，Demeree ら（2006）は，実験参加者が動物の屠殺場の動画を見ている時，中性的な動画を見ている時と比べて心拍は減少するが，呼吸率と皮膚伝導反応の上昇が起こることを見いだした。Leshner ら（2006）が行った応用研究においては，強い恐怖や嫌悪を引き起こすような喫煙反対の宣伝を実験参加者が見ている際に，心拍の減少が認められた。さらに Sherman ら（2006）は，実験参加者が「道徳性嫌悪のビデオ（ネオナチ，スキンヘッド，KKK を描いたもの）」を見ている時，ベースラインと比べて心拍が減少することを見いだした。

(4) イメージ

　初期に行われた嫌悪研究（Levenson et al., 1991）では，実験参加者に嫌悪的な体験をイメージによって追体験するよう求めると，怒り，恐怖，悲しみの体験をイメージした時と比べて，心拍の増加が小さくなることが見いだされた。その後の 2 つの研究（Vrana, 1993, 1994）では，嫌悪をイメージしている間の心拍の増加は，怒りや喜びを含む覚醒度の高い他のイメージを想起している時と同等か，もしくはより大きいことが見られた。これらの研究結果の相違は，実験材料の内容によるものかもしれない。Vrana（1993, 1994）は，実験参加者に，有害な物質を口から吐き出すか，有害物質との接触を積極的に回避する必要がある嫌悪状況を記述したシナリオを与え，イメージさせた。これらのシーンは，（種や文化を超えた）基本感情としての嫌悪の定義に一致する，積極的で覚醒度の高い行動に関係するものであった。Levenson ら（1991）の「追体験する」という教示を用いれ

ば，特定の状況文脈を提供しなくても，実験参加者に対して過去の感情経験を追体験させることができる。追体験された嫌悪状況は，強力な嫌気（dislike）や，自分の信条に反するものをみたというような感覚を含んでいたかもしれないが，まさにそのような感覚は，よく嫌悪という言葉で表現されるものである（Haidt et al., 1997）。この種のシナリオは，高いレベルで心血管系を動員する必要があるような作用を含まない。

(5) ニオイ

いくつかの研究は，快および不快なニオイに対応する感情の性質や，これらのニオイに対する自律神経反応を検討してきた。Alaoui-Ismaili と Robin ら(1997)は，不快なニオイは他の感情よりも嫌悪を最も強く引き起こし，嫌悪の次によく引き起こされる感情が怒りと驚きであることを見いだした。この研究グループが見いだした不快で嫌悪的なニオイに対する反応の特徴は，瞬間的な心拍の増大，持続性の皮膚伝導反応，高い皮膚血流反応であった（Alaoui-Ismaili, Robin et al., 1997; Alaoui-Ismaili, Vernet-Maury et al., 1997）。不快なニオイと快なニオイを嗅いでいる間の心拍と皮膚伝導反応を測定した研究でも同様のパターンが見いだされたが，不快なニオイと快なニオイの差は有意ではなかった (Miltner et al., 1994)。しかし，不快なニオイを嗅いでいる間の心拍を測定した別の研究は，ニオイのない統制条件と比較して，心拍が増大することを発見した（Ehrlichman et al., 1997）。しかし，これらの研究間には方法論的な差異が沢山あるので，矛盾した知見が得られた理由について確固たる結論を出すには，さらなる研究が必要である。

6. 結論

嫌悪に関する生理心理学的研究の結果は，感情に関する心理生理学的研究全体の中にうまく収まっている。驚愕反応の調節と皺眉筋の筋電反応の知見は，嫌悪が，防衛－嫌悪システムの一部に含まれる，ネガティヴな感情価を有する感情であることを明確に示している。嫌悪の機能（有害な物質の摂取を回避したり吐き出すこと）は特有の表情を表出させることであり，この行動傾向を活性化させる刺激が存在する時（すなわち，有害な物質が存在する時）に生じる。活性化された行動を持続させる為には，身体にエネルギーを供給し続けないといけないので，

心血管系の動員が必要となるのである。さらに，自律神経系は知覚的，認知的処理に激しく反応するが，このような情報処理は，外的刺激や内的な認知活動によって感情が引き起こされる時にはいつも起こるものである。

　嫌悪の心理生理学的研究は，他の基本感情と比べるとまだ十分ではない。例えば，感情制御を研究するために，身体切断や外科手術の動画や画像が用いられ，恐怖の生理学的研究では，ゴキブリやドブネズミの画像が用いられてきた。心理生理学の研究者から最も注目された感情カテゴリーである恐怖と怒りは，精神病理や身体の健康と最も直接に関係するものである。本章で見てきたように，嫌悪は恐怖と怒りの両方と関係しており，嫌悪の心理生理学的研究への注目が高まることは，精神病理と感情との関係についての理解をより深めていくであろう。

　例えば，恐怖症患者に見られる恐怖の研究は，最近になってようやく，危険に対する恐怖と汚染に対する恐怖の区別をするようになった。汚染に対する恐怖は，危険に対する積極的な回避反応とは全く異なった心理生理的プロフィールを示すので，嫌悪として概念化した方が有益だろう。今後の研究において，危険に対する恐怖や，嫌悪に対する恐怖，そして汚染に対する恐怖を区別することにより，曝露療法に対する心理生理反応や，曝露療法中の心理生理反応と言語的反応の同期を含む，数多くの問題が概念的，実証的に明らかにされるであろう。これらの反応は，共に曝露療法の治療効果を予測することが示されてきている（Beckham et al., 1990; Foa & Kozak, 1986）。

　同様に，他者の行為に対する非承認といったネガティヴな感情状態を記述する際には，**怒り**と**嫌悪**という言葉の間には意味的に共通する部分も出てくるが，しかし怒りと嫌悪の心血管系プロフィールははっきりと異なったものとなるのである。また，タイプA行動を研究する際に，怒りと嫌悪を区別することは，感情反応，パーソナリティ，心疾患の関係についての知識を増大させるだろうし，怒りと嫌悪を区別することにより，感情の主観報告と心理生理反応との同期と非同期に関する基本的な問題を明らかにできるだろう。このように，嫌悪の心理生理学的研究は，重要な発見を約束するものであり，様々な精神病理における嫌悪の重要性が認識されるようになったことで，この分野の研究は今後さらに増加していくものと期待される。

第7章

嫌悪の機能的神経解剖学

ANNE SCHIENLE

　ここまでの章で述べられているように，嫌悪は感情の分類システムの多くにおいて基本感情だと考えられている（Ekman, 1992; Izard, 1999; Plutchik, 1980など）。この，一次的あるいはプロトタイプ感情を概念化するうえで鍵となる仮定のひとつは，嫌悪が特異な進化の歴史を有しているということ，すなわち，生物が自身の生存を脅かすような刺激に対処することを手助けするという，適応的な役割を持つよう進化してきた，というものである。その役割はおそらく，系統発生的にみてより原初的な不味さの感覚，つまり味の悪さや腐った食物によって引き起こされ，その食品を避けるようにさせる感覚に，その起源を持つことはほぼ間違いないであろう。すなわち，不味さと，それに続く進化心理的段階にある嫌悪は，口や胃から有害な物質を排除し，吐き出すことを促すことによって，病から身を守ることをその目的としているのである（Rozin & Fallon, 1987; Rozin et al., 2000）。このように嫌悪には基本的な生体調節機能があり，動機づけシステムの一つである飢餓／回避に直接関係している。

　嫌悪の進化生物学的な歴史を前提として受け容れるならば，嫌悪刺激の解読や適切な反応戦略を司るシステムが進化し，そしてこのシステムが脳内に存するであろうこともまた頷けることだろう。そのような神経システムは嫌悪の3つの反応要素，生理的な変化（嘔吐など），顕在的な行動（舌を突き出すために大きく口を開けるなど），ヒトの嫌悪反応を構築する特定の主観的状態（反感，憎悪，憎しみなど）を調整することに関わっている。

　結局のところ，今述べた嫌悪の反応要素（主観的，表出的，身体的）が，強烈な不快反応（revulsion response）をその起源とし，さらにはそれらが脳の機能に統合されている基本的な動機づけシステムだということを指し示している。しか

しながら，その中枢神経的な表現はどのようになっているのであろうか？ 機能的磁気共鳴画像（fMRI）や陽電子放出断層撮影（PET）といった脳イメージング技術の発展と，そのような装置を研究目的で使用しやすくなってきたことにより，科学的なコミュニティは，嫌悪処理の基盤となる神経回路がどのように機能しているかという問題について，それを解く手はじめとなるような洞察を確立しつつある。

　ここで指摘をしておかねばならないことは，fMRI も PET も，神経活動の間接的な測度にすぎないということである。いわゆる血液酸素濃度依存性（BOLD）効果は fMRI 信号としてもっとも一般的である。BOLD の変化は，「働いている」ニューロンが酸素を多く必要とするという事実を反映したものである。血管システムは必要に応じて，活動している脳領域に向かう脳血流量を増大させる。その結果，還元ヘモグロビンの絶対量は減少し，そのことが MR 信号の増加を導く。fMRI が有するふたつの重要かつ有用な点は，まずその構造的解像度が高い（数ミリメートルのレンジ）ことであり，そして非侵襲的だということである。PET はこれに対し侵襲的であり，fMRI よりも時間的解像度が高くない。半減期の短い放射性物質（放射性グルコースなど）を用いており，通常血液循環内に注射される。分子は活性化している脳領域に集結される。それらが減衰するとき，放射線が発せられ，それらがスキャニング装置によって検出される。

　本章は読者に，ニューロイメージング技術（fMRI, PET）を用いることや，それらがヒトの脳における神経−嫌悪相関を推論するのにどう役立っているのかといったことについて，概略を提示できればよいと考えて執筆されている。本章はふたつの中心的な嫌悪処理，すなわち嫌悪の知覚と嫌悪の感覚に焦点を当てる。続くふたつの節において，健常者における嫌悪表出と嫌悪の解読に関する研究をレビューする。さらに次の節において，嫌悪処理の機能不全を特徴とするような精神的・神経精神医学的障害についての研究を考察する。これらの障害に罹患している人々は，過剰な嫌悪感を経験しているか，あるいは逆に嫌悪的なものをそう感じにくくなるような障害のいずれかによって苦しまされていると記述することができよう。この異常な嫌悪処理の両タイプに関する研究は，この一次的感情の神経基盤をよりよく理解するうえで有益なアプローチになるように思われる。本章の最後の節では短い要約と結論を示し，さらに，将来行われるであろう嫌悪と関連する中枢神経系事象の研究に示唆を与えることにする。

　上述したような嫌悪関連の話題に触れる前に，はじめの節では感情処理の機能的神経解剖学全般を眺めることによって，視野を広げることを試みよう。これか

ら読んでいただくように，現代の脳イメージング技術は，感情脳がいかに機能しているかを説明していくための鍵となるパズルのピースを特定することには貢献してきたが，この複雑なシステムを支えるメカニズムについて，包括的な結論となるような，真に精密な全体像はまだ描けていない。現在では，脳における感情処理がいかに組織されているのかという問題についての一般的な見解はない，ということを知っておくことは重要である。例えば，脳における感情処理機構の機能的特異性の程度について，研究者達の見解は必ずしも一致していない。ある脳領域が高度に感情特異的に作動しているとする研究者がいる一方で，より統合的なアプローチを好む研究者もいる。**特異的感情処理機構モデル**とは，ある感情経験を，局所的な脳領域によって開始される特異的な中枢神経系の感情プログラムに媒介されたものと捉える考え方である。最も狭い意味でいうと，これらの感情処理機構となる領域が，ある特定の感情的な信号または信号のクラスによって活性化され，他によっては活性化されないということを示唆している。神経心理学的な用語でいうとこれは二重乖離ということになる。

　一方，**統合的多重システムモデル**は，感情の次元的説明により強く関連している。このモデルにおいてコアとなる仮定は，すべての感情が，感情価（ポジティヴかネガティヴか），動機づけられた行動（接近か回避か），強度あるいは覚醒度（沈静か興奮か）といった少数の次元によって記述されうるというものである。したがって，様々な種類の感情体験に，感情脳回路のある要素が共有されているということになる。

　次節では，感情関連脳システムの機能的特異性を仮定する程度が異なる，(a) LeDoux（1996），(b) Rolls（1999），(c) Davidson（2001），(d) Damasio（1999）の4つの影響力を持つ生物学的理論について簡単に説明する。LeDoux（1996）は**特異的感情処理機構モデル**の提唱者といえる。他（Davidson, 2001; Rolls, 1999）は基本感情処理が局在的な脳領域と結びついているとするアイデアには懐疑的である。むしろ彼らは**統合的多重システムモデル**を支持している。最後に，Damasio（1999）の考え方は，特異的志向と統合的志向の組み合わせとなっている。

1. ヒトの感情の神経生物学的理論

　感情脳がいかに働くかについての概念として，(相対的に) 感情特異性を打ち出

しているのはLeDoux（1996, 2000）である。このモデルでは，脅威刺激の処理に関わる脳構造である扁桃体を中心に据えたものとなっている。感覚器官から視床を経由してこの扁桃体に情報が伝わると，その刺激が回避すべき性質を有するものであるかどうかが，素早く，しかし粗雑に判断される。これは自動的反応様式であり闘争 – 逃走反応の開始を促すことから，当然，効果的な感情の初期警戒システムの一部であると考えられている。このタイプの反応は扁桃体中心部によってなされる。そして扁桃体中心部は，恐怖反応の運動的要素や身体的要素をコントロールする他の多くの脳領域と接続しているのである。

恐怖の意識的感覚は，感覚入力から始まり，高次皮質を経た後に扁桃体へ向かう，ゆっくりとした第2の経路から生じると考えられている。ここで恐怖を喚起する刺激は他の多様な脳領域からの情報を用いながら詳細に分析される。この第2の経路は特定の脅威状況における複雑な回避方略を産み出し，防御反応を最適化させるのに役立つ。以上を要約すると，LeDoux（1996）の構想は，中枢神経系の恐怖回路の鍵を扁桃体に帰属させている。「扁桃体はいつも同じこと—恐怖反応に気をつける—を，扁桃体を有するすべての種で行っているようである。これは扁桃体が担う機能の1つにすぎないが，それが重要な機能なのは確かである」（p.174）。

Edmund Rolls（1999）は，統合的神経生物学的モデルで知られている研究者だが，ポジティヴな／ネガティヴな強化子によって生じる状態を感情と定義している。彼は感情状態を分類するための二次元システムを記述していて，一方の次元は個々人の環境における報酬や罰の存在，他方の次元は報酬や罰の不在である。特定の感情が生じるのは，刺激の強さや，能動的あるいは受動的な行動反応を示すことができるかどうかの可能性など，強化随伴性以外の要因に依存するとしている。これはつまり，報酬の消失は怒り感情を引き起こすが，それは能動的なコーピング方略をとることができるときということになり，他方で受動的な反応しかできないときは悲しみが経験される，ということを示唆している。このタイプの感情処理に関わる神経経路は感覚皮質であり，情報を扁桃体や島，眼窩前頭皮質に送る。特に扁桃体と眼窩前頭皮質は刺激の報酬や罰としての価値を評価することに関わっている。つまり，これらの脳領域は感情の種類に特異的ではなく，むしろ感情統合的に働くということになる。この仕事について，Rolls（1999）は次のように書いている：「それゆえ，扁桃体（や眼窩前頭皮質）が特定の感情にのみ関わることを示しているような，ヒトを対象とする研究の解釈には注意深くある

べきだと思われる」(p.111)。

　第3の生物学的アプローチは，感情関連刺激に対する統合的でかつ側性化された処理という考え方をカバーしており，Davidson（2001）によって**感情価非対称性モデル**と命名された。彼は接近行動を動機づけるような感情（幸せなど）は左前頭前皮質を相対的に活性化させるとした。これに対して，回避システムが関与するときは右半球の前頭前皮質に反応パターンが生じることになり，これは恐怖・嫌悪・悲しみといった感情にあてはまる。このモデルは主として脳波計を用いた実験によって支持されており，ニューロイメージング研究でこの非対称性効果を検討したものは少なく，結果はまちまちである。Davidson と同僚ら（Davidson & Irwin, 1999; Davidson et al., 2000）は感情状態だけではなく感情スタイル，つまりある特定の感情を経験する時間的に安定した傾向もまた，前頭前皮質の機能的な非対称性に由来するとして，この考え方を拡張している。このような神経特性の考え方によって，ある人がなぜ回避的な感情を何度も経験する傾向がみられるのかという問題や，抑うつのような感情症候群の発症を説明することができるかもしれない。

　これから示す神経解剖学的な感情特異性に関する言及は Antonio Damasio（1999, p.62）によるものである：「扁桃体は恐怖条件づけに必要である…；けれども，嫌悪の認識や学習についてはあまり関心がないようだ」。Damasio はさらに，感情経験は，生物の現在の状態を表現したり制御したりすることに関わるいくつかの脳領域の活動に関係がある，とも述べている。Damasio（1999）は感情の目的は生物のホメオスタシスを維持することであり，それには**皮質下**（視床下部，脳幹など）も，**皮質**（前部帯状皮質，島，二次体性感覚皮質など）もともに必要とする，と主張している。これらの領域は内臓，筋骨格システム，内部環境からの情報を受け取る。加えて，島や前部帯状皮質といった脳領域はまた，制御信号を発してもいる。特定の感情状態は今述べたような脳領域の相互作用によって生じ，それゆえ内的状態についての，別々の知覚的なランドスケープが形成される。こうした状態のトップダウンな調整も，例えば眼窩前頭皮質による影響の行使によって可能である。このように，Damasio とその同僚ら（Damasio, 1999; Damasio et al., 2000）は，統合的・全体的なシステムの中に，感情特異性を仮定している。ここまで述べてきた，感情状態の体験に関する神経生物学的モデルは，基本的な概念的問題がまだ解決されておらず，感情関連の脳機能が脳の特定領域に局在しうるのか，あるいは複数の脳領域にわたる分散された，あるいは側性化

されたネットワークに表現されるのかといった問題の周囲を巡っている。

同様の問題は他のプロセス，すなわち感情の認知について見るときにも明らかになる。ヒトの環境において典型的な感情的信号は表情である。それらの適切かつ正確な同定は，対人コミュニケーションにとって重要な側面であり，社会的な相互作用にとって大切なものである。表情知覚の神経基盤に関する理論は多様なものがあり，これについてもまた感情特異的か統合的かの2通りにラベリングされる。Haxbyら（2000）は表情処理に関わるコアとなる脳システムとその拡張システムについて述べている。このモデルによると，表情認知は下後頭回，外側紡錘状回，上側頭溝（STS）に依拠しており，それらは基盤的なネットワークをなしている。顔を同定する処理は紡錘状回顔領域によるとされているが，顔の動的な側面はSTSによって解読される。Adolphs（2002）は感情的な顔の要素の処理に関わる拡張的なシステムの特徴を詳細に論じている。Adolphs（2002）がそこで提唱したのは，表情認知が後頭側頭皮質，扁桃体，眼窩前頭皮質，頭頂領域からなる脳構造の広汎なネットワークに依拠しているということであった。別々の神経回路がそれぞれの感情に関わっているのはこのシステムにおいてである（レビューとして，Calder, Lawrence & Young, 2001を参照されたい）。

感情認知と感情表出の神経基盤に関わる議論は，それぞれの処理が実際には相互に独立ではないことを考えるとき，さらに複雑なものとなる。送り手により示される特定の感情を解読することが，受け手側の，関連する感情状態の生成に関連するのかどうかは，いまだ議論の余地がある。表情は「伝染する」ものであり，この解読と生成の両者のプロセスは相互的に生じるとする者もいる（Hatfield et al., 1994など）。Adolphs（2002）によれば，同種の感情を知覚することは観察者の皮質回路の相当する箇所で，被観察者の感情的な状態をシミュレートしていることを示唆しているのだという。これが本当にそうであるならば，ある脳領域はひとつの処理以上のことに関与していることになるだろう。例えば，扁桃体も島も，感情的な信号の同定と感情状態の生成の両者にとって重要であることになるだろう（Phillips et al., 2003）。

次節では，fMRIやPETが嫌悪知覚や嫌悪感に関わる神経機構について推論するのにどのように役立つのか，その概観を読者に得ていただきたいと思っている。これらふたつの領域の比較をしやすくするために，視覚的な嫌悪誘発子に焦点を絞って解説している。

2. 嫌悪の機能的神経解剖学

　嫌悪の機能的神経解剖学研究は，ここにこうして書き記すように，大変に日の浅い研究領域である．恐怖というまた別の基本感情と比べて，嫌悪の神経基盤研究は感情神経科学の分野において長らく無視されてきたが，1990年代の遅くに嫌悪認知に関わるトピックでのfMRI実験が行われた（Phillips et al., 1997, 1998; Sprengelmeyer et al., 1998）．それ以降研究領域は拡張され，研究者たちは嫌悪体験の神経基盤を研究し始めたのである．

(1) 嫌悪知覚

　ヒトにおける嫌悪知覚研究の標準的なパラダイムは，表情刺激を呈示することで行われる．実験参加者は典型的な嫌悪表情を示した人がならぶ一連の画像を見ることを求められる．それらを見ている最中の脳の活動がfMRIやPETによって記録される．その反応は中性表情や他の表情（恐怖表情など），あるいは注視点を見ているときのそれと比較される．

　Phillipsら（1997）は嫌悪表情と恐怖表情の画像を実験参加者に呈示するfMRI研究を行った．中性表情と比べて，恐怖は扁桃体の賦活を導き，嫌悪では島前部と他の一連の脳領域（内側前頭皮質，帯状回，背外側前頭前皮質，視覚皮質，中側頭回・下側頭回，視床，被殻）の活動が見られた．この結果は続く研究（Phillips et al., 1998）でも再現され，定型的な嫌悪表情が，島前部，線条体（尾状核，被殻，淡蒼球），後頭・側頭の視覚領域を賦活した．一方，恐怖表情を見るときには扁桃体の活動が引き起こされた．同様の観察はSprengelmeyerら（1998）によってもなされており，嫌悪表情では島，眼窩前頭皮質，被殻，恐怖表情では紡錘状回，背外側および内側の前頭皮質の賦活が記録された．

　こうした初期のfMRI実験では，期待されたとおりに，扁桃体が恐怖表情の知覚に関与し，島が嫌悪表情知覚に関与するとする仮定に沿ったものとなっている．島皮質が嫌悪関連信号の認識に特化しているということは，ヒトや動物を用いた他の神経生物学的手法による研究から導き出されていた事柄である（まとめとして，Augustine, 1996のレビューを参照）．霊長類では，島の一部が味覚に関連するニューロンを含むことから味覚皮質の機能を引き継いでいることが示されている．また島に腫瘍や病変が生じると病的嘔吐を呈することも明らかとなっている．

これらの知見から，嫌悪がもともとは味覚関連の感情であり，島の活動が見られることとつながっているとする考えを強化する十分な量の証拠があるといえるだろう。

嫌悪の認識において島が特に関与することは，最近のfMRI実験においても報告されている（Phillips et al., 2004; Schroeder et al., 2004; Wicker et al., 2003; Williams et al., 2005）。中性および驚き表情に比べて，嫌悪は島，下前頭回，中心後回，下後頭回・中後頭回，楔部の賦活に関連していた（Schroeder et al., 2004）。Wickerら（2003）による研究では，グラスの中身のニオイを嗅ぐために前屈みになった人物が，その後嫌悪の表情をうかべるという動画を実験参加者に見せた。嗅いだ後の表情が中性表情だった動画を見ている場合に比べて，嫌悪は島前部と後頭側頭領域，前頭領域，および帯状皮質の賦活を引き起こした。Phillipsら（2004）は，恐怖表情と嫌悪表情を顕在的および潜在的に呈示した際の脳活動を比較した。顕在条件では刺激は十分に長い時間（170ミリ秒）呈示されたので，実験参加者は意識的に知覚し，その表情を分類することができた。潜在的な（非意識的な）条件では30ミリ秒しか呈示されないため，どの表情であったのかを区別することはできないようになっていた。意識的に知覚された刺激では感情特異的な賦活パターンがみられ，恐怖は扁桃体の有意な活性化を，嫌悪は有意に島への関連が示された。しかしながら顕在条件における嫌悪と顕在条件における恐怖の両条件間の直接比較では，恐怖に比べ嫌悪は島を統計学的に有意には活性化させなかった。非意識的条件の分析では，島も扁桃体も，それぞれの感情における特異的な賦活はみられなかった。さらにWilliamsら（2005）は，恐怖，嫌悪，怒り表情の写真に対する反応をfMRIと皮膚電気反応の同時計測で記録している。中性表情に比べて恐怖表情では，扁桃体の活動に加え，海馬，前部帯状皮質，視覚連合皮質，被殻，視床などの広範囲の賦活がみられた。嫌悪表情は中性表情に比べて島が関与していた。これに加えて，扁桃体－海馬，前部帯状皮質，外側前頭前皮質，後頭側頭領域の賦活が生じていた。皮膚電気反応が生じた刺激のみを用いると，恐怖は扁桃体を，嫌悪は島ならびに大脳基底核（被殻）の賦活の増加を引き起こしていた。なお，恐怖と嫌悪の直接的な比較の結果は報告されていない。

嫌悪知覚に特に島が関与するという知見を再現できないとする研究もいくつかある（Anderson et al., 2003; Gorno-Tempini et al., 2001; Surguladze et al., 2003; Winston et al., 2003）。Winstonら（2003）はfMRI実験で，嫌悪の強度が低い表情と高い表情を実験参加者に呈示した。その反応は恐怖，幸福，悲しみ表情と比

較された。その結果，島前部は嫌悪に特に関与しているのではないこと，そして扁桃体と視覚連合皮質がすべての表情で強度の高い条件において賦活することが示された。Winston ら（2003）によれば，この結果はこれらの脳領域が感情的に際立った刺激を解読するための全般的な役割を担っていることを強調するものであるという。さらに Winston ら（2003）は，刺激素材を直接的に処理する場合と偶発的に処理する場合という，実験課題の効果についても検討している。実験参加者は画面上のふたつの表情刺激を見せられ，どちらがより男性的であるか（偶発条件），より感情的であるか（直接条件）を判断するよう求められた。性別の課題に比べて，感情に焦点が当てられている条件では島を含む様々な脳領域の賦活が認められた。著者らはこの賦活を，観察者の中に感情のシミュレーションが生じ，感情経験とそれに対応する神経基盤に関与するものであると考察している。Surguladze ら（2003）は，4 感情（嫌悪，恐怖，幸福，悲しみ）について，強・弱の表情刺激を呈示する実験手続きを用いた fMRI 研究を行った。嫌悪表情は中性表情に比べ，強弱いずれの刺激も視覚連合皮質－紡錘状回の賦活を引き起こした。また強い嫌悪表情の場合は，後部帯状皮質の関与もみられたとしている。強い恐怖表情と弱い悲しみ表情においては扁桃体の有意な賦活がみられた。続いて行われた傾向分析では，嫌悪の強度が増すにつれて前島の活動に線形の増加がみられることが示された。扁桃体にも恐怖の強度の増加に伴う傾向がみられるか検討されたが，こちらではそのような傾向は見出されなかった。

　Gorno-Tempini ら（2001）は，嫌悪表情と幸福表情の顕在的処理・潜在的処理を比較する fMRI 研究を行った。実験参加者は呈示される顔の性別または感情の種類を判断するよう求められた。実験参加者が感情の判断を行っている際には，嫌悪は扁桃体を賦活し，島は嫌悪・幸福の両者に反応していた。Gur ら（2002）はこれと同様の知見を報告している。この研究では，嫌悪，幸福，悲しみ，怒り，恐怖の表情が呈示された。実験参加者達が行う課題は，ネガティヴな表情かポジティヴな表情かの判断，あるいは老若の判断であった。この研究では，老若判断条件よりも感情判断条件で扁桃体の反応が大きく，これはすべての種類の表情にあてはまるものであった。このような実験課題の条件による変化は，Anderson ら（2003）の fMRI 研究にもみられる。彼らは注意の操作を行い，実験参加者が表情（中性，恐怖，嫌悪）に注意を向けるか，顔の上にスーパーインポーズされた建物に注意を向けるかいずれかが教示された。顔に注意を向けているとき，他の条件に比べて嫌悪では島の賦活がみられた。この効果は嫌悪と恐怖が同程度の

島の反応を引き起こすような，顔に注意を向けないディストラクション条件では消失した。さらに，嫌悪表情の呈示において，顔に注意を向ける条件に比べ顔に注意を向けない条件では，有意な扁桃体の賦活がみられた。この扁桃体の反応は，恐怖よりも嫌悪においていくぶん強くさえあった。

(2) 嫌悪感

　嫌悪を誘発するために fMRI や PET 研究で用いられる典型的な手法は，視覚による喚起手続きであり，感情関連情景または感情関連動画を呈示する方法が含まれる。それらを見ているときの脳活動を記録し，一般的には中性条件または別の感情を喚起する条件との間で比較される。

　嫌悪感を誘発させる最初期のニューロイメージング研究は，PET を用いた Paradiso ら (1997) の研究である。実験参加者は無音の動画を見せられ，それらによって嫌悪，または恐怖と嫌悪が喚起された。嫌悪／恐怖の動画は人の口の中でマウスが転がるというものであり，嫌悪の動画は馬の生首をベッドでみつけるというものであった。中性条件（暖炉の火）に比べて，嫌悪動画は視床，小脳，後頭側頭領域の脳血流を増加させた。恐怖／嫌悪条件は眼窩前頭皮質と後頭側頭皮質の賦活と関連していた。同様に PET を用いた Lane ら (1997) は，嫌悪，悲しみ，幸福を生じさせるような 3 つの無音動画を呈示した。嫌悪動画は寝ている人の口の中にラットが転がり込むというものであったが，これは背外側前頭前皮質，視床，前部側頭領域の賦活を引き起こした。しかしながら，このパターンは嫌悪に特異的なのではなく，他の感情条件でも同様に生じた。加えて，嫌悪は中脳，小脳，視覚連合皮質の血流の増加を引き起こした。なお，賦活の非対称性は全ての条件において有意ではなかった。

　様々な嫌悪のカテゴリー，身体分泌物（糞便など），身体形状の逸脱（奇形の脚，いぼなど），不快な動物（ウジ虫，ミミズなど），普通でない食べ物（バッタを食べる人など）などを含む一連の嫌悪喚起情景を刺激として呈示した fMRI 研究として，Schienle, Stark ら (2002) がある。実験参加者はこれらの嫌悪喚起刺激のブロックと恐怖喚起刺激のブロック，そして中性写真のブロックを交互に呈示され，それらを見ている最中の脳活動をスキャンされた。嫌悪写真は最も不快とされ，島，扁桃体，眼窩前頭皮質，後頭側頭皮質の賦活が引き起こされた。島は相対的に恐怖条件で活動が大きくみられたため，島が嫌悪特異的な処理装置であるとする考え方には当てはまらない知見であった。この結論は Stark ら (2003)

によるfMRI研究でも同様であり，同じ刺激セットをより長い時間（それぞれの写真の呈示時間を1.5秒から10秒に）呈示している．ここでも，ターゲット感情は刺激に応じて特異的に喚起され，感情価と覚醒度の評価は嫌悪と恐怖条件で違いはなかった．中性写真に比べ，嫌悪は扁桃体，視床，前頭前皮質，後頭側頭領域の賦活を引き起こした．恐怖と嫌悪を対比すると，賦活のパターンにいかなる統計学的な有意差も見出されなかった．また，半球非対称性や性差の検討も行われたがやはり統計的な有意差は認められなかった．この研究の主要な結果は同じ著者らの実験によって再現されている（Stark, Schienle, Girod et al., 2005）．その研究ではエロティックな画像と嫌悪誘発画像を見ているときの脳活動の違いに焦点が当てられている．ここでもまた，嫌悪は（島ではなく）扁桃体の賦活と関連していた．

Schienleの研究グループ（Schienle, Schäfer, Stark, Walter & Vaitl, 2005a; Schienle, Schäfer, Walter, Stark & Vaitl, 2005; Stark et al., 2004; Stark, Schienle, Girod et al., 2005）は身体分泌物，不快な動物，食物など，彼らの標準的な嫌悪画像セット（Schienle, Stark, et al., 2002）を，嫌悪処理の調整要因を検討するために用いている．神経反応に影響を及ぼすとして検討された事柄のリストには，性別，参加者の嫌悪感受性，刺激の繰り返し，刺激のタイプ（嫌悪表情か嫌悪情景か）が含まれていた．

Schienleら（2005a）による意外な結果は，嫌悪喚起画像に対する脳活動の性差を検出できなかったことである．51名の男性と41名の女性が不快な情景（腐った食物や不衛生）を見ている最中の脳活動がスキャンされた．感情の評定では，女性で嫌悪感がより強く評価されており，このことは男性よりも女性において嫌悪感受性が強いとする多くの自記式の先行研究（Rozin & Fallon, 1987）に沿う結果であった．しかしながら，脳活動は男女を問わず同様のパターンを示したのである．

実験参加者の嫌悪感受性は嫌悪誘発刺激による脳の賦活を調整する重要な要因のひとつであることが明らかになってきた（Schienle et al., 2005b; Stark, Schienle, Sarlo et al., 2005）．このパーソナリティ特性は，Haidtら（1994）によるDisgust Scaleのドイツ語拡張版であるQuestionnaire for the Assessment of Disgust Sensitivity（QADS; Schienle, Walter, Stark & Vaitl, 2002）によって評価されてきた．この自己評価尺度は5つの異なる嫌悪領域（死／身体的逸脱，身体分泌物，腐敗，不衛生，口からの排出物）について，それらの状況でどの程度嫌悪が誘発されるかを訊ねるものとなっている．QADSの総得点は嫌悪喚起下における扁桃体

の賦活と相関していた（Schienle et al., 2005b）。Stark, Schienle, Sarlo ら（2005）でも嫌悪感受性の程度と扁桃体の賦活の間に正の関連を見出している。この実験では刺激素材は何千ものゴキブリが這い回る動画であった。

実験デザインの様々な側面が脳活動にどのような影響を及ぼすか，ふたつのfMRI研究（Stark et al., 2004; Schäfer, Schienle & Vaitl, 2005）で焦点があてられた。同一の嫌悪画像がふたつのスキャンセッションで繰り返して呈示されると，2回目のセッションにおいて扁桃体，島，海馬，視覚連合皮質の活動の有意な低下が生じた。これは実験参加者による感情評定が変化しない場合においても生じていた。Schäfer ら（2005）の研究は，異なる2つの嫌悪刺激（表情と情景）が脳活動に与える影響を直接比較検討した数少ないもののひとつである。興味深いことに，この研究では嫌悪喚起情景の後に嫌悪表情を呈示すると，有意な脳の賦活を生じないことが示されている。

まとめると，嫌悪の静止画または動画を視覚的に呈示する，ここで述べてきたような研究では，島が特異的に重要であることはほとんど示唆されない，ということである。Wright ら（2004）による研究はその例外的なひとつであり，ふたつの異なる嫌悪内容（切断と汚染），そして恐怖喚起情景（暴行）の情景に対するfMRI反応が検討された。島前部は嫌悪の両条件において賦活されたが恐怖条件では賦活されなかった。この研究の限界としては，切断／汚染と恐怖の直接的な比較での賦活パターンが報告されていないことである。Schienle ら（2006）の研究ではそのような比較がなされており，そこでは切断や汚染での島特異的な賦活は再現されなかった。

(3) 嫌悪とその障害の機能的神経解剖学

強く，かつコントロール不能な嫌悪感を経験している人々や，嫌悪信号を解読することに特異的な障害を有する人々については，この基本感情の神経回路基盤をよりよく知るために繰り返し研究がなされてきた。嫌悪反応性の変化は様々な精神的，神経精神医学的な障害，例えば強迫性障害（OCD），ハンチントン病，特定の恐怖症にみられ，これらについても脳イメージング研究がなされてきた。実験の多くでは，いわゆる症状誘発デザインが用いられており，患者にはそれぞれの障害に関連する素材が呈示される。あまり多くはないが，実験参加者の全般的な嫌悪感受性を検討するために，嫌悪を喚起する一般的な刺激が用いられる場合もある。

OCDは不安障害のひとつであり，繰り返し侵入してくる思考（強迫観念）と，繰り返される行動（強迫行動）によって特徴づけられる。よく見られる症状クラスターのひとつに洗浄強迫がある。患者は汚染されること，あるいは他者を汚染することを恐れている。この懸念が過度の清潔・洗浄儀式を引き起こすが，これはありうる有害な結果（感染や病気にかかることなど）を予防しようとするためである。それゆえ，このOCDのサブタイプと嫌悪のつながりは明白であるように思われる。OCDの主要なタイプの2つ目である確認強迫は，嫌悪とは関連しないものと考えられている。このタイプのOCD者はコントロール行動（鍵をかける，電気器具などの）を行うが，それは強盗や事件を防ぐためである。

　Breiterら（1996）は主として洗浄強迫または性的強迫観念のいずれかを有する患者を検討した。脳活動はふたつの条件で比較された。患者は症状誘発手続きにより汚染された刺激（トイレの水に浸されたティッシュペーパーなど）を呈示され，中性条件では無害な刺激（水道水に浸されただけのティッシュペーパー）を呈示された。OCD症状の喚起は，島をはじめ，眼窩前頭皮質，前部帯状皮質，大脳基底核，扁桃体の賦活を引き起こした。洗浄強迫のある患者群（「洗浄者群」）と確認強迫のある患者群（「確認者群」），健常対照群がPhillipsら（2000）のfMRI実験で検討された。一般的に嫌悪感をもよおす情景と，洗浄者群に関連する情景（健常対照群や確認者群よりも洗浄者群において強く嫌悪的であると評定された）の写真が呈示された。洗浄強迫患者はどちらの条件においても島の賦活がみられたのに対し，確認者群ならびに健常対照群では，障害に関連しない一般的な嫌悪写真においてのみ島の関与がみられた。洗浄強迫患者では加えて，眼窩前頭皮質，前部帯状皮質，頭頂領域の賦活もみられた。同様の知見はShapiraら（2003）も報告しており，一般的に嫌悪を誘発する画像を，汚染恐怖のある患者と疾病恐怖のある患者に呈示した。臨床群では健常対照群に比べ，島と海馬傍回領域，そして眼窩前頭皮質が関与していることが示された。

　島がOCDに関与しないとする知見も存在する（Adler et al., 2000; McGuire et al., 1994; Rauch et al., 1994）。PETやfMRI研究で症状誘発手続きを適用したこれらの研究では一貫して，眼窩前頭皮質と大脳基底核（尾状核）を賦活させているが，島皮質は賦活していない。嫌悪の島特異仮説に沿わない知見としてはSchienle, Schäfer, Walterら（2005）もある。彼らはOCD患者に対し，症状関連の画像，一般的に嫌悪を誘発する画像，一般的に恐怖を誘発する画像を呈示し，これらのすべてにおいて島の賦活がみられることを見出している。

ハンチントン病患者を対象とする研究では，これらの患者が示す嫌悪認知の障害に焦点が当てられている。この病気は主に遺伝的であり大脳基底核（島に次いで嫌悪処理に重要であることが議論されている第2の脳領域）を主に侵す神経変性過程を引き起こす。fMRIを用いて，Hennenlotterら（2004）は未発症のハンチントン病遺伝子保有者群を対象に研究を行っている。患者群は健常対照群に比べ，嫌悪表情を見ているときに前島部の活動が減少していることが示された。この反応パターンは嫌悪表情の同定成績の低下にも関連しており，これは他の表情（幸福，驚き，恐怖，悲しみ，怒り）では見出されなかった。

　第3の障害である，特定恐怖症では，それぞれの患者群に対する症状誘発や嫌悪喚起の効果が，いくつかの脳イメージング研究で扱われている。クモ恐怖症，あるいは血液・注射・外傷恐怖症のある人々においては，これらの障害の発症や維持にとって，嫌悪が等しく重要な感情であるとされてきている（本書の8章・9章を参照）。クモ恐怖症に島が関与するかどうかは，ここでもまたまちまちである。ふたつの症状誘発研究（Dilger et al., 2003; Rauch et al., 1995）では島の賦活を報告しているが，他の研究では視覚連合皮質（Dilger et al., 2003; Fredrikson, Wilk, Annas, Ericson & Stone-Elander, 1995; Paquette et al., 2003; Schienle, Schäfer Walter et al., 2005），眼窩前頭皮質と背外側前頭前皮質（Dilger et al., 2003; Fredrikson et al., 1995; Johanson et al., 1998; Paquette et al., 2003; Rauch et al., 1995; Schienle, Schäfer, Walter et al., 2005），海馬／海馬傍回領域（Fredrikson et al., 1995; Paquette et al., 2003），扁桃体（Dilger et al., 2003; Schienle, Schäfer, Walter et al., 2005）の賦活が報告されており，これらの研究ではいずれも，島の賦活は報告されていない。

　血液恐怖症患者の研究はひとつしかなく，そこでは障害に無関連な嫌悪画像の呈示時に，健常対照群に比べて視覚連合皮質が強く賦活していることが示されている（Schienle, Schäfer, Walter et al., 2003）。この反応の相違は，恐怖症のない健常者に比べて，血液恐怖症者は嫌悪喚起刺激に対して強く選択的注意を払うため，その結果生じる覚醒効果に起因するものと解釈されている。

3. 重要な側面と将来への展望

　本章では，ふたつのタイプの視覚的嫌悪刺激，すなわち嫌悪表情写真と不快な

内容を含む情景写真の処理に関するPETやfMRI研究による知見をレビューしてきた。研究で用いられる刺激のクラスや，各研究者の背景にある理論的なアプローチによって，様々な賦活パターンが報告されていることを述べた。特異性モデルを支持する研究者はほとんどの場合において嫌悪の同定において島が果たす中心的な役割を支持する結果を提供してきた（Anderson et al., 2003; Phillips et al., 1997, 1998, 2004; Schroeder et al., 2004; Sprengelmeyer et al., 1998; Wicker et al., 2003; Williams et al., 2005）。図7-1（上段）は既述した8つの研究における総計86名の実験参加者（男性50名，女性36名）が，中性表情に比べて嫌悪表情において左右の島皮質の賦活が多くみられる場所を示している。興味深いことは，その賦活が必ずしも直接的に島内に限局しているわけではなく，近傍の弁蓋部，前頭回，あるいは大脳基底核にも見られることである。さらにまた，その賦活は味覚機能に関与するとされる外側島領域に限られているというわけでもなく，嫌悪が主として食物関連感情であるとする考え方にも沿っているということも難し

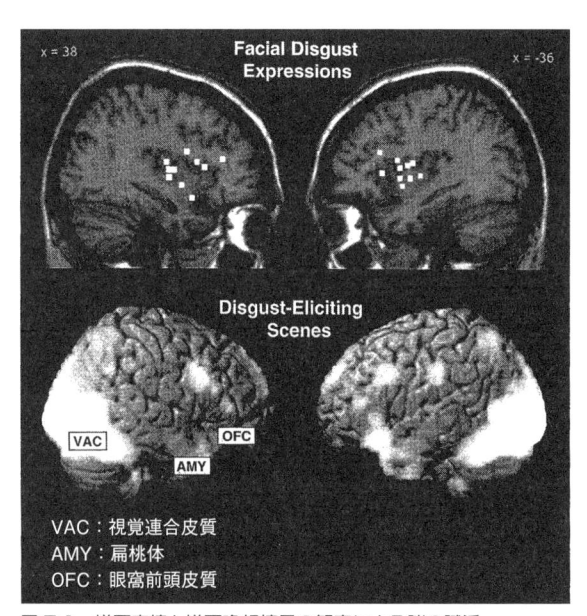

図7-1 嫌悪表情と嫌悪喚起情景の観察による脳の賦活
上段：嫌悪表情処理における島皮質の賦活箇所（8つの研究による：Anderson et al., 2003; Phillips et al., 1997, 1998, 2004; Schroeder et al., 2004; Sprengelmeyer et al., 2003; Wicker et al., 2003; Williams et al., 2005; $n=86$; 対比：嫌悪＞中性）。
下段：嫌悪喚起情景処理中の賦活（$n=92$; Schienle et al., 2005a; 対比：嫌悪＞中性）。

い。したがって，提唱されている特異性の局在についても，よく言われているほどではないことになる。

　特異性の考え方は方法論的な点を考慮してもさらに疑問なところがある。感情知覚研究の大多数において，その結果は嫌悪と中性，恐怖と中性の対比で報告される。前者の対比で島の有意な賦活がみられ後者の対比では有意ではないことを根拠として，この脳領域が嫌悪に対し特異的に関与していると解釈される（Phillips et al., 1997; Sprengelmeyer et al., 1998; Williams et al., 2005など）。しかしながら，さらなる統計分析，つまり嫌悪と他の感情条件の直接的な対比なしではそのような結論を導くのは妥当ではない。実際，そのような対比は様々な結果を導いてきた。Schroederら（2004）は，怒り表情に比べて嫌悪表情の処理に島がより顕著に関与していることを示している。一方で，Phillipsら（2004）による研究での嫌悪と恐怖の直接対比では，有意な島反応の差を見出していない。特異性の考え方はとうとう感情の機能的神経解剖学のメタ分析によって異議を申し立てられている。すなわち，メタ分析の結果，島（や大脳基底核）と嫌悪の間には特異的な関連は何も見出されなかったのである（Phan et al., 2002）。

　統合神経ネットワークアプローチは嫌悪のような基本感情の処理において，異なる脳領域が組み合わされて賦活するとの仮定を支持する。図7-1（下段）は嫌悪喚起情景呈示下での92名の実験参加者（男性51名，女性41名）の賦活箇所を示している。主に関与している領域は視覚連合皮質，扁桃体，そして眼窩前頭皮質であった。上述したとおり，これらの領域は嫌悪状態の生成についての研究で一貫して特定されていた領域である。これらの脳領域は環境情報の特徴を解読することに重要な機能を有している。感情関連の信号が中性の信号に比べて強く，また広汎な視覚脳領域の機能的活性化を生じさせることは，感情神経科学の分野で最も再現されている知見のひとつである（Phan et al., 2002）。この反応パターンは「動機づけられた注意」を反映していると解釈されており，生存に関連する際立った刺激の処理は視覚皮質反応の亢進によって促進される（Bradley et al., 2003）。防衛的動機や食物に関わる動機に関しては，扁桃体に一定の役割があるとみなされており，また扁桃体は視覚連合皮質と双方向的な接続がある（Rolls, 1999）。そのループは注意を維持し，感情刺激の素早い弁別を促進することに役立っているのであろう。これに加えて，眼窩前頭皮質，扁桃体，そして島も両半球間の情報交換によって相互に連絡している。したがって，これらの領域の相互作用は刺激の感情的な重要性の解読と感情の表出の基盤になっていると思われる。ゆえに，

特異性アプローチとは異なり，統合モデルは感情状態の表現においてより全般的な機能を島に与えることになる。例えば Augustine（1996）はこの脳領域を「辺縁統合皮質」と呼んでいる。こうした考え方は，島において特定された痛み知覚や感情的な記憶再生やイメージなど（Augustine, 1996; Phan et al., 2002）といった，機能の多様さに沿うものであるといえる。

　統合モデルの最も重要な側面は，このアプローチを採用するニューロイメージングの研究者が，ふつう，同時に賦活する脳領域のセットを述べ，これらの領域がともに作動する機能的なネットワークをなしていると示唆していることである（Schienle, Stark et al., 2002 など）。しかしながら，こういった結論を下すのは尚早である。というのは，こうした見解が病変研究などの他のデータソースから主として導かれたものであり，脳イメージングデータに基づくものではないからである。嫌悪に関するニューロイメージング研究の領域では，賦活された脳領域がお互いに影響を及ぼしあうのかどうか，またそれらの影響をどのように行っているかについてさらに明らかにしていくことが求められる。したがって，特異性アプローチも統合アプローチも，感情処理全般，また特に嫌悪処理の複雑性を記述するにはまだまだ単純化されすぎているように思われる。

　今の結論はそのまま，機能的・実効的コネクティビティアプローチ（functional and effective connectivity approach; Friston & Büchel, 2004）として知られるニューロイメージングデータの分析に新しく推奨される方法につながる。この考え方の背景には，複雑な認知／感情的状態の生成には，異なる神経集合体の活動の協調が不可欠であることが含まれている。よって，異なる脳領域の賦活には方向づけられていない連合（機能的コネクティビティ），例えば fMRI で計測された，様々な脳領域で記録された 2 時点以上の相関か，実効的なコネクティビティを見ることになる。この実効的なコネクティビティを見るアプローチは，ある脳領域が他の領域の機能状態に与える一方向的な影響を記述するという点で，さらに進んでいる。最後に，より現実的に複雑な脳機能統合モデルには，非線形相互作用も含まれるであろう。すなわち例えば，ある脳領域が他の脳領域に及ぼす影響は，第三の脳領域によって調整される，ということが考えられるのである。

　このような調整要因の分析は，特に神経嫌悪処理の複雑さを理解するうえで大変役立つと思われる。既に概略を述べたように，例えば実験課題（潜在処理か顕在処理か，など），刺激の内容（感情条件の数やタイプなど），個人差（実験参加者のパーソナリティ特性や年齢など）など，様々な調整要因は嫌悪関連の脳活動

に少なからぬ影響を与える。実験参加者が呈示された感情に注意を向けるように教示されるのか,そこから目をそらすように教示されるのか,また実験参加者の嫌悪感受性が高いのか低いのかといったことは,観察される賦活パターンに大きな影響を与えるのである(Anderson et al., 2003; Schienle et al., 2005b)。よって,このような調整要因の効果やその神経基盤を詳細に分析することは,今後の研究において推奨されるアプローチのひとつであろう。

　まとめとして,脳領域間の相互作用パターンを記述することは,別々の領域,分散された神経領域の賦活分析から引き出された知見に,さらなる情報を加えるであろう。そのような記述は特異性アプローチおよび統合アプローチの双方を,嫌悪処理の包括的な神経生物学的モデルに集結させるのに役立つと思われる。

Ⅲ
嫌悪の障害

第8章

嫌悪と動物恐怖症

GRAHAM C.L.DAVEY and SARAH MARZILLIER

　動物恐怖は恐怖症のなかでも，おそらく最も一般的なものである。恐怖症に関する疫学研究は，最も一般的な恐怖症のカテゴリーが「昆虫，ネズミ，ヘビ，コウモリ」であり，何らかの恐怖症を報告している者全体の46%にものぼることを示してきた（Chapman, 1997）。また因子分析を用いた研究は，動物恐怖症が明確に定義されたひとまとまりのクラスターであることを証明してきた（Arrindell et al., 1991; Bernstein & Allen, 1969; Landy & Gaupp, 1971）。動物恐怖は最もよく言及される恐怖症のひとつであるが（Marks, 1987），健常な人々にも治療を必要としないレベルでよく生じる（Costello, 1982; Davey, 1994c; Davey et al., 1998）。西欧文化において，日常的な恐怖・恐怖症の共通した対象となる動物は，クモ，ヘビ，ドブネズミやハツカネズミのような齧歯類，ゴキブリ，甲虫，蛾のような昆虫，ウジ，ナメクジ，カタツムリ，ミミズ（worm）のような無脊椎動物，トカゲのような爬虫類である（Davey, 1994c）。ほぼ間違いなく，西欧社会で最も一般的な特定の恐怖（specific fear）はクモに対するものであり，イギリスでは女性の55%と男性の18%がクモを恐れていることが報告されている（Davey, 1994c）。

　動物恐怖の原因に関しては，数多くの理論が提唱されてきた。最も有名な理論は，古典的条件づけモデル（Watson & Rayner, 1920）と準備性仮説（preparedness hypothesis; Seligman, 1971）である。古典的条件づけの見地から動物恐怖症を説明しようとする試みは，WatsonとRayner（1920）によって報告された，有名な「アルバート坊や」の研究にさかのぼる。WatsonとRaynerは，当時月齢11か月の乳児だったアルバートに，ペットの白いドブネズミに対する恐怖を条件づけようとした。彼らはドブネズミを条件刺激（Conditioned Stimulus; CS），鋼鉄製の棒を叩いて大きな音を出すというびっくりさせるような出来事を無条件刺激

(Unconditioned Stimulus; UCS) として対呈示することによって恐怖の条件づけを行った。その際，アルバートは大きな音によって苦痛を感じた（無条件反応；unconditioned response）。ドブネズミと音を何度か対呈示した後，ドブネズミを部屋に持ってこられると，アルバートはいつでも泣き始めるようになった。この種の説明は 50 年以上にわたって人気のあるものであり，現代ではより洗練された特定恐怖症の条件づけモデルが発展してきている（Davey, 1992b, 1997）。しかし，条件づけ理論を用いて，動物恐怖症の特徴を全て説明するのは難しい。動物恐怖症の条件づけモデルに対する批判は，以下のようなものである。(a) 条件づけの説明には心的外傷経験が必要不可欠であるが，動物恐怖症を示す者の多くは，恐怖症が始まった時点での何らかの心的外傷や嫌悪条件づけの経験を思い出せないようであり，このことはヘビ恐怖やクモ恐怖を含む多くの動物恐怖症に当てはまるようである（Davey, 1992b; Murray & Foote, 1979）。(b) 単純な条件づけモデルは，すべての刺激を嫌悪的な結果と同程度に連合するものとして扱っているが，恐怖と恐怖症は，様々な刺激と経験の間で均一に見られるわけではない。むしろ，ある動物（ヘビ，クモなど）に対する恐怖症は，他の動物（トラ，クマなど）より発症しやすいようである。一般的にはトラやクマと直面することの方が痛みや心的外傷と結びつきやすいにもかかわらず，である（Seligman, 1971）。

　動物恐怖症は限られた種類の動物に対して起こる傾向があり，その動物の一部が有毒であることから，一部の研究者は，動物恐怖症を獲得するよう我々が生物学的に準備されているかもしれないと提唱するようになった。例えば Seligman (1971) は，進化の選択圧によって，テクノロジー時代以前に生きた我々の祖先にとって危険だった刺激と恐怖との連合を学習する，生物学的素因が発達してきたのだと主張した。すなわち，ヘビやクモは我々の祖先にとっての生活上の脅威であったので，我々はヘビやクモのような対象への恐怖を学習する傾向を組み込まれているというのである。これらの動物に対する恐怖を学習する生物学的素因を進化させた祖先はより生き残りやすく，そのような恐怖の傾向が次世代に伝わりやすかったのであろう。この説明は**生物学的準備性**（biological preparedness）として知られており，この説は 2 つの証拠によって支持されてきた。第 1 に，古典的条件づけ実験において，ヘビやクモのような「恐怖関連の (fear-relevant)」画像 (CS) を電気ショック (US) と一緒に見せられたら，CS として恐怖とあまり関係のない刺激画像（例えば，馬の写真）が用いられた時よりも，CS に対する恐怖はよりすばやく成立し，消去への抵抗はより大きくなる（Öhman et al., 1975）。

第2に，CookとMineka（1989, 1990）は，実験室で育てられてヘビを一度も見たことのないアカゲザルが，ヘビの前で他のサルが怖がる様子を見せられた後，ヘビに対する恐怖反応をすばやく獲得することを見いだした。ウサギや花のような刺激の前で他のサルが怖がる様子を見た後には，恐怖反応は獲得されなかった。これら両方の研究は，ヒトやアカゲザルのような霊長類には，ある種の刺激（すなわち，ヘビのような動物）に対してはすばやく恐怖を獲得し，他の動物に対してはそうではないという，生まれつきの傾向があることを示唆している（Öhman & Mineka, 2001）。

　準備性仮説のような進化的説明は魅力的で，少なくともある程度の表面的妥当性はあるようだが，現存するエビデンスに基づくと，これらの仮説の受け入れには慎重でなければならない（Davey, 1995; Delprato, 1980）。第1に，そのような説明は，今まさに恐怖・恐怖症の対象となっている動物が，我々の進化の歴史を通して，実際に重要な選択圧として働いていたという事実に基づいている。しかし，このことを実証的に確かめるのは非常に難しい。例えば，我々がクモに対して恐怖反応を示す傾向があるのは，我々の祖先にとって，クモが生活を脅かす重要な圧力になっていたからなのだろうか。実際のところ，このことを示す確信的なエビデンスはない。第2に，進化的な説明は事後的に構成できるので，「適応的な物語」（McNally, 1995）や「想像上の再構築（imaginative reconstructions）」（Lewontin, 1979; Merckelbach & de Jong, 1997を参照）のいずれかになってしまう危険性がある。この観点によると，ほとんどすべての刺激や出来事に対する恐怖と回避を説明する適応的なシナリオは，事後的に構成可能なのだという（McNally, 1995）。これは，進化的な説明が誤っているという意味ではない（恐怖症の進化的説明についてはÖhman & Mineka, 2001を参照）。そのような説明は，つい手を出してしまいそうになるくらい簡単であるが，その実証は非常に難しいということを述べているだけである。

　動物恐怖症の各理論には以上のような問題があるが，増えつつあるエビデンスの多くは，様々な動物恐怖症が全く異なる方法で獲得されるかもしれないことを示唆している（Merckelbach, de Jong et al., 1996）。例えば，犬恐怖症のような一部の動物恐怖症が，外傷的な条件づけ経験（犬に噛まれたり，追いかけられたり）によって引き起こされるのは古典的条件づけモデルのよい例である（Doogan & Thomas, 1992）。対照的に，多くの動物恐怖症は，そのきっかけとなった外傷的経験では特徴づけられないようであり，実際，恐怖症の人はしばしば，それがいつ

始まったかを正確に思い出せない。このことは，本人にはすぐにはわからないような要因によって，恐怖症が徐々に始まったり，突然始まったりすることを示唆している。ほとんどの動物恐怖症（ヘビ恐怖症，クモ恐怖症など）は，こうした説明と合致している（Merckelbach, Muris et al., 1996; Murray & Foote, 1979）。

動物恐怖・恐怖症の原因を理解するための全く新しいアプローチにおいては，そのような恐怖の多くが嫌悪感情と密接に結びついているのだと主張されている。嫌悪感受性の高さは，一般に小動物恐怖症（Davey, 1994c; Ware et al., 1994），なかでも特にクモ恐怖症（Mulkens et al., 1996）と密接に関連している。嫌悪は食物を拒絶する感情であり，汚染された物を口から取り込むことで起こる病気の伝染を防ぐのが，その主な機能である（Davey 1994a; Rozin & Fallon, 1987）。嫌悪感受性の高まりは，嫌悪に関連した対象からの回避行動を増大させる。Angyal（1941）と RozinとFallon（1987）は，ほとんどすべての嫌悪対象物が，動物，動物製品，動物の身体の一部，動物の身体分泌物，動物や動物製品と接触したことのある物体であることを指摘してきた。それゆえ，一般に動物を回避することは嫌悪感情の中心的な特徴のようであり，このことがまさに嫌悪感受性と動物恐怖・恐怖症の密接なつながりを説明するかもしれない。

この章の残りの部分では，動物恐怖・恐怖症に嫌悪感情が関与することを示したエビデンスについて述べていく。動物恐怖・恐怖症の獲得と経験を理解する上で，嫌悪感情がその中心となるのであれば，まだまだ探究すべき多くの重要な問題が残されている。最初に，嫌悪経験の高まりと動物恐怖との関連についてのエビデンスを詳しく述べ，次に，動物恐怖における嫌悪の役割を取り巻く，いくつかの重要な理論的問題について議論する。これには，（a）ある動物が他の動物よりも嫌悪と関連するようになったのはなぜか，（b）動物恐怖症において嫌悪は単に経験されるだけなのか，それとも動物恐怖症の原因や誘発要因になっているのかという問題が含まれている。

1. 動物恐怖と嫌悪感情の関係を示すエビデンス

この節では，嫌悪と動物恐怖の関連を研究し，（a）嫌悪と関連する動物は，独立したカテゴリーに分類されるのか，（b）嫌悪は恐怖を維持する認知的要因と関連しているのか，といった問題を見極めるために行われてきた試みをレビューする。

1. 動物恐怖と嫌悪感情の関係を示すエビデンス

(1) 小動物恐怖・恐怖症

　動物恐怖・恐怖症は，かなり異なる２つのカテゴリーに分類される傾向がある。Ware ら（1994，研究１）は，自己評定の動物恐怖に関する因子分析研究を行った。この研究では２つの因子が抽出され，第１因子は，野生の状態で直面したら非常に危険な捕食動物（トラ，ワニなど）を表していた。それらの動物は強い恐怖を喚起し，捕食される危険性も高いものであった。第２因子は，恐怖関連の動物（ナメクジ，クモなど）を表し，強い恐怖を喚起するが，捕食される危険性は低いものであった（すなわち，それらの動物に直面しても深刻な身体への危険はない。表8-1 を参照）。Davey（1994c，研究１）も，イギリスに固有な動物に対する恐怖を自己評定によって調べた。因子分析によって２つの異なるカテゴリーが同定され，第１因子は無脊椎動物（ナメクジ，クモなど）を，第２因子は主に恐怖関連の脊椎動物（ハツカネズミ，コウモリなど）をそれぞれ表していた。Ware

表8-1　動物恐怖の因子分析研究

A	
恐怖関連動物	捕食動物
ヘビ	トラ
コウモリ	アリゲーター（小型のワニ）
ドブネズミ	クロコダイル（大型のワニ）
トカゲ	ライオン
ナメクジ	クマ
ヒル	サメ
ウナギ	オオカミ
タコ	カバ
ゴキブリ	ヘビ
クモ	

B	
恐怖関連の小型ほ乳類と爬虫類	恐怖関連の無脊椎動物
ハツカネズミ	ナメクジ
ドブネズミ	カタツムリ
ヘビ	ミミズ
コウモリ	ウジ
トカゲ	甲虫
ウナギ	ハエ
カエル	クモ

注：上記は，第８章で用いる様々な動物恐怖のカテゴリーと，そのカテゴリーに含まれる動物の種類を示したものである。A: 恐怖関連動物は，強い恐怖を喚起するが捕食される危険性が低く，最も嫌悪と関連づけられやすいグループである（Ware et al., 1994 のデータより）。
ヘビは両方の因子に有意な因子負荷量を示した）。B: 恐怖関連動物は（a）恐怖関連の小型ほ乳類と爬虫類，（b）無脊椎動物という２つの異なるグループに分類されている（Davey, 1994c のデータはイギリスに固有の一般的な動物に対する恐怖評定に基づいている）。

ら(1994)の発見と同様に，後者のカテゴリーは捕食性で強い恐怖を喚起する動物で構成されていた．本章では，強い恐怖を喚起するが，捕食される危険性は低い動物群全体を表すために「恐怖関連 (fear-relevant)」という用語を用いる．これは，強い恐怖を喚起し，捕食される危険性の高いグループ（捕食動物と呼ぶ），または恐怖を喚起せず，捕食される危険性も低いグループ（ウサギ，子猫など）と対比するためである．加えて多くの研究が，恐怖関連動物は(a) 恐怖関連の比較的小型のほ乳類と爬虫類（ドブネズミ，カエル，トカゲ，ハツカネズミなど），(b) 無脊椎動物（ハチ，ウジ，イモムシなど，表8.1B参照）の2グループにさらに分類できることを見いだしてきた．

　これらの研究は，強い恐怖を喚起する動物は多く存在するが，必ずしもそのすべてがヒトの身体に攻撃を加え，ヒトに深刻な脅威をもたらすわけではないことを示している．こうした動物のカテゴリー分けは，研究によってもかなり様々である．そのため，このレビューにおけるこれらの動物の定義を打ち出しておいた方がよいだろう．Wareら(1994)の研究では，このグループは強い恐怖を喚起するが，捕食される危険性は低いという1因子（恐怖関連動物）として定義されている．Davey (1994c, 研究1)は，このグループは2因子（無脊椎の恐怖関連動物と，脊椎動物を中心とする恐怖関連動物）であるが，両方とも強い恐怖を喚起する一方，捕食される危険性は低いという点で共通している．これらをふまえて，本章では，恐怖関連動物を「強い恐怖を喚起するが捕食される危険性は低い動物」と定義する．

(2) 非臨床群における嫌悪感受性と動物恐怖

　恐怖関連動物に対する嫌悪と恐怖との関連性は，様々な方法で研究されてきた．MatchettとDavey (1991)は，嫌悪感受性の測度と小動物に対する恐怖との関係を報告した．104人の調査参加者がFear Survey Schedule (FSS; Wolpe & Lang, 1964)，嫌悪と汚染感受性の測度 (Food Contamination Questionnaire [FCQ]; Rozin et al., 1984)，特性不安の測度 (Spielberger, 1983)，捕食者（強い恐怖を喚起し，捕食される危険性が高い），恐怖関連動物（強い恐怖を喚起するが，捕食される危険性は低い），無脊椎動物（強烈な嫌悪感を引き起こす）に対する恐怖の自記式尺度に回答した．その結果，嫌悪感受性がFSSに含まれる動物，体内組織の損傷，病気，死といった下位尺度の得点と有意に関連していることを見いだした．一方で，嫌悪感受性は，社交恐怖，騒音，他の古典的恐怖症といった他の

1. 動物恐怖と嫌悪感情の関係を示すエビデンス

FSS下位尺度とは関連していなかった。さらに，嫌悪感受性は，恐怖関連の無脊椎動物に対する恐怖と有意に関係していたが，捕食動物に対する恐怖とは関連していなかった。併せて測定された特性不安は，FSSに含まれる動物，体内組織の損傷，病気，死といった下位尺度と関係していなかったが，社交恐怖，他の古典的恐怖症，その他の下位尺度とは関係していた。すなわち，嫌悪感受性と動物，体内組織の損傷，病気，死といったFSS下位尺度との関連から，嫌悪感受性と特性不安が異なる影響力を持つことが示唆される。

これと同様に，Davey（1994c，研究2）は，イギリス人集団を対象として，嫌悪感受性と動物恐怖の関係を調べる研究を行った。調査参加者は嫌悪感受性の測度としてFCQ（Rozin et al., 1984），および恐怖関連の無脊椎動物に対する恐怖を測定する質問紙に回答した。その結果，嫌悪感受性の測度，および恐怖関連の小動物と無脊椎動物に対する恐怖との間に有意な相関があることが示された。

Arrindellら（1999）は地域住民を対象として，嫌悪感受性と動物恐怖質問紙の4下位尺度（恐怖関連動物，非粘液性の無脊椎動物，粘液性の無脊椎動物，家畜）との関係を調査した。その結果，嫌悪感受性は，恐怖関連動物，非粘液性の無脊椎動物，粘液性の無脊椎動物に対する恐怖と有意に関係していたが，家畜に対する恐怖とは関連していないことが明らかになった。

これまでに述べた研究は，1つの大きな弱点を持っている。それは，研究で用いた嫌悪感受性の測度（FCQ）が，動物恐怖の測度と交絡しているかもしれないことである。なぜなら，FCQは動物（特に，恐怖関連動物と這い回る虫）に関係した質問（例えば「スープの底に洗ったバッタの死体が入っていると考えてください。そのスープをどのくらい飲みたいと思いますか」）をすることで嫌悪感受性を測定しているからである。とはいえ，Haidtら（1994）のGeneral Disgust Questionnaire（GDQ）を用いた研究でも，嫌悪感受性と動物恐怖の間には同様の関係が見いだされている。この尺度は，FCQのように食物汚染に対する感受性だけを測定するのではなく，7つの領域（食物，排泄物，動物，性的行為，衛生，死，身体内部の露出）における嫌悪を測定する。TuckerとBond（1997）は，FCQとGDQ両方で，けがらわしい動物（無脊椎動物），恐怖関連動物，捕食動物に対する恐怖を測定する質問紙との関係を調べた。FQRはどの種類の動物に対する恐怖とも相関しなかったが，GDQは不快な動物（無脊椎動物）と恐怖関連動物に対する恐怖と相関し，一方で捕食動物に対する恐怖とは相関していなかった。以上のように，嫌悪感受性の測度としてGDQを用いたこの研究は，恐怖関

連動物と無脊椎動物に対する恐怖は嫌悪と関連しているが，大型の捕食動物に対する恐怖は嫌悪と関連していないという，Arrindell ら（1999）および Matchett と Davey（1991）の研究と同様の知見を報告している。

　Muris ら（1999）は少し違ったアプローチをとり，FCQ の簡易版（Rozin et al., 1984）と 7 つの不安障害の症状（全般性不安障害，分離不安障害，社交恐怖，パニック障害，強迫性障害，血液・注射・外傷（BII）恐怖症，状況 - 環境恐怖症（situational-environmental phobia），動物恐怖症）との関係を，子どもの健常集団で調べている。その結果，FCQ とすべての不安障害の症状の間に有意な関係が見いだされた。さらに，特性不安の効果を統制しても，FCQ と動物恐怖症，FCQ と BII 恐怖症，FCQ と状況・環境恐怖症，FCQ と分離不安障害の相関だけは有意なままであった。この知見から，嫌悪感受性と動物恐怖の関係は不安によって単純に媒介されるものではなく，嫌悪と不安の重複によっても説明できないことが示唆される。

(3) 嫌悪感受性とクモ恐怖

　嫌悪感受性とクモ恐怖（クモは恐怖関連動物である）の関係を調べる研究が，非臨床群と臨床群の両方で行われてきた。クモは，最もよく研究テーマに取り上げられる恐怖関連動物であり，疾病回避モデルを支持する多くの研究がクモ恐怖に集中している。

　第 1 に，女子大学生を対象とした de Jong と Merckelbach（1998）は，嫌悪感受性（FCQ と GDQ の両方で測定された）と Spider Phobia Questionnaire（SPQ）の得点との間に有意な関係を見いだした。同様に，Tolin ら（1997）は 157 人の学生を高クモ恐怖者（同性の SPQ の平均値より少なくとも 1SD 以上高い得点を示した者；Klorman et al., 1974）と低クモ恐怖者に分類した。それから，これら 2 群は，8 つの嫌悪関連刺激（例えば，腐った食物，悪臭）に対する嫌悪を測定する Disgust Emotion Scale（Walls & Kleinknecht, 1996）と GDQ に回答した。その結果，高クモ恐怖者は，両方の嫌悪感受性測度で有意に高い得点を示した。

　Sawchuk ら（2000）は 138 人の学生を BII 恐怖，クモ恐怖，非恐怖の 3 群に分類した。彼らは 2 つの嫌悪質問紙：GDQ と Disgust Emotion Scale（Walls & Kleinknecht, 1996）の平均値を群間で比較した。彼らはまた，2 つの汚染恐怖質問紙：Padua Inventory（Burns et al., 1996）の汚染下位尺度と，Vancouver Obsessional Compulsive Inventory（Thordarson et al., 1997）の汚染下位尺度に

ついても群間差を調べている。その結果，Sawchuk ら（2000）は，クモ恐怖と嫌悪感受性との間に有意な相関を見いだした。さらに，BII 恐怖群とクモ恐怖群は，非恐怖群よりも有意に高い嫌悪感受性を報告した。しかし，クモ恐怖はいずれの汚染尺度とも有意には相関していなかった。

　嫌悪感受性とクモ恐怖の関係を調査した研究は，臨床群でも行われてきた。2つの研究がクモ恐怖の女性を対象に嫌悪感受性とクモ恐怖の関係を調査した。Merckellbach ら（1993）は，嫌悪感受性（FCQ）をクモ恐怖の女性とクモ恐怖でない女性で比較した。彼らの仮説どおり，クモ恐怖の人はクモ恐怖でない人より，FCQ の得点が有意に高いことが明らかになった。Mulkens ら（1996）も，クモ恐怖の女性とクモ恐怖でない女性を FCQ で比較し，同様の関係を見いだしている。さらに，Mullkens ら（1996）は神経症傾向と外向性（アイゼンク人格質問紙：Eysenck & Eysenck, 1984 で測定）の効果を統制しても，嫌悪感受性とヘビ恐怖の関係はあまり影響されないことを見いだした。ただし，嫌悪感受性と社会恐怖，BII 恐怖，広場恐怖との間には有意な関係が見られなかった。同じようなアプローチで研究した Davey と Bond（2006）は，嫌悪感受性（Disgust Propensity and Sensitivity Scale [DPSS]で測定：嫌悪感受性を特定の対象について質問することなく測定するツール）と，SPQ によって測定されたクモ恐怖との間に有意な相関を見いだした。さらに，特性不安を統制した後も，嫌悪感受性が SPQ のスコアの統計的に有意な分散を予測することを見いだした。このことは，嫌悪感感受性とクモ恐怖の関係が特性不安によって媒介されているものではないことを示唆している。

　最後に，de Jong ら（1997）は，クモ恐怖の少女とクモ恐怖でない少女（平均年齢 11.6 歳，範囲：9-14 歳）を比較した。その結果，クモ恐怖の少女がより高い嫌悪感受性得点（FCQ）を示すことが改めて示された。

　これらの知見は，嫌悪感受性とクモ恐怖の間に有意な関係があることと，その関係が神経症傾向，外向性，特性不安のような構成概念を統制しても影響されないことを示唆している。

（4）クモについての嫌悪的信念（Disgust Beliefs）とクモ恐怖

　動物恐怖・恐怖症における嫌悪の役割については，クモ恐怖者が訴えるクモの嫌悪性に関する信念の研究が，さらなるエビデンスを提供している。de Jong ら（1997）による研究では，クモ恐怖の子どもはクモ恐怖でない子どもよりも，ク

モをより気持ち悪いものと見なしていた（クモ恐怖の程度は，クモの汚染的な特性に関する2つの質問で測定した）。また，非臨床群を対象とした de Jong と Merckelbach（1998）は，クモの汚染的な性質についての考えがクモ恐怖と関連していることを見いだした（しかし Sawchuck et al., 2000 はこれと矛盾した結果を得ている）。Armfield と Mattiske（1996）も，非臨床群において，クモの嫌悪性を測定する尺度とクモ恐怖との間に有意な相関を見いだした。

　Mulkens ら（1996）は，クモ恐怖者はクモ恐怖でない者よりも，生きたクモと短時間接触したクッキーを食べることを拒否する傾向がずっと強いことを示した。彼らはこの結果について，クモ恐怖者がクモを気持ち悪いものだと考えていることを証明するものだと主張した。なぜなら，クモが有するような汚染的な特性は，まさに嫌悪刺激一般の中心的な特性だからである。さらに，クモと無関係な嫌悪感受性の行動的測度（うろこに覆われているカップから紅茶を飲む）に関しては，クモ恐怖者とクモ恐怖でない者との間に違いは見いだされなかった。このことは，クモに対する嫌悪は，単に全般的な嫌悪感受性が高まった結果によるものではないことを示唆している。また多くの研究が，クモ恐怖に対する適切な治療によってクモに関する嫌悪的信念が低減されることを示しており（de Jong et al., 1997; Mulkens et al., 1996; Thorpe & Salkovskis, 1997），これは嫌悪的信念がクモ恐怖を媒介する上で重要な役割を果たしているという見解と一致している。

　しかし，Thorpe と Salkovskis（1995）は，クモ恐怖者はクモについての嫌悪的信念を有してはいるが，嫌悪的信念はクモに対する恐怖の強さとは関係しないことを見いだした。また単に，病的な恐怖に関係するようなクモに対する否定的評価の結果として，クモへの嫌悪が高まっているにすぎないとも主張した。Thorpe と Salkovskis（1998, 研究2）は，40名のクモ恐怖者にクモを記述する単語をあげるよう求めた。その結果，40名があげた単語，総計190語のうち，嫌悪的な単語は15語（8%）であった。この知見は，少なくとも一部のクモ恐怖者はクモを嫌悪的なものと見ていることを示唆する。しかし，嫌悪的な単語の数は，動作に関する単語の数（56/190, 29%）や外見に関する単語の数（98/190, 52%）よりもずっと少ない。このことは，クモ恐怖者にとって嫌悪は，クモについて記述する最も重要な要素ではないかもしれないことを示唆している。また，Arntz ら（1993）もクモ恐怖者がクモに関する嫌悪的信念（クモは「汚い」など）を有することを見いだした。しかし，クモに関する信念のほとんどは，危害，攻撃，捕食の危険性に関係していた。Arntz ら（1993）は，こうしたクモ恐怖者の信念に関する調

査から，クモ恐怖症には嫌悪的信念が伴うが，その信念は特に際だった役割を果たしていないと主張した。

　要約すると，これらの研究結果は，クモ恐怖者はクモの嫌悪性についての信念を有するが，これらの信念が臨床的な恐怖反応の維持にどのくらい重要かについては，研究者によって見解が異なる。さらに Edwards と Salkovskis（2006）は，クモ恐怖症の人々において，クモ恐怖は嫌悪のレベルを高めているかもしれないが，嫌悪のみで恐怖反応が高まることはないと述べている。彼らは，クモ恐怖に対する馴化実験の間，中性刺激，嫌悪刺激，恐怖症関連刺激のいずれかを挿入した。その結果，恐怖症関連刺激への曝露により，恐怖の再発と嫌悪レベルの上昇が生じた。しかし，嫌悪刺激への曝露は嫌悪レベルを上昇させたが，恐怖を再発させることはなかった。これらの知見については，後ほど嫌悪と動物恐怖の因果関係を綿密に見る際に，さらに詳しく議論する。

(5) クモ恐怖者におけるクモ関連語と汚染関連語に対する認知バイアス

　Barker と Robertson（1997）は，高いクモ恐怖を持つ人々を対象に，クモ関連語に対する認知バイアスを，感情ストループ課題（Stroop, 1935）によって研究した。その結果，非臨床的なクモ恐怖のグループは，クモの身体的特性や動作に関する単語に対してより大きいストループ干渉を示し，それは嫌悪や汚染に関連する単語に対しても同様であることを見いだした[☆1]。この知見は，嫌悪と汚染に関する単語への干渉は，嫌悪的な刺激に対する認知バイアスの影響を反映しているかもしれないということを示唆している。しかし，Barker と Robertson（1997）は，嫌悪的な単語を含む感情的な言語材料の選択的処理に不安が関係している可能性をいくつかの研究（Martin et al., 1991 など）が示してきたことを認めている。

> ☆1（原注）：ストループ課題（Stroop, 1935）は，単語の意味自体は無視し，単語が書かれている色の名前を答えるものである。感情ストループ課題は，その人にとって感情的な意味を持つ単語では，その単語の色の名前を答えるのにより長い時間がかかることを示すために用いられてきた（たとえば，クモ恐怖者はクモという単語の色を答えるのにより長い時間がかかる；Watts et al., 1986）。

　Thorpe と Salkovskis（1998, 研究 4）も，クモ恐怖者が嫌悪的な単語に対して認知バイアスを示すかどうかを調べるため感情ストループ課題を用いた。Barker と Robertson（1997）とは異なり，Thorpe と Salkovskis（1998）は，単語の全般的な感情性（emotionality）が影響することを見込んで，ポジティヴな単語を実験刺激に含めた。彼らは，クモ恐怖のない者とくらべると，クモ恐怖の者においてのみ，クモ関連語に対するストループ干渉がより大きいことを見いだした。Thorpe

とSalkovskisは,嫌悪語,ポジティヴ語,中性語に関してはクモ恐怖の者とクモ恐怖のない者との間に違いを見いださなかった。さらにWenzelとHolt (1999) も,ドット・プローブ課題を用いてクモ恐怖の人の恐怖症関連刺激に対する注意配分を調べた。ThorpeとSalkovskis (1998) の発見とは反対に,彼らの研究では,クモ恐怖者の恐怖症関連刺激に対する注意バイアスは見いだされなかった。

以上をまとめると,クモ恐怖症者が示す恐怖関連手がかりへの認知バイアスに関するエビデンスは,未だ決定的なものではないので,さらに詳細な研究が必要である。

(6) 動物恐怖症における分化結果（differential outcome）に関する信念

動物を怖がるほとんどの人は,恐怖を喚起する動物と出会ったら自分に何が起こるかという,結果についての信念を身につけている。少なくとも2つの研究により,恐怖関連動物や無脊椎動物を恐れる人は,それらの動物による身体的危害（攻撃される,身体を傷つけられる,など）よりも,嫌悪関連の結果（汚染される,汚れる,病気になる,など）を予期していることが示されている。Daveyら (2003) は,仮想上の条件づけ実験として,様々な動物（恐怖関連動物,捕食動物,恐怖と関連しない動物）の写真を示した後,どのような結果が起こると予想するかを実験参加者に評定させた。彼らは,捕食動物（オオカミ,トラなど）は痛みに関連した結果と選択的に連合され,一方,恐怖関連動物（クモ,ゴキブリなど）は病気や嫌悪と関連する結果と選択的に連合されることを見いだした。同様の仮想上の条件づけ実験において,van Overveldら (2006) は,クモ,ウジ,ピットブルテリア,ウサギのスライドの後に,吐き気を催すようなジュース1口（嫌悪的な結果）か,電気ショック（身体的危害の結果）が続く確率を,スライド呈示前にあらかじめ推定するよう,クモ恐怖者に求めた。その結果,ウジは嫌悪的な結果と,ピットブルテリアは身体的危害と,クモは両方と選択的に連合することがわかった。さらに,身体的危害より嫌悪関連の結果を予想しやすいというバイアスの存在は,クモ恐怖の唯一かつ最良の予測因子であった。これらの研究から,恐怖関連動物や無脊椎動物を嫌悪的な結果と連合しやすい傾向が存在すると考えられる。恐怖関連動物が嫌悪的特性を獲得するのは,これらの動物が嫌悪的な結果と連合されやすいためであろう。

上記のほとんどの研究は,嫌悪感受性と,恐怖関連動物や無脊椎動物に対する恐怖との間に有意な関係があることを明確に示している。この関係は,様々な嫌

悪感受性の測度（FCQ, GDQ, DPSS を含む）を用いた研究で見いだされており，神経症傾向，外向性，特性不安の測度を統制してもなお，嫌悪感受性と恐怖関連動物に対する恐怖の間には関係が見られる。このことから，嫌悪感受性と動物恐怖の関係は不安のレベルそれ自体によって媒介されるものではなく，嫌悪の測度と不安の測度が交絡した結果によるものでもないと考えられる（Davey & Bond, 2006; Muris et al., 1991）。嫌悪と恐怖関連動物の関係は特別なものである。なぜなら，捕食動物（トラ，サメ，オオカミなど），家畜（ウシ，ブタ，ニワトリなど），または恐怖関連でない動物（ウサギ，子猫など; Arrindell et al., 1999; Matchett & Davey, 1991）といった動物に対する恐怖は，嫌悪感受性と通常は関係していないからである。嫌悪と準臨床的な動物恐怖の関係は明らかになってきたが，障害として診断されるレベルの動物恐怖症における嫌悪の役割についてはよくわかっていない。確かに嫌悪は臨床的な動物恐怖症でよく見られ，動物恐怖症者は恐怖の対象となる動物が嫌悪的であるという信念を持っている。しかし，これらの信念は，恐怖症における他の信念（例えば，「動物が私に身体的危害を加えるだろう」）ほど頻繁には観察されない。また，動物恐怖症者の恐怖を実験的に喚起するとき，嫌悪は病的恐怖の誘発因とはなっていないようである（Arntz et al., 1993; Edwards & Salkovskis, 2006; Thorpe & Salkovskis, 1998）。

2. 理論的問題

　10 年以上にわたる研究で得られたエビデンスは，動物恐怖症において嫌悪が経験されることをはっきりと示してきた。嫌悪は，強い恐怖を喚起するが捕食される危険性は低い動物のグループ（いわゆる恐怖関連動物）を恐れるときに，特に経験されやすい感情である。このテーマに関する研究が，こういう単純な発見に留まり，多くの重要な理論的問題が解決されずに残っているのは残念なことである。2 つの最も重要な問題は，(a) ある動物（恐怖関連動物）に対する恐怖は嫌悪と結びつきやすいのに，他の動物（例えば捕食動物）ではそうでないのはなぜか，(b) 動物恐怖・恐怖症を獲得した結果として嫌悪が経験されるだけなのか，それとも嫌悪が動物恐怖の獲得の原因となっているのか，というものである。ここでは，これら 2 つの問題に関連するエビデンスを扱う。

(1) 動物と嫌悪を関連づけるものは何か

　嫌悪感受性のレベルは，ある種の動物（恐怖関連動物）に対する恐怖と直接的に関連するが，他の動物（例えば捕食動物）に対する恐怖とは関連しない。このように，恐怖関連動物は原始的な嫌悪対象となっており，恐怖と同じく，直ちに嫌悪を引き起こす。嫌悪関連対象のクラスター分析において，恐怖関連動物が原始的な嫌悪喚起刺激としてまとまり，恐怖関連動物では他のネガティヴ感情より嫌悪の得点が高くなるという事実も，このことを支持している（Marzillier & Davey, 2004）。動物恐怖症をもつ者の多くも，何らかの形で，彼らが恐怖を感じる動物に関する嫌悪的信念を持っている（Arntz et al., 1993; de Jong et al., 1997; Thorpe & Salkovskis, 1995）。それでは，表8-1の恐怖関連カテゴリーにリストされた動物は，なぜ嫌悪との関連性を獲得したのであろうか。

　第1に，嫌悪対象はほとんどいつも，動物，動物製品，動物の身体の一部などと関連づけて考えられることが知られている。したがって，動物それ自体が同様に嫌悪を喚起することは，驚くべきことではないだろう（Angyal, 1941; Rozin & Fallon, 1987）。しかし，すべての動物が嫌悪と密接に関係しているわけではない。例えば，動物が原始的な嫌悪対象物であるなら，動物に対する恐怖が嫌悪感受性のレベルと関連すると予想できるが，実際のところ，捕食動物や家畜の多くに対する恐怖は，嫌悪感受性のレベルとは関連していない（Arrindell et al., 1999; Matchett & Davey, 1991）。それゆえ，動物であるということ以外に，恐怖関連カテゴリーの動物を嫌悪に関連づけるもっと実質的な何かがあるはずである。

　Davey（1992a）は，これら恐怖関連カテゴリーの動物が嫌悪感情と密接なつながりを持つのはなぜかという問題について，考えうる多くの理由を概説した。第1に，嫌悪感情の1つの機能は食物拒否反応であり，それは病気の伝染を防ぐのに役だっている。嫌悪感情の主な特徴は，生理学的兆候（吐き気），嫌悪対象から距離をとること（回避），不快な対象の口への取り込みや，不快な対象による汚染への敏感さである（Rozin & Fallon, 1987）。このように，嫌悪感情の適応価は，嫌悪的な対象を口からの取り込むのを防ぐことによって，結果的に病気への感染を防止することのようである（Davey, 1994a）。こうした疾病や感染を防止することと嫌悪とのつながりは，恐怖関連動物がなぜそんなに強く嫌悪と関連するのかを明らかにする上で，重要な要因なのかもしれない。Davey（1992b）は，恐怖関連動物が嫌悪との関連性を獲得する上で，考えられる3つの方法を概説した。すなわち，(a) 歴史的に，疾病の蔓延（ドブネズミ，ゴキブリなど），食物の汚染

(ウジ，ハツカネズミなど）と直接関連してきたことによるもの，(b) 粘液や糞便のように，原始的な嫌悪誘発刺激と類似した物質的特徴を持つことによるもの（ヘビ，トカゲ，ナメクジ，ミミズ，カエルなどのように粘液性を感じる動物），そして (c) ご都合主義的に，あるいは迷信的に病気と関連づけられるか，もしくは病気や感染の危険信号として働くことによるもの，である。最初の2群に関する理論の根拠はかなり自明なものである。一方で，3番目の根拠がここに含まれるのは，歴史的にみて，多くの動物が実際にはそれと無関係であったにもかかわらず，病気や伝染病の蔓延と結びつけられてきたからである。そのような例の1つが，西洋文化において最もありふれた動物恐怖の対象であろうクモである。例えば，中世ヨーロッパのほとんどの国では，クモは環境の毒を吸収した汚染源と考えられており，クモと接触した食べ物はすべて汚染される（infected）と考えられた（Renner, 1990）。クモに噛まれることは，中世以降，ヨーロッパ全土を襲う伝染病や疾病の凄まじい流行の原因を説明する方法の1つでもあった（Gloyne, 1950）。致死的な毒ではないが，ヨーロッパのクモの多くは，痛みを伴う全身性の反応を引き起こす噛みつき行動を持っており，その噛みつきは，因果関係のない疾病や伝染病と，ご都合主義的に関連づけられるようになった（Gloyne, 1950; Hecker, 1846; Renner, 1990）。中世の間，クモは10世紀以前のヨーロッパを襲ったペスト大流行の前兆とも受け止められていた。このことを考えると，動物恐怖の比較文化的研究により，ヨーロッパ人を主な祖先とする文化において，動物恐怖のリストにおいてクモ恐怖が最も顕著に表れることが示唆されているのは興味深い（Davey et al., 1998）。したがって，疾病・病気とクモの関連性についての明確な知識は長い年月を経て失われてきているが，嫌悪を引き起こす能力そのものは今日でも未だ健在なのかもしれない。

とはいうものの，動物と嫌悪の関連の起源にまつわるこのような考えを評価する決定的なエビデンスはまだほとんどない。Davey（1992a）が概説した仮説は，実証的に検証可能である。例えば (a) ヘビ，トカゲ，ナメクジ，ミミズなどのような恐怖関連動物への嫌悪を引き起こす重要な特徴は，粘液性であることなのだろうか（あるいは，原始的に嫌悪される対象が持っている他の身体的特徴なのだろうか），(b) その動物が病気の蔓延に関係するという個人の知識は，その動物が嫌悪を引き起こす力に影響するのであろうか，(c) 嫌悪に関連しない動物（捕食動物，家畜，恐怖関連でない動物など）と，嫌悪や疾病関連の結果を対呈示することは，その動物の嫌悪を引き起こす力を増大させるのであろうか。これを書

いている時点ではまだ，このような研究が行われるのを待つほかない。

(2) 動物恐怖の獲得に嫌悪は因果的役割を果たしているか

　前半で強調したように，嫌悪が多くの動物恐怖症で経験されることは明らかであるが，嫌悪はこうした恐怖を獲得する原因となっているのだろうか。例えば，もし誰かが高いレベルの嫌悪感受性（すなわち，嫌悪的な対象に強く反応する性質）を持っていたら，その人はより動物恐怖症を発症しやすいのだろうか。同様に，ある人の嫌悪感受性が突然増大したら，恐怖関連動物に対して経験する恐怖も増大する傾向があるのだろうか。嫌悪感受性の測度は，恐怖関連動物に対する恐怖の測度と強く相関することが知られているが，これは単に動物恐怖を持っていることが嫌悪感受性を持っていることを意味しているのであって，その逆は真でないということなのだろうか。

　嫌悪感受性と動物恐怖の間の何らかの因果的関係が存在するかどうかを調べる最もよい方法は，嫌悪のレベルを実験的に操作し，その操作が動物恐怖の測度に及ぼす影響を評価することである。嫌悪を操作した初期の研究である Webb と Davey（1993）は，非臨床群の集団に対して，暴力的なビデオ，嫌悪的なビデオ，中性的なビデオを見る前後に，4つのカテゴリーの動物（捕食動物，恐怖関連の小型ほ乳類と爬虫類，恐怖関連の無脊椎動物，中立の動物）への恐怖を評価するよう依頼した。その結果，暴力的なビデオを見た実験参加者は，捕食動物に対する恐怖を増大させ，一方嫌悪的なビデオを見た実験参加者は恐怖関連動物（小型哺乳類と爬虫類，無脊椎動物）に対する恐怖を増大させることがわかった。このことは，嫌悪的な気分の誘導が恐怖関連動物に対する恐怖を増大させるよう直接的に働いていることを示唆するので，一見したところでは，小動物恐怖における嫌悪の因果的役割を示すよい証拠となるように見える。しかし，この研究には多くの限界がある。第1に，嫌悪を操作するために用いたのは心臓切開の外科手術のビデオであり，それは嫌悪だけでなく不安をも引き起こす傾向があったかもしれない。第2に，Webb と Davey（1993）は，気分誘導の後に気分の操作ができていたかのチェックを行っていない。そのため，気分誘導が，彼らがターゲットにしたと想定する感情を促進したかどうかを検証することができない。

　より統制された綿密な研究を行った Marzillier と Davey（2005）は，嫌悪の喚起は不安を強めるのか，その逆はどうなのかを検討した。様々な気分誘導手続きと様々な気分の測度を用いて，不安の喚起は嫌悪を強めるが，嫌悪の喚起が不安

に及ぼす影響は明確でないことが証明された。この結果は，用いられた気分誘導手続きの違い（心的イメージを誘導する短文と音楽，ビデオクリップ，自伝的記憶の再生と音楽）や，実験で用いた気分の測度の種類（視覚的アナログスケール，Differential Emotion Scale, 自由記述の質問紙）に起因するものではなかった。これらの知見は嫌悪が動物恐怖・恐怖症の原因になっているかもしれないという考えと大いに関係するものである。すなわち，嫌悪が動物恐怖の原因ではなく，単に動物恐怖に影響するだけなのだとしても，その影響は，「嫌悪が不安を強める」という道筋によってもたらされているわけではないことを示唆している。これらの知見は，嫌悪の誘導がクモ恐怖に及ぼす効果を調べた Edwards と Salkovskis (2006) の結果とも一致している。彼らは，クモ恐怖への馴化を行っている間に嫌悪を誘導しても，クモに対する恐怖は高められないことを見いだした。これは，強い嫌悪を体験しても恐怖や不安は強まらず，その恐怖や不安が特定の動物恐怖と関連したものだった場合でも同様であることを示したエビデンスだといえる。

　嫌悪が直接的に動物恐怖に影響を及ぼすというエビデンスはあるのだろうか。これまでのところ入手可能なエビデンスは，嫌悪が動物恐怖に因果的影響を及ぼしているとしても，それは嫌悪を体験することが恐怖や不安を強めるというような，単純な問題ではないことを示唆している。しかし嫌悪は，直接的にではなくとも，不安については全般的に，そして恐怖については動物恐怖症に特異的に，それぞれ影響を及ぼす役割を果たしているかもしれない。嫌悪は人々が経験する多くのネガティヴ感情の1つにすぎない。そしてネガティヴ感情は人々が情報を処理したり情報を蓄えたりする上でしばしば重要な影響を及ぼす。例えばDaveyら (2006) は，同音異義語書き取り課題 (homophone spelling task) を用いて，嫌悪の誘発が解釈バイアスに及ぼす影響を調べた実験結果を報告した。4群の実験参加者に，嫌悪，不安，幸福，または中性的な気分誘導を施した上で，同音異義語書き取り課題を行った。その課題で，実験参加者はヘッドホンから呈示される多義的な単語を解釈しなければならない。嫌悪と不安のグループは両方とも，幸福と中性のグループよりも，脅威／中性のどちらにも解釈できる単語を脅威語として解釈することが有意に多かった。また，嫌悪のグループは，ポジティヴ／中性の同音異義語をポジティヴと解釈することが，幸福グループとくらべて有意に少なかった。嫌悪の経験が多義的な素材の解釈をポジティヴなものから脅威的なものへと移行させるのなら，このことは不安に関する精神病理における嫌悪の因果的役割を基礎づける知見となるかもしれない。その効果は非特異的であり，

感情価に一致したもののようなので（すなわち，ネガティヴ感情は多義的な言語材料のネガティヴな解釈を引き起こす），嫌悪のレベルを高めることは，不安や脅威と関連する様々な領域で，多義的な情報を危険なものと解釈する傾向を生じさせるであろう。これらの知見を直接的に動物恐怖に適用すると，人が嫌悪を経験している間に動物についての情報を処理しているのであれば，その人は曖昧な情報をポジティヴではなく脅威的なものとして解釈する傾向があり，このことがその動物に対する恐怖を確立するための基盤になっている，ということになる。しかし，嫌悪と関連する情報処理バイアスは，多義的な情報の解釈に広く適用される一般的なものであり，恐怖関連動物に関して限定的に働くわけではない。もしそうならば，嫌悪は恐怖関連動物だけではなくすべての動物に対する恐怖の発達と関係すると考えられるが，これは明らかに間違っている（Arrindell et al., 1999; Matchett & Davey, 1991; Ware et al., 1994 参照）。

　嫌悪が動物恐怖に因果的に影響し得る経路をもうひとつだけ挙げるとすれば，それは嫌悪経験それ自体に直接的な影響を及ぼすことによるものである。嫌悪感情を喚起すると，嫌悪的な経験が有意に増えることが知られており（Edwards & Salkovskis, 2006; Marzillier & Davey, 2005），嫌悪の誘導がクモやガガンボのような嫌悪関連の動物刺激に対する嫌悪経験を増大させることを示すエビデンスがいくつかある（Marzillier, 2003）。少なくとも，嫌悪の感情によって誘発される反応は，不安や恐怖によって誘発される反応と部分的に共通している。すなわち，嫌悪と不安の感情は，ともにネガティヴな感情価をもつものであり，それらを喚起する刺激を回避させる傾向をもっているという点でよく似ている。誘発される反応が嫌悪と不安とで共通していることにより，嫌悪を感じている人が，それを不安や恐怖と混同するかもしれず，喚起された嫌悪が恐怖としてラベル付けされるかもしれないのである（Nabi, 2002 も参照）。嫌悪の喚起が恐怖と不安を促進するかどうかを測定しようと試みた研究は，恐怖の変化を測定するために，主観報告を用いることが多かった。この方法だと，感情への反応である回避行動が実際には生じないため，嫌悪と恐怖の混同が最小になるようである。しかし，行動的回避課題（behavioral avoidance task）を用いた場合には，実験参加者が嫌悪感情への反応として生じる回避行動を実際に経験するので，嫌悪と恐怖が混同されやすい。そのため，嫌悪が喚起された際，それを喚起した刺激に対して，嫌悪ではなく，強い恐怖を報告するかもしれない。

　要約すると，嫌悪が動物恐怖に因果的な影響を与える経路には様々な可能性が

存在する。しかし，これらの仮説的な経路を支持する確かなエビデンスはまだほとんどなく，動物恐怖症における嫌悪の因果的役割についての，説得力あるエビデンスも全くないというのが現状である。

3. 結論

ますます増え続けている嫌悪と動物恐怖・恐怖症に関する研究は，嫌悪が動物恐怖症においてよく経験される感情であること，そして我々が恐怖関連動物と呼ぶもの（ヘビ，クモ，ドブネズミ，ハツカネズミ，ナメクジ，カタツムリ，ウジ，ゴキブリ，甲虫など）への恐怖においては，特によく経験されることを明白に証明してきた。これは単に，恐怖関連動物が嫌悪を喚起する性質を進化の歴史のなかで発達させてきたからかもしない。ここでいう嫌悪を喚起する性質とは，それらの動物が恐怖だけでなく嫌悪も引き起こし，恐怖を感じれば感じるほどより嫌悪を引き起こすことを意味している。これまでのところ，嫌悪が動物恐怖・恐怖症の発症に因果的役割を果たすことを示す確実なエビデンスはなく，嫌悪が動物恐怖に影響を与える経路については，現在も様々な可能性が活発に検討されている。このような研究においては，嫌悪がその動物への恐怖を生じさせる際，その動物が有する嫌悪に関連する性質が重要なのか，それとももっと一般的なプロセスが原因となっているのかを検討していく必要がある。例えば，嫌悪と動物恐怖の関連は，嫌悪が一般的な情報処理に及ぼす影響によって媒介されるのかもしれない。もしそうなら，嫌悪は動物恐怖に対して特別な意義を持っているわけではなく，感情価と一致する情報バイアスと解釈バイアスによって不安に影響を及ぼす，ネガティヴな感情価を持つ感情のひとつにすぎないのかもしれない。もし嫌悪が因果的役割を果たしていることがわかれば，このことを考慮した上で，動物恐怖症の治療を行っていく必要があるのは明らかだろう。

第 9 章

嫌悪と血液・注射・外傷恐怖

ANDREW C. PAGE and BENJAMIN J. TAN

　血液・注射・外傷（BII）恐怖症は，血液，注射，外傷や，それらと概念的によく似た刺激が存在すること，またはそれらを予期することによって引き起こされる，過剰かつ不合理で持続的な恐怖と回避として定義されている（American Psychiatric Association, 2000）。恐怖症の一種であるこの障害は，人口の3％に起こりうるものであり（Fredrikson et al., 1996），それ自体が問題なだけでなく，当事者が適切な医療的ケアを避けることにもつながるため，さらなる疾患や死亡のリスクをもたらしてしまう（Marks, 1988; Page, 1996）。しかし，BII 恐怖症が本書でこれほどの紙面を取っているのには，上記以外にも理由がある。というのも，この恐怖症は，2つの要因，すなわち失神（Marks, 1988）と嫌悪（Page, 1994）によってより複雑なものとなっているのである。この章では，まず関連文献のレビューからこの恐怖症の性質を記述した上で，既存のデータと整合する仮説モデルのアウトラインを描き，将来の研究につながる予測を提案することとする。

　BII 恐怖症の者は，恐怖状況において失神に至ることが少なくない（Öst, 1992; Öst et al., 1984; Page, 1996, 1998; Thyer et al., 1985）。こうした感情的な失神は，かつては**血管迷走神経性失神**（vosovagal syncope）として記述されており（Lewis, 1932），血管迷走神経に起因するものと仮定されていた。血管迷走神経系性失神は，状況の中の感情的な要素（例えば，血液）によっても，感情的でない要素（例えば，体の傾き; Gerlach et al., 2006; Thyer et al., 1985）によっても，引き起こされうるものである。この血管迷走神経系性失神の原因となる身体的メカニズムは，以下に示す二相性の反応からなる（Graham, 1961; Graham et al., 1961）。第1相では，交感神経系の活動が優位となる。これは闘争逃走反応の発現にあたるものである（Thyer & Curtis, 1985; Thyer et al., 1985）。ここで特に失神に関係するの

は，反応初期に見られる血圧の上昇である。第2相では，副交感神経系の活動が相対的に増加する。これは保守 – 撤退反応（conservation-withdrawal response; Marks, 1988; Vingerhoets, 1984）にあたるものである。失神の発生は，この第2相で起こる血圧の急降下と関連するようである。この血圧の急降下が，大脳の血流に影響を及ぼすほど強いものであると，脳が低酸素状態となり，その結果として失神が起こるのである。この第2相の反応は，BII刺激が目の前にある間だけではなく，刺激に接したあと少し時間がたってから生じることもある。例えばRuetzら（1967）は，献血者の中には，静脈穿刺を中断したそのあとに失神を起こす者もいると指摘している。

　血管迷走神経性失神は，BII恐怖症に特有のものと思われるかもしれない（Connolly et al., 1976）。たしかに，この恐怖症をもつ人の4分の3にみられるものの（Kleinknecht & Lenz, 1989），全ての人にみられるわけではない。KleinknechtとLenz（1989）は，BII刺激への恐怖がほとんどない者においても，BII失神が起こりうることを見出した。このことから，彼らは失神者を3種のグループに区別することを提案している（Kleinknecht et al., 1990）。第1に，**本態性失神者**（essential fainters）である。彼らは，血液や外傷に対してほとんど不安や恐怖を報告しない。恐怖を伴わないので，回避もほとんどしない。残りの2グループは，恐怖を伴う失神者の中の，異なる種類と捉えられる。第2のグループは，**逃避性失神者**（escape fainters）である。彼らは血液や外傷が目の前に存在していて，それを回避できない場合に失神を起こす。なお彼らは失神が起こる前に，回避しようと努力する。第3のグループが，**安堵性失神者**（relief fainters）である。彼らは病的な恐怖を体験するが，その知覚された脅威が過ぎ去った後，失神に至る。このように，BII刺激に対する反応の仕方には2種類あることがわかる。一方は恐怖を伴うものであり，もう一方は失神を伴うものである。恐怖と失神は1人の人間がどちらも経験しうるものではあるが，お互いに，一方が存在しているときには一方は存在しない，という関係になっている（Page, 1994）。また，恐怖と失神とでは，それぞれを引き起こす刺激は異なるようである。Öst（1992）とPageら（1997）の知見によると，失神は，注射よりも血液をより恐れる者により起こりやすく，恐怖は，血液よりも注射を恐れる者において，より強くなる。このように，状況要因と個人要因とが，失神に関連しているようである。

　しかし，どのような人にどのような刺激を呈示したら失神が起こるか，ということを緻密に示したとしても，それだけではまだBII恐怖症の全体像を描いたこ

とにはならない。なぜなら，血液や外傷に対する反応には，嫌悪と，それに関連した回避が関係してくるからである（Rachman, 1990）。例えば，Sawchuk ら（2002）は，血液恐怖者とクモ恐怖者を，それぞれ自分が怖いと感じている刺激に曝露させた。その結果，恐怖の得点では両者を弁別できなかったが，嫌悪の得点は BII 恐怖者のほうが高かった（de Jong & Merckelbach, 1998; Koch et al., 2002; Sawchuk et al., 2000; Tolin et al., 1997 も参照）。BII 恐怖者は，BII 刺激に曝露されたとき，低恐怖群や不安統制群よりも，強い嫌悪反応を示すのである（Tolin et al., 1999）。さらに，評価条件づけの方法論を用いた一連の研究においても，同様の結果が得られている（Olatunji et al., 2005）。1つ目の実験では，中性的な表情に対して，恐怖的・嫌悪的・中性的な画像がそれぞれ対呈示され，2つ目の実験では，中性的な表情に対して，BII 関連刺激が対呈示された。元々中性的だった刺激が，対呈示された刺激の感情的特徴を獲得した場合，評価条件づけが成立したことになる。結果として明らかになったのは，表情と BII 刺激が対呈示された場合に，嫌悪が強まる方向へ表情に対する条件的評価が変化したということであった。また，恐怖刺激は，恐怖と嫌悪という2つの相関する感情反応を喚起したようであるが，特に BII 恐怖者におけるもっとも有意な感情的反応は，嫌悪であったという。ただし，恐怖症性の刺激に対する恐怖反応，嫌悪反応，恐怖と嫌悪の混合的反応を，それぞれどのような実験参加者が示すのかは，いまだ不明な部分が多いようである（Woody & Teachman, 2000）。

　嫌悪が他の感情とどのように関連するかはまだ明確にわかっていない。しかし，嫌悪それ自体の構造については，単一次元ではないことがわかりつつある（Olatunji & Sawchuk, 2005）。元来，嫌悪は食物に関して口腔内で起こる強烈な嫌悪（oral revulsion）の感情であるといわれる（Rozin & Fallon, 1987）。しかしながら，嫌悪は食物刺激（例えば，腐った食物やにおい）だけではなく，特定の動物や，排泄物，死，性，身体損壊などによっても喚起される（Haidt et al., 1994）。**身体損壊**とは，人体の外皮（例えば，皮膚）が何らかの方法で裂かれたり変形させられたりした状態（例えば「事故によって腸が飛び出した人を見る」など；Haidt et al., 1994）のことである。最近の研究では中核的な食物関連の嫌悪と，他の領域の嫌悪とは区別されるようになっている。**動物性嫌悪**は，生物のある様相が人に動物としての起源を思い出させることによって喚起される感情であるとされる（Rozin et al., 1999）。**対人嫌悪**は望ましくない特徴をもった人との接触によって喚起される嫌悪のことであり，**道徳性嫌悪**は特定の道徳的な違反に対する反応を表

すものとして用いられる（Rozin et al., 2000）。

　嫌悪は一般的には汚染の脅威と関連しており，汚染物との接触を予防するために役立つものである（Olatunji, Sawchuk et al., 2006）。恐怖症の対象からの撤退反応にも，恐怖（外傷の脅威と結びついている）だけではなく，嫌悪（汚染の脅威と結びついている）が関与しているのかもしれない。これについて，de JongとMuris（2002）は，クモ恐怖をより確かに予測するのは，実際に脅威や損害をもたらしうるようなクモの性質よりも，嫌悪を喚起する性質であることを明らかにしている。さらにいくつかの研究からは，嫌悪が一元的な構造ではなく，むしろ，様々な領域の嫌悪が，様々な障害と関連することが示唆されている（de Jong & Merckelbach, 1998; Olatunji et al., 2004; Sawchuk et al., 2000）。

　BII恐怖症については，恐怖や嫌悪が同時に生じうるということや，様々な刺激によって様々な感情が組み合わさって生じるということなど，考えるべき論点がいくつかある。しかしひとつ明らかなことは，BII恐怖症という現象が，診断基準にあるような恐怖を中心とした記載よりも，多様な特徴をもっているということである。つまり恐怖が嫌悪と強く相関するとしても，嫌悪がより強く見られるとしたら，そちらのほうがより本質的な感情だと考えられるかもしれない（Olatunji & Sawchuk, 2005）。さらに，恐怖状況では，恐怖と嫌悪の他に，失神やめまいも起こりうる。BII状況に対して，恐怖と失神と嫌悪の3つのうちどれがどの程度現れるかは，個人差によっても，受ける刺激によっても異なるようである。恐怖反応は，将来的な痛みのシグナルとなる刺激によってより強く生じる傾向があり（例えば，注射；Öst, 1992; Page et al., 1997），失神は身体損壊に関する刺激によってより強く生じる傾向がある（例えば，血液；Öst, 1992; Page et al., 1997）。また，BII恐怖者は，クモ恐怖者とは対照的に，身体損壊に対して嫌悪を示す傾向がより強いようである（de Jong & Merckelbach, 1998）。

　このように，嫌悪が，BIIへの恐れに対して重要な役割を果たしていることは明らかである。つまり，恐怖症として理解されている障害でありながら，嫌悪が恐怖よりも重要な反応なのかもしれないのである。また，嫌悪は単なる反応としてだけではなく，原因としての性質ももっていて，表面に見えている反応を生起・強化させたり，治療を難しくさせたりするともいわれる（Woody & Teachman, 2000を参照）。しかしながら，こうした指摘について論じ始める前に，概念的な構造について考察し，関連する理論やデータをまとめていこうと思う。それら文献をレビューしたあとに，この直観的なモデルに立ち戻ることで，BII恐怖症が

起こる因果的な道筋をより明らかにできるであろう。

　BII恐怖症に関わるであろう諸変数と，それらの関係性は，およそ以下のようにまとめることができる。まず，恐怖，失神，嫌悪という3つの相関する反応（従属）変数が設定できる。そしてこれらの反応はまた，3つの仮説的な潜在（独立）変数によって引き起こされると考えられる。それぞれの潜在変数は，さらに細かな要素に分解することができるが，それはこの章の残りの部分で詳説する。BII恐怖症をもたらす原因となる潜在変数としては，連合的な経路（例えば，条件づけ，代理学習，言語伝達による学習；Mineka & Zinbarg, 1996; Rachman, 1990）と，非連合的な経路（例えば恐怖刺激に対する生得的な傾向；Menzies & Clarke, 1995）など様々ある。このモデルはシンプルではあるが，BII恐怖症において嫌悪が果たす役割について考える上での概念的枠組みとなるであろう。本章の目的は，まさにその役割について考えることなので，主に以下の問いについて議論を展開していく。(a) BII刺激に対する嫌悪反応を引き起こすものは何なのか？　(b) 嫌悪はBII恐怖症にどのように関与するのか？　(c) 嫌悪はBII失神にどのように関与するのか？ここに挙げたそれぞれの問いについて，順に論じていこうと思う。

1. BII刺激に対する嫌悪反応を引き起こすものは何なのか？

　嫌悪は，状態と特性，いずれのとらえ方もできる感情反応である（Woody & Teachman, 2000）。嫌悪感受性という特性は，個人差をあらわす次元である。個人差が生まれる背景には，家族に由来する要因（Rozin et al., 2000; Rozin et al., 1984），女性性（Haidt et al., 1994; Oppliger & Zillmann, 1997），社会文化的要因を含む環境経験（Rozin et al., 2000）などがある。こうした個人差は，特定の刺激と接した際に，嫌悪が引き起こされる準備状態を作りあげる素因となる変数である。こうした刺激には，食物関連の汚染だけではなく，人間と動物との近縁性を想起させる手がかりも含まれる（Rozin et al, 2000）。

　血液や外傷は，人間と他の動物との近縁性を想起させるものであるため，それ自体が嫌悪を喚起する性質をもっているし，嫌悪感受性の強い人にとっては特にそうなりやすいであろう。嫌悪感受性は，他のパーソナリティ次元とも関連を示すが，もっとも関連が強いものの一つが神経症傾向である（Druschel & Sherman, 1999; Haidt et al., 1994）。この嫌悪感受性と神経症傾向との関連の性質はしばし

ば議論の的となっており，なかには，この関連性が見せかけのもので神経症傾向のアーティファクトにすぎないと主張する者もいる（Woody & Teachman, 2000; Woody & Tolin, 2002）。しかしながら，Mulkens ら（1996）は，嫌悪感受性とクモ恐怖との関連性は，神経症傾向を統制した後でもそれほど変わらないことを示しており，それぞれが異なる要素を予測する変数であることを示唆している。

以上から，嫌悪感受性が高い者は，感情的反応性（特に不安）の高さを特徴とすることがわかる。一方で，Druschel と Sherman（1999）は，**勤勉性**が，重要な役割を果たしていることを見出しており，嫌悪感受性が高い者に，有能性，規律性，忠実性，達成希求，自己鍛錬，熟慮性などの特性が見られることを示している。また，**協調性の高さ**（共感性，他者の対人的欲求への感受性，愛他性などの特性を示す）や，**開放性の低さ**（体験希求性の少なさを示す）も，嫌悪感受性が高い者の特徴である。開放性との負の関連と同様に，Haidt ら（1994）は，嫌悪感受性と刺激希求性との負の関連を見出している。以上のことから，嫌悪感受性の高い者は「とても社交的で，社会的・感情的な刺激に対して敏感な人であるが，その敏感さによって苦しんでいるのかもしれない」（Druschel & Sherman, 1999, p.746）。これによって，Big-5 と呼ばれる 5 つパーソナリティ次元で嫌悪感受性の全てが説明しきれると主張しているわけではないが（なぜなら，5 次元全て合わせても嫌悪感受性の分散を 3 分の 1 しか説明できないからである），嫌悪と神経症傾向との強い関連があることから，嫌悪が他の色々な要因と関連する可能性が推測できる。神経症傾向の高さが不安や不安障害とも関連すること（Andrews et al., 2003）から推測すると，嫌悪感受性の高い者も，強い不安や不安障害を抱えやすいかもしれない。これらのことから考えると，嫌悪感受性という特性は，状態としての嫌悪と同じく，BII 恐怖症に関与しうる要因であろう。

こうした指摘と一致して，BII 恐怖者は，BII 以外の刺激にも，強い嫌悪反応を示すことがあるということがわかっている。第 6 章で詳細に議論されているように，BII 恐怖者は，統制群よりも，嫌悪的（ただし恐怖とは無関連）な刺激に対して強い嫌悪を報告し，強い嫌悪の表情を示す（Schienle et al., 2001）。こうした結果と同様に，Schienle ら（2005a）は，BII 恐怖者が全般的な嫌悪感受性を高く報告することや，嫌悪関連刺激を見たときにより強い嫌悪を示すことに加えて，嫌悪関連画像を見ているときに視覚連合野の活性化（嫌悪喚起刺激への選択注意を意味する；Schienle et al., 2003）が見られるということを示している。

こうした嫌悪と神経症傾向ないし特性不安とをつなげる質問紙調査のデータ

は，脳機能に関する研究とパラレルな関係となっている。恐怖と嫌悪は区別されうるものではあるが（脳神経上の特異性が示唆されている；Williams et al., 2005），恐怖と嫌悪は，双方ともに感情の処理を担う統合的なコントロールシステムによって処理されているかもしれない（Vaitl et al., 2005; Schienle et al., 2005b を参照；本書第 6 章も参照のこと）。実際に，特性不安が高い者は，嫌悪を誘導されている間，右の扁桃体の活性を示しており，この 2 つの感情が共通の神経基盤を共有していることが示唆されている（Stark et al., 2004 を参照）。ただし，これらの研究で検討されているのは，一般的な嫌悪刺激への反応だけであり，BII 刺激を用いた検討は行われていない。

健常な参加者が汚染や身体損傷のイメージに曝された場合，後頭側頭皮質と右上頭頂皮質の活性が見られるのだという（Wright et al., 2004）。また，自己報告による嫌悪と島の活性との間に正の関連がみられ，覚醒度の自己報告と後頭側頭皮質の反応との間にも正の相関がみられた。これらの相関関係は，島が身体損壊などの嫌悪関連刺激の処理に関わっていることと，後頭側頭皮質が一般的な感情的覚醒の処理に関与していることを示唆している。

以上をまとめると，BII 恐怖者は高い嫌悪感受性を示すようである。この関連性は，それらの神経基盤や，関連するパーソナリティ次元を研究することで確認できる。また，BII 刺激は，身体損壊のシグナルとなったり，動物としての起源を想起させたりするため，ある種の嫌悪を引き起こす特別な性質をもっているようである。これらをふまえ，次節では，嫌悪それ自体が，どのように BII 恐怖に関係するかについて考察を行っていく。

2. 嫌悪は BII 恐怖にどのように関与するのか？

状態的な嫌悪は，BII 恐怖者が自身にとって苦痛となる刺激に直面したときに，高まるようである（de Jong & Merckelbach, 1998; Koch et al., 2002; Olatunji et al., 2005; Sawchuk et al., 2002; Tolin et al., 1997, 1999）。また特性としての嫌悪感受性も，BII 刺激への恐怖と強く関連することが，Mutilation Questionnaire の得点との高い相関によって示唆されている（Schienle et al., 2001）。ただし，嫌悪のどの側面がより強く喚起されるかは，刺激によって異なるようである。例えば，嫌悪と BII 刺激の関連を検討するために構造方程式モデリングを用いた研究では，動

物性嫌悪はBII恐怖と関連するが，中核嫌悪とBII恐怖との間には有意な関連は見られなかった（Olatunji, Sawchuk et al., 2006）。このように，BII恐怖は，動物性嫌悪の領域とより強く関連していると考えられ，これまでに想定されていたように（Page, 1994），嫌悪誘発子全般に一般化されるものではないようである。そのため，将来的には，どの側面の嫌悪と関係するか，精緻に概念化していく必要があるだろう。

　WoodyとTeachman（2000）は，BII刺激に対して恐怖と嫌悪が近い関係にある理由のひとつとして，刺激に対する認知的評価に共通した部分があることを挙げている。嫌悪の認知的評価が汚染の脅威に焦点を当てている場合，恐怖と嫌悪の両方が喚起される可能性があるだろう（Davey, 1993 など）。彼らは以下のような認知的評価を挙げている。すなわち，(a) 身体的損害の可能性，(b) 社会的拒絶の可能性（嫌悪と関連する恥と見捨てられ恐怖が，社会的拒絶を意味すると解釈された行動によって喚起されること），(c) 身体的コントロールを喪失する可能性（恐怖と，恥と関連する嫌悪が，身体的機能のコントロールを失うことへの予期によって引き起こされる）に関する評価である。重要なことは，客観的な危険が存在せずとも，上記のうちどれか一つの脅威が起こるかもしれない，と認知的に評価されるだけで，感情的な「フォールス・アラーム」（Barlow, 2002）反応が生じうるということである。恐怖や嫌悪に関する心理的問題は，知覚された脅威を回避できなかったり，認知的にリフレーミングできなかったり，その脅威を最小化することができなかったりしたときや，こうした脅威が自己概念の中核に関わるような個人的に重要なことだったときに起こるのである。

　以上のように，嫌悪はBII恐怖と関連するのである。WoodyとTeachman（2000）はこの関連について様々な解釈を提示している。第1には，恐怖と嫌悪が，個人差としての神経症傾向など，共通の脆弱性を共有しているということである。第2には，人々が恐怖と嫌悪をあまり厳密に呼び分けしていない，ということである。これは，測定上の問題や，参加者が精密さを欠いている場合があることや，あまり強くない感情に研究上の関心が集中しがちであることなどによるのかもしれない。また恐怖にせよ嫌悪にせよ，それらは単に不快感情の表れ方の一つにすぎないという可能性もある（Ortony et al., 1988 を参照）。第3としては，恐怖と嫌悪との間には，双方向性の相乗的な連合がある，いうことである。つまり，恐怖関連刺激と接触した際に，嫌悪と連合した鮮明な心的イメージが想起され，その嫌悪関連イメージが恐怖を増強しているのかもしれない（Hepburn & Page, 1999）。

同じように，脅威となる心的イメージは感情的苦痛を鋭敏化させうる（Dorfan & Woody, 2006; Page, 1999）。恐怖関連刺激に直面していても，イメージを用いた曝露療法の結果として一般的に予想されるような苦痛の低減は，むしろ起こりにくかったようである。今後の研究においては，どの説明がもっとも信憑性があるのかを明らかにする必要があるだろう。なお，これらの説明については，失神の発生について考えることでより多くのことがわかるかもしれない。なぜなら，嫌悪は，失神の発生に特別な役割を果たしていると言われているからである。

3. 嫌悪は BII 失神にどのように関与するのか？

BII 失神には，それに特有の原因があるようだ。Page と Martin（1998）の多変量遺伝分析（multivariate genetic analysis）[*1] によると，BII 失神は，血液が目の前にない状況における失神を予測する相加的遺伝分散（additive genetic variance）[*2] と，血液性の失神に特有の環境的経験によって説明されることがわかっている。同様に Accurso ら（2001）は，血液や外傷によって失神したことがある実験参加者には，BII 刺激を用いない手続きで失神を誘発された（ヘッドアップティルト[*3] 試験を用いた）際にも，血管迷走神経性失神を起こしやすい素因があることを示した。これら2つの結果を集約すると，失神を伴う BII 恐怖者には，BII 刺激以外の刺激に対しても血管迷走神経性失神反応を示しやすい，自律神経上の基盤があるといえる。この自律神経のプロセスが引き起こされることで，失神につながる血液循環の機能不全が生じるのである。Accurso ら（2001）は，失神が二次的な恐怖を引き起こすため，患者は失神が起こりそうな状況を避けるようになるのかもしれない，と推測している。このことは Kleinknecht（1994）の指摘とも一致しているが，Page と Martin の遺伝分析によると，血液による失神と血液恐怖の併存率を高めているのは，血液によらない失神と血液恐怖との間で共有されている相加的遺伝因子なのだという。これらのことから，BII 恐怖は，失神という嫌悪的な体験によって，BII 状況に恐怖が条件づけられるプロセスを含むものと考えるのが理にかなっているようである。この一般的な自律神経上の失調は BII 失神に必須の要素ではあるようだが，そうだとすると，また別の疑問が残る。すなわち，このメカニズムは，血液や外傷によってどのように活性化されるのであろうか，という疑問である。

★1：2つ以上の形質について，それぞれの分散と両者の共分散を，遺伝由来と環境由来に分解する分析手法．
★2：ある形質に影響する多数の遺伝子の加算的効果を表す分散．
★3：身体をベッドなどに固定したのち，固定したまま体を縦に起こし，血圧低下や吐き気や失神などの反応を観測する自律神経機能の検査法．「ティルト試験」とも．

血液・外傷刺激と失神との関係性について，Page（1994, 2003）が理にかなった説明を提案している．はじめに，恐怖症的な反応は，恐怖の感情だけではなく，嫌悪も含んだものであるという観察結果から話が始まる（Davey, 1994; Davey et al., 1998; Matchett & Davey, 1991; Webb & Davey, 1992 など）．恐怖症的な反応は，他の動物を捕食する種の動物（すなわち，痛みや外傷をもたらしうる）と連合している傾向がある．また嫌悪を伴う「恐怖症」的な反応は，汚染をもたらす可能性がある種類の動物（すなわち，食べたり触ったりすると病気になる可能性がある）と連合している．恐怖と嫌悪を司るプロセスが部分的に独立したものであると仮定すると，血液や外傷などの刺激の位置づけは興味深い．つまり BII 刺激は，このふたつの感情が交わる接点だと考えられるのである．先行研究によると，外傷を観察したり（Kleinknecht & Thorndike, 1990; Lumley & Melamed, 1992），イメージしたり（Page, 1999）することで，恐怖と，動物性嫌悪の一種である身体損壊に対する嫌悪の双方が生じうる．そのため，外傷の写真を見せられた時，まず通常の交感神経系の活性化が媒介して血圧の上昇が起こる（Page, 1994, 2003）．その後に，血圧をベースラインレベルまで戻そうとするホメオスタシス性の副交感神経系の活動が起き，先ほどの反応と対立する．さらに，状態的な嫌悪は迷走神経と副交感神経の活性化を伴うため（Levenson, 1992），その結果として血圧の低下が起こる．こうした嫌悪の効果は，血圧を通常レベルに戻そうとするホメオスタシス性の副交感神経プロセスと，どのように影響し合うのであろうか？

この問いに答えるには，別の補足を加える必要がある．嫌悪は，ときに心拍数の増加と関連するようである（Prkachin et al., 1999; Vrana, 1993）．上で述べたことと矛盾するようではあるが，McKay と Tsao（2005）は，嫌悪刺激について予期させる実験デザインにおいては交感神経が活性化しやすいが，嫌悪刺激を実際に目の前に見せる実験デザインでは副交感神経の活性化が起こりやすいことを指摘している．このことから，嫌悪の生起には，刺激が実際に現前していることが重要であり，嫌悪の基準のひとつに合致する前提条件として，対象への物理的接触が不可欠なのである（Rozin et al., 2000）．なお，嫌悪が起きる領域によって（例えば，食物関連か身体損壊かによって），副交感神経の活性化の強さが変わってくるかどうかは，まだはっきりしていないようである．

元の話に戻ると，嫌悪関連刺激が副交感神経プロセスを強めることがあるようだが，失神について説明するには仮定をひとつ追加する必要がある。それはすなわち，闘争逃走反応としての交感神経の活性化は，他のどの感情反応よりも優位に立つというものである（Robinson, 1998 を参照）。それゆえに，活性化のパターンとしては，交感神経を介した血圧の上昇が先に起こり，その後に血圧の低下が続くことになる。この血圧低下は，嫌悪と結びついた副交感神経の活性化と，通常のホメオスタシス性の血圧の低下を担っている副交感神経プロセスとが，合わさって起こるものである。

Kleinknecht ら（1997）は，嫌悪感受性，恐怖，失神の個人差について相互の関連を検討し，恐怖と失神との間に正の関係性を見出している。しかしながら，Page（1994）の予測とは対照的に，嫌悪の測度のうちのひとつと失神の指標との間に，負の関連を見出している。彼らは「嫌悪と失神との関連性は，偽りのもので，それは嫌悪が恐怖の共分散によって媒介されているのである」（p.1083）と主張している。Kleinknecht ら（1997）はさらに，恐怖と失神の関係性は，脅威事態への解釈や，圧受容器★4 感受性によって媒介されると推測している。血管迷走神経性失神の傾向がある人は，痛みを引き起こす状況に対して，圧受容器感受性の増加や心拍数の低下などの反応を示し，失神しやすい状態となる（Adler et al., 1991; France, 1995）。より近年では，Olatunji, Williams ら（2006）が，嫌悪と失神と BII 恐怖の関連を検討するために，同様の分析手法を用いて，Kleinknecht ら（1997）の主要な知見を再現している。彼らは，（動物性の）嫌悪感受性と BII 失神との関連を見出しているが（これは Page, 1994 の予測に合致した結果である），これに BII 恐怖から失神へのパスが含まれた場合には，嫌悪感受性と失神との関連は有意ではなくなることを示している。いずれにせよ，これらの論文は，過去の BII 失神経験の自己報告が嫌悪感受性と関連を示すのは，嫌悪と BII 恐怖との相関の効果によるものであるということを，事実として強く示している。

★4: 血管内圧（あるいは外圧）の変化によって生じた壁の伸展や歪みを感受する神経終末（受容器）。主に頸動脈洞および大動脈弓の壁に局在する。

こうした明らかに矛盾したデータは，行動的ないし身体的なデータが欠如していることと，状態嫌悪の検討が欠如していることによって説明しうる。自己報告による失神と，その背景にある身体的な反応とは，シンクロしないと考えるのが妥当かもしれない。つまり，自己報告は，最終的に失神をもたらす血圧の変化以外の要因に依存して変化してしまうかもしれないのである。双方がそれぞれの構

成概念の妥当な指標であったとしても，失神が起こる際には，末梢の血圧の低下は脳の血流減少に関連しているであろうし，それは最終的に失神の近似的な原因，つまり脳の低酸素状態にも関連するであろう。このように，失神を説明するときには，失神の自己報告の変化よりも，血圧の変化のほうが的確に情報を伝えるかもしれない。

　Gerlach ら（2006）は静脈穿刺によって起こる反応について検討を行い，BII 恐怖者は処置中,高い不安と嫌悪を報告することを見出している。参加者は他にも，心拍，呼吸，毎分換気量の増加など，覚醒の高まりを示している。しかしながら，彼らは，BII 恐怖群における副交感神経の活性化についても，副交感神経の活性化と嫌悪の関連についても，エビデンスを得ているわけではない。Gerlach らは，データは Page（1994）の予測を支持しなかったと結論づけ，嫌悪と副交感神経の活性化と失神との関連が結果に表れなかったのは，その関連が実際に存在しないからである，と指摘している。しかし，この実験では参加者は静脈穿刺の場面を自分の目で見るかどうか選ぶことができたが，BII 恐怖者の群で実際にこれを見ていた者は 1 人もいなかったという。つまり，BII 恐怖を有する参加者は嫌悪関連刺激には曝されていないため，仮説がテストされたかどうか，定かではないことになる。また，参加者は注射に関連した痛みの予期（もしくは痛みの発生）は体験したかもしれないが，嫌悪関連刺激に接触はしていないことになる。そのため，交感神経の恐怖性の覚醒が生じる条件は揃っていたのであり，その覚醒を研究者らは観測したのである。

　これとは対照的に，参加者が血液 - 外傷刺激を目で見た場合には，失神への影響が認められやすいようである。Hepburn & Page（1999）の実験では,参加者に身体切断の画像を呈示した上で，痛み，吐き気，怒りを喚起する場面の記述を呈示し，それぞれの場面についてイメージさせた。その結果，痛みの場面をイメージさせられた群は，統制群に比して，恐怖と失神性の双方の症状が増加していた。一方，嫌悪（吐き気）の場面をイメージした群だと，失神性の症状は増加するが，恐怖は増加しなかった。また，失神症状の自己報告がもっとも高まった群は，BII 関連恐怖も高かったことにもなる。同様の恐怖と嫌悪の相互作用は，他の研究でも見られている。Exeter-Kent と Page（2006）は，BII 恐怖と失神への影響を調べるため，実験参加者（特性不安と嫌悪感受性それぞれの高低で群分けされている）に,痛みと吐き気をもたらす文章を読み聞かせながら,血液と外傷のスライドを見せた。その結果，全体的に痛みの文章は，吐き気の文章よりも，自己報告に

よる恐怖を高めており，その恐怖反応は特性不安や嫌悪感受性などの個人差による影響を受けなかった。こういったデータが得られたことについては，聞かされた文章によって，血液と外傷のスライドに対しての認知的評価が影響を受けたからであると解釈できる。痛みを心配する認知的評価が起こると，交感神経系（および闘争逃走反応）が強まるのかもしれない。また，嫌悪に関連する認知的評価が起こると，交感神経系の活性化が弱まるのかもしれない。しかしながら，恐怖についてのデータは，失神の症状を際立たせるものであった。血液刺激によってもっとも失神の傾向が高まったのは，特性不安と嫌悪感受性の両方が高い参加者に，痛みの文章を聞かせたときであった。この結果から考えると，Kleinknechtら（1997）によって報告されたような研究が，嫌悪感受性と失神との間の正の関係を見出すことができていないのは，個人差変数間の相互作用や，それ相応の刺激について，考慮に入れていないからかもしれない。

　これらの研究は，嫌悪と恐怖との相互作用に重点を置いたものであるが，他の研究では，刺激によって，それと関連する反応は異なるという点が強調されている。Page（2003）は，嫌悪感受性の高低と，血液と注射のどちらをより苦痛に感じるかの2点から実験参加者を分類し，それぞれに血液と針の画像を呈示した。嫌悪感受性が高い者は，どちらの刺激に対しても失神の兆候を高く報告したが，その中でも，血液を苦痛と感じる者は血液のスライドを，注射を苦痛と感じる者は針のスライドを見たときに，より強い苦痛を報告した。収縮期・拡張期両方の血圧を測定した結果，血圧が上昇した後に低下するという，血管迷走神経性失神に特徴的な二相性反応が見られていた。この二相性反応は，嫌悪感受性が高く，注射よりも血液を苦痛とする者において特に顕著であった。以上のことから，身体損壊の刺激は失神につながる血圧の変化を引き起こしやすいようである。ただし，この関係性は，その刺激を直接見ていない時や，参加者が過去の経験を思い返しているだけのときにはっきりとは表れないようである。

　総じて，血液・外傷・注射刺激から失神に至る経路にはふたつの可能性が考えられる。1つ目の経路は，非BII状況でも失神しやすいという非特異的な失神傾向である。この脆弱性に関わる原因がどのようなものかはあまり明らかにはなっていないが，血液に対する失神を起こしやすくすることは確かなようである。2つ目の経路は嫌悪が関与するものである。これについては，ある単一の刺激によって，嫌悪と恐怖の両方が喚起された場合，失神が起こる可能性が高まることを示したエビデンスが存在している。ただし，恐怖と嫌悪が同時に生じているという

ことだけでは，BII 刺激による失神の発生を，完全に説明できるわけではない。なぜなら，BII 恐怖以外の恐怖症者において，恐れている刺激が嫌悪的である場合であっても，失神は起こらないからである（Woody & Teachman, 2000 を参照）。これについて説明するには，嫌悪刺激の性質（例えば，身体損壊や動物性嫌悪），起こされる嫌悪反応（例えば，特性か状態か），刺激の評価のされ方，参加者の素因（例えば，参加者は非特異的な失神傾向を有している必要があるかもしれない），選ばれた従属変数（例えば，生理的，行動的，自己報告）などについて考えなければならないであろう。現時点では，こうした差異が生じる理由は明確にはなっておらず，さらなる研究が求められている。そこで，今後の研究の一助とするため，以下では BII 恐怖における嫌悪の役割について，ここまでのレビューから浮かび上がるいくつかのテーマを図にした仮説的なモデルを概説していく。

4. BII 恐怖の統合的モデル

　BII 恐怖の原因についてここまで考えてきたところ，ふたつの経路があることが明らかになってきた。条件づけ・代理学習・言語伝達などの連合的経路（Mineka & Zinbarg, 1996; Rachman, 1990）と，非連合的経路（Menzies & Clarke, 1995）によって，BII 刺激から恐怖が引き起こされる可能性が高まる。一方で，BII 刺激に接した際，恐怖が高まるのは，痛みや外傷を受けそうなシグナルがあると認知的に評価されたときである。BII 刺激に対して，恐怖の感情だけではなく，嫌悪の反応が示されることもある。嫌悪の素因となるのは，性別（男性より女性のほうが嫌悪の反応を示しやすい），特定のパーソナリティ像（神経質傾向・協調性・誠実性の高さ，開放性の低さ），環境要因（例えば，学習歴，社会文化的影響）などの変数である。こうした要因によって，嫌悪反応が起こる閾値が低くなり，嫌悪感情を起こす刺激も規定されてくる。一般的に，こうした嫌悪の体験しやすさは特性嫌悪だと考えられ，この特性が高い者は，嫌悪刺激に直面した時に状態嫌悪を感じやすいということになる。嫌悪に関する刺激は，ふたつに分けることができる。1つ目は，身体損壊であり，2つ目は私達が動物に起源をもっていることを想起させる刺激である。こうした手がかりは，嫌悪感情を引き起こす効果が特に強いようである。しかしながら，図 9-1 の中で，BII 嫌悪から BII 恐怖につながる因果関係を示す上向きの矢印が引かれているように，BII 嫌悪から BII 恐怖へ

の影響も存在しうる。WoodyとTeachman（2000）も指摘しているように，嫌悪には恐怖を増幅する役割があるようである。増幅はいろいろな経路で起こりうる。それは，恐怖と嫌悪が，同じ素因（例えば，神経質傾向）を共有しているからかもしれないし，感情として混ざり合う傾向があるからかもしれないし，このふたつの感情を区別することが難しいからかもしれない。今後の研究によって，こうした様々なプロセスが明らかになるかもしれない。ただし重要なことは，嫌悪と恐怖が結びついたときには，そうでないときよりも，強い恐怖反応が生じるということである。

Page（1994, 2003）は，何らかの嫌悪が恐怖と同時に存在していることで，失神が起こりやすくなるとしている。この経路の詳細については先述のとおりである。しかし，図9-1から明らかなことは，WoodyとTeachmanが言うような，嫌悪が恐怖を増幅しうるという見方は，恐怖と特定の嫌悪が相互作用して失神が起こるという見方とも，両立しうるということである。なお，このモデルには，血液や外傷と接触した際に失神を起こす素因となりうる，いくつかの要因も追加されている。それらの要因の中には，非血液・外傷状況に対しての失神の起きやすさにつながる自律神経の失調も含まれる。検討すべき大きな問題は，この一般的な自律神経の失調が，BII失神の発生にどの程度必須なのかということである。このモデルでは必須のものとして仮定されてはいるが，その答えは，今後の研究によって出されるべきである。またこれらの問題とは別に，このモデルでは，過去の失神経験の影響も組み込まれている。BII状況における失神の経験が，環境因子として，次のBII状況における失神や恐怖の増強につながる。つまり，注射などの医療的な状況で失神したことがある人は，失神を引き起こしそうな文脈に対して，より恐怖を感じ，その文脈を避けようとしやすくなるのである。

この統合的な仮説モデルを組み上げた目的はふたつある。ひとつは，異なる結論も導き出せるよう，既存の研究を補完的なやり方で体系化することであり，もうひとつはこの領域の研究を活性化させることである。いくつかの変数やパスは省略されているが，それは将来の研究によって明らかにされるべきものである。ある方向への矢印がモデルに入っていないときは，そこに意味のある関連がなさそうだということを示唆している。しかし，今後の研究結果によって，いくつかの変数やパスの重要性に関する見方が変わってくるかもしれないし，もしそうであれば，その変化に応じてモデルは修正されていくであろう。また，変数やパスの中には，いくつか不要なものもあるかもしれない。これについても，将来の研

第9章 嫌悪と血液・注射・外傷恐怖

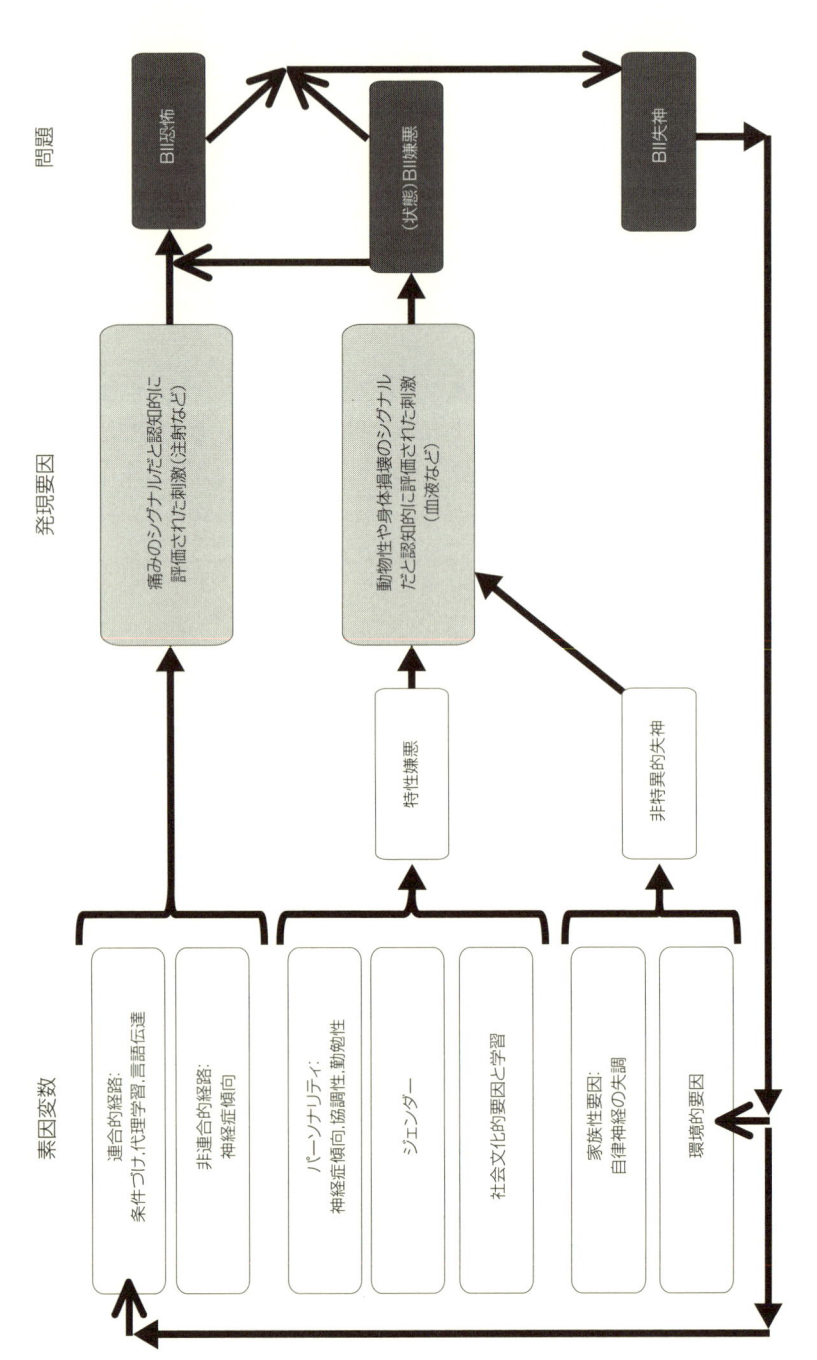

図9-1 血液・注射・外傷（BII）に対する恐怖・嫌悪・失神が起こる経路を想定した統合的モデル

究によってどれが必要でどれが不要なのか，明らかにされていくであろう。今後のリサーチクエスチョンとなりうるものには以下のようなものがある。すなわち，(a) 嫌悪の諸領域は特定の障害とどの程度選択的に結びつくのか？どの嫌悪領域がBII恐怖症と特異的に結びつくのか？(b) 失神反応の素因となるのはどんな変数（ないし変数間の相互作用）なのか？(c) 嫌悪・不安・神経症傾向の関係はどのようなものなのか？その関係性は神経症傾向から生まれるものなのか？といった疑問である。ただし，この章で提案されたモデルは，特に章の冒頭部分で提示された，いくつかの問いを強調したものである。恐怖症性の恐怖は，BII恐怖症の一部にすぎないのであり，BII恐怖症の多様な表れ方を踏まえた概念化が必要である。もう一点，BII恐怖症において，嫌悪は恐怖によって引き起こされる反応の一種としてだけではなく，そうした反応の原因として重要な役割を果たしているものでもある。そのためこの種の研究は，我々のBII恐怖症と嫌悪に関する理解を，相乗的に高めていってくれることだろう。

第10章

嫌悪と汚染恐怖

DEAN McKAY and MELANIE W. MORETZ

　嫌悪の精神病理学的役割を研究する分野においては，この8年間で汚染恐怖の研究が増えてきている。汚染恐怖は強迫性障害（OCD）と結びつけて考えられることが多い。実際，汚染について心配することはOCDの一次症状のひとつであり（McKay et al., 2004），OCD症状のチェックリストを因子分析しても，たいていこの因子が検出される。一般的に汚染恐怖の概念には，病や感染症につながるような環境内の毒素について，不安をかきたてるような認知的評価を行なうことが含まれている（Riggs & Foa, 2007などを参照）。しかしながら，汚染恐怖を訴える者の多くは嫌悪に突き動かされているようだし，その力は恐怖を上回る場合すらあるようだ（McKay, 2006）。とはいえ，汚染恐怖は嫌悪的な回避パターンの中でも中心となる特徴であり，実はOCDに罹患しているかどうかとはあまり関係がない。この章では，精神障害における汚染恐怖を取り上げて，そこで嫌悪が果たす役割に注目していく。特にOCDと結びつく汚染恐怖について詳述することになるだろう。そこでは，汚染に対する嫌悪の精神病理や，馴化のパターンなどについて，その基本的な特徴を論ずる。この研究領域はまだまだ始まったばかりなので，本章をとおして，今後行われる研究への示唆を提案していくことにしよう。

1. 汚染恐怖とはなにか

　汚染について心配するのは，OCDの人々だけではない。多くの人は汚染されることを心配して回避行動をとるし，嫌悪の役割に関する初期の精神病理学研究

においても汚染恐怖は関心の中心だった。以下に記述していく複数の心理的問題は，汚染されることへの懸念から回避行動が生じてくるという共通点をもったものである。

(1) 動物恐怖症と血液・注射・外傷恐怖症

　嫌悪は人を汚染物質から守るという適応的機能をもった基本感情だとされている（Woody & Teachman, 2000）。当初，Rozin と Fallon（1987）は，嫌悪を食物関連の感情と定義した。しかしその概念は拡張され，現在では7領域の嫌悪誘発子をカバーするに至った。すなわち，食物，動物，身体分泌物，性，身体損壊，死，衛生の7領域である。これらは嫌悪反応を喚起する刺激の種類を表しているのだが，認知的な要素の大きい嫌悪もこの分類に含まれている。さらに Rozin ら（2000）は，**中核嫌悪**と**動物性嫌悪**という，嫌悪の下位分類を概念化した。中核嫌悪は，腐った食べ物，身体分泌物，小動物といった，不快かつ汚染の恐れがある刺激によって喚起される。一方の動物性嫌悪は，文化的に許されない性行為，不衛生な環境，死，身体内部の露出，身体の損傷といった，人々に自分の動物的な起源を思い起こさせるような刺激によって喚起される。

　嫌悪感受性は，ある種の不安障害の発症や維持に関わるものと仮定されてきた。また，嫌悪感受性は，回避反応を生じさせる個人特性として概念化されてきた（McNally, 2002）。さらに，これまでに行われてきた嫌悪感受性に関する研究の大部分は，クモやネズミといった小動物に対する恐怖症や，血液・注射・外傷（BII）恐怖症（Sawchuk et al., 2000; Tolin et al., 1997）に関連したものであった。その際，嫌悪感受性のアセスメントは，先述した嫌悪誘発子の7分類だけでなく，中核嫌悪と動物性嫌悪という嫌悪の下位分類をベースとしてきた。

　汚染に対する懸念は，共感呪術とも関係する（Rozin & Fallon, 1987）。この概念は，嫌悪的でなかった物質が，様々な成り行きによって嫌悪的になっていくと仮定するものである。第1に，何らかの物質を，中核嫌悪を喚起する刺激に少しでも触れさせれば，その物質は嫌悪誘発子に変貌する可能性があるし（例えば，ボールペンのフタを犬の糞に触れさせれば，そのフタは嫌悪誘発子になるだろう），7つの嫌悪領域のいずれかに含まれる刺激に触れさせても，同様の結果が予測される（例えば，自分の泊まるホテルの部屋で，1週間前に死体が発見されたと知らされたら，その部屋は嫌悪誘発子になるかもしれない）。第2に，中核嫌悪を喚起する刺激と形状を似せるだけで，その物体は嫌悪的だと感じられる（糞の形をし

たお菓子など）。このように嫌悪刺激は，他のニュートラルな刺激にその特徴を転移させていく力をもっている。そしてこの力が汚染恐怖者の日常的な機能に深刻な混乱をもたらすのである。次のセクションでは，この点について詳しく解説しよう。

（2）汚染恐怖型の OCD

　近年，OCD と嫌悪感受性の関係を示す研究が増えてきている。OCD は心をかき乱すような侵入思考（強迫観念）と反復行動（強迫行為）を特徴とする不安障害であり（DSM-IV-TR; American Psychiatric Association, 2000），罹患者に日常的な不便さを強いる深刻な精神障害である。OCD には認知行動療法（CBT）と呼ばれる治療法が効果的であり（Antony et al., 2007），効果量の大きさもその有効性を表している（Abramowitz, 1996）。しかし，相当数の OCD 患者が治療に反応しないか，反応したとしても限られた効果しか得られないことが知られている（Eddy et al., 2004）。こうした結果をもたらす原因のひとつとして，OCD の嫌悪的な要素に対する，不適切な焦点づけを挙げることができるかもしれない。CBT のなかでも，OCD 患者の認知・行動的な変容と結びつくとされるのは，曝露反応妨害法である（Abramowitz et al., 2005）。この方法では，OCD 患者を不安喚起刺激に曝し，その結果生じた不安が馴化するまで，強迫行為を行わせないようにする（曝露反応妨害法の詳細は Abramowitz & Larsen, 2007 を参照）。実際のところ，曝露反応妨害法に関する理論のほとんどは，不安を低減させる上で曝露が果たす役割に注目しており（Foa & Kozak, 1986 など），回避反応と結びついた感情状態についてはあまり注目していない。

　OCD 患者は様々な種類の一次症状を呈するため，全体として，その状態像は極めて不均一である（McKay et al., 2004）。汚染恐怖は洗浄行為の儀式的反復と結びつくものであり，OCD 患者において，最もよく見られる強迫症状のひとつである（Foa & Kozak, 1995; Foa et al., 1995）。なお，汚染恐怖以外には，対称性や順序に関する懸念や，性的内容や攻撃的内容の純粋強迫観念，確認強迫，溜め込みなどが，OCD 症状の下位分類に含まれる（Abramowitz et al., 2005）。嫌悪感受性が汚染源や感染源を回避させるように働くことを考えると，汚染恐怖者が見せる汚染を回避することへのとらわれは，嫌悪感受性と OCD との関係を強く示唆する。これに関連して，Tolin ら（2006）は，嫌悪が汚染恐怖型の OCD に影響するのは，嫌悪感が特定の刺激からの回避行動を誘発するからだと主張している。さ

らに，そうした嫌悪感は強迫行為によって実際に低減するため，その強迫行為が負の強化によって維持されてしまうのだと述べている。この主張は，強迫行為が維持されるのは，それが人を動揺させるような望まれざる思考と感情を低減するからだとしたOCDの診断基準とも合致している。先行研究の多くは，もっぱら不安の役割を強調し，その他の感情状態を除外している。しかし，嫌悪も不安と同じく嫌忌的なものとして経験されるし，負の強化の源泉になり得るものだといえるだろう。

1） 実証研究

　これまでに，複数の研究者が嫌悪感受性とOCDを結びつけてきた。Murisら（2000）は，一般大学生を対象に，嫌悪感受性と様々な種類の精神病理との関係を調べた。その結果，恐怖症（特に広場恐怖）と強迫性症状（特に洗浄強迫）が嫌悪と有意に関連することがわかった。洗浄行為は嫌悪反応を低減させる働きをもつので，負の強化を受けやすい。この研究はDisgust Sensitivity Questionnaire（DSQ; Rozin et al., 1987）を嫌悪の測度として使っているが，この尺度が扱っているのは食物関連の汚染だけであり，嫌悪の一側面しか捉えられていない。この研究にはこうした方法論的な限界があるものの，OCDと嫌悪感受性とのつながりを支持する研究のはしりでもあった。

　Manciniら（2001）も，非臨床サンプルを対象として，より包括的な嫌悪の測定尺度であるDisgust Scale（DS; Haidt et al., 1994）を用いた調査を行い，嫌悪と強迫症状との間に有意な正の関連を見出した。具体的には，洗浄行為と確認行為が嫌悪感受性を有意に予測することが重回帰分析によって明らかにされている。この結果は男性と女性の両方で認められ，年齢，特性不安，状態不安，抑うつを統制してもなお有意であった。また女性に限っては，嫌悪感受性と他の強迫症状（例えば衝動性や反すう）を測定する下位尺度との間には強い関連が認められなかった。しかし男性においては，その効果は小さかったものの，嫌悪感受性と特性不安が反すうを有意に予測していた。一方女性においては，嫌悪感受性がそれ単体で洗浄行為と確認行為を予測しているわけではなく，抑うつもまたそれらを有意に予測していた。

　以上をまとめると，嫌悪はOCDの洗浄や確認の症状と最も強く関連することが示唆される。しかしながら，こうした結果の選択性は十分に確立されているわけではない。その理由のひとつは，OCD症状の測定法が複数存在することであろう。例えば，Manciniら（2001）とは対照的に，モーズレイ強迫観念・強迫行為

調査票（MOCI; Hodgson & Rachman, 1977）を用いた Schienle ら（2003）の研究では，その4下位尺度（洗浄，確認，優柔不断，疑惑）全てが嫌悪感受性と関連することがわかっている。さらに Thorpe ら（2003）も，強迫性障害尺度（OCI; Foa et al., 1998）に含まれる溜め込み以外の下位尺度と嫌悪感受性が有意に相関することを見出している。また同時に，嫌悪感受性が健康不安の測度と有意に相関することも明らかにされている。OCI は強迫症状の諸次元（洗浄，確認，疑惑，整頓，強迫観念，溜め込み，中和）について，その頻度と苦痛の程度を測定することができる。そのなかでも，嫌悪感受性を後続のモデルに組み込んだ場合に，健康不安が最もよく予測していたのは洗浄による心的苦痛だった。これらの結果から，嫌悪は強迫行為の頻度に関連しているが，苦痛の体験は「心配のような後に続くプロセス」によってもたらされている可能性を示している（Thorpe et al., 2003, p.1407）。

今後も検討されるべき問題は，OCD のどの側面が最も明確に嫌悪と関連するかである。これまでに挙げてきた研究は，この点を十分明らかにしたとはいいがたい。そして部分的に，この問題は測定法に起因している。OCD 症状を測定する尺度は数多く存在しており，その多様な症状を測定する上で唯一のゴールド・スタンダートだと呼べる単一の尺度は存在しない。さらに，有名な尺度のほとんどは治療効果に鋭敏である（Taylor, 1998）。また，スケーリングや項目のワーディング，項目のアンカーなどは重要な問題だが（Taylor, 1998），OCD のアセスメントにおいては注意深く検討されてこなかった。とはいえ，これまでに得られた知見は一貫して汚染恐怖と嫌悪の関係を見出している。そしてそれらの知見は，必ずしも媒介変数や調整変数の影響を除外してはいない。OCD をほぼ不安のみの産物だとみなしつつ，しばしばその二次障害として抑うつが生じると認識してきた歴史を考慮すると（Barlow, 2002; Clark, 2004），OCD における嫌悪の役割もまた検討されねばならないのではないだろうか。

2）性差

Mancini ら（2001）の研究結果は，嫌悪感受性と OCD の関係における性差の重要性を示唆している。先述のとおり，抑うつは汚染恐怖と嫌悪の関係を媒介していたが，こうした効果は女性でのみ認められた。なお，嫌悪感受性を問題とする限りにおいては，性差に関する十分な証拠が揃っており，女性は総じて男性よりも嫌悪感受性が強く（Arrindell et al., 1999; Haidt et al., 1994），嫌悪感受性と OCD における性差のパターンは，互いによく似ていることがわかっている。すな

わち，他の不安障害と同様に，女性は男性よりも OCD 発症のリスクが大きいのである（Weissman et al., 1994）。また Olatunji ら（2005）は，大学生を対象とした調査において，Padua Inventory（Sanovio, 1988）によって測定された汚染強迫と洗浄行為の強さと，Vancouver Obsessional Compulsive Inventory（Thordarson et al., 2004）によって測定された汚染恐怖の強さを，嫌悪感受性が予測することを見出している。加えて，この研究においても，嫌悪感受性と汚染恐怖は女性のほうが強かった。さらに，嫌悪感受性と汚染恐怖のつながりの程度も女性のほうが強かったのである。これは，女性の示すネガティヴな感情性が，不安障害のリスクを高めるのに重要な役割を示すことと，よく合致した結果だといえるだろう（Craske, 2003）。

3）嫌悪の領域

特定領域の嫌悪は，特に OCD 症状と関係することを示すエビデンスが存在する。臨床群を調査対象とした Woody と Tolin（2002）は，洗浄強迫を伴う OCD 患者は，低不安の統制群よりも DS で測定される嫌悪感受性が有意に高く，洗浄強迫以外の OCD 患者と比較しても，嫌悪感受性が高い傾向にあることを示した。さらに，洗浄強迫を伴う OCD 患者は，DS の動物下位尺度と身体分泌物下位尺度において高い得点を示すことが明らかにされている。またこの研究では，DS と強迫行為との相関は DS と強迫観念との相関よりも大きかった。このことは嫌悪感受性と強く結びついているのは洗浄行為であり，その他の OCD 症状と嫌悪との結びつきはそれよりも弱いことを示唆している。

これに関連して，Tsao と McKay（2004）による研究結果は，複数領域の嫌悪が汚染恐怖と結びつくという仮説を支持している。この研究では，嫌悪感受性の自記式尺度ではなく，領域の嫌悪を査定できるように工夫された行動的回避課題（Behavioral Avoidance Tasks; BATs）によって嫌悪感受性を測定している。そして，洗浄行為の自記式尺度で高い得点を示したものを「汚染恐怖者」と分類し，汚染恐怖者が BATs において高特性不安者とは異なる結果を示すことを明らかにした。具体的には，この BATs に含まれる動物関連嫌悪と共感呪術の 2 領域に関する課題で，汚染恐怖群は高特性不安群よりも強い嫌悪感受性を示したのである。一方で，その他の 4 領域に関する課題では，両群間に有意な差は認められなかった。

Olatunji ら（2004）もまた，特定領域の嫌悪誘発子と汚染恐怖との関係を検討している。その際，嫌悪の全領域が汚染恐怖の予測に貢献するが，なかでも共感

呪術と衛生が汚染恐怖を最もよく予測するという仮説を設定して研究を行った。この研究では，嫌悪感受性を測定するためにDSとDisgust Emotion Scale（DES; Walls & Kleinknecht, 1996）を使用している。DESは30項目からなり，5領域にまたがる嫌悪誘発子（動物，注射・採血，損傷・死，腐った食品，悪臭）について，もしもそれに曝されるとしたら，どれくらい嫌悪感をおぼえるかを評定させる尺度である。また汚染恐怖は，ワシントン州立大学による改訂版Padua Inventoryの汚染恐怖下位尺度と洗浄行為下位尺度（Burns et al., 1996）を使って査定した。その結果，汚染恐怖得点の高かった者は，低かった者よりも，DESとDSに含まれる全領域の嫌悪感受性が高いことがわかった。さらに，ステップワイズの重回帰分析を行ったところ，7領域の嫌悪感受性（DSの衛生，食品，死。DESの悪臭，注射・採血，損傷・死，動物）が，汚染恐怖を最もよく予測することがわかった。この結果は，汚染恐怖を予測する際，嫌悪の領域を特定して嫌悪感受性を査定するアプローチよりも，それらを一般化して査定するアプローチのほうが優れていることを示唆している。なお，衛生下位尺度は回帰式のなかでも，最も大きく貢献していた。注目すべきは共感呪術が回帰式に含まれなかったことであるが，単純な相関分析では，予想どおり汚染恐怖と有意に相関することがわかった。

今日までに得られているエビデンスからは，汚染恐怖との関係を考える場合，嫌悪を総体として概念化するのが望ましいといえる。しかし，これまでに挙げた研究には限界も存在する。第1に，それらの研究の多くで自記式尺度が用いられており，そのことが研究に制約をあたえているともいえる。嫌悪感情に認知機能がどの程度関わるかは未だ明確でないが（McKay & Tsao, 2005），心理生理的な指標や（第6章を参照），神経学的な所見との関係はかなり明確である（第7章を参照）。それらの研究では，嫌悪が特定の生理学的・神経学的特徴と関係することが示されており，そうした知見は嫌悪に対する行動的反応にも同様の特異性があることを示唆している。これを踏まえると，先述した方法論的な限界を解決するためには，嫌悪の行動的測度を開発し妥当化していくことが正攻法だといえるだろう（第2章参照）。

（3）嫌悪と強迫観念

嫌悪が強迫観念や強迫行為と結びついていることは多くのエビデンスによって支持されているが，嫌悪感受性と純粋強迫観念との関係を調べた研究は少ない。Olatunjiら（2004）[★1]は大学生を対象とした調査を行い，一般的な恐怖や汚染恐

怖を統制した場合にも，宗教的な強迫観念と嫌悪感受性が有意に相関することを明らかにした。なお，恐怖と嫌悪はともに宗教的な強迫観念に影響していたが，両者の間に相互作用は認められなかった。この研究は特定タイプの強迫観念について検討したものではあるが，非患者サンプルにおける嫌悪感受性と強迫観念の関係を支持するエビデンスを見出した研究であるといえる。

> ★1：Olatunji et al., 2004 にこうした記述は存在しない。Olatunji, B. O., Tolin, D. F., Huppert, J. D., & Lohr, J. M. (2005). The relation between fearfulness, disgust sensitivity and religious obsessions in a non-clinical sample. *Personality and Individual Differences*, 38, 891-902. にこれと一致する記述がみられることから，引用の誤りであると予想される。

　これまで述べてきたように，多くの研究が様々な OCD 症状と嫌悪との関係を見出している。上で挙げた Olatunji らの研究では，宗教的な強迫観念が嫌悪と結びつけられていた。既に述べたとおり嫌悪は2種類に分けることができる。多くの宗教が清潔さを重視することを考慮すると，2種類のうち，より広範な意味で用いられる中核嫌悪が宗教的な強迫観念に影響を及ぼすのではないだろうか。なお別の研究では，道徳性嫌悪が洗浄行為を増加させることもわかっている（Zhong & Liljenquist, 2006）。

(4) 共感呪術

　汚染への懸念を抱く OCD 患者は，嫌悪感受性を高めるような2種類の思考の歪みをもっていることが多い。汚染恐怖患者の嫌悪感受性が高まるのは，「呪術的思考」の結果だと考えられる（Woody & Teachman, 2000）。ここでいう呪術的思考とは，ある行為についての思考と，その行為を実際に行なうことを同一視することや，その行為について考えるだけで，その行為を実際に行いやすくなるという信念のことを指す。これらはいわゆる**思考と行為の混同**である（Shafran et al., 1996）。別の言い方をすると，ある嫌悪刺激に何かを汚染する力が備わっていると思い込んでいる人は，その刺激を前にすると本当に汚染されたと感じることだろう。こうした呪術的思考においては，その刺激と実際に接触したかどうかはさほど重要ではないのである。共感呪術はこれによく似た認知的プロセスであり，汚れや穢れがどのように広がっていくかということに関する歪んだ思考をその特徴とする。Rozin ら（1986）は，共感呪術について2つの法則性を記述している。それらは，実際には汚染させる危険性がほとんど存在しないときでさえ，汚染される恐れありと感じさせるような状況を作り出してしまう。1つ目の法則性は，汚染の法則である。これは，汚染された物に触ると，それだけで汚れがこちらにも

伝染し，接触をやめても汚れが残ったままだと感じられるという法則性を記述したものである。Rozinらはこれを「1度の接触は，永続的な接触となる（once in contact, always in contact）」と表現している（p.703）。2つ目の法則性は，類似の法則である。これは，形状の似ている物同士は，その重要な性質も共有しているように感じるという法則性を記述したものである。Rozinらはこれを「物の見た目と本質は等しい（the image equals the object）」と表現している（p.703）。ただし，Rozinら（1986）が記述した共感呪術の各要素を，汚染恐怖者が強く示すかどうかは，まだよくわかっていない。

Rozinら（1986）の行った実験では，ほとんどの参加者が，共感呪術の法則に従って汚染の可能性を評価することが示された。しかし，参加者全員がOCD患者と同じくらい呪術的思考の傾向を有するわけではなかった。また，WoodyとTeachman（2000）は，共感呪術に関する正常な反応と病的な反応との差異が，汚染恐怖的な強迫観念を抱く人々の不確実さ耐性の低さ（Sookman & Pinard, 2002）から生じているのではないかと述べている。なぜなら，不確実さ耐性が低いと，脅威の可能性を無視したり再評価したりすることが難しくなるからである。さらに，OCD患者は自身の思考をより重要視する傾向があり，特に自身の強迫観念を含む侵入思考に対してはその傾向が顕著なのだという（Thordarson & Shafran, 2002）。このことも，汚染恐怖患者が頻繁に共感呪術的な思考を抱くことの原因となっているようだ。

Tolinら（2004）は，共感呪術を実験的に操作し，「信じ難い汚染の連鎖」（p.195）を描き出している。この実験では，OCD症状を呈する参加者に対して，鉛筆を汚染された刺激に接触させ，鉛筆が汚染されるところを見せた。さらに，汚染された鉛筆を，別の新しい鉛筆に接触させたところ，その新しい鉛筆も十分に汚染されたと感じられることがわかった。OCD患者達は最初の鉛筆と2本目の鉛筆が同じくらい汚れていると評定し，これを3本4本と続けても，汚れ感の評定値は下がっていかなかったのである。この結果は，嫌悪感受性によって汚染される危険性を認識しやすくなっていることと，共感呪術によって嫌悪刺激の性質が別の刺激に移ると感じることによるのだろう。すなわち，OCD患者の嫌悪感受性は，汚染されたという侵入思考を増加させることにより，彼らの心理的苦痛を増幅させているのである。

理論的には共感呪術とOCDは強く結びつけられているが，DSの共感呪術下位尺度と汚染恐怖型のOCDとの関係は一貫していない。しかし，単純な自記式尺

度でなく，BATs を用いた Tsao と McKay（2004）は，このつながりを支持するエビデンスを見出している。先述のとおり，この研究では，BATs の共感呪術課題（「唾液のサンプル」と銘打たれた天然水を飲む）と動物課題（生きたミミズを手にもつ）において，高汚染恐怖者が回避的反応を示しやすいことが明らかにされている。一方で，BATs に含まれていた残りの 4 課題では，汚染恐怖者と高不安者，低不安者との間に有意な差異が認められなかった。

以上から，嫌悪の自記式尺度には，全体的な嫌悪感受性や中核嫌悪を測定できるという裏付けがある一方，特定の嫌悪領域の測定についてはそれほどでない。これに比べて，行動アセスメント課題を用いて汚染恐怖における嫌悪の役割を調べた研究はまだまだ少ない。特定の嫌悪誘発子が汚染恐怖と関連することが示されてきたにもかかわらず，である。さらに，このつながりを心理生理学的手法によって検討した研究は存在しない。心理生理学的手法は，嫌悪反応と汚染恐怖の因果関係に光をあてる上で重要なものとなるだろう。

(5) 評価条件づけと嫌悪・汚染恐怖

評価条件づけは，ターゲットとなる条件刺激の認知的評価を組み込むことによって，単純な古典的条件づけの限界を乗り越えた。基本的に，評価条件づけは刺激がポジティヴなものなのか，ネガティヴなものなのかをラベリングする。このラベリングは急速に生じ，評価条件づけの習得速度は刺激に伴うポジティヴ・ネガティヴ体験の強度に依存する部分がある。例えば，本来は美味しい食べ物から苦い味がしたとしたら（苦いキャンディバーなど），その食べ物はネガティヴだとラベリングされるだろう。一度ラベリングの過程が生じると，ラベリングされた刺激は無条件刺激のもつ性質を帯びることとなる（評価条件づけに関する詳細なレビューは，De Houwer et al., 2001 を参照）。なお，嫌悪は胃腸と強く結びついているため，味覚刺激は嫌悪反応の確立に最も強く影響する。

評価条件づけを嫌悪獲得のモデルと考える場合，不安（驚愕反射）と違って，嫌悪には普遍的な喚起刺激が存在しないところに魅力があるといえるだろう。実際，Rozin と Fallon（1987）が記述したモデルによると，嫌悪は養育者との関係をとおして獲得されるため，その感情的反応には文化的・文脈的な特異性が与えられる。この特異性こそが，普遍的な嫌悪誘発子が存在しないことの原因なのだろう。

評価条件づけは共感呪術のモデルとしても魅力的だといえる。なぜなら，共感

呪術は前述のような特異性をもつ反応だからである。以下に紹介する事例は、このことをよく説明している。ある女性は汚染恐怖に10年間苦しんだ後、これを治療するために来院した。彼女はHIVや肝炎になることを恐れて、どんな物にも素手では触れなかった。そのため、彼女は常に手袋をつけて生活していたが、それでも病気に冒されることや、そのリスクが高まってしまうことに関する強迫観念からは逃れられなかった。治療が開始され、曝露反応妨害法が進行していくなかで、回避行動を誘発させる場所のひとつが薬局であることがわかった。初期の課題では、薬の瓶を処方箋に接触させ、その瓶にティッシュを接触させた。これにより、ティッシュは薬局の汚れを獲得することとなった。この時点では、彼女はそのティッシュに触れることができなかった。そのティッシュをまた別のティッシュに接触させたところ、そのティッシュは彼女から見てリスクが低く感じられたようで、それには触れることができた。しかし、彼女はこの2番目のティッシュでさえ汚染されていると感じていたのである。このクライエントにおける汚染の時系列を図10-1に示した。この事例を概念化する上で評価条件づけは有益な方法となる。なぜなら、まさにクライエントが説明したように、この事例における一連の接触には、特定の刺激物を「汚染された」「気持ち悪い」とラベリングすることが含まれていたからである。

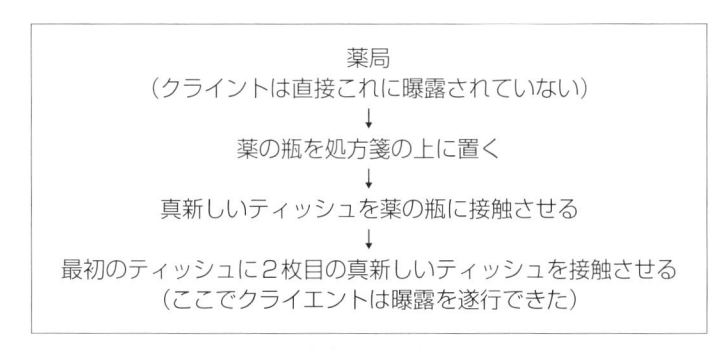

```
薬局
(クライエントは直接これに曝露されていない)
↓
薬の瓶を処方箋の上に置く
↓
真新しいティッシュを薬の瓶に接触させる
↓
最初のティッシュに2枚目の真新しいティッシュを接触させる
(ここでクライエントは曝露を遂行できた)
```

図10-1　曝露療法における共感呪術の時系列

(6) 嫌悪の馴化

強迫観念を誘発する刺激に対する馴化は、OCDの治療において欠かせないものである。このことは、曝露反応妨害を用いる行動療法的アプローチにも、行動実験のような曝露を認知療法的に応用したアプローチにも当てはまる（Abramowitz et al., 2005）。以下のセクションでは、嫌悪の馴化に関する知見をレビューしていく。

1) 主観報告指標による知見

曝露をベースとした治療法開発の初期段階において，臨床研究者は，恐怖症や回避行動に関係する問題を抱えた者が主観報告する嫌悪の推移を，一般的な心理的苦痛の推移と併せて記述してきた。例えば D'Zurilla たち (1973) は，48 名の女性を対象に，「死んだネズミ，血まみれのネズミ」に対する恐怖を，認知的介入を含む持続曝露法で治療した研究を報告している。この研究では，曝露と認知的介入を組み合わせることで，ネズミに対する恐怖と嫌悪が有意に低減した。

主観報告によって嫌悪の馴化パターンを調べた研究はまだ多くない。Smits ら (2002) は，現実 (in vivo) 曝露によって，クモ恐怖者の恐怖と嫌悪が改善されることを示した。この結果から，クモ関連の嫌悪は現実曝露によって低減されることがわかった。しかし，治療の後でも彼らの全体的な嫌悪感受性には変化がなかったのである。これらの知見は，曝露療法によって恐怖と嫌悪を低減できることを示しており，さらに，嫌悪が恐怖の治療を妨害しないことを示唆している。

2) その他の治療データ

主観報告を用いて曝露法による改善を見極めるアプローチは広く一般に認められている。しかし，他の反応様式では，嫌悪に焦点を当てた同様の治療を行っても，その効果量は小さくなると考えるに足る理由がたくさんある。嫌悪は副交感神経系を賦活することが知られている (第 6 章を参照)。先述のとおり，特に OCD における回避行動に関する理論は不安に焦点を当てている。それはすなわち交感神経系の賦活と結びついた感情状態に注目しているということである (Phelps, 2006)。一方で，副交感神経系が持続曝露に対してどう反応するかは，あまり知られていない。これに関連して，例えば Gianaros と Quigley (2001) による研究では，交感神経系の賦活に関係する心拍の馴化と，副交感神経系に関連する心拍の馴化とでは，その程度に違いがあることが示されている。

Tsao と McKay (2004) は，嫌悪誘発子への持続曝露に対する嫌悪反応を，生理的手法を用いて査定している。具体的には，嫌悪反応に含まれることが知られている，呼吸，心拍，末梢部皮膚温，唇挙筋緊張が測定された。なおこの研究では，参加者選択に際して，実験以前から存在する心理状態や回避行動を基準として用いていない。実験では，全ての参加者が血のりと吐瀉物の模造品に曝された。その結果，持続曝露中に変化したのは心拍と筋緊張だけだったが，主観報告された嫌悪は全ての参加者で低下していた。こうした知見から，参加者は嫌悪の全体的な低減 (変化) を主観報告できること，そして嫌悪に焦点を当てた持続曝露の

後に生じる心理生理的指標の変化には,様々なパターンがあることが示唆される。

さらに McKay (2006) は,OCD 患者の嫌悪を直接のターゲットとした曝露法を実施し,その結果,嫌悪が有意に低減することを見出している。しかしながら,汚染恐怖型の OCD 患者が示した治療への反応は,他の OCD 患者が示した反応ほど速やかなものではなかった。一方で,不安に関しては群間差が認められなかったのである。この結果は,汚染恐怖型の OCD 患者を治療する際には,特に嫌悪をターゲットとした治療法を付け加える必要があることを示唆している。また,こうした研究結果からも,OCD 治療の文脈における嫌悪研究の重要性を指摘できる。

2. 要約と今後の方向性

これまでの議論を踏まえると,汚染恐怖には嫌悪が大きく関与しているといえるだろう。実際,嫌悪と汚染恐怖が結びついていると考えるに十分なエビデンスが蓄積されてきている。そのエビデンスには,自記式尺度を用いるアプローチや,心理生理学的なアプローチ,そして治療的なアプローチなど,様々なものが含まれている。しかし,実際のデータを詳細に検討してみれば,その結びつきは決して単純なものでないことがわかる。従来の汚染恐怖研究は,もっぱら不安に焦点を当てたものであった。これが,汚染「恐怖」であって,汚染「懸念」や汚染「回避」とは呼ばれないからという理由によるものだったとしても,理由はどうあれ適切な方向性だったとはいえるだろう。こうしたアプローチは,汚染恐怖に伴う回避行動の動機となる,重要な一次的感情への注目をもたらした。ただ,汚染恐怖に付随する感情状態は,単に不安と捉えるには,あまりに複雑であることがわかってきた。汚染恐怖者の回避行動を検討すれば,そこでは共感呪術が一役買っているし,これを拡大解釈すれば,それは嫌悪の影響によるものともいえるのである。

今後もまだまだ研究を積み重ねていく必要がある。第1に,自記式尺度によって得られた知見は,汚染恐怖と嫌悪の結びつきを支持している。しかし,特に汚染恐怖の測定法が抱える問題点は未だ解決しておらず,そのため,他の OCD 症状と比べても,あまり仮説を明確化できていないのが現状である。これは,OCD がその初発症状さえ不均一な障害だからなのかもしれない (McKay et al., 2004)。

すなわち，汚染恐怖症状を呈する者は，他の主な OCD 症状を呈する者とかなり違うし，それだけでなく，汚染恐怖症状を呈する者同士にも違いが存在するのである。例えば，OCD 患者の多くは，神を冒涜することや，人から非難されるような考えと結びついた刺激を回避しようとすることが知られている（Taylor et al., 2007）。この種の汚染恐怖は，洗浄行為や倫理的に非難される考えへの曝露に関する実験結果とよく合致しているが（Zhong & Liljenquist, 2006），それらの全てが嫌悪や OCD 症状の原因となるわけではない。

　こうした問題は，OCD をよりよく説明するモデルによって解決されるだろう。これまでにも，OCD モデルの適切性を再評価すべしという声は挙がっていた。そして今日に至っても，OCD 症状の複雑性や多様性を十分に説明するモデルは存在しない（Taylor et al., 2005a, 2005b）。OCD の分類法に広く合意が得られれば，こうした問題も部分的には解決されるかもしれない。汚染恐怖は OCD における最も一般的な症候だが，OCD の症候は多種多様であり，汚染恐怖がその全てではないのである。

　一般的にいって，汚染恐怖と嫌悪の関係にまつわる問題は，精神病理学における次元的モデルへの移行（Watson, 2005）と整合するものである。次元的モデルは，様々な感情状態の役割を検討しやすくしてくれるだろう。なぜなら，そこでは人工的に作られた診断基準の重要性が下がるからである。本章で紹介した研究のいくつかは，既にこうしたアプローチを実践している。例えば Tsao と McKay (2004) は，嫌悪誘発子と嫌悪反応の関係を調べる際，OCD の診断基準でなく，汚染恐怖尺度の得点を基準とした。汚染恐怖は嫌悪の中心的特徴なので，OCD かどうかに関わらず，両者のつながりを十分に検討することが求められるのである。

第11章
食物，身体，精神：摂食障害における嫌悪の役割[☆1]

NICHOLAS TROOP and ANNA BAKER

☆1（原注）：この章において論じられている多くのことは，下記の同僚たちや学生たちと共に行われた一連の研究の成果である。彼らの貢献に感謝の意を表す：Alyson Bond, Elvira Bramon, Jeff Dalton, Jayne Griffiths, Toni Harvey, Fay Murphy, Tara Murphy, Lucy Serpell, Janet Treasure

1. 食物に基づく嫌悪の起源

　中核嫌悪の定義では，不快な味やニオイがする物質を口から摂取するのを回避させるという役割が強調されている（Angyal, 1941; Rozin & Fallon, 1987）。そのような物質は必ずしも有害とはいえないものの，本当は食べられるはずの食物を食べられなくしてしまうという点で，汚染的な性質をもつといえる。こうした性質は自分自身に対しても同様の効果をもつため，自分が汚れてしまうことへの恐怖が生じてくる（Angyal, 1941）。例えば，Angyal（1941）は次のように述べている。「（嫌悪）反応は，おもに口からの摂取に対して生じる。たとえ，口に近づけられた嫌悪的な物質に明らかな危険がない場合であっても，（嫌悪）反応は生じる … 特に，排泄物は我々が嫌悪を感じる最初の対象である」（p.394）。Davey（1994）はより包括的な定義を行っているが，彼もまた食物の摂取という点を強調している。その定義は次のようなものである。嫌悪とは，「ある種の拒否反応であり，それは，特定の表情，嫌悪の対象から距離をとりたいという欲求，軽度の吐き気のような生理的兆候，嫌悪の対象を口から摂取することへの恐れ，そして，強烈な不快感によって特徴づけられる」（p.54）。
　したがって，嫌悪の役割が食物の選択や回避との関連で検討されてきたことは，

自然なことだといえる（Rozin & Fallon, 1987を参照）。しかし，Phillipsら（1998）は，嫌悪の役割が精神医学一般，とりわけ摂食障害において軽視されていることを指摘している。摂食障害患者による体験記録は嫌悪感への言及で満ちあふれているため（このことについては，「嫌悪と摂食障害症状」のセクションで詳しく述べる），これはより一層驚くべきことである。

　食物以外の対象もまた，嫌悪の対象となりうる。例えば，Rozinとその共同研究者たち（Rozin & Fallon, 1987; Rozin et al., 1999）は，文化的・道徳的な価値伝達における嫌悪の重要性を論じている。すなわち嫌悪は，最も基本的なレベルでは不快な食物の拒否と関連し，一方では道徳的不正や逸脱行為（Miller, 1997; Rozin et al., 1999）のような不快な特徴に対する拒否とも関連するのである。このように，摂食障害においては，嫌悪と食物の回避・拒否との間に明らかな結びつきが存在する。しかし本章では，中核嫌悪よりもむしろ，観念的（Rozin et al., 1999）もしくは複合的（Power & Dalgleish, 1997）嫌悪の役割の大きさに焦点を当てて論じる。言い換えれば，摂食障害が食物との異常な関わり方を含むものだとしても，摂食障害における嫌悪の役割は主として，「食物の選択や有害な経口摂取物から身体を護ることに起源のある，動物的な嫌悪」（Rozin et al., 1999）の一部というよりも，「有害な影響をうけないように，精神を護るための観念的嫌悪」（p.431）の一部と考えられるのである。

2. 神経性無食欲症と神経性大食症

　神経性無食欲症は，期待される体重の85％（肥満度指数［BMI；体重（kg）／身長$(m)^2$］が17.5程度）以上を維持することの拒否，もしくはそれを維持できないこと，無月経，そして体重増加に対する恐怖により特徴づけられる（DSM-IV; APA, 1994）。自らの低体重を純粋に食事制限によって維持する者（制限型）もいれば，低体重ではあるもののむちゃ食いエピソードがある，そして（もしくは）嘔吐や，下剤または利尿剤の乱用などの排出行動によって低体重を維持する者（むちゃ食い／排出型）もいる。神経性大食症は一般的に正常体重の女性に生じるとされ，むちゃ食いエピソードやその代償行動が，平均して，少なくとも3か月間にわたって週2回起こることをいう。むちゃ食いとは，他とはっきり区別される時間の間に（操作的には，2時間以内に）多量の食物を採ることであり，その間

は，食べることを制御できないという感覚が伴う。神経性大食症のむちゃ食いの代償行動は，神経性無食欲症と同様，排出（嘔吐や下剤・利尿剤の乱用など）または非排出（絶食や過剰な運動など）の形をとる。

両タイプの摂食障害に共通するのは，体重や体型によって自尊心が大きく左右されることである（例えば，自尊心は体重や体型により決められるという信念；Fairburn et al., 1999; Garner & Bemis, 1982）。その結果,体重増加や食物(体重増加につながると考えられるもの)の消費は,自尊心への脅威とみなされる。このような脅威の知覚が暗に示しているのは，摂食障害に潜む感情は一種の恐怖であるという仮説である。「肥満に対する病的恐れ」(Russell, 1970),「体重恐怖」(Crisp, 1967),「体重増加への恐れ」(APA, 1994) などの臨床的記述の中で用いられるフレーズは，このことをわかりやすく示している。実際，我々が摂食障害の嫌悪に関する研究を始めた理由のひとつは，動物恐怖症に関する Graham Davey の疾病回避モデル（Davey, 1994; Davey et al., 1993; Matchett & Davey, 1991; Ware et al., 1994 など）に強い衝撃を受けたことであった。定義によると，動物恐怖症は「恐怖」にまつわる障害とされる。それにもかかわらず,一連の研究の中で Davey とその共同研究者たちは，特定の動物と結びついた恐怖がその動物への嫌悪の程度と関連することを示したのである。特に，その恐怖が嫌悪に基づくことが想定される動物のカテゴリーは，不快な動物（ナメクジ，カタツムリなど），恐怖関連動物（ラット，クモなど）に限定される。一方，イヌ恐怖など他の動物恐怖症は，古典的条件づけによるものか，あるいは肉食獣の場合のように至って現実的な危険の知覚によるものが大きいように思われる（Davey, 1994; Matchett & Davey, 1991; Ware et al., 1994）。

Davey (1992) は，嫌悪と特定の動物恐怖症との間のつながりが3つの道筋で進化してきたことを示唆している。それらは，(a) 疾患や感染の拡大と関連する動物（ラット，ネズミ，ハエなど），(b) 粘液や排泄物といった嫌悪を誘発する刺激に似ている（または似た特徴をもっている）動物（ナメクジ，カタツムリ，カエル，その他ヘビやトカゲなど少なくとも粘液性に見えるもの），(c) 汚れ，病気，感染のサインとされる動物（クモなど),である。動物恐怖症の説明に用いられる疾病回避モデルが，そのまま摂食障害の説明に用いられることはあまりないと思われる。例えば，厳しい食事制限をしている女性のむちゃ食いがネガティヴ感情によって引き起こされるように (Greeno & Wing, 1994; Ruderman, 1986)，ネガティヴ感情全般が摂食障害症状の発生に寄与している (Serpell & Troop, 2003)。

そうはいっても，一貫して恐怖が重要であるとされる神経性無食欲症や神経性大食症などの障害に対して，嫌悪が独自の役割を果たす可能性があるというのは興味深い。

3. 嫌悪と摂食障害症状

中核嫌悪は，食物に対する反応である。しかし，beat（beating eating disorders ウェブサイト；http://www.b-eat.co.uk/Home；元は the Eating Disorders Association [EDA]）などのオンライン・リソースに掲載された実例は次のことを示している。それは，嫌悪が食物に向けて表出されるとき，そこにはまた，身体に向けられた嫌悪も伴っている，ということである。英国王立精神医学会（the Royal College of Psychiatrists; RCP）ウェブサイトから，神経性無食欲症の人について触れられている部分を以下に抜粋する。この例において，嫌悪は，食物を摂取することに対してだけでなく，身体と関連づけられた自己に対しても向けられている。そこにはまた，回避と共に，吐き気に関する言及もみられる。ここでの回避は，食物の回避というよりはむしろ自己を隠すという観点から述べられているようであり，これは Rozin ら（1999）による自己隠蔽という考えに沿ったものである：

> 鏡に映る少女は肥って見えた。彼女には，自分の寛骨やあばら骨が見えなかったのだ。彼女はわずかに膨らんだ腹部を見た。成熟していない胸，腿の曲線，それらすべてが彼女をうんざりさせた。クリームケーキを食べる時も，彼女は自分自身にうんざりしていた。彼女はいっそのこと病気になってしまいたかった。あるいは，大きなジャンパーやコートで身を隠したかった。布を何枚もかぶり，人から見えないように縮こまっていたかった。（RCP, 2008, ¶ 1-2）

EDA のウェブサイトでも同様に，神経性大食症の人々について以下のように述べられている。

> カロリーやダイエットに心を奪われる（中略）彼女らは，怒り，悲しみ，失敗，抑うつ，見下されること，拒否などを感じた時はいつでも，むちゃ食いすることに救いを求める。むちゃ食いの後には食べてしまった量に対して自己嫌悪し，そして身体からそれらの食物を取り除くためにどんな苦労も惜し

まない。(EDA, 2008a, ¶1)

　繰り返しになるが，食物の消費に伴って生じる嫌悪は，決して食物自体がもともと有している不快な特性と関連しているのではなく，食べ過ぎた結果としての自己と関連しているのである。以下に引用した摂食障害をもつ人の声は，この点をさらに強調している：

> 私は食物をエネルギー源だとは考えていません。とにかく私は，あらゆる運動をこなす必要がありました。食物は脂肪でしかないのです。私が周りにいる皆と同じように食べたとしたら，せっかくやった運動という儀式も台無しになるでしょうし，私自身がでっちあげた新しい「私」を殺すことにもなるでしょう。もし私がその後吐くことなく普通の食事をしたとしたら，私の身体は気持ちの悪いただの脂肪の塊になってしまうでしょう。(EDA, 2008b)

> 私が神経性大食症だった頃，よく16サイズ（Lサイズ相当）の服を着た標準体型の女性たちに出会いました。自尊心をもち，その身体で生きることを楽しんでいた彼女たちは，私を嫌悪しました。でもきっと，彼女たちも本当の意味では，自分たちが肥っていることを好ましく思っていなかったのではないでしょうか。そう。私への嫌悪は，彼女らの嫉妬心だったのです。(EDA, 2008b)

　摂食障害患者に関する質的研究は，異なるタイプの食物を目にした際の感情反応について検討している。McNamaraら（2008）は，食行動のコントロールを失うことについて，自分自身（そして他者）に嫌悪と恐怖を同時に表出する研究参加者が，コントロールに関わる中核的テーマをもっていることを見出している。

　このような，最近になって報告された研究内容と同じく，Stunkard（1990）は，1932年に精神分析家のMoshe Wulffによってはじめて紹介された神経性大食症の一連のケースについて論じている。そこでは，4人中3人の患者において嫌悪への言及が非常に際立っていた。例えば，患者Aは次のように述べている。「悩ましい劣等感や，自分自身とその身体についての強い嫌悪がありました。私は自分が，汚く，忌まわしく，ひどく不快なものに思えたのです」(p.265)。また，患者Bに関する議論の中で，Wulffは以下のように述べている。

> そのとき，彼女は自分の身体に非常に強い嫌悪感を抱いていた。もしも彼女が自分の身体に少しでも手を触れたなら，強い嫌悪に顔を引きつらせ，まるで

何か恐ろしく，汚く，不快なものにかき乱されたかのような表情で，すぐにその手を戻すだろう。そして彼女はこう言うに違いない。「気持ち悪い」と。(Stunkard, 1990, p.265)。

Wulff は，患者 B についてこう続ける。

自身の身体に向けられた彼女の嫌悪感は，思春期から始まっていた。(中略)そして女性らしい体型や乳房の兆候は，どんどん目立つものとなっていった。このような嫌悪感は，強い恥の感情と密接に繋がっていた。こうした恥と嫌悪の感情は，彼女の乳房に加え，顔，そして特に腹部に集中していた。(Stunkard, 1990, p.265)。

患者 D についての議論では，嫌悪の表出に関するやや異なった観点が目立つ。

「すべてが失われたかのように，私の人生全体は，今，その価値を失いました。これ以上生きながらえることなんて不可能です。絶対に無理なんです。私はこのような状態がいつも忌まわしいのです。汚く，腐敗していて，まるで獣にでもなったように感じます。私は二度と人間には戻れないでしょう。私は自分に嫌気がさしています。汚れたように感じるのです。だからそれを浄化するために，大量のひまし油[★1]を飲まないといけないでしょう（中略）ものすごく肥った気がします。ものすごく。そして，私はそのことが怖い…」。とても暑い日でさえ，彼女は大きな暗い色のコートを着て外出せねばならなかった。「人々が，気持ちの悪い肥った私の身体を見ないように…」。彼女の嗜癖的な食物摂取は，特に恋愛関係で侮辱的言動を受けることによって発現した。例えば，想いを寄せていた若い男性から冷淡な態度をとられたとき，彼女は自分が醜く，胸の悪くなるような，不快なものに思えた。なぜなら，彼女は肥っていて大きいからである。そして彼女は腹いせに食べ始めた。彼女は言った。「仕返しのつもりです」。「私がこんな身体だから愛されないのなら，それは仕方のないことです。私は今，かつてないほど，まるっきり獣のようで，不快で，汚れています。それで私は，たくさん食べるなんていう，有害で，本当は絶対にしてはいけないことをするのです。」(Stunkard, 1990, p.266)

★1：下剤として服用される油。

肥っているがゆえに，あるいは食べ過ぎるがゆえに生じる自己嫌悪感に関連す

るこれらのコメントは，EDA のウェブサイトにあったものを思い起こさせる。しかし，獣じみている，獣のような，といった言及は，Rozin ら（1999）による動物性嫌悪の記述により近いものである。このような記述は特に目新しいものではないが，臨床経験の中には依然として存在するようである。また，それらの多くは未だほとんど研究されていないようでもある。どのような実証研究が存在するかについての議論はまだここではしないが，少なくとも，摂食障害患者は身体を嫌悪の対象としており，そのことが自己嫌悪の発生にもつながっている，ということに焦点が当たっているとはいえそうである。すなわちこれは，肉体的な嫌悪が，精神的な嫌悪に転じるということである。ただし，神経性大食症における嫌悪体験（食べ過ぎを特徴とする）と，神経性無食欲症における嫌悪体験（食物の回避を特徴とする）が異なるということは，未だ可能性のある話だといえよう。

4. 摂食障害における嫌悪と道徳性との交点

　摂食障害患者の諸特徴に関する報告は，嫌悪と関連するという点で共通している。ここで，嫌悪が，道徳的態度や宗教的態度，あるいは性的態度を介して摂食障害につながっていく可能性について簡単に考えてみたい。これらの関連は二次的なものであり，ことによると偶発的なものでさえありうるが，それでもなおこのような考えは，摂食障害における嫌悪の役割を，より深く理解させてくれることだろう☆2。

> ☆2（原注）：完全主義，強迫性，強迫性障害，そして強迫性パーソナリティ障害も，摂食障害，とりわけ神経性無食欲症において比較的よく見られる特徴である。このような特徴は，嫌悪のプロセスと強く関連する。よって，摂食障害における嫌悪の役割を十分に理解することは，これらの障害を考える上でも有益であろう。しかし，このことは第 10 章で扱われているため，ここでこの問題については論じない。

(1) 道徳的，宗教的な価値

　嫌悪のプロセスは，社会的，道徳的な価値伝達の根底にあるものだと考えられている（Rozin et al., 1999）。実際，神経性無食欲症の女性は，兆候期と回復期の双方において社会的規範を遵守することが報告されている（Casper, 1990; Casper et al., 1992）。これは，神経性無食欲症にみられる安定した特徴とされる。嫌悪と結びついた食物回避や体重減少のもう一つの側面は，「浄化」である。Rozin ら（1999）は，例えば食物の否認（「聖なる無食欲」など）にみられるように，嫌悪

が清廉,神性,スピリチュアリティの冒涜に関連した道徳的感情であること,また浄化が神経性無食欲症においてその病歴全体にわたって見られる概念であること (Schmidt & Treasure, 1993) のエビデンスを示した。あらゆる節制は,禁欲的な宗教集団の戒律においてよくみられる。しかし,そうした高い志は脇に置いておくとしても,食物を否認するという考えは,我々が自分自身の動物性を思い起こさせるものを嫌悪する,というRozinの提言と極めて近いものである。もし摂食と排便が野蛮な行為であるなら,食べないこと(そしてその結果として排便しないこと)は,動物的でない行為だということになる。

(2) 性およびセクシュアリティへの態度

Crisp (1965) は,数多くの要因の中でも,性的成熟の拒絶が神経性無食欲症において決定的に重要であることを示唆している。そもそも女性は男性に比べ,性的な素材に対して嫌悪を報告しやすいというエビデンスがあるが (Koukounas & McCabe, 1997),体重減少に価値をおいている無食欲症の女性は,価値をおいていない無食欲症の女性よりも性行為に嫌悪を示しやすいことも報告されている (King, 1963)。

5. 摂食障害における嫌悪の実証研究

前節までは,嫌悪に関する臨床的記述について扱ってきた。本節では,嫌悪に関する実証研究について,嫌悪の個人差,摂食障害の関連刺激,嫌悪表情の認知の順に紹介していく。

(1) 嫌悪および嫌悪感受性の個人差

数多くの研究が,摂食障害と,嫌悪および嫌悪感受性の個人差との関係について,より直接的な検討を始めている。それらの研究は一般に,嫌悪や嫌悪感受性を,Disgust Sensitivity Questionnaire (DSQ; Rozin et al., 1984), Disgust Scale (DS; Haidt et al., 1994),または Disgust Questionnaire (DQ; Barker & Davey, 1994) を用いて測定している。表11-1 は,先行研究においてみられた,摂食障害と嫌悪の尺度との相関をまとめたものである。それによると,全般的にみて,摂食障害は嫌悪と相関しているようである。しかし,こうした知見も全面的に支持

表 11-1　嫌悪と摂食障害との相関

質問紙とサンプル	r
Davey et al.（1998）	
Rozin の DSQ（女子学生）[a]	-.51 **
Rozin の DSQ（男子学生）[a]	-.09
Barker & Davey の DQ（女子学生）[a]	.41 **
Barker & Davey の DQ（男子学生）[a]	.11
Muris et al.（2000）	
Rozin の DSQ（性別により補正された学生）[b]	.07
Troop et al.（2000）	
Haidt の DQ（患者，多くは女性）[c]	.12
Troop et al.（2002）[g]	
Barker & Davey の DQ（摂食障害のボランティア）[d]	
・神経性無食欲症症状	.28 **
・神経性大食症症状	.23 **
Harvey et al.（2002）	
Barker & Davey の DQ（女子学生）[a]	.46 **
Griffiths & Troop（2006）	
Barker & Davey の DQ（女子学生）[e]	.37 **
Muris et al.（2008）	
Haidt の DQ（9-13 歳の少女）[f]	.12
Haidt の DQ（9-13 歳の少年）[f]	.08
Rozin の DSQ（9-13 歳の少女）[f]	.19 *
Rozin の DSQ（9-13 歳の少年）[f]	.24 *

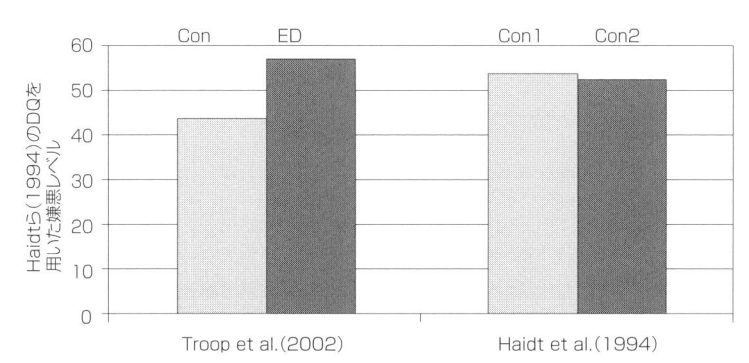

注）DSQ=Disgust Sensitivity Questionnaire; DQ = Disgust Questionnaire.
[a]Eating Attitudes Test (Garner, Olmsted, Bohr, & Garfinkel, 1982).
[b]Restraint Questionnaire (Herman & Polivy, 1975). [c]Eating Disorders Inventory (Garner, Olmsted, & Polivy, 1983). [d]Short Evaluation for Eating Disorders (Bauer, Winn, Schmidt, & Kordy, 2005). [e]Dutch Eating Behavior Questionnaire (Van Strien, Frijters, Bergers, & Defares, 1986). [f]Children's Eating Attitude Test (Maloney, McGuire, & Daniels, 1988).　[g]これは未公刊の再分析である。
*p <.05,　**p <.001

図 11-1　ED 女性（Study1, Troop et al., 2002）と非 ED 女性（Haidt et al., 1994）との比較
Con = 女性の統制群サンプル；ED = 摂食障害群（AN と BN 混合）；AN = 神経性無食欲症；BN = 神経性大食症；DQ = disgust questionnaire

されているとはいえない。例えばMurisら（2000）は，非臨床群においては嫌悪と摂食障害症状との間に関連がみられないことを示している。一方，摂食障害群においても，摂食障害症状と嫌悪感受性が有意に相関しないことが示されている（Troop et al., 2000）。Schienleら（2002）もまた，神経性大食症の外来患者と統制群の健常女性のとの間で，嫌悪感受性に有意差は認められないとしている。また，たとえ相関が見出された場合であっても（Troop et al., 2002, Study 1 など），そのことは，摂食障害女性の嫌悪感受性の高さに比して，統制群女性の嫌悪感受性が極端に低いことに起因している可能性がある（図11-1におけるTroopら（2002）のデータと女子学生対象のHaidtら（1994）のデータとの比較を参照のこと）。

しかし，次のことを付け加えておくことも重要である。それは，嫌悪と摂食障害症状との間に有意な相関が認められている場合，その相関は，抑うつ，不安，恐怖，神経症の影響を取り除いた後でも依然として残っているということである（Davey et al., 1998; Griffiths & Troop, 2006; Harvey et al., 2002; Muris et al., 2008; Troop et al., 2000）。このような研究は典型的には非臨床群を対象としたものであり，相関は一般に女性においてのみ認められている。ただし，表11-1に示されたTroopら（2002, Study 2）の再分析データでは，現在または過去に摂食障害であった女性の神経性無食欲症と神経性大食症の症状が，嫌悪と相関している（ただし，抑うつを統制した後では神経性無食欲症的症状との相関のみが有意となった）。

このように，嫌悪と摂食障害との関連は明白ではない。嫌悪は多次元的な概念であるため，それらを包括的に測定する尺度を使用することは，そこから下される結論に制限をつける可能性がある。Daveyら（1998）は，彼らの行ったふたつの研究を元に，摂食障害症状と嫌悪との関連が，動物由来の食料品（牛の胃や腎臓など）および身体分泌物（糞便やふけなど）と関連する領域に限定されることを見出した。また他の研究では，摂食障害患者は統制群の女性に比べ，嫌悪刺激全般に対して有意に敏感であることが見出されている（Troop et al., 2002, Study 1）。しかし，その後の追加分析により，それらの患者は，食物，動物，排泄物，セックスに関連する項目での嫌悪には有意に敏感であるものの，身体損壊，死，衛生，呪術的伝染（magical contagion）に関連する項目での嫌悪には敏感でないことも示されている。

摂食障害における嫌悪領域の特異性は，診断過程についての研究でも認められている。例えば，Troopら（2002, Study 2）によると，罹患中および寛解期の摂

食障害女性の群では，非摂食障害群に比べて嫌悪の評定が高いものの，それも動物由来の食料品と，人間の身体もしくは身体分泌物の領域に限られるという。さらに，寛解期の女性は，罹患中の女性に比べ，人間の身体もしくは身体分泌物に対する嫌悪が低いものの，動物由来の食料品への嫌悪については両者に差が認められなかった。

以上のように，摂食障害患者は嫌悪感受性が高いことや，嫌悪感受性と摂食障害症状との間に相関が認められることを示唆するエビデンスはいくつかみられているものの，それらのエビデンスは未だ明白とはいえない。このことは，いくつかの研究が特定の領域に関する嫌悪の測定尺度ではなく包括的な嫌悪の尺度を用いていること，あるいは，そもそも使用される尺度の違いそのものに由来するのかもしれない。例えば，有意な関連は，DS（Haidt et al., 1994）を用いた研究よりも，DQ（Barker & Davey, 1994）を用いた研究においてより多く見出されている。しかしそうはいっても，嫌悪と摂食障害との間には関連があること，そしてその関連が，包括的な嫌悪反応や嫌悪感受性というよりも，動物由来の食料品や，人間の身体または身体分泌物という領域に限定されるようであることは，エビデンスとして重要といえるだろう。

(2) 摂食障害関連刺激に対する恐怖および嫌悪

前項から，嫌悪が摂食障害に果たす役割は特定の領域に限定されること，そして，もっとも明確に摂食障害と関連するのは食物と身体であることが示された。しかし，多くの研究は嫌悪以外の感情には焦点を当てていない。そのため，摂食障害と嫌悪との関連が，単に摂食障害の女性全般にみられるネガティヴな感情状態からくるのではないと結論づけることはできないし，また，より具体的にいえば，恐怖が摂食障害におけるもっとも重要な感情ではないと断定することもできない。しかし，Harveyら（2002）は，異常な摂食態度（abnormal eating attitudes）の尺度得点が高かった女子学生は，低得点であった女子学生に比べ，高カロリー食品のイメージを，より嫌悪的で恐ろしいと評定することを見出している。さらに，高得点群は低得点群に比べ，肥満体型についても，より嫌悪的で恐ろしいと評定していた。一方，痩せ体型イメージに関する恐怖および嫌悪の評定については，両群間で差は認められなかった。摂食障害関連刺激（高カロリー食品や肥満体型）に対する恐怖と嫌悪の高さ自体に差はなく，よってこのことは，嫌悪と恐怖が共に際立った感情反応であるということの根拠となる。

より最近の研究においても，厳しい食事制限は高カロリー食品や肥満体型イメージに対する恐怖・嫌悪の高さと関連すること，その一方で，食事制限と，低カロリー食品や痩せ体型イメージに対する恐怖・嫌悪との間には有意な関連がみられないことが見出されている（Griffiths & Troop, 2006）。興味深いことに，脂質として摂取される1日の総カロリーは，いかなるイメージに対する恐怖や嫌悪の評定とも（たとえ，それが高カロリー食品や肥満体型のイメージであっても）相関が認められなかった。したがって，この研究からは次のような結論が導かれる。すなわち，摂食障害関連刺激への嫌悪評定は，中核嫌悪を反映したものではない。なぜなら，中核嫌悪は，嫌悪をもたらすような食物の回避と関連するためである。さらにいえば，この文脈での（摂食障害関連刺激への）嫌悪が，実際に何を食べている（いない）かよりも，何を食べるべき（べきでない）かに関する個人的なルールと関連するということにも疑問が残る。むしろ，このような嫌悪は単に，食事制限という概念の一部なのかもしれない。ここでいう食事制限とは，特に摂取の制限に対する認知的努力のことを指すため，高カロリーや肥満刺激への嫌悪および恐怖反応は，この制限という一般概念の感情的要素である可能性が

表 11-2 視覚的アナログスケールの評価と異常な摂食態度の因子分析

刺激	感情	1	2	3
Eating Attitude Test		.81		
高カロリー食品	恐怖	.97		
高カロリー食品	嫌悪	.96		
高カロリー飲料	恐怖	.81		
高カロリー飲料	嫌悪	.86		
肥満体型	恐怖	.95		
肥満体型	嫌悪	.88		
痩せ体型	恐怖			.76
痩せ体型	嫌悪			.84
脅威的イメージ	恐怖		.89	
脅威的イメージ	嫌悪		.86	
嫌悪的イメージ	恐怖		.81	
嫌悪的イメージ	嫌悪		.73	
固有値		6.84	2.45	1.64
分散%		52.6	18.9	12.6

注）分析には Harvey ら（2002）のデータを使用した。因子分析には斜交回転を用い，因子数はスクリープロットにより決定した。因子負荷量.5 以上のもののみ表示した。$n = 40$

表 11-3 視覚的アナログスケールの評価，食事制限，脂肪摂取量の因子分析

刺激	感情	1	2	3	4
食事制限		.71			
高カロリー食品	恐怖	.98			
高カロリー食品	嫌悪	.87			
肥満体型	恐怖	.98			
肥満体型	嫌悪	.97			
低カロリー食品	恐怖		.68		
低カロリー食品	嫌悪		.76		
痩せ体型	恐怖		.71		
痩せ体型	嫌悪		.93		
脅威的イメージ	恐怖			.93	
脅威的イメージ	嫌悪			.89	
嫌悪的イメージ	恐怖				
嫌悪的イメージ	嫌悪			.66	
脂肪摂取%					.96
固有値		4.27	2.51	1.76	1.44
分散%		30.5	17.9	12.6	10.3

注）分析には Griffiths と Troop（2006）のデータを使用した。因子分析には斜交回転を用い，因子数はスクリープロットにより決定した。因子負荷量.5 以上のもののみ表示した。$n = 69$。

ある。

　Harveyら（2002）および，GriffithsとTroop（2006）のデータを用いた因子分析は，このことを裏づけている（表11-2および表11-3参照のこと）。いずれの分析においても，食行動の問題（それぞれ，異常な摂食態度，食事制限）は，脅威的な摂食障害関連刺激（高カロリー食品，肥満体型など）への恐怖や嫌悪と共にひとつの因子を形成した。一方，脅威的でないような摂食障害関連刺激（痩せ体型，低カロリー食品など）や，摂食障害に無関連な感情的刺激（攻撃的なイヌや切断された手など，恐ろしく嫌悪的なイメージ）に対する恐怖や嫌悪の評定は，それぞれ別の因子を形成した。この結果は，高カロリーや肥満刺激に対する嫌悪および恐怖反応は，食事制限のネガティヴな感情的要素なのであって，単なる一般的感情を反映したものではないという仮説を支持するものである。このことは，Schienleら（2004）によって行われたfMRI研究の結果にも説明を加えうる。この研究では，神経性大食症患者と統制群参加者との間には，嫌悪誘発画像に対する主観的評定や脳活動に有意な差がないとされている。ただし，彼ら自身が指摘しているように，この研究で用いられた刺激には摂食障害に関連するものとしないものが混在していたため，今後の研究ではこれらの刺激を区別することも考慮すべきである。

　さらに近年では，摂食障害の症状と，視覚的アナログスケールによる食物画像に対する嫌悪／恐怖評定との間に有意な相関はみられないことが見出されている（McNamara et al., 2008）。この研究でHarveyら（2002）やGriffithsとTroop（2006）のものと異なる結果が得られたことについてのひとつの説明は，摂食障害自体との関連よりも，起こりうる感情反応に基づいて刺激の選択がなされていた，というものである（P. Hay，私信，2008）。つまり著者たちは，嫌悪を引き起こしそうなもの，「幸せな反応」を引き起こしそうなもの，なじみのない食物，脅威的または大量の食物という，（摂食障害とは直接関連しないものも含んだ）4種の食物画像を用いていたのである。

　さらにMurphyら（2008）は，両タイプの摂食障害女性による摂食障害関連画像に対する感情評定の違いについて検討している。その結果，神経性無食欲症の女性は，食物でない刺激と比較して，食物刺激に対する主観的な恐怖や嫌悪が強かった。一方，神経性大食症および摂食障害でない群においては，食物刺激と食物でない刺激との間に感情反応の差は見られなかった。しかし，神経性無食欲症群と神経性大食症群は，ともに肥満体型（痩せ型および標準体型と比べて）に恐

怖や嫌悪を抱いていることが示された。また，両群では，摂食障害でない女性に比べてこれらの感情が強かった。以上をまとめると，神経性無食欲症や神経性大食症の女性は全体的に恐怖や嫌悪が強いものの，標準的な感情刺激への評定においては摂食障害でない女性との違いはない，ということである。実際，Harveyら（2002）やGriffithsとTroop（2006）においても，食行動の逸脱の程度に関わらず，摂食障害女性が示す一般的な感情反応は「標準的」かつ適切であるとされていた。よって，摂食障害関連刺激への恐怖や嫌悪の評定の高さを，摂食障害女性が単に強い感情反応を示す，もしくは彼女たちが恐怖と嫌悪を見分けられない，という理由で片付けることはできない。

　さらに，注目に値するものとして，もうひとつ別の研究が挙げられる。Uherら（2005）は，神経性無食欲症患者と神経性大食症患者を混合した群に対してfMRI研究を実施し，痩せ，標準，肥満体型の各イメージに対する主観的感情評定と脳活動について検討した。その結果，摂食障害群と統制群の脳活動に有意な差は認められなかったものの，摂食障害群は全体的に，そして特に肥満体型に対して，恐怖と嫌悪の評定が高かった（反対に，統制群の参加者は，肥満よりも痩せ体型に対して恐怖や嫌悪の主観的評定が高かった）。ただし，ここでの結果を，先述のような研究結果と直接的に比較することはできない。それまでの研究は，患者が恐怖と嫌悪を区別できるかどうか，あるいは単に彼女たちのネガティヴ感情が全般的に高いのかどうかを見極めるために，（そこには明らかに高い相関があるにもかかわらず）恐怖と嫌悪の評定を別々に行う傾向にあった。しかしUherら（2005）は，恐怖と嫌悪のスコアを組み合わせて，嫌忌（aversion）というひとつの変数としたのである。それでもなお，その結果は，摂食障害患者をサンプルとしたMurphyら（2008）の結果や，非臨床群のサンプルを用いたGriffithsとTroop（2006）の結果と概ね一致していた。

　まとめると，厳しい食事制限を示す患者および非臨床群サンプルについては，以下のことがいえる。
　　①恐怖と嫌悪は，共に摂食障害と強く関連する感情である。
　　②それら双方の感情に対する高い評定は，その2つの感情を区別できないことに由来するわけではない。
　　③恐怖と嫌悪は特に，脅威的な摂食障害関連刺激（肥満体型，高カロリー食品など）との関連において強まるが，脅威的でない刺激（痩せ体型，低カロリー食品など）や，摂食障害に無関連もしくは中性的な刺激においては

そうでない。

　④脅威的な摂食障害関連刺激への恐怖と嫌悪の評定は，食事制限と共にひとつの因子を形成する。

　4点目についてさらに付け加えるならば，恐怖と嫌悪は，（認知的）制限の感情的な一要素であるといえるかもしれない。しかし，これらの感情的・認知的要素がどのように関連しているのかについては，上で議論された結果から明確に結論づけることはできない。例えば，肥満体型や高カロリー食品への嫌悪が食事制限の原因なのか結果なのかについては，未だ議論の余地が残されている。このような因果に関するひとつの可能性は，脅威的な食物に向けられた恐怖と嫌悪がこのような制限を引き起こす，というものである。つまり，「肥満になるのはうんざりだし，高カロリー食品もうんざり。だから私はそれらを避けようとする」ということである。一方で，嫌悪の主観的評定は，個人（そして他者）が自分たちの食事制限を正当化するために行う後付けの合理化である，という可能性も考えられる。つまり，嫌悪が制限を引き起こすのではなく，むしろ，食事制限している人がその制限の理由を，高カロリー食品や肥満体型を何とかして嫌悪的と見なすことにより説明する，ということもありえるのである。さらに別の可能性として，個人が認知的制限という高次の能力を活用して嫌悪を体験できる場合には，認知的制限が高カロリー食品の回避をよりうまく導きうる（恐らくは空腹時または餓死寸前の時でさえ，食べたいという願望を受け付けない）というものである。この点は，神経性無食欲症患者からのエビデンス（Murphy et al., 2008）とは一致するものの，高カロリー食品への嫌悪が実際の摂取とは関連しないことを見出したGriffithsとTroop（2006）の結果とは一致しない。以上のようないくつかの可能性を検証するために，更なる研究が必要なのはいうまでもない。

(3) 表情認知

　摂食障害患者は，表情および聴覚刺激に対する感情認識，特にネガティヴ感情の認識が不得手だというエビデンスがある（Kucharska-Pietura et al., 2004）。そしてそのことは，対人的コミュニケーションの問題を引き起こしうるとされている。感情全般の認識や命名の困難さ（いわゆるアレキシサイミア）は長きにわたって摂食障害にも認められてきたが（Bourke et al., 1992; Cochrane et al., 1993; Schmidt et al., 1993; Troop et al., 1995など），前項でも論じたように，摂食障害関連刺激に対する嫌悪（もしくは恐怖）反応はこれには当てはまらないようであ

る。よって，呈示された嫌悪表情の認知について，摂食障害女性がそうでない女性と異なるパターンを示すか否か，疑問を抱くのは当然のことである。Murrayら（2008）は，6つの基本感情（怒り，嫌悪，恐怖，悲しみ，幸福，驚き）の表情認知における正確性と敏感性を測定した。その結果，摂食障害患者はそうでない女性と同等に，表情認知が正確であった。しかし，摂食障害の女性はそうでない女性に比べ，嫌悪表情の認知においてより敏感であった。このような，社会的信号としての嫌悪表情を認知するうえで摂食障害者が示す特有の敏感さに関するエビデンスは，摂食障害に関する嫌悪の役割の議論におけるひとつの到達地点を示している。そこにみえてくるのは，自己嫌悪や恥の体験との関連である。

6. 摂食障害における嫌悪と恥

　恥は様々に概念化されている（Gilbert, 1998）。内在化された恥（internalized shame）は，その人がどのように自分自身を見たり判断したりするか（無価値な，欠点がある，モラルに欠く，魅力的でない，など）に関わる。一方，外在化された恥（external shame）は，他者がその人をどのように知覚するか（自分は，軽蔑，あざ笑い，侮辱の対象である，など）に関連する。恥は，地位，権力，身分に関する問題を内包している。自分よりも権力のある現実または想像上の観察者から，欠点があり不適切な存在であると判断されたと感じたとき，人は恥を体験するのである。Gilbert（1992, 1997）は，恥感情は不本意な形で社会的身分を失うことへの警告として機能する，としている。Gilbertは恥を，主として進化論的見地から捉えていた。しかし，恥の関連概念である地位，権力，身分については，より明確に嫌悪と関連するような，道徳規範の伝達，拒否，そして自分を魅力がなく底辺もしくは低い地位と捉えること（Miller, 1997; Rozin et al., 1999など）と同様に，むしろ社会学的見地（Strongman, 1996）から捉えている。PowerとDalgleish（1997）は，恥を基本的な嫌悪感情が複合的に変異したものと述べているが，これは嫌悪と恥の明確な繋がりを指摘したものといえるだろう。

　摂食障害の女性は恥の感情が強いといった単純な理解（Sanftner et al., 1995など）を越え，摂食障害における恥の研究は3つの方向性をとっている。それらは，(a) 過酷な人生経験と摂食障害との間を媒介する恥の役割，(b) 一般的な恥と身体的な恥が摂食障害症状に及ぼす影響の違い，(c) 摂食障害症状と関連する恥体

験のタイプの特定，である。残念ながら，これらはしばしば重複しており，恥が本質的に抑うつと関連するという事実もまた，これらすべてを入り組んだ問題としている（Gilbert & Andrews, 1998 など）。

例えば，幼少期の子育てから成人の摂食障害への影響を恥の体験しやすさが調整し，恥感情はその影響間を媒介することが，学生サンプルを対象とした調査から示されている（Murray et al., 2000）。また，幼少期の虐待と DSM-III の大食症（APA, 1980）との関連を身体的な恥が媒介することが，女性のコミュニティサンプルを対象とした調査から示されている（Andrews, 1997）。身体的な恥は，一般的な恥と比べて，摂食障害の強力な予測因子となることが見出されている（Burney & Irwin, 2000）。さらに，身体的な恥には，身体のサイズに関して今まさに感じている恥（現在の身体的恥）と，体重が増えたとしたら感じられるであろう恥（予期的な身体的恥）の2つがあり，これらはそれぞれ異なる摂食障害症状と関連することも示されている（Troop et al., 2006）。特に，現在の身体的恥は，摂食障害の病歴をもつ女性において神経性大食症のもっとも強い予測因子となっており，一方，予期的な身体的恥は，体重増加の回避に関わる行動（ダイエット食品の利用，絶食，過度な運動）のもっとも強い予測因子となっていた。

各種の恥と摂食障害症状との関連について，学生サンプルを対象に調査を行った Gee と Troop（2003）は，抑うつが外在化された恥（Other As Shamer Scale; Goss et al., 1994 を使用）と独自に関連し，一方で，摂食障害症状が内在化された恥（Test of Self-Conscious Affect; Tangney et al., 1992 を使用）と独自に関連することを見出した。しかし Troop ら（2008）では，摂食障害の病歴をもつ女性サンプルに関して，外在化された恥（Other As Shamer Scale; Goss et al., 1994 を使用）が神経性無食欲症の症状を，また内在化された恥（Personal Feelings Questionnaire; Harder & Zalma, 1990 を使用）が神経性大食症の症状をそれぞれ予測することが見出されている。外在化された恥と内在化された恥の違いは，辱められるか，それとも自ら恥じるかという部分にある。なぜこのような選択的な関連性が存在するのかについて，正確には不明である。神経性無食欲症が外在化された恥とつながりをもっていることは，それが神経性大食症に比べ，社会的地位の問題とより密接に結びついている可能性があることを意味している。我々は，未公刊ながらそのことを支持しうるいくつかの縦断的データを持っているが，それをここで提示するのは時期尚早である。ただし，Goss と Gilbert（2002）は，無食欲症状との関連において，恥とプライドの循環（shame-pride cycle）が発生す

ることを示唆している。そこでは,食事制限や体重減少といった主症状に対して,恥が負の強化を,プライドが正の強化をそれぞれ与えるとされる。すなわち,内在化された恥と外在化された恥が制限へとつながり,その後に生じる体重減少がプライドへとつながるのである。一方で彼らは,大食症やむちゃ食いの症状については,恥と恥の循環のなかにあるとしている。すなわち,恥がネガティヴ感情を制御するために摂食行動を誘発し,そうして生じたむちゃ食いとその後に続く代償行為(嘔吐など)が共に恥感情を持続させるため,それらの症状が感情制御の試みとして強化されるのだという。

　神経性無食欲症における嫌悪と恥の特異性に関するさらなるエビデンスは,ライフイベントについての研究から得られている。耐え難いライフイベント(特に対人関係に関するもの)は神経性無食欲症および神経性大食症双方の発症の引き金となることが,数多くの研究において示されている(Serpell & Troop, 2003 のレビューを参照)。しかし,引き金となる出来事のタイプではなく,その心理的な意味について探求しているのは,我々が知る限りではただひとつの研究だけである。Schmidtら(1997)は,摂食障害発症前の1年間における耐え難いライフイベントや困難の経験率(Life Events and Difficulties Schedule; Brown & Harris, 1978 により特定されたもの)が,抑うつ発病前における経験率と近似していることを示している。Schmidtら(1997)はまた,神経性無食欲症の発症は特に性的純潔に関する出来事によって引き起こされる,という仮説について検討している。ここでいう性的純潔に関する出来事とは,嫌悪的で,恥ずかしく,自分自身を当惑させると感じられるような,性的欲求に関わる出来事のことを指す。実際,純潔に関する出来事は,神経性大食症や抑うつよりも,神経性無食欲症の発症のきっかけとなることが見出されている。また,そのような出来事は,精神疾患に罹患していない女性からはめったに報告されない。このことは摂食障害における嫌悪のプロセスの役割に関する議論と合致するとはいえ,そのような出来事の生起を体験する神経性無食欲症の女性はいまだ少数派(24%)に過ぎない。ただし,特有の意味を持つような嫌悪的出来事は,多くの女性の神経性無食欲症の発症に重要な影響を与えている可能性がある。

7. 結論

　本章では，嫌悪のプロセス（基本的な嫌悪反応および複雑な派生物としての恥を含む）が摂食障害に対して，意識に昇らないうちに影響を及ぼしうることを論じてきた。嫌悪および嫌悪感受性の個人差に関する研究では，最終的な結論にまでは至らなかったものの，摂食障害症状に関連するのは，嫌悪全般というよりも特定の食物や身体分泌物に関連する嫌悪に限られる，ということが示唆された。脅威的な摂食障害関連刺激に対する特定の感情反応についての研究では，全体的に一貫した結果が得られており，嫌悪は恐怖と共に肥満体型や高カロリー食品との結びつきが強い，ということが見出された。

　我々はさらに，そのような摂食障害症状と直接的に関連するプロセスのみでなく，摂食障害患者に典型的と考えられるパーソナリティ特徴（信心深さなど）もまた，ストレス，食事制限，恥といった他のキーとなる特徴と同様に，嫌悪感情と関連していることを論じた。すなわち，摂食障害の様々な特徴に関する研究は数多くみられるものの，それらの多くに共通するテーマは嫌悪であるといえる。

　嫌悪が摂食障害の原因なのか，それとも単に，既にその重要性が示されている認知的な概念（食事制限など）の感情的な一要素なのかについては，未だ明らかにされていない。Mayerら（2008）は，腐敗臭により誘発された嫌悪が身体的自尊心や高カロリー食品への嗜好を低下させないことを示している。この結果を受け，彼らは，嫌悪が摂食障害を引き起こさないと論じている。しかし，嫌悪的なニオイはそれらの高カロリー食品から発せられるものでもなければ実験参加者（または他者）の身体と関連するものでもなく，また，他の考えうる原因と関連したものでもない。そのため，なぜ悪臭が因果関係に関わるのかについては，全く明らかではない。食事制限自体は因果的役割を果たしており（Strice et al., 2000など），また恥は，摂食障害のリスク因子およびその引き金となるような出来事と，摂食障害発症との間を媒介する可能性がある。よって，嫌悪やそれに基づく感情が摂食障害に対して因果的役割を果たす可能性は，未だ残されている。そしてこのことをより直接的に検討するためには，さらなる研究が必要となるだろう。いくつかの嫌悪プロセスに関するエビデンスは，特に神経性無食欲症において頑健だが，一方で，神経性大食症についてはまた別のエビデンスも存在する。嫌悪が異なるタイプの摂食障害に対して異なる役割を果たすということも考えられるの

である。

　本レビューから浮かび上がってきた別の疑問は，恐怖感情と嫌悪感情の重なりに関するものである。嫌悪と恐怖の評定を併せて行う研究者もいる。なぜなら，それらの両感情は強い相関関係にあるためである（Uher et al., 2005 など）。しかし，他の研究者（Griffiths & Troop, 2006; Harvey et al., 2002; Murphy et al., 2008 など）は，嫌悪と恐怖との間には高い相関が認められるにもかかわらず，様々な刺激に対して生じるそれらの感情を，参加者自身が区別できることを示している。摂食障害との関連において，これら2つの感情が異なるものなのか，あるいは相補的な役割を担っているのかについては，今後の研究が待たれるところである。

　最後に，体重や体型に関する自己評価は，摂食障害において特に目新しい考えではないものの（Fairburn et al., 1999; Garner & Bemis, 1982; Wolff & Serpell, 1998 など），自己評価に関わる嫌悪や，そこからの複雑な派生物である恥がもつ特異性は，今後の摂食障害モデルにおいて重要な構成要素となりうることがわかってきている。自己評価は一般的に認知的なものと捉えられているが，Bornholt ら（2005）は，身体に関する自己評価の感情的側面（承認，心配，怒りと共に，罪悪感や恥，嫌悪を含む）が，認知的側面と関連はしているものの異なった性質をもつこと，そして，その両者を考慮に入れることで，どちらか片方を単独で用いるよりも，データへの当てはまりがよいことを見出した。嫌悪と恐怖の評定が，食事制限や摂食態度と共に同一の因子に負荷するというこの章において示された結果は，この考えを支持するものである。

　Miller（1997）は次のように述べている：

> 嫌悪は，日々話し合われる道徳的な話題の中心に立ち現れてくる（中略）それは，偽善，背信，残虐さ，愚かさといったよくある悪徳に対する我々の反応に深く関わっている。しかし，嫌悪の対象範囲は我々が思っているよりも広く，容姿の醜さや奇形をも道徳に背くものとして嫌悪の対象としてしまう。道徳と美的感覚は非常に似ていることが知られており，いずれにおいてもそれが崩れた際には未分化な強い嫌悪が生じるのである。このことは果たして，我々を社交的にしてくれる，あるいは自分自身が違反や警告の原因になることを防いでくれるような感情の代償として見合ったものなのだろうか？（p.17）

　恥を内在化された道徳規範に従い行動することの失敗と考えるかどうか，自己

7. 結論

が道徳に欠けているかどうか，あるいは個人が社会的地位を失っているとみなされているかどうかに関係なく，身体的な魅力と恥とを結びつけることが摂食障害における顕著な特徴であることは確かである。中核嫌悪と対人的嫌悪は，食物やパートナー，社会的接触の適切な選択，また不適切なものの拒否を促すような適応的プロセスとして進化してきた (Rozin et al., 1999)。しかし Gilbert (1995) は，たとえ適応的なものとして進化してきたシステムであっても，そこには同時に代償も存在すると述べている。例えば，細胞複製は組織を修復するプロセスであるが，その代償のひとつとして，それががんの原因となることが指摘されている。嫌悪についても同様に，それが不適切な食事やパートナー，そして行動の仕方を拒絶するための適応的プロセスとして進化してきたのだとしても，嫌悪の向けられる対象が自己となった場合には代償を伴う。魅力が，身体サイズ（そして「魅力的な」身体サイズの維持を脅かすような食物の消費）の問題と深く結びつく場合には，摂食障害および身体的恥が，進化したシステムの代償として立ち現れてくるのである。

第12章

性と性機能不全：嫌悪・汚染感受性の役割

PETER J. de JONG and MADELON L. PETERS

　性行動に関する現代の心理学では，性機能不全はエロティックな刺激に対する否定的感情から生じるものとして理解されており，一つの重要なテーマとして注目を集めている（Barlow, 1986; Janssen & Everaerd, 1993 など）。嫌悪は，健康な性行動や性的快感を阻害しうる不快感情のひとつだと考えられるものの，近年の性機能不全に関する理論や実証研究で主に焦点が当てられているのは，恐怖もしくは痛みに関する感情／認知プロセスである（Payne et al., 2005）。嫌悪については，むしろ挿話としてあげられる程度である（Carnes, 1998; Kaneko, 2001 など）。同様に，近年の認知行動的介入では，何らかの恐怖低減エクササイズ（曝露や認知再構成）や痛みのマネジメント技法（van Lankveld et al., 2006 など）がよく行われる。一方で，嫌悪に関連する感情・認知・行動の傾向を低減・中和するための介入については，詳しく論じた文献が実質的に存在していないのが現状である（近年の心理的介入についての簡潔なレビューとして，Heiman, 2002 を参照）。

　このように，嫌悪は性機能不全の原因に関わる要因としてはほとんど顧みられてこなかったようである。この章では，あえて嫌悪に着目することで，一般的な性行動や性にまつわる問題についての理解が進み，治療についても新しい手がかりが得られる可能性があるという前提で考えていく。まず，嫌悪・汚染感受性が，一般的な性行動にどのような役割を果たすのか，そして性的問題にどのように関与しうるのかを簡潔に概説していく。その上で，嫌悪・汚染感受性が，DSM-IV-TR（American Psychiatric Association［APA］, 2000）に記載されている主要な性機能不全とどのように関わるのか，てみじかに考察する。またこの章の大部分では膣痙攣に焦点を当てて論じ，嫌悪による膣痙攣の概念化をしていくことで，この「もっとも困惑させられる問題」（Leiblum, 2000, p.181）についての理解が進

みうることを示していく。章の終りには，嫌悪による概念化を行うことで得られる，膣痙攣や他の関連する問題への治療についての臨床的示唆を述べる。

1. 嫌悪と性

　Rozinら（1999）によると，嫌悪刺激は，いくつかのカテゴリーの嫌悪誘発子に大別できると言われている（本書の第1章を参照）。この節では，性行動にもっとも関連が深いであろうカテゴリーの嫌悪，すなわち中核嫌悪，動物性嫌悪，社会道徳性嫌悪について論じることとする。

(1) 中核嫌悪
　進化論的な観点からみると，嫌悪は，環境の中にある病原体や毒による汚染から生体を守るために進化した，一種の防衛的メカニズムであると理解できる（Curtis et al., 2004）。そのため嫌悪は，身体と環境の相互作用の中で生じるものであり，それは特に皮膚や身体の開孔部（aperture）で特に問題となる（Fessler & Haley, 2006; Rozin et al., 1995）。身体の部位によって，汚染への感受性は異なる。特に，口，ヴァギナ，ペニスは，主観的な汚染感受性が最も高い身体部位である。これらの器官は性行為が行われる際に中心的な役割を果たしており，さらに身体分泌物（唾液，汗，精液など）やニオイは，非常に強い嫌悪誘発子である（Rozin & Fallon, 1987）。そのため，そのどちらもが関わる性行為の最中に，嫌悪感や嫌悪関連の認知的評価が生じたり，それが性行動に影響したりすることは，当然のことだといえる。

1) 嫌悪の感覚
　性的刺激や性行為によって嫌悪の感覚が喚起されるという指摘は，理論的・直感的に理解しやすいというだけではなく，実証的にも支持されている（Carnes, 1998; Koukounas & McCabe, 1997など）。嫌悪が性的快感を阻害するという考えと一致して，体験された嫌悪の強さが，ポジティヴ感情・性的覚醒・性的没頭と負の相関を示し，不安と正の関連を示すことが明らかにされている（Koukounas & McCabe, 1997）。嫌悪が性的覚醒を低減させるという因果的影響については，今後，状態嫌悪を実験的に操作する研究によって，厳密な検証を行う必要がある。

2）回避行動

　嫌悪は回避傾向につながる防衛的な感情であり，嫌悪的な状況や対象物から距離を取るように人を動機づける。この回避傾向は，自分をその状況から引き離すことや，その状況から注意を撤退させること（目や鼻をふさいだり，何らかの気晴らしを行ったりすること）によって達成されているのかもしれない。クモ恐怖，血液・注射恐怖，洗浄強迫のいずれの研究でも，嫌悪感（状態嫌悪）が回避行動を動機づけるという，明白なエビデンスが示されている。実験的操作によって誘発された嫌悪は，嫌悪的な食物，危険ではないが嫌悪的な動物，外科手術の映像，吐瀉物の模造品などを刺激とした行動的回避課題（behavioral avoidance tasks; BATs）において，回避行動や遂行課題数の少なさをもっとも強く予測する要因だった（Olatunji et al., 2007; Woody et al., 2005 も参照）。同じように，状態嫌悪によって性行動や性関連刺激からの引きこもりや回避が動機づけられるかもしれない。これを支持するものとして，ある研究では，嫌悪感の予期が，何らかの性的刺激との物理的接触を意味する行為への意志と，強く関連することが示されている（パートナーの精液や膣液をふき取るのに使ったタオルで顔に触れる行為など；Genten, 2005）。さらに，**性的アノレキシア**と呼ばれる状態の臨床事例を複数記述した文献もある（Carnes, 1998）。性的アノレキシアとは，性的刺激によって深い嫌悪感が喚起され，性的なものであれば，それが自分自身に関するものでも他者に関するものでも全て回避しようとする状態のことである。

3）防衛反射

　汚染に対する嫌悪や恐怖によって防衛反射が引き起こされ，通常の性行動が阻害されるという可能性もある。嫌悪には，生体を汚染から守る機能があるため，病原となりうる危険なものを身体から排出するための反射を引き起こすことがある。そのため，嫌悪によって，オーラルセックスやディープキスの際に吐き気が起こることもある。また，嫌悪や汚染恐怖によって筋肉の収縮が起こることもあるが，それは身体と環境が触れ合うことで起こる汚染を防ぐために生じるものである。骨盤底筋（pelvic floor muscle）の不随意な収縮は一般的な防衛メカニズムの一部であり（van der Velde et al., 2001），それが恐怖や痛みの発生（を予期すること）によって引き起こされるというエビデンスがある（van der Velde & Everaerd, 2001 など）。このことから，嫌悪関連の認知的評価によって，同じような骨盤底筋の防衛的な収縮が起こる可能性が考えられる（Yartz & Hawk, 2002 など）。また，ヴァギナや肛門（汚染感受性の高い身体部位）への単純な身体接触

の予期や,パートナーのペニス(汚染をもたらす可能性の高い身体部位;Rozin et al., 1995)が侵入してくることの予期によって,骨盤底筋の不随意な活動が起こることもあるかもしれない(van der Velde & Everaerd, 2001 を参照)。これらの筋の活動が活発になることで,ペニスと外陰ないし肛門の皮膚の摩擦が強まり,性交時の性器の痛みや,性交(肛門性交含む)そのものができなくなることにつながるとも考えられる。こういった体験は,ネガティヴな性体験の連鎖につながるかもしれない。それは,性的快感や満足を損なうだけではなく,対人関係としてのあらゆる葛藤につながりうるのである(Rathus et al., 2005 など)。今後の研究においては,嫌悪感や汚染恐怖の高まりが,骨盤底筋の活動の上昇とつながるのかどうか,実際に検証することが重要であろう。

4) 認知

嫌悪はまた,性機能不全に関連する認知的過程にも影響を及ぼしうる。不安や恐怖の研究においては,環境内にある様々な刺激のなかでも,自分の心配事の中核をなす刺激(脅威手がかり)に注意が向けられやすいことが一貫して示されている(Harvey et al., 2004)。脅威刺激に対して即座に注意を向けるということ自体は,危険性のある状況から逃れる準備態勢を作るという意味で,適応的だといえる(Mogg et al., 2004)。しかし性的状況においては,脅威に過敏になってしまうと,エロティックな刺激に注意をうまく集中することができなくなり,通常の性行為がうまくいかなくなりやすいのである(Barlow, 1986; Janssen & Everaerd, 1993 など)。

興味深いことに,いくつかの研究で,嫌悪関連刺激には注意を不随意的にひきつける性質があることが示されている(Charash & McKay, 2002)。脅威への注意バイアスだけではなく,嫌悪関連刺激への注意バイアスも,目の前の性的活動への没頭を妨げやすいのである。嫌悪刺激に過敏になることで,性的覚醒(勃起や潤滑化など)が起こりにくくなり,通常の性行為が阻害されるであろう。こうした見解に一致して,嫌悪感を比較的強く感じる者のほうが,エロティックな映像に没頭しづらく,性的覚醒も低く報告することが明らかにされている(Koukounas & McCabe, 1997)。

いくつかの研究によると,嫌悪は,注意過程だけではなく,解釈過程にも影響を与えることが示されている。特に,嫌悪を感じているときには,ネガティヴなものとも解釈できる多義的刺激をネガティヴに解釈することが増え,ポジティヴなものとも解釈できる多義的刺激をポジティヴに解釈することが少なくなくなる

のだという (Davey et al., 2006)。こうした嫌悪に誘導されたネガティヴな解釈バイアスによって，性行動に関するネガティヴ感情や撤退反応がより活性化されるのかもしれない（Dorfan & Woody, 2006 など）。

(2) 動物性嫌悪

嫌悪は本来，外界からの病原や毒による汚染から身体を守るために進化した防衛メカニズムであるといわれてきた。しかし，その対象は拡大し，我々に動物的な性質があることを思い出させる刺激や行動にまで範囲が広がっている（Rozin et al., 1999）。私たちが自分自身の動物的な性質に対して，嫌悪に影響された拒絶反応を示すことには，自分自身を動物や動物的性質から切り離すことにより，ヒトと動物との序列を維持しようとする防衛的な機能があるのだといわれている（Haidt et al., 1994）。性行動は，私たちが根本的に動物的な性質をもっていることを強く実感させる。そのため，性行動や性的状況によって嫌悪が喚起されると，私たちはヒトと動物の境界を守ろうとするようになり，それによって回避行動が生じるため，通常の性行動が阻害されることもある。

こうした嫌悪と関係する認知的評価は，オーガズムの経験の際に，より問題となる。なぜなら，オーガズムによって，随意的なコントロールが突発的に失われるからである。嫌悪によって「身を任せる」ことへの抵抗が生じ，性的覚醒が中断されるのである。オーガズムを体験できないということが，さらなる非機能的な思考や認知的評価（「自分は普通の人間じゃない」，「自分はだめな人間だ」，「パートナーは私のことを魅力的じゃないと思っているだろう」）をもたらして，その結果様々な二次的問題が起こることもありうる。オーガズムが体験できないことに対して，ネガティヴにとらわれることで，かえって元々の問題が大きくなってしまうこともあるだろう（性行為に含まれる興奮をもたらす要素から注意が逸れてしまう，など）。

(3) 社会道徳性嫌悪

性行動を理解するための第 3 の嫌悪のカテゴリーは，社会道徳性嫌悪（Rozin et al., 1999）である。このタイプの嫌悪は，それぞれの文化に基づいたルールの遵守やその内在化と結びついており，そのルールに違反する行動によって誘発される（Rozin et al., 1999）。例えば，厳格な異性愛者集団で育った親であれば，自分の娘が他の女性と（もしくは息子が他の男性と）性行為をしているのを見たら，それ

は親自身の準拠集団（reference group）における異性愛基準に違反するため，嫌悪を感じるであろう。Rozinら（1999）はまた，上位文化の社会道徳的ルールを守ることを学ぶ上で，嫌悪が重要となることを指摘している。嫌悪は，子どものネガティヴな社会化（negative socialization）に大きな影響力をもっており，「文化的に拒絶されるべきもの（その最初のものは糞便かもしれない）の基準を内在化させるのに有効な方法は，それに対して嫌悪を感じさせることである」（Rozin et al., 1999, p.439）といえるのである。性行動について厳格なルールを学んだり，性そのものが汚いものであると学んだりすることで，当人のその後の性行動に対する感情反応は影響を受けるであろうし，それが性的な問題の発生につながることもあるであろう。

　道徳的に何が正しくて何が正しくないかは，非常に主観的・感覚的な問題であり，ひとつの文化の中でも様々な差異が生まれうるものである。そのため，ひとつの性的活動（性的マゾヒズム，服装倒錯性フェティシズムなど）が，ある人にとってはとてもポジティヴな感情をもたらすものだったとしても，別のある人にとっては「正しくない」ものであり，嫌悪的だと捉えられることもありえる。その人にとってそれはしてはいけないことであり，その人自身に内在化されている社会道徳的価値観に合わないという点で，不道徳とされうるのである。こうした見解に一致して，ある研究では，自由主義の道徳的価値観をもった女性は月経期間中に性的活動を求める傾向があり，一般的な性への態度も慣習にとらわれない傾向があるとされる（Rempel & Baumgartner, 2003など）。このような，**道徳性嫌悪**が性行動に関連するという考えを支持する研究もある。その研究では，性行動に対して比較的厳格な態度をもつ女性が，エロティックなスライドや映像を見ると，嫌悪をより強く感じやすく，注意を逸らさずに状況に没頭するのが難しいことが示されている（Koukounas & McCabe, 1997）。

　不安研究の中では，人は自分が感じている不安に基づいて危険性を推測する傾向があることが示されている（「自分が不安を感じているということは，危険であるに違いない」；Arntz et al., 1995）。嫌悪感でもこれと同じような感情に基づく推論がなされているかもしれない。すなわち，「自分が嫌悪を感じているということは，これは不適切な行動なのだろう」（Rachman, 2004, p.1252）というように，嫌悪感の高まりが，社会道徳的ルールを順守することの大切さを再認識させているのかもしれない。こうした感情に基づく推測が行われると，嫌悪を生じさせるような性行動については，それを行う動機づけが下がってしまうかもしれない。

さらには性そのものに触れないように動機づけられてしまうこともありえる。このような，内在化された社会道徳的ルールが嫌悪を感じることによって強化される，という見解を支持する知見もある。そこでは，実験的に嫌悪感を高めることによって，厳しい道徳判断を行なうようになることがエビデンスとして示されているのである（Wheatley & Haidt, 2005）。

2. 嫌悪と性機能不全

このセクションでは，性的問題の発生に嫌悪がどのように関与するか，そして，嫌悪の役割を考えることで治療的介入にどのような進歩がえられるのか考察していく。

(1) 欲求，覚醒，オーガズム

性機能不全は，正常な性行為を阻害したり，当人とそのパートナーに苦痛をもたらす持続的・反復的な性的問題として定義される（McAnulty & Burnette, 2004など）。DSM-IV-TR（APA, 2000）に記載されている性機能不全のカテゴリーは，おおよそ Kaplan による性的反応サイクルの3ステージモデルに基づいて，欲求，興奮，オーガズムの3つで構成されている。そのため性機能不全は，欲求に関する問題（性的欲求低下障害，性嫌悪障害），興奮に関する問題（女性の性的興奮障害，男性の勃起障害），オーガズムに関する問題（女性オーガズム障害，男性オーガズム障害，早漏）として定義されている。追加カテゴリーとして，DSM-IV-TRは，性交疼痛や膣痙攣などを含む性交疼痛障害についても言及している。

前のセクションで述べたように，嫌悪感の予期は性からの回避や撤退を動機づけ，認知バイアスは性へのネガティヴな認識をより強めてしまう。そのため，強い嫌悪感は，性的欲求低下障害や性嫌悪障害に大きく影響するかもしれない。実際，そうした状態においては，嫌悪関連の認知的評価が目立つようになるという臨床的なエビデンスもあり，こうした見解は支持されうるものだといえるだろう（Carnes, 1998 など）。これをうけて Kaneko（2001）は，診断の過程においては，嫌悪が果たしうる役割についても十分に把握することが重要だと主張している。しかしながら，こうした障害において，嫌悪が果たす役割に焦点をあてた実証的な研究は，今まであまり行われてこなかった。そのため，今後の研究には課題が多

く残されている。どのタイプの嫌悪が最も顕著に関連するのか（中核嫌悪，動物性嫌悪，社会道徳性嫌悪），嫌悪に関連したとらわれは患者によって異なるのか，嫌悪はこの問題の原因なのか，結果なのか，もしくはその両方なのか，といったテーマについて，明らかにしていく必要がある。しかし，理論的に考えると，嫌悪・汚染感受性を高める要因，性行動に関わる身体部位の感受性を高める要因，性的なパートナーの身体部位や身体分泌物によって汚染される可能性の予期を強める要因など，これら全ての要因が，性的欲求を伴う性的障害のリスクとなりうる，と考えるのが妥当であろう（Rempel & Baumgartner, 2003 など）。

性的反応サイクルの他のステージの障害についても，ほぼ同じような論理を当てはめることができる。特に嫌悪感や嫌悪関連の認知的評価は，性的覚醒を妨げることになるだろうし，それは性的覚醒の低下と関連する問題（勃起の問題など）や，男女双方のオーガズム障害にもつながるであろう。最終的にどのような問題が現象として表れるのかは，嫌悪と他の要因との交互作用によるのかもしれない。嫌悪感や嫌悪関連の認知的評価は，各種の診断における横断的な現象として最もよく検討されてきたものと思われる（Harvey et al., 2004 を参照）。そのため，様々な問題における嫌悪の役割をより詳細に検討することで，現在の診断カテゴリーを改善したり，より実態に即した介入を行う手掛かりが得ることができたりするかもしれない。

嫌悪は性的反応サイクルに関する機能不全の理解を助けてくれるだけではなく，最も困難かつ誤解を受けている性機能不全である膣痙攣について，いくつかの新しく有効な手掛かりをもたらしてくれる。この章の最後のセクション「膣痙攣について」では，膣に関する問題（vaginistic complaints）の発生に嫌悪が果たす役割を中心に考察する。性行動において嫌悪が果たす役割を考えることで，性的障害についての概念的理解がどのように促され，また治療的介入にどのような新しい着眼点が得られるのか，示していくこととする。

（2）膣痙攣について

膣痙攣は，膣の外側3分の1の部分の筋層に反復的または持続的な不随意性れん縮が起こり，性交を障害するもの，として定義されている（APA, 2000）。この膣に関する問題は，女性自身がそう望んでいるにも関わらず，ペニスや指，もしくは何らかの物体を膣に挿入するのが困難になることが特徴である（Basson et al., 2003）。膣痙攣は，強い感情的苦痛をもたらし，多くは慢性的な経過をたどる

(Weijmar Schultz et al., 2005)。残念ながら，この「困難な状態」の原因はあまり知られておらず (Leiblum, 2000)，現在利用可能な治療方略も，この問題を和らげるにはあまり効果的なものではない (van Lankveld et al., 2006 など)。

膣に関する問題については，19 世紀に最初のケースレポートが出版されているものの，その背景となる要因については未だにほとんどわかっていない (Beck, 1993)。当時の現状について Beck は，膣痙攣が「科学の怠慢をしめす好例」(p.381) だと指摘している。これまでの長い間，膣痙攣を医療的な問題とみなす見方が主流であり，性交ができないことに対する外科的な解決方法を考案・検証することに最大限の努力がはらわれてきた (Abromov et al., 1994)。より近年では，ボツリヌス菌の注射 (ボトックス注射という呼び方のほうが有名かもしれない) によって，骨盤底筋を麻痺させ，挿入ができるようにする方法もとられている (Ghazizadeh & Nikzad, 2004; Münchau & Bhatia, 2000)。

近年，心理学的な説明として主流となっているのは，非常に嫌悪的な性体験や性的ハラスメントが膣痙攣の原因の重要な要素となっている，という見方である (Rathus et al., 2005)。DSM-IV-TR (APA, 2000) でも，膣痙攣の原因となりうる要素として，性的トラウマに言及がなされている。しかしいくつかの実証的研究からは，膣に関する問題にとって，性的トラウマは必要条件でも十分条件でもないことが示されている。膣痙攣のある女性のうちかなりの割合の人が，性的虐待 (性的虐待の企図や，手，口，ものによる性的な接触や被接触の強制など; Reissing et al., 2003 など) を受けた経験があると報告されてはいるものの，同じく膣痙攣のある女性のかなりの人数が，こうした虐待の経験がないことも示されている (ter Kuile et al., 2007 など)。性的虐待を膣痙攣の原因だと特定することが難しいのは，性的虐待を受けた女性が訴える問題には，膣痙攣などの膣への侵入の困難を伴わないようなもの，例えば性的依存などの問題などもよく見られるからである (Carnes, 1998)。こうした種類の嫌悪条件づけ体験は，膣に関する問題を訴える女性においては，相対的にそれほど多いわけではないのである (Weimar Schultz et al., 2005 も参照)。

より近年では，痛みに関する恐怖が膣痙攣に重要な影響をおよぼすという主張がなされている (Reissing et al., 2004)。痛みの訴えは，膣痙攣の診断の必須事項ではないものの，膣痙攣のある女性の多くが痛みを併存して抱えている (Reissing et al., 2004 など)。実際に，生涯を通して膣痙攣のある女性のうちかなりの割合の人が，綿棒での接触によって膣前庭に痛みを訴えることが示されている (ter Kuile et al., 2005 など)。これらのことから，膣の反応は，侵入に伴う痛みへの恐怖によって引き起こされる防衛的な反応であるということもできるかもしれない。しかしながら，そうした痛みへの恐怖という観点に立った膣痙攣の概念的理解は，膣に関する問題の維持を説明することには役立つが，それが膣痙攣の原因をどのように直接説明できるかは明らかではない。特に生涯を通して膣痙攣がある女性についてはなおさらである。

　痛みへの恐怖による説明については，その妥当性に疑問も残る。生涯をとおして膣痙攣がある女性を対象に，膣内に侵入されることに対する恐怖へのとらわれの緩和を目的とした認知行動療法の効果が，待機対照群を用いたランダム化比較試験によって検証されている (van Lankveld et al., 2006)。この介入は膣に関する問題を弱めることに成功してはいるが (van Lankveld et al., 2006)，その効果量は最大でも中程度であり，1年後のフォローアップ時に性交ができたと報告したのは，治療を受けた者のうち，ごく少数 (12%) であった。標的とした効果指標における効果量は残念なものであったが，それによって今後さらに介入方法を改善していく必要があることが明らかになったともいえる。また，膣に関する問題を，痛みへの恐怖という観点から概念化することの妥当性にも疑問が投げかけられているといえるだろう。以上から，膣痙攣には，痛みへの恐怖以外にも，より決定的な要因が存在すると考えられるのである。

　その有力な候補が，嫌悪と汚染恐怖である。膣痙攣のある女性は，痛みそのものを予期したときよりも，汚染の可能性を伴うもの (ペニスなど) の侵入を予期したときのほうが，骨盤底筋の不随意な収縮を起こすことが示されている (de Jong et al., 2009)。このように，嫌悪によって膣痙攣を概念化した場合，検証可能な仮説が少なくとも3つ導かれる。第1の仮説は，膣痙攣のある女性は嫌悪や汚染に対する感受性が非常に高い，というものである。ここでいう嫌悪感受性の高さというのは，嫌悪刺激全般に嫌悪反応を示す傾向か，性的刺激に限って強い嫌悪反応を示す傾向か，そのどちらか，もしくはその両方のことを指したものである。第2の仮説は，膣痙攣のある女性は，一般的な，もしくは性行動に特化された厳格な道徳的価値観を有しているために，性交を予期すると道徳性嫌悪による防衛反応が生じる，というものである (Rozin et al., 1999 を参照)。第3の仮説は，膣痙攣のある女性には，脅威や嫌悪の感情が急激に生じたときに骨盤底筋の強い収縮反応が起こるという定型的な身体反応を有している，というものである (慢性腰痛の研究文脈において，これと概念的によく似た仮説が検証されている；

Vlaeyen et al., 1999 を参照)。

1) 膣痙攣：性的刺激の汚染可能性の高さについて

　我々は，膣の問題において嫌悪が果たしうる役割を検証する初めての試みを行った。生涯を通じて膣の問題をもつ女性が，性交疼痛症（dyspareunia；性交にまつわる反復的な性器の痛みとして定義される）やその他の性的問題をもっていない患者に比べて，性的刺激に対して相対的に強い汚染性を感じるかどうかを検討したのである(de Jong et al., 2009)。結果として，膣痙攣が嫌悪と関連するというアイデアは支持され，膣に関する問題をもった女性は，性交疼痛の女性や性的問題のない女性に比して，性的刺激によって汚染された可能性のある物体（パートナーの精液に触れたタオルなど）を強く回避する傾向を示した。

　興味深いことに，膣に関する問題をもった女性の嫌悪・汚染感受性の高さは，性的刺激に限られたものではなく，他の領域の嫌悪喚起刺激に対してもみられている。膣に関する問題のある群と，性交疼痛群および統制群とでは，Disgust Scale (DS；開発者は Haidt et al., 1994) の下位尺度である衛生と死の得点に差が見られた。これらの尺度の項目が表しているのは，汚染物質 (contaminating agents) を生み出す嫌悪誘発子である (Olatunji et al., 2004 など)。そのため，これらの項目で得点が高いということは，汚染物質を伝染させる物体への不快感や接触回避の傾向が強いことを意味する (DS の衛生下位尺度：「公衆トイレの便座には，身体の一部たりとも触れたくない」；DS の死下位尺度：「死体にさわると，強い嫌悪感をおぼえるだろう」)。つまり，膣に関する問題をもつ人々が示す嫌悪傾向の高さは，汚染に対する恐怖へのとらわれを意味しているものと考えられる。

　膣に関する問題のある女性は，汚染物質を伝染させたり発生させたりする刺激に接触することを概して不快に思う。このことから，嫌悪・汚染感受性の高さが，膣に関する問題の発生につながる病前特徴である可能性が考えられる。つまり，嫌悪・汚染感受性が高い女性にとって，性交に関連した刺激（ペニスなど）は，高い汚染可能性を獲得しやすい刺激なのである。同じように，ヴァギナも，嫌悪感受性の高い女性においては，強い汚染感受性を持ちうるようである (Davey et al., 1993 など)。これらが，嫌悪に動機づけられた回避傾向を生じやすくさせ，侵入に対する骨盤底筋の収縮などにもつながっていくのだと考えられる。

　嫌悪・汚染感受性の高さが，膣痙攣の発生にどのような役割を果たしうるかを検討する方法の1つは，一般的な嫌悪・汚染感受性（DS などが指標となる）の高さが，膣痙攣に対する治療によって変化するかどうかを検証することである。も

し汚染感受性の強さが，膣痙攣の結果として生まれるものではなく，その発生のリスクとなるものであれば，治療がうまくいったとしても，汚染感受性はあまり影響をうけずに残ると予測されるであろう（de Jong et al., 1997 を参照）。

2）膣痙攣：性的刺激の嫌悪誘発性

膣痙攣における嫌悪の役割を直接検討するために，膣痙攣のある者が，性交の場面を映したエロティックなスライドや映像素材を見たときに，（高い）嫌悪感で反応するかどうかを調査した（de Jong, 2007）。嫌悪や汚染恐怖が膣痙攣に何らかのかたちで関連するという予測のとおり，膣痙攣のある女性は，性的問題がない女性に比べて，0 から 100 の範囲の視覚的アナログスケールでより高レベルの嫌悪感を示した（55 vs. 31）。さらに，膣に関する問題をもっている女性は，脅威感（35 vs. 5），や不快感（53 vs. 30）が高く，快感情（22 vs. 43）が低かった。こうした群間の違いは，エロティックなスライドや映像においてのみ見られたもので，中核嫌悪の領域から選ばれた一般的な嫌悪的画像（流されていない便，うじ虫，吐しゃ物など）では違いは見られなかった。

意外なことに，こうした主観的感情には，表情の筋電図（electro myographic；EMG）の反応が伴わない。先行研究と同様に，一般的な嫌悪画像は，ニュートラルな画像に比べて，**上唇鼻翼挙筋**（鼻にしわを寄せる筋肉）に強い EMG 反応を引き起こした（de Jong et al., 2002; Vrana, 1993; 本書の第 5 章を参照）。しかし，エロティックなスライドに対してはこれと同じような反応が見られなかった。膣に関する問題のある群は，エロティックなスライドに対して，予測通りの挙筋活動を示したが，その効果量は小さく（eta^2 = .12），統計的に有意でもなかった。この結果についてのひとつの解釈は，ここで生じた嫌悪は中核嫌悪に関連する認知的評価によるものではなく，道徳性嫌悪によるものだったというものである。鼻のしわ寄せ（挙筋の活動によって示される）は，口からの摂取に関連する嫌悪状況と強い関連をもっている。一方で，上唇の挙上は，死体や道徳違反などの入り組んだ嫌悪誘発子とより密接に関連している（Rozin et al., 1994）。これらを踏まえると，同じ手続きを再現して，鼻のしわ寄せと上唇の上昇の双方を測定することで，誘発された嫌悪感が道徳性のものか中核的なものかを検討することが可能であろう。

3）膣痙攣と道徳性嫌悪

並行的に行われたエピソード研究によって，膣痙攣に道徳性嫌悪の高さが関与していることが試験的エビデンスとして示されている（de Jong et al., 2008）。

Golombok Rust Inventory of Sexual Satisfaction (Rust & Golombok, 1986) の膣痙攣下位尺度の得点が高い女性は，自身が所属する下位集団の社会道徳的なルールに反する異質な性関連行動（自分のパートナーがマスターベーションをしている姿が映った映像を見る，など）を行っている自分を想像した時に，比較的強い嫌悪感を示している。同様に，こうした状況に自分が関わりたいという意思と，膣に関する問題の程度とに強い負の関連が見られた。こうした知見は，膣痙攣のある女性は性に関する道徳的基準が比較的厳しいという仮説に一致している。性に関する価値観が厳しいと，性行動の際に嫌悪を感じるリスクが高まり（何らかのルール違反となるため），膣に関する問題が起こりやすくなるのである。

膣痙攣が性に関する領域以外の道徳的価値観の厳しさと関連しているか検証するために，私たちはSchwartz Value Survey (Schwartz & Bilsky, 1987) への回答を参加者に求めた。本章の文脈において重要な結果は，膣に関する問題のある女性は，性的問題がない女性よりも，「従順さ」を重要なものと評定したということであろう (Trautman, 2006)。従順さは，他者を害したり社会的期待に反したりするような行為や衝動の抑制，として定義される。このことから，膣に関する問題のある女性は，性以外の領域に，厳しい社会道徳的価値観を有しているものと考えられる。性的な基準の厳しさが膣に関する問題の原因かどうかを明らかにするためには，性道徳の固さを問い直すことや，社会的に受容可能なあらゆる性行動に対するより柔軟な態度を習得することによって，膣に関する問題に好ましい変化が見られるかどうかを検証すると意義深いであろう。それによって，理論的に興味深い知見が得られるだけではなく，膣痙攣に対する治療についても，比較的斬新な視点がもたらされるであろう。

3. 治療的示唆についての考察

ここまで見てきたように，嫌悪・汚染感受性が様々な性機能不全に関与していることを示す実証的エビデンスが，暫定的なものではあるものの，いくつか得られている。しかしながら，性にまつわる精神病理に対して嫌悪がどのような役割を果たしているか，より明確な理解を得るためには，今後より多くの研究が必要となる。例えば，嫌悪が，恥，恐怖，痛みなどの他の感情とどのような交互作用を起こすのかといったテーマについて，さらなる検討が必要である。一方で，嫌

悪という視点から性機能不全を概念化することで，現在利用可能な介入手法をより改善するための手がかりが得られるかもしれない。例えば認知行動療法を行う際，汚染関連のとらわれに焦点を当てて，性的な分泌物の汚染可能性や，自分の身体部位が汚染されることへの感受性の低減を目的にした曝露療法的な活動を行うなどすると，有益かもしれない（de Jong et al., 2000 を参照）。また，性関連の刺激だけに領域を限定しないで，より一般的な嫌悪傾向を減じるような曝露的エクササイズも有効だと考えられる。

　Rozin と Fallon（1987）のレビューでは，嫌悪反応を消失させるメカニズムには3種あり，それらの全てが治療に統合されうるものであると指摘されている。第1のメカニズムは，他者が性に関する対象や行為に対して示す表現・表情を受け入れるということである。この視点から考えると，ホームワークの枠組みだけでなく，ホームワークの課題内容に対する教示や評価を行なう際に治療者が示す態度が，特定の性的行動や性的刺激への評価にポジティヴな変化をもたらすと予測できる。ただし Rozin と Fallon は，こうしたやり方が，堅固に確立されている嫌悪誘発子に対して有効かどうかは疑わしいとも述べている（性機能不全もそれにあたるであろう）。

　第2のメカニズムとして，Rozin と Fallon（1987）は，**概念的な転換**（conceptual reorientation）をあげている。これは例えば，腐っている牛乳だと思っていたものがヨーグルトだと気付いた時に嫌悪反応が消失する，といった現象を言い表したものである。こうした認知的な転換は，性的な問題の文脈でも生じうる。例えば，性的な問題を抱えている人は，かなりの割合で，自分やパートナーの性器を近くで詳細に見た経験がない。ホームワークによって，性器が性的反応サイクルのステージに応じてどのような反応を示すかなど，性器について精緻で正確な見方を得ることできるかもしれない。例えば，ペニスが凶暴で圧倒的で攻撃的で不潔なモンスターであったのが，愛するパートナーと愛情や性的快感を共有させてくれる可愛くて大切な身体の一部として概念化されるような転換が起こるかもしれない。道徳性嫌悪が関与している場合には，認知行動療法的な技法を用いることが有効かもしれない。性行為は不潔で罪深く不道徳な行為であるという概念化の仕方から，より機能的な（興奮をもたらす）概念化へと変化が促されるかもしれない。

　最後に，Rozin と Fallon（1987）によると，嫌悪反応の強さは，消去や馴化によって弱めることができるのだという。それは例えば，嫌悪的なものに強制的に

接触しつづける（トイレの掃除が自分の仕事のひとつであったら，汚れたトイレへの不快感は徐々に減じられるであろう）といったことである。同じような論理で，食物に対する不快感の修正には曝露が有効であるという予備的なエビデンスがある（de Silva, 1988）。しかし，嫌悪事象全般に言えることだが，嫌悪に関連した性機能不全がある者は，嫌悪反応の消去や馴化が起こりうる機会があっても，それをたいてい避けてしまう。彼ら／彼女らは，気逸し，特定の行動の抑制，性的分泌物との持続的な接触の回避など，あらゆる方略を取って回避する。このことから，ホームワークにおいては，クライエントが嫌悪刺激に対して持続的・直接的・物理的に接触し続けられるようにアレンジされると有効であろう。もっとも効果的なのは，軽度の嫌悪や不快感を覚える状況から，最も嫌悪を感じる状況まで，段階的なやり方（嫌悪階層表）でホームワークを組むことである。効果的かつ理論的根拠を有する介入方法が存在しない現状において（Heiman, 2002），今後，嫌悪に関連した感情や評価を低減させることを目標とした介入を開発・検証する試みが，有用な介入技法の発展につながっていく可能性があるだろう。

第13章

嫌悪の治療

SUZANNE A. MEUNIER and DAVID F. TOLIN

　近年，嫌悪感の研究は増加し，その精神病理学への貢献も大きくなってきている。しかし関心が増しているにもかかわらず，嫌悪と心理社会的な治療との関連についてはほとんど議論されていない。いくつかの障害においては，嫌悪に関わる成分が影響を及ぼすことが実証的に示されている。そうした障害の治療モデルは，その機能分析に嫌悪の影響を取り入れることによって改善される可能性がある。

1. 感情障害の心理療法

　大うつ病性障害（Hollon et al., 1992），パニック障害（Barlow et al., 2000），特定恐怖症（Öst et al., 1991），社交不安障害（Heimberg et al., 1998），強迫性障害（OCD; Foa et al., 2005）など，様々な感情障害を対象とした多岐にわたる認知行動療法（CBT）が開発され，その効果が証明されている。ほとんどのCBTモデルに共通する点はLang（1979）が提案した感情の三面的な概念化（tripartite conceptualization）である。このモデルによると，感情は（a）精神病理的活動，（b）主観的／認知的体験，（c）行動への作用傾向に分けられる。例えばヘビに対する特定恐怖症の場合，恐怖に対する個別の感情は（a）心拍増加のような交感神経活性，（b）主観的な恐怖感とヘビは有害だという信念，そして（c）ヘビに関する刺激を回避する傾向，と概念化できる。それとは別に，怒りを抑制することに問題をもつ患者については（a）交感神経系の活性，（b）主観的な怒り感覚と誰かが「ルール」や規範を破ったという思い込み，そして（c）積極的に行動を起

こす傾向，と概念化できるかもしれない。

　種々の感情障害が重なりあう病態であることが徐々に示されていきている（Brown et al., 1998）。そうしたエビデンスを基として，様々な感情障害への認知行動的介入に共通する治療メカニズムを特定することに，研究者の関心が集まっている。Barlow ら（2004）は感情障害における CBT について，(a) 感情の喚起に先行する不適応的認知を修正する，(b) 感情回避（emotional avoidance）を防ぐ，(c) 気分と不調和な行動を促す，という3つの基本的側面を挙げている。したがって，例えば，汚染に関連した強迫性障害に対する治療では，(a) 合理的な話し合いや行動実験をとおして，患者が日常的に感じる汚染されているような感覚と，その汚染が疾患を引き起こすという確信を変容させること，(b) 手洗いなど，強迫行動の自制を促すこと，そして (c) 公衆トイレを利用するなど，日常的に避けてきた状況への接近を促すこと，が含まれる。さらに，大うつ病性障害の治療では，(a)「やるだけ無駄だ。どうせ失敗する。」など患者の絶望的な確信を変容させること，(b) 人間関係からの回避や，反すうなどを減少させ，深刻な不快感を弱める，(c) やりがいのありそうな行為を頻繁に行うよう促す，の3項目となるであろう。

　我々は，これらの指針は病的嫌悪の治療に有用なものとなる可能性があると考えている。本章では，はじめに嫌悪と他の感情の関係について議論し，次にいくつかの主要な感情障害における嫌悪の役割について触れたい。最後に，嫌悪に関連する精神病理を変容させる試みを説明し，治療法を発展させる上での将来的な方向性を提案する。

2. 状態嫌悪と特性嫌悪

　嫌悪の臨床的な側面を記述する際には，**状態嫌悪**と**特性嫌悪**とを区別するのが役立つかもしれない。**嫌悪感受性**と概念化されることの多い特性嫌悪は，嫌悪を経験しやすい傾向を意味している。嫌悪感受性を査定する際には，様々な刺激に対してどの程度嫌悪を感じそうか，主観報告させるのが一般的である。状態嫌悪は，ある種の外的刺激に対する反応として引き起こされた感情である。おそらく，特性嫌悪（嫌悪感受性）の程度が高い個人は，ある刺激に直面した時に他の感情よりも状態嫌悪を感じやすいのだろう。

特性嫌悪と状態嫌悪は，感情障害の発生に影響する可能性がある。特性嫌悪は，嫌悪反応（嫌悪の統制不能感や，嫌悪に圧倒される感覚）についての否定的な認知を発生しやすくさせたり，嫌悪感情を体験することから回避しやすくさせたりするので，感情障害を発生させる一因となりうるのである。同様に，状態嫌悪を強く経験することも，感情障害が発症する一因になる可能性がある。そのため，嫌悪の治療では特性嫌悪や状態嫌悪のレベルにかかわらず，認知の変化と回避行動の減少に焦点を合わせることになるかもしれない。

　本書第Ⅲ部の各章で嫌悪の障害について議論してあるので，それについては以下の章を参考にしてほしい。嫌悪と動物恐怖症については第8章で議論している。第9章では嫌悪と血液・外傷・注射（BII）恐怖症との関連について，そして第10章では汚染恐怖とOCDとの関連が議論されている。第11章には，嫌悪が摂食障害とどのように関係するか考察されている。

3. 認知行動療法に対して嫌悪が示唆すること

　この節では，感情障害のためのCBTと嫌悪の関連について議論する。第1に，嫌悪と嫌悪感受性が治療転帰を予測するかどうかを検討する。もし嫌悪がCBTの効果を妨げるのなら，患者の呈する感情状態によって治療を変更する必要があるということだろう。第2に，嫌悪がCBTの手続きによって緩和されうるのかどうかを検討する。CBTは，例えば（不安障害における）不安や（うつ病性障害における）悲しみといった肥大した感情状態に対する確立された治療法ではあるが，嫌悪が同じように治療できるかどうかはわからない。そして最後に，CBTが精神障害を構成する要素の中でも，特に嫌悪に対して効果をもつよう修正できるかどうか考察する。

(1) 嫌悪は治療転帰を予測するか

　クモ恐怖の曝露療法において嫌悪反応がどのような役割を果たすか検討した研究がいくつかある。ある研究では，嫌悪感受性がクモ恐怖の低減にどう影響するか検討している。この研究では，2時間の曝露セッションのなかで，まずセラピストがクモと接する様子を手本として観察させた後，実験参加者自身が作成した階層表に基づいて，クモへの曝露を実施した。その結果，嫌悪感受性が高い患

者は，嫌悪感受性が低い患者よりクモ恐怖症状の低下が乏しいことがわかった（Merckelbach et al., 1993）。さらに，嫌悪感受性が BII 恐怖症状の低減とどう関係するか調べた研究では，全般的な嫌悪感受性は恐怖の低減を予測せず，その一方で BII に特定的な嫌悪感受性と恐怖症の低減との間に，わずかながらも有意な関係が見られた（Olatunji et al., 2007）。

今日に至るまで，特定恐怖症以外の精神障害を，嫌悪がどの程度予測できるか調べた研究はほとんど行われていない。とはいえ，嫌悪の役割は OCD のサブタイプから推察できるかもしれない。前述したとおり，汚染関連の OCD 患者は他の型の OCD（確認など）患者よりも，自分が回避した刺激を嫌悪的だと評価しやすく，嫌悪感受性も高いことを示すエビデンスが，少なくともいくつかは存在している。また，ほとんどの研究で，汚染関連の OCD 患者は他のサブタイプの患者とほぼ同じくらい治療に反応することが明らかになっている（Abramowitz et al., 2003; Mataix-Cols et al., 2002）。Mataix-Cols ら（2002）は，汚染関連の OCD 患者のうち 64% について治療に反応した（Y-BOCS において点数が 40% 以上減少した者）ことを報告している。これらの数字は他のサブタイプと大きくは違わない水準である。また，Abramowitz ら（2003）は臨床的に有意な変化を示した汚染恐怖患者が 70% 居たことを報告しており，これも他のサブタイプと違わなかった。一方，McLean ら（2001）による集団 CBT と曝露反応妨害法の研究では，回復したと分類された患者のうち，「強迫観念」患者が 20%，「確認強迫」が 33%，混合型 OCD 症状が 58% 含まれていたのに比べ，「洗浄強迫」に分類される患者はわずか 9% しか存在しなかった。さらに，洗浄強迫者の反応性について調べたところ，CBT（非機能的な認知的評価の変容に焦点を合わせたもの）を受けた患者が 0%，曝露反応妨害法（馴化に焦点を合わせたもの）を受けた患者の 20% が回復していたことがわかった。CBT グループに参加した患者の治療反応の乏しさを示す証拠からもわかるように，馴化なしに非機能的な認知を修正しようとしても，十分な効果を得られない可能性がある。いくつかの研究からは，嫌悪反応は恐怖反応よりゆっくりと馴化する可能性が示されている（Olatunji et al., 2007; Smits et al., 2002）。そのため，曝露反応妨害法を受けた患者の治療反応性が低かったことは，嫌悪反応の馴化が生じるのに十分な時間が与えられなかったことを意味している可能性もある。グループ形式での治療は，嫌悪反応を確実に馴化させるのに十分な時間をとって，曝露し続けるというよう臨機応変さを持ちにくいのかもしれない。

(2) 嫌悪は治療の中で低減するか

　不安障害において，全般的な嫌悪感受性は治療にあまり影響されないものと思われる。クモ恐怖症の患者に関する2つの研究（de Jong et al., 1997; Smits et al., 2002）とBII恐怖症の研究（Olatunji, Smits et al., 2007）では，全般的な嫌悪感受性は恐怖症関連の刺激に対する曝露をベースにした治療が成功した後も低減しなかった。しかしこれら3つの研究すべてにおいて，恐怖症の対象に特異的な嫌悪感受性は治療後に低下していた。ある研究では，クモ恐怖と嫌悪感受性の低下は互いに相関することが示された（de Jong et al., 1997）。また別の研究では，BII恐怖の低下はBII嫌悪の低下を統制しても有意であり，嫌悪の低下から独立していることが示されたが，嫌悪の低下は恐怖の低下を統制すると有意でなくなり，部分的には恐怖の低下に依存することが示された（Olatunji et al., 2007）。これらの結果から恐怖と嫌悪反応は相互に関連している可能性が考えられる。特定の刺激によって誘発された嫌悪感情は，全般的な嫌悪感受性と違い，曝露をベースとした治療で軽減される。曝露中の恐怖と嫌悪反応の低下率を調べた2つの研究においては，これら2つの感情が治療過程で低下することが示された。ただし，嫌悪反応は恐怖反応よりゆっくりと低下していた（Olatunji et al., 2007; Smits et al., 2002）。恐怖と嫌悪の低下率は相互に関連していた。しかしどちらの感情もお互いの低下を統計的にすべて説明していたわけではない。

　McKay（2006）は，汚染関連刺激に対する嫌悪反応の馴化を，汚染関連のOCD群と，それ以外のタイプのOCD症状をもつ群とで比較検討している。参加者自身のOCD症状がどのようなものであったかに関係なく，すべての参加者をOCD関連刺激と嫌悪刺激に曝露した。その結果，両群ともに嫌悪反応は低下していたが，汚染関連のOCD群では，嫌悪の低下が比較的小さく，馴化が生じるまでの時間もやや遅かった。

　嫌悪反応の低下に時間がかかることは，治療に悪影響を与えるかもしれない。治療期間に十分な時間を確保できず，曝露を繰り返せない場合，治療を行っても嫌悪反応の馴化が十分なレベルに達しない可能性があるからである。あるアナログ研究では，クモ恐怖者がクモ刺激に曝露された際に嫌悪反応がどのように低下していくか，曝露の状況を単一の文脈に限った条件と，複数の文脈で曝露した条件とで比較している。その結果，単一の状況下で繰り返しクモに曝露されたものについてのみ，嫌悪の水準が著しく低下していた（Vansteenwegen et al., 2007）。複数の状況下でクモ刺激に曝露された者は，曝露の回数自体は同じだったが，そ

れぞれの状況における曝露回数は少なかった。さらに，新しい状況で検討した場合，単一の状況でしか曝露されていない患者はクモへの恐怖を再発した。これらの知見から，嫌悪反応が馴化するためには多くの時間と曝露の反復が必要であり，複数の状況に対する曝露では馴化が生じるのに十分な時間を確保できないことがわかる。

　嫌悪反応は曝露療法への反応性を有するようだが，その速度は恐怖反応よりも遅い可能性があり，また個人差変数にも影響される可能性がある。これらの知見はそれぞれの感情の獲得過程における違いに起因するのかもしれない。嫌悪反応は共感呪術的信念や評価条件づけによって獲得されるといわれており，嫌悪感受性のような個人差変数からも影響を受けるようである。評価条件づけのプロセスから獲得された反応は，強い消去抵抗性を示すことが明らかにされている（Baeyens, et al., 1988）。例えば，ネガティヴな感情価をもつ情報（嫌悪関連の心的イメージ）によって媒介された食物嫌悪（food aversion）は，古典的な食物嫌悪に比べて強く，また消去されにくいのである（Batsell & Brown, 1998）。もしも嫌悪反応が刺激に対する評価の変化を通じて学習されるのであれば，嫌悪誘発刺激の感情価をターゲットにするよう，治療法を改善すれば良さそうである。

4. 嫌悪を扱えるように治療法を改良することは可能か

　これまで議論したように，感情障害の治療においては，不適応的な認知，感情の回避，特定の感情に関連する行動傾向に対処しなければならない（Barlow et al., 2004）。したがって嫌悪の治療法は，嫌悪誘発子の主観的な感情価や，疾患をもたらすような刺激との接触方法を，直接変容させるような手続きを含んでいなければならない。また，副交感神経系の反応や，嫌悪反応と結びついた回避行動も扱えなければならないのである。

(1) 不適応な認知

　近年，特定の不安障害における嫌悪誘発刺激の否定的評価に対処するための治療法が開発されている。そのうちのひとつにはクモのネガティヴな感情価に対処するための現実曝露（in vivo exposure）と拮抗条件づけが含まれている（de Jong et al., 2000）。拮抗条件づけの要素には，クモが有する嫌悪的な特徴への言及や，

そうした性質が低減されうるという説明が含まれている。この説明によると，クモとの持続的で緊密な接触という現実曝露を行った後に，美味しいものを食べたり好きな音楽を聴いたりすれば，クモへの嫌悪的な性質は低減されていくのだという（de Jong et al., 2000）。この研究によると，曝露のみの治療と，曝露と拮抗条件づけを複合した治療のどちらにおいても，回避行動，恐怖反応，そして嫌悪反応が著しく低下するだけでなく，クモに対する知覚がより好ましくなることが示されている（de Jong et al., 2000）。

　汚染関連OCDの患者のために新しく開発された認知療法の変法（危険性観念の低減療法［DIRT］）は，脅威に関するネガティヴな認知的評価を変容するための伝統的な認知再構成を含むものである。この方法においては，汚染物質と接触することで病気になる可能性の反証を提示し，より現実的な確率推定ができるように話し合う。薬物治療と曝露反応妨害法が奏功しなかった5人の患者を対象に行われた小規模対照臨床試験においては，DIRTには汚染関連のOCD症状を低減する効果があることが示されている（Krochmalik et al., 2001）。

　種々の治療法はネガティヴな認知的評価に対処することを目指して開発されたが，それらは感情価の変化には必須ではないのかもしれない。段階的な現実曝露，言語による強化，標的行動のモデリングを含む食物嫌悪への治療では，大多数（71%）の参加者がすべての（嫌悪）階層への曝露を完遂し，その結果，標的食物の感情価は嫌悪から中性に変化した（de Silva, 1989）。従来の曝露をベースとした治療介入は，大部分の対象者の感情価を変容させるのに効果的かもしれない。しかし，DIRTの臨床試験の結果を鑑みるに，従来の方法で効果が認められない者に対して，これらの新しい治療法が有効かどうかを調べることは有益なのではないだろうか。

　また，嫌悪の治療法には，汚染や病気に関係する結末がどのくらいの確率で生じるかという主観的な見込みや，そうした結末への対処能力に関する信念を取り扱うための行動実験が含まれるかもしれない。結末としてありえることは，ネガティヴ感情全般によくあることかもしれないし（例えば，感情に巻き込まれ，コントロールを失うことなど），嫌悪に特異的なものなのかもしれない（例えば，嫌悪喚起刺激を目の前にしたときに嘔吐や失神を恐れることや，ある種の食物は体重増加を引き起こしやすいと思い込むことなど）。

(2) 感情回避と気分不一致な行動傾向

　患者の多くは，嫌悪誘発刺激への曝露に続く副交感神経の活動によって，失神や嘔吐には至らない。しかし，これまで議論してきたとおり，一部の BII 恐怖症患者は恐怖関連刺激に直面したときに失神することがある。失神することで，嫌悪誘発刺激に直面することを回避できるのである。Page（1994）は，治療は恐怖の回避と失神症状に合わせて行なうべきだと提案した。具体的にいうと，失神症状を訴える患者は副交感神経の活動に焦点を合わせて組み立てられた治療を受けるだろうし，恐怖を回避する症状を訴える患者は交感神経の活動に焦点を合わせて組み立てられた治療を受けるだろう。緊張応用法（applied tension）は血圧と脳血流量の急低下からなる二相性の反応パターンに対処することを目指して開発された（Öst & Sterner, 1987）。この治療法には，筋肉を徹底的に緊張させる技術を学ぶことと，この技術を使うタイミングを知るために血圧低下の最初の兆候を自分で特定できるようになることが含まれている。いくつかの研究により，緊張応用法が現実曝露のみの治療よりも血液恐怖症に対して効果的であることが明らかにされている（Hellström et al., 1996; Öst et al., 1991; Öst et al., 1989）。緊張応用法は，失神を経験する人々が，曝露のような気分不一致行動を行えるようになるために必要な方法なのかもしれない。

　嫌悪に伴う主要な行動反応は回避である。そのため，嫌悪関連の問題に対する治療は，回避行動を低減させることに焦点を合わせなければならない。よって不安障害患者に対する曝露療法では，不安に関連した回避だけでなく，その状況に含まれる嫌悪を喚起させるような性質にも焦点を合わせることになるだろう。例えば，ヘビ恐怖症患者はヘビの動きやヘビの皮の手触りを想像すると嫌悪を感じる。ヘビの写真を見るだけの曝露はそこまで考慮してはいない。やはり，ヘビに直接触ったり，その動きを見たりすることができる曝露が望ましい。

　摂食障害患者は日常的な食事のルールを破ったり，むちゃ食いしたりする際に嫌悪を訴える可能性がある。こうした人々には吐き気や膨満感を起こす食品を食べることや，代償行動を控えることが推奨される。加えて，自分自身の身体部位の形や大きさに嫌悪を感じるようなら，その部位を鏡で見ることも推奨されるだろう。

5. 今後の研究について

　嫌悪反応の治療については研究がほとんどないため，多くの重要な疑問が解決されていない。第1に，嫌悪感受性と嫌悪反応の役割が明らかになっていない。第2に，嫌悪はいくつかの障害で一貫して主観報告されるが，それらの障害をもつ個人が嫌悪の主観報告と一致する生理活動を経験しているかどうかはほとんど研究されていない。第3に，嫌悪は他の感情反応よりもゆっくりと馴化することが示唆されている。しかし馴化がより遅いことが再発の増加などの問題に関係するかどうかを調べた研究はこれまでに無い。第4に，現行の不安障害治療を，より直接的に嫌悪反応を扱うように変化させていく必要があるかどうかまだわかっていない。第5に，嫌悪と摂食行動の関連はほとんど理解されていない。最後に，対人嫌悪や社会道徳性嫌悪の構成概念はまだあまり理解されておらず，治療に関係するかどうかもよくわかっていない。

(1) 嫌悪感受性と嫌悪反応性（disgust reactivity）

　全般的な嫌悪感受性はいくつかの精神症状と関連することがわかっている。先行研究により，特定の刺激に直面したときに嫌悪を経験する傾向（嫌悪感受性）の主観報告は，実際の刺激に曝露された時に経験する嫌悪（状態嫌悪）と必ずしも一致しないことが明らかになっている。また，曝露により，刺激関連の嫌悪感受性と状態嫌悪は弱まるが，全般的な嫌悪感受性は影響を受けないことが明らかになっている。さらにある研究からは，全般的な嫌悪感受性が否定的な治療転帰を予測する可能性があることを示すエビデンスが得られている。しかしながら，嫌悪反応の予期や，実際の嫌悪反応が，治療から得られる利益にどのような影響を与えか，さらに研究していく必要がある。

(2) 嫌悪の主観報告は生理指標と一致するか

　嫌悪についての研究は，大部分が嫌悪反応の主観報告に基づいている。いくつかの研究は，他の特性（ネガティヴな感情や神経症傾向など）を統制した場合でも，嫌悪関連の変数と心理的な症状との間に有意な関連があることを明らかにしているが，嫌悪の主観報告を生理指標の個人差に置き換えてもそういう結果になるかは明らかでない。BII恐怖症患者に失神症状を経験させるような生理反応に，

第13章 嫌悪の治療

嫌悪が影響する可能性を示すエビデンスがいくらかある。しかし，他の嫌悪関連の障害において，顕著な副交感神経系反応が生じるかどうかは知られていない。ちなみに我々は，曝露中に汚染刺激と直面した際，吐き気や嘔吐をもよおす汚染恐怖患者を観察したことがある。そうした症例においては，副交感神経系が活性化する程度を明確化することによって，その活性化を引き起こすための曝露計画の重要性が示されるかもしれない。また，嫌悪の主観的指標，行動指標，そして生理指標の関係を調べることによって，誰がどのような治療を受けるべきかが明らかにできるかもしれない。

(3) 嫌悪の馴化が恐怖より遅いことは問題になるか

いくつかの研究によって嫌悪反応の馴化は比較的遅いことが示唆されている。しかし，恐怖と同じレベルの馴化が曝露セッション（時間）を追加することで成立するかは不明である。従来の曝露をベースとしたアプローチは，不安や交感神経系の反応を誘発するようデザインされている。すなわち，この種のアプローチは嫌悪に焦点をあてたものではないので，その馴化も遅くなってしまうのかもしれない。今後の研究では，嫌悪や副交感神経系の反応を引き起こすことに焦点をあてた曝露によって，馴化がより早く起こるかどうかを調べることが求められる。また，嫌悪が十分に馴化するのに要する時間と，緩慢な馴化プロセスにおいて起こりうる再発の危険性についても検討する必要がある。本章で述べたように，グループ対象の治療では，セラピストが曝露時間を長くしようとしても，できない場合がある。実際に，個人対象の治療とグループ対象の治療を比較すれば，それぞれの治療計画によって嫌悪反応がどの程度低下するかはっきりするだろう。

(4) 現行の治療法に修正は必要か

BII恐怖症患者に特異的な生理反応を取り扱えるように組み立てられた治療からは，現実曝露のみの治療よりも高い効果が得られるものと思われる。もし強い副交感神経の活動が他の障害でも見られるのなら，そうした活性化の誘導に焦点を絞ることで，さらなる治療効果が得られるかもしれない。嫌悪関連の認知的評価を直接的な治療ターゲットとしなくても，多くの人々が症状を抑えられることを示した研究知見は，認知的評価に対する介入が必須でないことを示している。しかし，第一選択の治療に反応せず，代替となる治療アプローチ（DIRTなど）から治療効果をうる患者が一定数いるかもしれない。これを明らかにするために

は，従来の曝露療法と，これらの修正されたアプローチを比較する研究が必要である。

(5) 嫌悪と摂食障害

先行研究によって，嫌悪感受性と摂食障害症状との関連が明らかになっている。しかし，摂食障害における嫌悪の役割について調べた研究を，我々は見たことがない。また，むちゃ食いする患者はしばしば嫌悪を訴えるが，その嫌悪反応が摂食障害的な補償戦略をもたらすかどうかは明らかでない。これからの研究では，食物への強い嫌悪反応が，下剤の服用などにどの程度影響するかを検討できるだろう。また，肥満体型に対する嫌悪は摂食障害の人々にも見られる。しかしそうした嫌悪反応が，頻繁に体重を測ることや，外見（体型や身体のサイズなど）を確認することといった，よくある摂食障害行動につながるかどうかは明らかになっていない。嫌悪と摂食障害行動の関係がより詳しく理解されれば，治療についてもいろいろな修正が提案できるだろう。

(6) 複合的な嫌悪反応

ここまでに示したとおり，嫌悪感情は，中核的な嫌悪誘発子と，病気や疾患の予防に関する他の嫌悪誘発子への反応ということで一致しているように見える。しかし，社会規範からの逸脱に嫌悪感をおぼえることが，腐敗した食物による嫌悪体験と同じものなのかどうかは不明である。前者はより複合的な感情反応を引き起こす可能性がある。前述のように，対人嫌悪や社会道徳性嫌悪の構成概念はまだあまり理解されていない。それらを理論的にみれば，それらは嫌悪反応が社会的機能を含むよう拡張されたものだと説明できる。ある研究は，対人嫌悪と社会道徳性嫌悪の誘発子が，中核嫌悪や衛生関連の嫌悪を強めることを示している（Meunier et al., 2004）。今後の研究では，対人嫌悪と社会道徳性嫌悪の構成概念を明確化することと，これらと他の嫌悪誘発子との類似点ならびに相違点を調べることが求められる。これらが明らかになると，精神疾患との関係についても検討が可能となるだろう。

6. 結論

　現在のところ嫌悪の治療については限られた数の研究しかなされていないため，概念化と治療計画のガイドラインは基本的な認知行動理論の原理から導き出すしかない。研究論文からは，嫌悪に関わる病理的な精神活動，認知，そして行動傾向を理解するための情報が得られた。これらによって，感情障害の一因となりうる嫌悪反応の識別は改善されるだろう。今後の研究により，特定の嫌悪に特化した治療介入が必要かどうか，そしてそれらは新たな治療効果をもたらすかといった問題に関するガイドラインが付け加えられることを期待したい。

第14章

嫌悪と精神病理学：治療と研究の新たな領域と，その次なるステップ

DEAN McKAY and BUNMI O. OLATUNJI

　これまでの章にあるように，嫌悪は様々な精神病理において重要な感情である。特定のタイプの恐怖症性回避における嫌悪の役割がはじめて認識された時点から，嫌悪はいまや汚染恐怖関連の OCD，性機能不全，摂食障害といった状態にも示唆を与えるまでになった（Matchett & Davey, 1991）。嫌悪の役割についての研究は年々着実に増加してきているが（Olatunji & McKay, 2007），昔から精神病理と結びつけられてきた他の感情に比べればまだまだ少ない。様々な精神病理に伴う過剰な嫌悪反応が何を意味するのか，研究者と臨床家がよりよく理解できるようになるには，もっと計画的に研究を進めていく必要がある。

1. 嫌悪と精神障害：実証的知見の範囲

　疾病回避モデルの導入以降（Matchett & Davey, 1991），嫌悪は非常に多様な障害に関係することが示されてきた。次の節では，嫌悪とその関連障害を考えるにあたり，どのようなことが明らかになってきたか，そして今後どのような研究が必要か，その要点を述べる。

(1) 恐怖症性回避
　前述したとおり，嫌悪と精神病理のつながりに関する実証的評価は，恐怖症性の回避とともに始まった。そこでは，昆虫や動物といった様々な対象への特定恐怖症をもつ人々が，そうした刺激に直面した際，恐怖よりもむしろ強い嫌悪感を報告することが示された（Matchett & Davey, 1991）。それ以来, 積み上げられて

きた研究は，これが実際に強固な関係であることを強く示している。さらに，昆虫と小動物に対する特定恐怖症をもつ人々は，特定恐怖症の対象への嫌悪反応と同様に，全般的にも強い嫌悪反応を示す傾向がある。特定恐怖症の研究が蓄積されたのに伴って，血液・注射・外傷（BII）恐怖症は特に注目を集めてきた。BII恐怖症は，家族や患者自身の多種多様な精神科既往歴と結びつけられており，そのことがその他の恐怖症との違いを際立たせている（Öst & Hellström, 1994を参照）。失神において副交感神経系の賦活が演ずる役割を考えれば，嫌悪がBII恐怖症と結びついていると考えるのは合理的である。副交感神経の活性化が，嫌悪をその要素とする他の恐怖症にどの程度関与しているのかを明らかにするために，さらなる検証が必要である。

　恐怖症性回避における嫌悪の役割にまつわる知識を発展させるには，実験室ベースの研究で得られた知見を，現実の世界に変換していくことが求められる。そのような研究は嫌悪と病的恐怖との時間的な因果関係を確認するところから始められなければならない。つまり，嫌悪が病的恐怖を強めるのか，それとも，高い嫌悪反応性は病的恐怖のアーティファクトにすぎないのだろうか。これまでに観察されてきた現象のなかでも特に重要なのは，人が生まれてから数年間は嫌悪反応があまり見られないということである。このことは，嫌悪を学習する際に社会や文化が影響を及ぼすことを示しており，そうした社会文化的要因が，どのようにして恐怖症性の回避を動機づけるような嫌悪を形成するのか，前向き研究によって確かめる必要がある。また，こういう路線の議論においては，交差文化的な研究がとりわけ有益なものとなるだろう。

　BII恐怖症は，不安と嫌悪がそれぞれどの程度寄与するのかを調べる上で，うってつけの障害だといえる。先行研究では，嫌悪は恐怖症性の回避を構成する一要素なのだろうか，あるいは不安と関係する内的状態を誤って嫌悪とラベリングしているだけなのではないのかといった議論が続けられている。しかしながら，不安と嫌悪はそれぞれ異なる神経系の反応，および異なる脳領域に関係している（Schienle, 本書の第7章を参照）。BII恐怖症は，曝露を予測したときには交感神経の活性化と関係し，そして実際に曝露したときには副交感神経の活性化と関係するなど，どちらの神経系の活性化にも関連しているのである。

(2) その他の精神障害

　ここまでの章で説明してきたとおり，嫌悪は恐怖症を越えて多くの精神障害と

結びつけられてきた。とはいえ，このような発展は驚くようなことではない。なぜなら嫌悪自体が複雑な防衛感情であり，そこには病気を防ぐという進化論的な役割以上の性質が含まれているからである。RozinとFallon (1987) は，嫌悪は誘発子と呼ばれる刺激のクラスに沿ったいくつかの次元から記述できることを示した。例えば，普通でない食べ物の組み合せや，文化特異的な食べ物の組み合わせなど，嫌悪を引き起こす誘発子の多くは，必ずしも疾病の回避と関係しない。本書の各章では，性機能不全，摂食障害，OCDといった様々な障害における嫌悪の役割を解説してきたが，これら以外にも嫌悪が大きな役割を果たす精神障害は存在する。ここまでの章で触れてきたように，非恐怖症性の障害に関係する知見は徐々に増えつつある。例えば，Schienleら (2003) によって，統合失調症者は全般的な嫌悪傾向が高まっていることが明らかにされている。CareyとHarris (2005) によると，治療開始後にBII恐怖症を発症するガン患者が存在しており，そのような人々は医療的な処理に曝されることが血液や注射への心配を大きくさせ，それがまた医療的処理への嫌悪反応を強めるという悪循環のなかにいる可能性があるのだという。これは血液検査を受ける患者によくみられる現象であり，実際，血液を採取される際に嫌悪反応が生じたという，少数ではあるが見逃せない数の報告が存在している (Deacon & Abramowitz, 2006)。こうした知見に加えて，社交不安障害は嫌悪（と怒り）の表情を検出する感度が低下することがわかっている (Montagne et al., 2006)。

2. 精神病理学における嫌悪の包括的モデルへの招待

　嫌悪の研究は精神病理学における新しい研究領域である。したがって，現時点で何らかの理論的枠組を構成しようとするのは時期尚早かもしれない。実際，例えばパニック障害が激しい不安をベースとした障害なのかどうかは，もはやほとんど議論すらされない。しかし，精神病理的な状態において嫌悪がどういう役割を果たすのかというテーマには，まだまだ議論の余地が残されている。それどころか，嫌悪は単に随伴現象にすぎないというアイデアや，精神障害をもつ人々は単にあらゆる不快な状態をおおげさに認識するだけだといった考えすら提示されている。精神病理における嫌悪の役割について，検証可能な仮説を生成できるような理論的枠組が組み立てられない限りは，こうした学術的葛藤を解決するのは

難しいだろう。嫌悪の包括的な理論を成立させるために，ひとまず予備的なモデルを構築してみる段階にまで，我々は迫ってきているのである。本書の第1章でも嫌悪の包括的理論について説明しているが（Rozin & Fallon, 1987 も参照），それはただちに精神病理や特定の精神障害を予測できるものではない。とはいえ，実に様々な方法でその関係性が示されてきたことを鑑みれば，嫌悪が恐怖症性の回避に関与すると主張することは，もちろん可能である。

現時点では，こうしたモデルも，そこから派生した仮説も，一般的な診断基準や精神障害に沿ったものというよりは，特定の状態像にその範囲を限定している。いろいろな意味で，これは現代的な精神科診断学の枠組みがもたらした結果である。DSM-IV（American Psychiatric Association, 1994）は，個別の診断単位を支持することで組み立てられている。しかしながら，感情状態そのものに関する検討や，感情状態が様々な精神障害に及ぼす影響を検討する際には，何かしらの次元的構造が想定されているのである。現在，DSM の第5版が準備されるにあたり，次元的な内容を増やしていこうという計画がある（Watson, 2005 など）[★1]。そして，嫌悪は次元的なものであると，複数の分析が示しているのである（Olatunji & Broman-Fulks, 2007 など）。

　★1：本書が出版された当時，まだ発表されていなかった

　嫌悪を次元的視点からみることによって，DSM の改訂計画と歩調を合わせることができるだろう。「白書」[★2] の出版は，診断に次元的要素を持ち込もうとしている DSM の改訂計画に沿う研究課題がどのようなものなのか明らかにするだろう。現状では，次元モデルに基づいた研究によって各種の精神障害を明確に区別することはできない。例えば Watson（2005）は，全ての気分障害と不安障害は3つのカテゴリー（双極性障害，苦痛障害，恐怖障害）で説明できるが[★3]，OCD はそのどれにも適合しないことを明らかにした。こうした知見は診断基準を単純化するだろうが，次元的なアプローチを採用し，精神病理のカテゴリーをたった3つに減らしてしまうことは，診断の本質的特徴が失われるおそれもある。すなわち，医療関係者と研究者のコミュニケーションを促進すること，理論の発展を促すこと，臨床経過を予測すること，そしてクライエントと治療方法をマッチングすることなどがそれにあたる（Blashfield & Livesley, 1999）。ある精神障害が嫌悪をその一要素とすることが明らかにされているならば，その精神障害の次元的要素に嫌悪を取り入れることで，そうした障害間の違いをより鮮明にすることができるかもしれない。

★2：ここでは，DSM-5編纂委員会が改訂に向けた研究課題を周知するために公開した提案書のことを指す。
★3：Watsonの分類では，双極性障害には双極性Ⅰ型障害，双極性Ⅱ型障害，循環気質（気分循環症）が含まれる。苦痛障害には，大うつ病性障害，気分変調性障害，全般性不安障害，心的外傷後ストレス障害が含まれる。恐怖障害には，パニック障害，広場恐怖，社交不安障害，特定の恐怖症が含まれる。

(1) 精神障害は弱い嫌悪とも関係するのだろうか

　嫌悪の精神病理学的役割に関する包括的理論を実現するためには，かなり強度の弱い嫌悪反応についても説明できることが必須だろう。従来行われてきた研究の大部分は，著しく強まった嫌悪反応を重視してきた。しかし，本章で強調してきたように，嫌悪は疾病や毒素から我々を守るための重要な適応的感情である（Rozin & Fallon, 1987）。一般に，主要な感情状態の両極には，それに対応した精神病理的状態が存在する。例えば，不安の強さは幅広い感情障害と結びつき，不安が極度に弱いことは反社会性パーソナリティや各種の衝動制御障害といった問題と結びつく。同様に，重篤な抑うつ感情を両極の一方に位置づけるなら，もう一方は極端に抑うつ感情が欠けている状態となり，これは躁病であると解釈できる。とはいえ，嫌悪はまだまだ新しい研究領域なので，いくつかの知見は矛盾するかもしれないし，そうした矛盾はさらなる調査・実験によって解決されるかもしれない。例えば，Schienleら（2003）は統合失調症の人々が高いレベルの嫌悪を示すと指摘したが，他の研究では，嫌悪感受性の低さが，スキゾイド・パーソナリティや精神病質と関連することが指摘されている（Quigley et al., 1997; Wronska, 1990）。

3. 嫌悪の治療

　嫌悪が精神病理に関係するならば，治療でそれを軽減することが必要であろう。これから数年のうちに，様々な精神障害における嫌悪の役割について研究が進めば，おそらくその治療的アプローチも洗練されていくことだろう。現時点では，治療の文脈で嫌悪を直接扱おうと試みている研究はあまりない。こうしたアプローチにおいては，嫌悪が不安とよく似た反応の仕方をすると仮定されており，したがって嫌悪も曝露療法によって馴化に至るものと考えられている。例えばMcKay（2006）は，汚染関連のOCD治療において曝露療法を用いる際，嫌悪の馴化にはより長い時間が必要となることを発見した。しかし，他の感情障害においては禁

忌とされるような方法によって，嫌悪がより簡単に軽減されうるのかどうかは，まだわかっていない。例えば，不安を引き起こす情報に繰り返し曝露することで不安は低減するが，うつにさせる情報に繰り返し曝露したところで，うつが和らぐことはない（Williams et al., 1997）。このように，ある問題に対して禁忌となりうる方法が，他の問題において著効する場合があるため，嫌悪についてもこれを検証することが有益だろう。

曝露療法は回避行動と結びつく問題の多くに対してよく適用されるが，嫌悪は曝露に対して消去抵抗を有するというエビデンスが示されてきている。例えばMcKay（2006）は，汚染関連OCDの患者群において，嫌悪の馴化は不安のそれよりもゆっくり生じることを示している。また，de Jongら（2000）による研究では，治療に成功したクモ恐怖症女性達が，治療終結から1年たったあとでも，クモを強く嫌悪することが示されたのである。

こうした嫌悪の消去抵抗性については，評価条件づけによる説明の枠組みが提案されている（De Houwer et al., 2001; McKay & Tsao, 2005）。基本的に評価条件づけの問題は，特定の刺激が呈示されるのと同時に起こる，感情反応の同定や命名が含まれる。一度このプロセスが生じると，いくら曝露を繰り返したところで，曝露の対象となる刺激に付与されたラベルは必ずしも簡単には変化しないので，馴化が生じる可能性も低くなるのである。この発見を前提とすると，嫌悪に対する純粋な曝露による介入は，あたかも不安と同じものであるかのように嫌悪を治療するという，かなりおおざっぱなやり方だとみなされてしまうかもしれない。一方で，不安には効果がないとされてきた，患者の認知を変化させようとする直接的なアプローチ★4や，クライアントが貼った（認知的）ラベルを張り直すといった方法が，嫌悪の治療において効果を示す可能性もある。これは嫌悪のモデルをより高度なものにしていく上でも，非常に重要な研究領域である。

> ★4：ここでは，非機能的な信念を反証する客観的資料などを提示することで，認知変容を生じさせようとするアプローチのことを指す。

認知行動療法（CBT）は本書で述べた様々な症状について，その効果を支持する知見が最も蓄積されてきた方法である（Hayes et al., 1999, Chambless & Ollendick, 2001）。したがって，はじめに考えられた介入方法が曝露をベースとしたものだったとしても，特に驚きはないだろう。しかし現代のCBTは，様々なイベントや状況に関する思い込みを調整するための認知的介入法に大きく依存している。現在までに行われた研究からは，嫌悪に関係する認知のアクセス可能性

について，なんらの仮定も導くことができない。そうした認知はほとんど意識的にアクセスできないが，特定の注意検査や，記憶検査，もしくは判断課題によって表れてくるのだと指摘する研究者もいる（McKay & Tsao, 2005）。嫌悪の影響下にある様々な障害を改善させるために，嫌悪を効果的に低減できるような治療法を開発していこうとするのであれば，この重要な研究領域に多くの資源を注ぎ込むことが必要である。

引用文献

◆序文

Fenichel, O. (1945). *The psychoanalytic theory of neurosis*. New York: Norton.

Matchett, G., & Davey, G. C. L. (1991). A test of a disease-avoidance model of animal phobias. *Behaviour Research and Therapy, 29*, 91–94.

McNally, R. J. (2002). Disgust has arrived. *Journal of Anxiety Disorders, 16*, 561–566.

Olatunji, B. O., & McKay, D. (2007). Disgust and psychiatric illness: Have we remembered? *British Journal of Psychiatry, 190*, 457–459.

Rozin, P., & Fallon, A. E. (1987). A perspective on disgust. *Psychological Review, 94*, 23–41.

Skinner, B. F. (1938). *The behavior of organisms*. New York: Century-Appleton-Crofts.

◆第1章

Angyal, A. (1941). Disgust and related aversions. *Journal of Abnormal and Social Psychology, 36*, 393–412.

Barnes, D. S. (2006). *The great stink of Paris and the nineteenth-century struggle against filth and germs*. Baltimore: Johns Hopkins University Press.

Becker, E. (1973). *The denial of death*. New York: Free Press.

Berle, D., & Phillips, E. S. (2006). Disgust and obsessive–compulsive disorder: An update. *Psychiatry, 69*, 228–238.

Bloom, P. (2004). *Descartes' baby: How the science of child development explains what makes us human*. New York: Basic Books.

Chirot, D., & McCauley, C. (2006). *Why not kill all of them? The logic and prevention of mass political murder*. Princeton, NJ: Princeton University Press.

Cox, C. R., Goldenberg, J. L., Pyszczynski, T., & Weise, D. (2006). Disgust, creatureliness and the accessibility of death-related thoughts. *European Journal of Social Psychology, 37*, 494–507.

Curtis, V., Aunger, R., & Rabie, T. (2004). Evidence that disgust evolved to protect from risk of disease. *Proceedings of the Royal Society B, 271*(Suppl.), S131–S133.

Curtis, V., & Biran, A. (2001). Dirt, disgust, and disease. Is hygiene in our genes? *Perspectives in Biology and Medicine, 44*, 17–31.

Darwin, C. (1859). *On the origin of species by means of natural selection, or the preservation of favoured races in the struggle for life*. London: Murray.

Darwin, C. (1998). *The expression of the emotions in man and animals: Definitive edition* (3rd ed.). New York: Oxford University Press. (Original work published 1872)

Davey, G. C. L. (1993). Factors influencing self-rated fear to a novel animal. *Cognition & Emotion, 7*, 461–471.

Davey, G. C. L., Buckland, G., Tantow, B., & Dallos, R. (1998). Disgust and eating disorders. *European Eating Disorders Review, 6*, 201–211.

Davey, G. C. L., Forster, L., & Mayhew, G. (1991). Familial resemblance in disgust sensitivity and animal phobias. *Behaviour Research and Therapy, 31*, 41–50.

Des Pres, T. (1976). *The survivor: An anatomy of life in the death camps.* Oxford, England: Oxford University Press.

Elias, N. (1978). *The history of manners: Vol. 1. The civilizing process* (E. Jephcott, Trans.). New York: Pantheon Books. (Original work published 1939)

Fallon, A. E., Rozin, P., & Pliner, P. (1984). The child's conception of food: The development of food rejections with special reference to disgust and contamination sensitivity. *Child Development, 55*, 566–575.

Faulkner, J., Schaller, M., Park, J. H., & Duncan, L. A. (2004). Evolved disease-avoidance mechanisms and contemporary xenophobic attitudes. *Group Processes and Intergroup Relations, 7*, 333–353.

Ferenczi, S. (1952). The ontogenesis of the interest in money. In S. Ferenczi (Ed.) & E. Jones (Trans.), *First contributions to psychoanalysis* (pp. 319–331). London: Hogarth Press. (Original work published 1914)

Fessler, D. M. T., & Haley, K. J. (2006). Guarding the perimeter: The outside-inside dichotomy in disgust and bodily experience. *Cognition & Emotion, 20*, 3–19.

Fine, G. A. (1988). Good children and dirty play. *Play and Culture, 1*, 43–56.

Fiske, S. T., Cuddy, A. J. C., Glick, P., & Xu, J. (2002). A model of (often mixed) stereotype content: Competence and warmth. *Journal of Personality and Social Psychology, 82*, 878–902.

Goldenberg, J. L., Pyszczynski, T., Greenberg, J., Solomon, S., Kluck, B., & Cornwell, R. (2001). I am not an animal: Mortality salience, disgust, and the denial of human creatureliness. *Journal of Experimental Psychology: General, 130*, 427–435.

Gray, J. M., Young, A. W., Barker, W. A., Curtis, A., & Gibson, D. (1997). Impaired recognition of disgust in Huntington's disease gene carriers. *Brain, 1120*, 2029–2038.

Greenberg, J., Pyszczynski, T., & Solomon, S. (1986). The causes and consequences of a need for self-esteem: A terror management theory. In R. F. Baumeister (Ed.), *Public self and private self* (pp. 189–212). New York: Springer-Verlag.

Grunfeld, D. I. (1982). *The Jewish dietary laws: Vol. 1. Dietary laws regarding forbidden and permitted foods, with particular reference to meat and meat products* (3rd ed.). London: Soncino Press.

Haidt, J. (2001). The emotional dog and its rational tail: A social intuitionist approach to moral judgment. *Psychological Review, 108*, 814–834.

Haidt, J., & Bjorklund, F. (2008). Social intuitionists answer six questions about morality. In W. Sinnott-Armstrong (Ed.), *Moral psychology, Vol. 2: The cognitive science of morality* (pp. 181–217). Cambridge, MA: MIT Press.

Haidt, J., Koller, S., & Dias, M. (1993). Affect, culture, and morality, or is it wrong to eat your dog? *Journal of Personality and Social Psychology, 65*, 613–628.

Haidt, J., McCauley, C. R., & Rozin, P. (1994). A scale to measure disgust sensitivity. *Personality and Individual Differences, 16,* 701–713.

Haslam, N. (2006). Dehumanization: An integrative review. *Personality and Social Psychology Review, 10,* 252–264.

Hejmadi, A., Rozin, P., & Siegal, M. (2004). Once in contact, always in contact: Contagious essence and conceptions of purification in American and Hindu Indian children. *Developmental Psychology, 40,* 467–476.

Hemenover, S. H., & Schimmack, U. (2007). That's disgusting! . . . , but very amusing: Mixed feelings of amusement and disgust. *Cognition & Emotion, 21,* 1102–1113.

Hodson, G., & Costello, K. (2007). Interpersonal disgust, ideological orientations and dehumanization as predictors of intergroup attitudes. *Psychological Science, 18,* 691–698.

Husted, D. S., Shapira, N. A., & Goodman, W. K. (2006). The neurocircuitry of obsessive–compulsive disorder and disgust. *Progress in NeuroPsychopharmacology and Biological Psychiatry, 30,* 389–399.

Inbar, Y., Pizarro, D. A., & Bloom, P. (in press). Conservatives are more easily disgusted than liberals. *Cognition & Emotion.*

Izard, C. E. (1977). *Human emotions.* New York: Plenum Press.

James, W. (1950). *The principles of psychology.* New York: Dover. (Original work published 1890)

Kass, L. (1994). *The hungry soul.* New York: Free Press.

Lazarus, R. S. (1991). *Emotion and adaptation.* New York: Oxford University Press.

Levenson, R. W. (1992). Autonomic nervous system differences among emotions. *Psychological Science, 3,* 23–27.

Marzillier, S., & Davey, G. C. L. (2005). Anxiety and disgust: Evidence for a unidirectional relationship. *Cognition & Emotion, 19,* 729–750.

Matchett, G., & Davey, G. C. L. (1991). A test of a disease-avoidance model of animal phobias. *Behaviour Research and Therapy, 29,* 91–94.

McCauley, C. (1998). When screen violence is not attractive. In J. Goldstein (Ed.), *Why we watch: The attractions of violent entertainment* (pp. 144–162). New York: Oxford University Press.

McKay, D. (2002). Introduction to the special issue: The role of disgust in anxiety disorders. *Journal of Anxiety Disorders, 16,* 475–476.

Miller, S. B. (2004). *Disgust: The gatekeeper emotion.* Hillsdale, NJ: Analytic Press.

Miller, W. I. (1997). *The anatomy of disgust.* Cambridge, MA: Harvard University Press.

Moll, J., deOliveira-Souza, R., Moll, F. T., Ignacio, F. A., Bramati, I. E., & Caparelli, D. E. M. (2005). The moral affiliations of disgust: A functional MRI study. *Cognitive and Behavioral Neurology, 8,* 68–78.

Navarette, C. D., & Fessler, D. M. T. (2006). Disease avoidance and ethnocentrism: The effects of disease vulnerability and disgust sensitivity on intergroup attitudes. *Evolution and Human Behavior, 27,* 270–282.

Nemeroff, C., & Rozin, P. (1992). Sympathetic magical beliefs and kosher dietary practice: The interaction of rules and feelings. *Ethos: The Journal of Psychological Anthropology, 20*, 96–115.

Nemeroff, C., & Rozin, P. (1994). The contagion concept in adult thinking in the United States: Transmission of germs and interpersonal influence. *Ethos: The Journal of Psychological Anthropology, 22*, 158–186.

Olatunji, B. O., Lohr, J. M., Sawchuk, C. N., & Tolin, D. F. (2007). Multimodal assessment of disgust in contamination-related obsessive–compulsive disorder. *Behaviour Research and Therapy, 45*, 263–276.

Olatunji, B. O., & McKay, D. (2006). Introduction to the special series: Disgust sensitivity in anxiety disorders. *Journal of Behavior Therapy and Experimental Psychiatry, 37*, 1–3.

Olatunji, B. O., & Sawchuk, C. N. (2005). Disgust: Characteristic features, social manifestations, and clinical implications. *Journal of Social and Clinical Psychology, 24*, 932–962.

Olatunji, B. O., Williams, N. L., Lohr, J. M., & Sawchuk, C. N. (2005). The structure of disgust: Domain specificity in relation to contamination ideation and excessive washing. *Behaviour Research and Therapy, 43*, 1069–1086.

Olatunji, B. O., Williams, N. L., Tolin, D. F., Abramowitz, J. S., Sawchuk, C. N., Lohr, J. M., et al. (2007). The Disgust Scale: Item analysis, factor structure, and suggestions for refinement. *Psychological Assessment, 19*, 281–297.

Pelham, B. W., Mirenberg, M. C., & Jones, J. K. (2002). Why Susie sells seashells by the seashore: Implicit egotism and major life decisions. *Journal of Personality and Social Psychology, 82*, 469–487.

Phillips, M. L., Young, A. W., Senior, C., Brammer, M., Andrews, C., Calder, A. J., et al. (1997, October 2). A specific neural substrate for perceiving facial expressions of disgust. *Nature, 389*, 495–498.

Pinker, S. (1997). *How the mind works*. New York: Norton.

Plutchik, R. (1980). *Emotion: A psychoevolutionary synthesis*. New York: Harper & Row.

Power, M., & Dalgleish, T. (1997). *Cognition and emotion: From order to disorder*. East Sussex, England: Psychology Press.

Rosen, A., & Rozin, P. (1993). Now you see it. . . . now you don't: The preschool child's conception of invisible particles in the context of dissolving. *Developmental Psychology, 29*, 300–311.

Rozin, P. (1990). Getting to like the burn of chili pepper: Biological, psychological and cultural perspectives. In B. G. Green, J. R. Mason, & M. R. Kare (Eds.), *Chemical senses, Volume 2: Irritation* (pp. 231–269). New York: Marcel Dekker.

Rozin, P. (1997). Moralization. In A. Brandt & P. Rozin (Eds.), *Morality and health* (pp. 379–401). New York: Routledge.

Rozin, P. (2006). Domain denigration and process preference in academic psychology. *Perspectives on Psychological Science, 1*, 365–376.

Rozin, P. (2007). Exploring the landscape of modern academic psychology: Finding and filling the holes. *American Psychologist, 62*, 754–766.

Rozin, P. (2008). Specific habituation to disgust/death elicitors as a result of dissecting a cadaver. *Judgment and Decision Making, 3*, 191–194.

Rozin, P., & Fallon, A. E. (1987). A perspective on disgust. *Psychological Review, 94*, 23–41.

Rozin, P., Fallon, A. E., & Mandell, R. (1984). Family resemblance in attitudes to food. *Developmental Psychology, 20*, 309–314.

Rozin, P., Haidt, J., & McCauley, C. R. (1993). Disgust. In M. Lewis & J. M. Haviland (Eds.), *Handbook of emotions* (pp. 575–594). New York: Guilford Press.

Rozin, P., Haidt, J., & McCauley, C. R. (2000). Disgust. In M. Lewis & J. M. Haviland-Jones (Eds.), *Handbook of emotions* (2nd ed., pp. 637–653). New York: Guilford Press.

Rozin, P., Haidt, J., McCauley, C. R., Dunlop, L., & Ashmore, M. (1999). Individual differences in disgust sensitivity: Comparisons and evaluations of paper-and-pencil versus behavioral measures. *Journal of Research in Personality, 33*, 330–351.

Rozin, P., Haidt, J., McCauley, C. R., & Imada, S. (1997). The cultural evolution of disgust. In H. M. Macbeth (Ed.), *Food preferences and taste: Continuity and change* (pp. 65–82). Oxford, England: Berghahn.

Rozin, P., Lowery, L., Imada, S., & Haidt, J. (1999). The CAD triad hypothesis: A mapping between three moral emotions (contempt, anger, disgust) and three moral codes (community, autonomy, divinity). *Journal of Personality and Social Psychology, 76*, 574–586.

Rozin, P., Millman, L., & Nemeroff, C. (1986). Operation of the laws of sympathetic magic in disgust and other domains. *Journal of Personality and Social Psychology, 50*, 703–712.

Rozin, P., & Nemeroff, C. (1990). The laws of sympathetic magic: A psychological analysis of similarity and contagion. In J. Stigler, G. Herdt, & R. A. Shweder (Eds.), *Cultural psychology: Essays on comparative human development* (pp. 205–232). Cambridge, England: Cambridge University Press.

Rozin, P., Nemeroff, C., Horowitz, M., Gordon, B., & Voet, W. (1995). The borders of the self: Contamination sensitivity and potency of the mouth, other apertures and body parts. *Journal of Research in Personality, 29*, 318–340.

Rozin, P., & Schiller, D. (1980). The nature and acquisition of a preference for chili pepper by humans. *Motivation & Emotion, 4*, 77–101.

Rozin, P., & Singh, L. (1999). The moralization of cigarette smoking in America. *Journal of Consumer Behavior, 8*, 321–337.

Schaller, M., & Neuberg, S. (2007). *The nature in prejudice(s)*. Manuscript submitted for publication.

Scherer, K. R., & Wallbott, H. G. (1994). Evidence for universality and cultural variation of differential emotion response patterning. *Journal of Personality and Social Psychology, 66*, 310–328.

Schienle, A., Schafer, A., Stark, R., Walter, B., Franz, M., & Vaitl, D. (2003). Disgust sensitivity in psychiatric disorders: A questionnaire study. *Journal of Nervous and Mental Disease, 191*, 831–834.

Shweder, R. A., Much, N. C., Mahapatra, M., & Park, L. (1997). The "big three" of morality (autonomy, community, divinity), and the "big three" explanations of suffering. In A. Brandt & P. Rozin (Eds.), *Morality and health* (pp. 119–169). New York: Routledge.

Siegal, M. (1988). Children's knowledge of contagion and contamination as causes of illness. *Child Development, 59,* 1353–1359.

Solomon, S., Greenberg, J., & Pyszczynski, T. (1991). A terror management theory of social behavior: The psychological functions of self-esteem and cultural worldviews. In M. P. Zanna (Ed.), *Advances in experimental social psychology* (Vol. 24, pp. 93–159). New York: Academic Press.

Sprengelmeyer, R., Young, A. W., Calder, A. J., Karnat, A., Lange, H., Homberg, V., et al. (1996). Loss of disgust: Perception of faces and emotions in Huntington's disease. *Brain, 119,* 1647–1665.

Stark, R., Walter, B., Schienle, A., & Vaitl, D. (2005). Psychophysiological correlates of disgust and disgust sensitivity. *Journal of Psychophysiology, 19,* 50–60.

Thomas, K. (1983). *Man and the natural world. Changing attitudes in England 1500–1800.* London: Penguin.

Tomkins, S. S. (1963). *Affect imagery consciousness: Vol. 2. The negative affects.* New York: Springer Publishing Company.

Wheatley, T., & Haidt, J. (2005). Hypnotically induced disgust makes moral judgments more severe. *Psychological Science, 16,* 780–784

Woody, S. R., & Teachman, B. A. (2000). Intersection of disgust and fear: Normative and pathological views. *Clinical Psychology: Science and Practice, 7,* 291–311.

Zhong, C.-B., & Liljenquist, K. (2006, September 8). Washing away your sins: Threatened morality and physical cleansing. *Science, 313,* 1451–1452.

◆第 2 章

Arrindell, W. A., Mulkens, S., Kok, J., & Vollenbroek, J. (1999). Disgust and the sex difference in fears to common indigenous animals. *Behaviour Research and Therapy, 37,* 273–280.

Berenbaum, H., Raghavan, C., Le, H.-N., Vernon, L., & Gomez, J. (2003). A taxonomy of emotional disturbances. *Clinical Psychology: Science and Practice, 10,* 206–226.

Björklund, F., & Hursti, T. J. (2004). A Swedish translation and validation of the Disgust scale: A measure of disgust sensitivity. *Scandinavian Journal of Psychology, 45,* 279–284.

Cavanagh, K., & Davey, G. C. L. (2000, October). *The development of a measure of individual differences in disgust.* Paper presented at the meeting of the British Psychological Society, Winchester, England.

Charash, M., & McKay, D. (2002). Attention bias for disgust. *Anxiety Disorders, 16,* 529–541.

Cisler, J., Reardon, J., Williams, N., & Lohr, J. M. (2007). Anxiety sensitivity and disgust sensitivity interact to predict contamination fears. *Personality and Individual Differences, 42,* 935–946.

Davey, G. C. L., & Bond, N. (2006). Using controlled comparisons in disgust psychopathology research: The case of disgust, hypochondriasis and health anxiety.

Journal of Behavior Therapy and Experimental Psychiatry, 37, 4–15.

de Jong, P. J., Andrea, H., & Muris, P. (1997). Spider phobia in children: Disgust and fear before and after treatment. *Behaviour Research and Therapy, 35*, 559–562.

de Jong, P. J., & Merckelbach, H. (1998). Blood-injection-injury phobia and fear of spiders: Domain specific individual differences in disgust sensitivity. *Personality and Individual Differences, 24*, 153–158.

de Jong, P. J., & Muris, P. (2002). Spider phobia: Interaction of disgust and perceived likelihood of involuntary physical contact. *Journal of Anxiety Disorders, 16*, 51–65.

de Jong, P. J., Peters, M., & Vanderhallen, I. (2002). Disgust and disgust sensitivity in spider phobia: Facial EMG in response to spider and oral disgust imagery. *Journal of Anxiety Disorders, 16*, 477–493.

Druschel, B. A., & Sherman, M. F. (1999). Disgust sensitivity as a function of the Big Five and gender. *Personality and Individual Differences, 26*, 739–748.

Exeter-Kent, H. A., & Page, A. (2006). The role of cognitions, trait anxiety and disgust sensitivity in generating faintness around blood–injury phobic stimuli. *Journal of Behavior Therapy and Experimental Psychiatry, 37*, 41–52.

Geer, J. (1965). The development of a scale to measure fear. *Behaviour Research and Therapy, 3*, 45–53.

Haidt, J., McCauley, C., & Rozin, P. (1994). Individual differences in sensitivity to disgust: A scale sampling seven domains of disgust elicitors. *Personality and Individual Differences, 16*, 701–713.

Harvey, T., Troop, N. A., Treasure, J. L., & Murphy, T. (2002). Fear, disgust, and abnormal eating attitudes: A preliminary study. *International Journal of Eating Disorders, 32*, 213–218.

Kleinknecht, R. A., Kleinknecht, E. E., & Thorndike, R. M. (1997). The role of disgust and fear in blood and injection-related fainting symptoms: A structural equation model. *Behaviour Research and Therapy, 35*, 1075–1087.

Koch, M., O'Neil, K., Sawchuk, C., & Connolly, K. (2002). Domain-specific and generalized disgust sensitivity in blood-injection-injury phobia: The application of behavioral approach/avoidance tasks. *Journal of Anxiety Disorders, 16*, 511–527.

Lilienfeld, S. O. (1996). Anxiety sensitivity is not distinct from trait anxiety. In R. Rapee (Ed.), *Current controversies in the anxiety disorders* (pp. 228–244). New York: Guilford Press.

Mancini, F., Gragnani, A., & D'Olimpio, F. (2001). The connection between disgust and obsessions and compulsions in a non-clinical sample. *Personality and Individual Differences, 31*, 1173–1180.

McKay, D. (2006). Treating disgust reactions in contamination-based obsessive–compulsive disorder. *Journal of Behavior Therapy and Experimental Psychiatry, 37*, 53–59.

McNally, R. J. (2002). Disgust has arrived. *Journal of Anxiety Disorders, 16*, 561–566.

Merckelbach, H., de Jong, P. J., Arntz, A., & Schouten, E. (1993). The role of evaluative learning and disgust sensitivity in the etiology and treatment of spider phobia. *Advances in Behaviour Research and Therapy, 15*, 243–255.

Merckelbach, H., Muris, P., de Jong, P. J., & de Jongh, A. (1999). Disgust sensitivity, blood-injection-injury fear, and dental anxiety. *Clinical Psychology and Psychotherapy, 6*, 279–285.

Mulkens, S. A., de Jong, P. J., & Merckelbach, H. (1996). Disgust and spider phobia. *Journal of Abnormal Psychology, 105*, 464–468.

Muris, P., Merckelbach, H., Nederkoorn, S., Rassin, E., Candel, I., & Horselenberg, R. (2000). Disgust and psychopathological symptoms in a nonclinical sample. *Personality and Individual Differences, 29*, 1163–1167.

Muris, P., Merckelbach, H., Schmidt, H., & Tierney, S. (1999). Disgust sensitivity, trait anxiety and anxiety disorders symptoms in normal children. *Behaviour Research and Therapy, 37*, 953–961.

Olatunji, B. O. (2006). Evaluative learning and emotional responding to fearful and disgusting stimuli in spider phobia. *Journal of Anxiety Disorders, 20*, 858–876.

Olatunji, B. O., Cisler, J. M., Deacon, B., Connolly, K., & Lohr, J. M. (2007). The Disgust Propensity and Sensitivity Scale—Revised: Psychometric properties and specificity in relation to anxiety disorder symptoms. *Journal of Anxiety Disorders, 21*, 918–930.

Olatunji, B. O., Lohr, J. M., Sawchuk, C. N., & Tolin, D. F. (2007). Multimodal assessment of disgust in contamination-related obsessive–compulsive disorder. *Behaviour Research and Therapy, 45*, 263–276.

Olatunji, B. O., Lohr, J., Willems, J., & Sawchuk, C. N. (2006). Expectancy bias for disgust and emotional responding in contamination-related obsessive–compulsive disorder. *Anxiety, Stress, & Coping, 19*, 383–396.

Olatunji, B. O., & Sawchuk, C. N. (2005). Disgust: Characteristic features, social manifestations, and clinical implications. *Journal of Social and Clinical Psychology, 27*, 932–962.

Olatunji, B. O., Sawchuk, C. N., Arrindell, W., & Lohr, J. M. (2005). Disgust sensitivity as a mediator of the sex differences in contamination fears. *Personality and Individual Differences, 38*, 713–722.

Olatunji, B. O., Sawchuk, C. N., de Jong, P. J., & Lohr, J. M. (2007). Disgust sensitivity and anxiety disorder symptoms: Psychometric properties of the Disgust Emotion Scale. *Journal of Psychopathology and Behavioral Assessment, 29*, 115–124.

Olatunji, B. O., Sawchuk, C. N., Lohr, J. M., & de Jong, P. J. (2004). Disgust domains in the prediction of contamination fear. *Behaviour Research and Therapy, 42*, 93–104.

Olatunji, B. O., Smits, J. A., Connolly, K. M., Willems, J., & Lohr, J. M. (2007). Examination of the rate of decline in fear and disgust during exposure to threat-relevant stimuli in blood-injection-injury phobia. *Journal of Anxiety Disorders, 21*, 445–455.

Olatunji, B. O., Tolin, D. F., Huppert, J., & Lohr, J. M. (2005). The relation between fearfulness, disgust sensitivity and religious obsessions in a non-clinical sample. *Personality and Individual Differences, 38*, 891–902.

Olatunji, B. O., Williams, N. L., Lohr, J. M., & Sawchuk, C. N. (2005). The structure of disgust: Domain specificity in relation to contamination ideation and excessive washing. *Behaviour Research and Therapy, 43*, 1069–1086.

Olatunji, B. O., Williams, N. L., Sawchuk, C. N., & Lohr, J. M. (2006). Disgust, anxiety, and fainting symptoms in blood-injection-injury fears: A structural model. *Journal of Anxiety Disorders, 20,* 23–41.

Olatunji, B. O., Williams, N. L., Tolin, D. F., Sawchuk, C. N., Abramowitz, J. S., Lohr, J. M., et al. (2007). The Disgust scale: Item analysis, factor structure, and suggestions for refinement. *Psychological Assessment, 19,* 281–297.

Page, A. C. (1994). Blood-injury phobia. *Clinical Psychology Review, 14,* 443–461.

Phillips, M. L., Senior, C., Fahy, T., & David, A. S. (1998). Disgust—the forgotten emotion of psychiatry. *British Journal of Psychiatry, 173,* 373–375.

Power, M., & Dalgleish, T. (1997). *Cognition and emotion: From order to disorder.* East Sussex, England: Psychology Press.

Quigley, J., Sherman, M., & Sherman, N. (1997). Personality disorder symptoms, gender, and age as predictors of adolescent disgust sensitivity. *Personality and Individual Differences, 22,* 661–667.

Reiss, S., & McNally, R. J. (1985). Expectancy model of fear. In S. Reiss & R. R. Bootzin (Eds.), *Theoretical issues in behavior therapy* (pp. 107–121). San Diego, CA: Academic Press.

Riskind, J. H. (1997). Looming vulnerability to threat: A cognitive paradigm for anxiety. *Behaviour Research and Therapy, 35,* 793–802.

Riskind, J. H., & Williams, N. L. (2005). A unique vulnerability common to all anxiety disorders: The looming maladaptive style. In L. B. Alloy & J. H. Riskind (Eds.), *Cognitive Vulnerability to Emotional Disorders* (pp. 175–206). New York: Erlbaum.

Rozin, P., Fallon, A. E., & Augustoni-Ziskind, M. L. (1984). The child's conception of food: The development of contamination sensitivity to "disgusting" substances. *Developmental Psychology, 21,* 1075–1079.

Rozin, P., Fallon, A. E., & Mandell, R. (1984). Family resemblance in attitudes to food. *Developmental Psychology, 20,* 309–314.

Rozin, P., Haidt, J., & McCauley, C. R. (1993). Disgust. In M. Lewis & J. M. Haviland (Eds.), *Handbook of emotions* (pp. 575–594). New York: Guilford Press.

Rozin, P., Haidt, J., McCauley, C., Dunlop, L., & Ashmore, M. (1999). Individual differences in disgust sensitivity: Comparisons and evaluations of paper-and-pencil versus behavioral measures. *Journal of Research in Personality, 33,* 330–351.

Rozin, P., Lowery, L., & Ebert, R. (1994). Varieties of disgust faces and the structure of disgust. *Journal of Personality and Social Psychology, 66,* 870–881.

Sawchuk, C. N., Lohr, J. M., Tolin, D. F., Lee, T. C., & Kleinknecht, R. A. (2000). Disgust sensitivity and contamination fears in spider and blood-injection-injury phobias. *Behaviour Research and Therapy, 38,* 753–762.

Sawchuk, C. N., Lohr, J. M., Westendorf, D. A., Meunier, S. A., & Tolin, D. F. (2002). Emotional responding to fearful and disgusting stimuli in specific phobia. *Behaviour Research and Therapy, 40,* 1031–1046.

Schienle, A., Stark, R., Walter, B., & Vaitl, D. (2003). The connection between disgust sensitivity and blood-related fears, faintness symptoms, and obsessive–compulsiveness in a non-clinical sample. *Anxiety, Stress, & Coping, 16,* 185–193.

Stark, R., Walter, B., Schienle, A., & Vaitl, D. (2005). Psychophysiological correlates of disgust and disgust sensitivity. *Journal of Psychophysiology, 19*, 50–60.

Taylor, S. (Ed.). (1999). *Anxiety sensitivity: Theory, research, and treatment of the fear of anxiety*. Mahwah, NJ: Erlbaum.

Teachman, B. A. (2006). Pathological disgust: In the thoughts, not the eye, of the beholder. *Anxiety, Stress, & Coping, 19*, 335–351.

Thorpe, S. J., Patel, S. P., & Simonds, L. M. (2003). The relationship between disgust sensitivity, anxiety, and obsessions. *Behaviour Research and Therapy, 41*, 1397–1409.

Thorpe, S. J., & Salkovskis, P. M. (1998). Studies on the role of disgust in the acquisition and maintenance of specific phobias. *Behaviour Research and Therapy, 36*, 877–893.

Tolin, D. F., Lohr, J. M., Sawchuk, C. N., & Lee, T. C. (1997). Disgust and disgust sensitivity in blood-injection-injury and spider phobia. *Behaviour Research and Therapy, 10*, 949–953.

Tolin, D. F., Sawchuk, C. N., & Lee, T. C. (1999). The role of disgust in blood-injection-injury phobia. *The Behavior Therapist, 22*, 96–99.

Tolin, D. F., Woods, C. M., & Abramowitz, J. S. (2006). Disgust sensitivity and obsessive–compulsive symptoms in a non-clinical sample. *Journal of Behavior Therapy and Experimental Psychiatry, 37*, 30–40.

Troop, N. A., Murphy, F., Bramon, E., & Treasure, J. L. (2000). Disgust sensitivity in eating disorders: A preliminary investigation. *International Journal of Eating Disorders, 27*, 446–451.

Tsao, S. D., & McKay, D. (2004). Behavioral avoidance tests and disgust in contamination fears: Distinctions from trait anxiety. *Behaviour Research and Therapy, 42*, 207–216.

Valentiner, D., Hood, J., & Hawkins, A. (2005). Fainting history, disgust sensitivity, and reactions to disgust-eliciting film stimuli. *Personality and Individual Differences, 38*, 1329–1339.

van Overveld, W. J. M., de Jong, P. J., Peters, M. L., Cavanagh, K., & Davey, G. C. L. (2006). Disgust propensity and disgust sensitivity: Separate constructs that are differentially related to specific fears. *Personality and Individual Differences, 41*, 1241–1252.

Walls, M. M., & Kleinknecht, R. A. (1996, April). *Disgust factors as predictors of blood-injury fear and fainting*. Paper presented at the annual meeting of the Western Psychological Association, San Jose, CA.

Williams, N. L., Olatunji, B. O., Elwood, L., Connolly, K., & Lohr, J. (2006). Cognitive vulnerability to disgust: Development and validation of the Looming of Disgust Questionnaire. *Anxiety, Stress, & Coping, 19*, 365–382.

Woody, S. R., & Teachman, B. A. (2000). Intersection of disgust and fear: Normative and pathological views. *Clinical Psychology: Science and Practice, 7*, 291–311.

Woody, S. R., & Tolin, D. F. (2002). The relationship between disgust sensitivity and avoidant behavior: Studies of clinical and nonclinical samples. *Journal of Anxiety Disorders, 16*, 543–559.

◆第3章

Amin, J. M., & Lovibond, P. F. (1997). Dissociations between covariation bias and expectancy bias for fear-relevant stimuli. *Cognition & Emotion, 11*, 273–289.

Beck, A. T., & Clark, D. A. (1997). An information processing model of anxiety: Automatic and strategic processes. *Behaviour Research and Therapy, 35*, 49–58.

Becker, E. S., Rinck, M., Margraf, J., & Roth, W. T. (2001). The emotional Stroop effect in anxiety disorders: General emotionality or disorder specificity? *Journal of Anxiety Disorders, 15*, 147–159.

Bradley, B. P., Mogg, K., Millar, N., & White, J. (1995). Selective processing of negative information: Effects of clinical anxiety, concurrent depression, and awareness. *Journal of Abnormal Psychology, 104*, 532–536.

Bryant, R. A., & Harvey, A. G. (1995). Processing threatening information in posttraumatic stress disorder. *Journal of Abnormal Psychology, 104*, 537–541.

Buckley, T. C., Blanchard, E. B., & Hickling, E. J. (2002). Automatic and strategic processing of threat stimuli: a comparison between PTSD, panic disorder, and non-anxiety controls. *Cognitive Therapy and Research, 26*, 97–115.

Bundesen, C., Habekost, T., & Kyllingsbaek, S. (2005). A neural theory of visual attention: Bridging cognition and neurophysiology. *Psychological Review, 112*, 291–328.

Ceschi, C., Van der Linden, M., Dunker, D., Perroud, A., & Bredart, S. (2003). Further exploration memory bias in compulsive washers. *Behaviour Research and Therapy, 41*, 737–748.

Charash, M., & McKay, D. (2002). Attention bias for disgust. *Anxiety Disorders, 16*, 529–541.

Cisler, J. M., Bacon, A. K., & Williams, N. L. (in press). Phenomenological characteristics of attentional biases towards threat: a critical review. *Cognitive Therapy and Research*.

Cisler, J. M., Olatunji, B. O., Lohr, J. M., & Williams, N. L. (in press). Attentional bias differences between disgust and fear: Implications for the role of disgust in anxiety disorders. *Cognition & Emotion*.

Clark, D. M., Salkovskis, P. M., Ost, L. G., & Breitholtz, E. (1997). Misinterpretation of body sensations in panic disorder. *Journal of Consulting and Clinical Psychology, 65*, 203–213.

Davey, G. C. L. (1995). Preparedness and phobias: Specific evolved associations or a generalized expectancy bias. *Behavioral Brain Sciences, 18*, 289–325.

Davey, G. C. L., Bickerstaffe, S., & MacDonald, B. (2006). Experienced disgust causes a negative interpretation bias: A causal role for disgust in anxious psychopathology. *Behaviour Research and Therapy, 44*, 1375–1384.

de Jong, P. J., & Peters, M. L. (2007a). Blood-injection-injury fears: Harm- vs. disgust-relevant selective outcomes associations. *Journal of Behavior Therapy and Experimental Psychiatry, 38*, 263–274.

de Jong, P. J., & Peters, M. L. (2007b). Contamination vs. harm-relevant outcome expectancies and covariation bias in spider phobia. *Behaviour Research and Therapy, 45*, 1271–1284.

Foa, E. B., Amir, N., & Gershuny, B. (1997). Implicit and explicit memory in obsessive–compulsive disorder. *Journal of Anxiety Disorders, 11*, 119–129.

Foa, E. B., Gilboa-Schechtman, E., Amir, N., & Freshman, M. (2000). Memory bias in generalized social phobia: Remembering negative emotional expressions. *Journal of Anxiety Disorders, 14*, 501–519.

Foa, E. B., Ilai, D., McCarthy, P. R., Shoyer, B., & Murdock, T. (1993). Information processing in obsessive–compulsive disorder. *Cognitive Therapy and Research, 17*, 173–189.

Foa, E. B., & Kozak, M. J. (1986). Emotional processing of fear: Exposure to corrective information. *Psychological Bulletin, 99*, 20–35.

Huppert, J. D., Foa, E. B., Furr, J. M., Filip, J. C., & Mathews, A. (2003). Interpretation bias in social anxiety: A dimensional perspective. *Cognitive Therapy and Research, 27*, 569–577.

Izard, C. E. (1992). Basic emotions, relations among emotions, and emotion-cognition relations. *Psychological Review, 99*, 561–565.

Izard, C. E. (1993). Four systems for emotion activation: Cognitive and noncognitive processes. *Psychological Review, 100*, 68–90.

Lang, P. G. (1977). Imagery in therapy: An information processing analysis of fear. *Behavior Therapy, 8*, 862–886.

MacLeod, C., & Mathews, A. (1991). Biased cognitive operations in anxiety: Accessibility of information or assignment of processing priorities? *Behaviour Research and Therapy, 29*, 599–610.

MacLeod, C., Rutherford, E., Campbell, L., Ebsworthy, G., & Holker, L. (2002). Selective attention and emotional vulnerability: Assessing the causal basis of their association through the experimental manipulation of attentional bias. *Journal of Abnormal Psychology, 111*, 107–123.

Matchett, G., & Davey, G. C. L. (1991). A test of a disease-avoidance model of animal phobias. *Behaviour Research and Therapy, 29*, 91–93.

McCabe, R. E. (1999). Implicit and explicit memory for threat words in high and low anxiety sensitive participants. *Cognitive Therapy and Research, 23*, 21–38.

McNally, R. J. (1996). Cognitive bias in the anxiety disorders. In D. A. Hope (Ed.), *Nebraska Symposium on Motivation: Vol. 43. Perspectives on anxiety, panic, and fear* (pp. 211–250). Lincoln: University of Nebraska Press.

McNally, R. J., Kaspi, S. P., Bradley, C. R., & Zeitlin, S. B. (1990). Selective processing of threat cues in posttraumatic stress disorder. *Journal of Abnormal Psychology, 99*, 398–402.

Miltner, W. H., Krieschel, S., Hecht, H., Trippe, R., & Weiss, T. (2004). Eye movements and behavioral responses to threatening and nonthreatening stimuli during visual search in phobic and nonphobic subjects. *Emotion, 4*, 323–339.

Mogg, K., & Bradley, B. P. (1998). A cognitive-motivational analysis of anxiety. *Behaviour Research and Therapy, 36*, 809–848.

Nemeroff, C., & Rozin, P. (1994). The contagion concept in adult thinking in the United States: Transmission of germs and of interpersonal influence. *Ethos, 22*, 158–186.

Öhman, A., Flykt, A., & Esteves, F. (2001). Emotion drives attention: Detecting the snake in the grass. *Journal of Experimental Psychology: General, 130,* 466–478.

Öhman, A., & Mineka, S. (2001). Fears, phobias, and preparedness: Toward an evolved module of fear and fear learning. *Psychological Review, 108,* 483–522.

Olatunji, B. O., Cisler, J. M., Meunier, S., Connolly, K., & Lohr, J. M. (2008). Expectancy bias for fear and disgust and behavioral avoidance in spider fearful individuals. *Cognitive Therapy and Research, 32,* 460–469.

Olatunji, B. O., & Sawchuk, C. N. (2005). Disgust: Characteristic features, social manifestations, and clinical implications. *Journal of Social and Clinical Psychology, 24,* 932–962.

Rachman, S. (2004). Fear of contamination. *Behaviour Research and Therapy, 42,* 1227–1255.

Radomsky, A. S., & Rachman, S. (1999). Memory bias in obsessive-compulsive disorder (OCD). *Behaviour Research and Therapy, 37,* 605–618.

Rinck, M., Reinecke, A., Ellwart, T., Heuer, K., & Becker, E. S. (2005). Speeded detection and increased distraction in fear of spiders: Evidence from eye movements. *Journal of Abnormal Psychology, 114,* 235–248.

Riskind, J. H. (1997). Looming vulnerability to threat: A cognitive paradigm for anxiety. *Behaviour Research and Therapy, 35,* 685–702.

Riskind, J. H., Abreu, K., Strauss, M., & Holt, R. (1997). Looming vulnerability to spreading contamination in subclinical OCD. *Behaviour Research and Therapy, 35,* 405–414.

Riskind, J. H., Wheeler, D. J., & Picerno, M. R. (1997). Using mental imagery with subclinical OCD to "freeze" contamination in its place: Evidence for looming vulnerability theory. *Behaviour Research and Therapy, 8,* 757–768.

Riskind, J. H., & Williams, N. L. (2006). A unique vulnerability common to all anxiety disorders: The looming maladaptive style. In L. B. Alloy & J. H. Riskind (Eds.), *Cognitive vulnerability to emotional disorders* (pp. 175–206). New York: Erlbaum.

Riskind, J. H., Williams, N. L., Gessner, T. L., Chrosniak, L. K., & Cortina, J. M. (2000). The looming maladaptive style: Anxiety, danger, and schematic processing. *Journal of Personality and Social Psychology, 79,* 837–852.

Rozin, P., & Fallon, A. E. (1987). A perspective on disgust. *Psychological Review, 94,* 23–41.

Rozin, P., Haidt, J., & McCauley, C. R. (2000). Disgust. In M. Lewis & J. M. Haviland (Eds.), *Handbook of emotions* (2nd ed., pp. 637–653). New York: Guilford Press.

Rozin, P., & Nemeroff, C. (1990). The laws of sympathetic magic: A psychological analysis of similarity and contagion. In J. W. Stigler, R. A. Shweder, & G. Herdt (Eds.), *Cultural psychology: Essays on comparative human development* (pp. 205–232). New York: Cambridge University Press.

Sawchuk, C. N., Lohr, J. M., Lee, T. C., & Tolin, D. F. (1999). Exposure to disgust-evoking imagery and information processing biases in blood-injection-injury phobia. *Behaviour Research and Therapy, 37,* 249–257.

Sawchuk, C. N., Lohr, J. M., Westendorf, D. H., Meunier, S. A., & Tolin, D. F. (2002).

Emotional responding to fearful and disgusting stimuli in specific phobia. *Behaviour Research and Therapy, 40,* 1031–1046.

Sawchuk, C. N., Meunier, S. A., Lohr, J. M., & Westendorf, D. H. (2002). Fear, disgust, and information processing in specific phobia: the application of signal detection theory. *Journal of Anxiety Disorders, 16,* 495–510.

Seligman, M. E. (1971). Phobias and preparedness. *Behavior Therapy, 2,* 307–320.

Shapiro, K. L. (1994). The attentional blink: The brain's 'eyeblink.' *Current Directions in Psychological Science, 3,* 86–89.

Stroop, J. R. (1935). Studies of interference in serial verbal reactions. *Journal of Experimental Psychology, 18,* 643–662.

Tata, P. R., Leibowitz, J. A., Prunty, M. J., Cameron, M., & Pickering, A. D. (1996). Attentional bias in obsessional compulsive disorder. *Behaviour Research and Therapy, 34,* 53–60.

Teachman, B. A. (2006). Pathological disgust: In the thoughts, not the eye, of the beholder. *Anxiety, Stress, & Coping, 19,* 335–351.

Thorpe, S. J., & Salkovskis, P. M. (1997). Information processing in spider phobics: The Stroop colour naming task may indicate strategic but not automatic attentional bias. *Behaviour Research and Therapy, 35,* 131–144.

Thorpe, S. J., & Salkovskis, P. M. (1998). Studies on the role of disgust in the acquisition and maintenance of specific phobias. *Behaviour Research and Therapy, 36,* 877–893.

Tolin, D. F., Worhunsky, P., & Maltby, N. (2004). Sympathetic magic in contamination-related OCD. *Journal of Behavior Therapy and Experimental Psychiatry, 35,* 193–205.

Tomarken, A. J., Mineka, S., & Cook, M. (1989). Fear-relevant selective associations and covariation bias. *Journal of Abnormal Psychology, 98,* 381–394.

van den Hout, M., Tenney, N., Huygens, K., & de Jong, P. (1997). Preconscious processing of bias in specific phobia. *Behaviour Research and Therapy, 35,* 29–34.

Wikstrom, J., Lundh, L., Westerlund, J., & Hogman, L. (2004). Preattentive bias for snake words in snake phobia? *Behaviour Research and Therapy, 42,* 949–970.

Williams, J. M. G., Mathews, A., & MacLeod, C. (1996). The emotional Stroop task and psychopathology. *Psychological Bulletin, 120,* 3–24.

Williams, J. M. G., Watts, F. N., MacLeod, C., & Mathews, A. (1997). *Cognitive psychology and the emotional disorders* (2nd ed.). Chichester, England: Wiley.

Williams, N. L., Olatunji, B. O., Elwood, L. S., Connolly, K. M., & Lohr, J. M. (2006). Cognitive vulnerability to disgust: Development and validation of the Looming of Disgust Questionnaire. *Anxiety, Stress, & Coping, 19,* 365–382.

Woody, S. R., & Teachman, B. A. (2000). Intersection of disgust and fear: Normative and pathological views. *Clinical Psychology: Science and Practice, 7,* 291–311.

◆第4章

Andresen, G. V., Birch, L. L., & Johnson, P. A. (1990). The scapegoat effect on food aversions after chemotherapy. *Cancer, 66,* 1649–1653.

Arntz, A., Hildebrand, M., & van den Hout, M. (1994). Overprediction of anxiety, and disconfirmatory processes, in anxiety disorders. *Behaviour Research and Therapy, 32,* 709–722.

Arrindell, W. A., Mulkens, S., Kok, J., & Vollenbroek, J. (1999). Disgust and sex differences in fears to common indigenous animals. *Behaviour Research and Therapy, 37,* 273–280.

Baeyens, F., Crombez, G., van den Bergh, O., & Eelen, P. (1988). Once in contact always in contact: Evaluative conditioning is resistant to extinction. *Advances in Behaviour Research and Therapy, 10,* 179–199.

Bennett, D. (2002). Facial expressivity at 4 months: A context by expression analysis. *Infancy, 3,* 97–114.

Bernstein, I. L. (1978, June 16). Learned taste aversions in children receiving chemotherapy. *Science, 200,* 1302–1303.

Bernstein, I. L., & Treneer, C. M. (1985). Learned food aversions and tumor anorexia. In T. G. Burish, S. M. Levy, & B. E. Meyerowitz (Eds.), *Cancer, nutrition, and eating behavior: A biobehavioral perspective* (pp. 65–75). Hillsdale, NJ: Erlbaum.

Bernstein, I. L., & Webster, M. M. (1980). Learned taste aversion in humans. *Physiology & Behavior, 25,* 363–366.

Bouton, M. E. (2002). Context, ambiguity, and unlearning: Sources of relapse after behavioral extinction. *Society of Biological Psychiatry, 52,* 976–986.

Bouton, M. E., Garcia-Gutierrez, A., Zilski, J., & Moody, E. W. (2006). Extinction in multiple contexts does not necessarily make extinction less vulnerable to relapse. *Behaviour Research and Therapy, 44,* 983–994.

Calder, A. J., Keane, J., Manly, T., Sprengelmeyer, R., Scott, S., Nimmo-Smith, I., et al. (2003). Facial expression recognition across the adult lifespan. *Neuropsychologia, 41,* 195–202.

Camaras, L., Holland, E. A., & Patterson, M. J. (1993). Facial expressions. In M. Lewis & J. M. Haviland (Eds.), *Handbook of emotions* (pp. 199–208). New York: Guilford Press.

Carrell, L. E., Cannon, D. S., Best, M. R., & Stone, M. J. (1986). Nausea and radiation-induced taste aversions in cancer patients. *Appetite, 7,* 203–208.

de Silva, P., & Rachman, S. (1987). Human food aversions: Nature and acquisition. *Behaviour Research and Therapy, 25,* 457–468.

Ekman, P., Friesen, W. V., & Ancoli, S. (1980). Facial signs of the emotional experience. *Journal of Personality and Social Psychology, 39,* 1125–1134.

Ekman, P., Friesen, W. V., O'Sullivan, M., Chan, A., Diacoyanni-Tarlatzis, I., Heider, K., et al. (1987). Universals and cultural differences in the judgments of facial expressions of emotion. *Journal of Personality and Social Psychology, 53,* 712–717.

Fallon, A. E., Rozin, P., & Pilner, P. (1984). The child's conception of food: The development of food rejections with special reference to disgust and contamination sensitivity. *Child Development, 55,* 566–575.

Fessler, D. M. T., & Arguello, A. P. (2004). The relationship between susceptibility to nausea and vomiting and the possession of conditioned food aversions. *Appetite, 43*, 331–334.

Fessler, D. M. T., Arguello, A. P., Mekdara, J. M., & Macias, R. (2003). Disgust sensitivity and meat consumption: A test of an emotivist account of moral vegetarianism. *Appetite, 41*, 31–41.

Ganchrow, J. R., Steiner, J. E., & Daher, M. (1983). Neonatal facial expression in response to different qualities and intensities of gustatory stimuli. *Infant Behavior and Development, 6*, 473–484.

Garcia, J., & Koelling, R. A. (1966). Relation of cue to consequence in avoidance learning. *Psychonomic Science, 4*, 123–124.

Goudie, A. J., Stolerman, I. P., Demellweek, C., & D'Mello, G. D. (1982). Does conditioned nausea mediate drug-induced conditioned taste aversion? *Psychopharmacology, 78*, 277–281.

Gray, J. M., Young, A. W., Barker, W. A., Curtis, A., & Gibson, D. (1997). Impaired recognition of disgust in Huntington's disease genetic carriers. *Brain, 120*, 2029–2038.

Haidt, J., McCauley, C., & Rozin, P. (1994). Individual differences in sensitivity to disgust: A scale sampling seven domains of disgust elicitors. *Personality and Individual Differences, 16*, 701–713.

Izard, C. E. (1971). *The face of emotion*. New York: Appleton-Century-Crofts.

Izard, C. E. (1982). *A system for identifying affect expressions by holistic judgments (AFFEX)*. Newark, DE: Instructional Resources Center.

Lang, A. J., Craske, M. G., & Bjork, R. A. (1999). Implications of a new theory of disuse for the treatment of emotional disorders. *Clinical Psychology: Science and Practice, 6*, 80–94.

Levenson, R. W. (1992). Autonomic nervous system differences among emotions. *Psychological Science, 3*, 23–27.

Levey, A. B., & Martin, I. (1987). Evaluative conditioning: A case for hedonistic transfer. In H. J. Eysenck & I. Martin (Eds.), *Theoretical foundations of behavior therapy* (pp. 113–131). New York: Plenum Press.

Mancini, F., Gragnani, A., & D'Olimpio, F. (2001). The connection between disgust and obsessions and compulsions in a non-clinical sample. *Personality and Individual Differences, 31*, 1173–1180.

Matchett, G., & Davey, G. C. (1991). A test of a disease-avoidance model of animal phobias. *Behaviour Research and Therapy, 29*, 91–94.

Mattes, R. D. (1991). Learned food aversions: A family study. *Physiology & Behavior, 50*, 499–504.

McNally, R. J. (1987). Preparedness and phobias: A review. *Psychological Bulletin, 101*, 283–303.

McNally, R. J. (2002). Disgust has arrived. *Journal of Anxiety Disorders, 16*, 561–566.

Mundy, P., & Willoughby, J. (1996). Nonverbal communication, joint attention and early socioemotional development. In M. Lewis & M. W. Sullivan (Eds.), *Emotional development in atypical children* (pp. 65–88). Mahwah, NJ: Erlbaum.

Nemeroff, C., & Rozin, P. (1994). The contagion concept in adult thinking in the United States: Transmission of germs and of interpersonal influence. *Ethos, 22,* 158–186.

Okifuji, A., & Friedman, A. G. (1992). Experimentally induced taste aversions in humans: Effects of overshadowing on acquisition. *Behaviour Research and Therapy, 30,* 23–32.

Olatunji, B. O., & Sawchuk, C. N. (2005). Disgust: Characteristic features, social manifestations, and clinical implications. *Journal of Social and Clinical Psychology, 24,* 932–962.

Olatunji, B. O., Sawchuk, C. N., Arrindell, W. A., & Lohr, J. M. (2005). Disgust sensitivity, anxiety symptoms, and the biological sex difference in contamination fears. *Personality and Individual Differences, 38,* 713–722.

Öst, L. G. (1989). One session treatment for specific phobias. *Behaviour Research and Therapy, 27,* 1–7.

Oster, H. (1978). Facial expression and affect development. In M. Lewis & L. Rosenbaum (Eds.), *The development of affect* (pp. 43–75). New York: Plenum Press.

Page, A. C. (1994). Blood-injection-injury phobia. *Clinical Psychology Review, 14,* 443–461.

Paradiso, S., Robinson, R. G., Andreasen, N. C., Downhill, J. E., Davidson, R. J., Kirchner, P. T., et al. (1997). Emotional activation of limbic circuitry in elderly normal subjects in a PET study. *American Journal of Psychiatry, 154,* 384–389.

Phillips, M. L., Young, A. W., Scott, S. K., Calder, A. J., Andrew, C., Giampietro, V., et al. (1998). Neural responses to facial and vocal expressions of fear and disgust. *Proceedings of the Royal Society of London Series B—Biological Sciences, 265,* 1809–1817.

Plutchik, R. (1980). *Emotion: A psychoevolutionary synthesis.* New York: Harper & Row.

Power, M., & Dalgleish, T. (1997). *Cognition and emotion: From order to disorder.* East Sussex, England: Psychology Press.

Pratt, M. W., Diessner, R., Pratt, A., Hunsberger, B., & Pancer, S. M. (1996). Moral and social reasoning and perspective taking in later life: A longitudinal study. *Psychology and Aging, 11,* 66–73.

Rachman, S. (1977). The conditioning theory of fear acquisition: A critical examination. *Behaviour Research and Therapy, 15,* 375–387.

Rachman, S. (1994). The overprediction of fear: A review. *Behaviour Research and Therapy, 32,* 83–690.

Reiss, S., Peterson, R. A., Gursky, D. M., & McNally, R. J. (1986). Anxiety sensitivity, anxiety frequency, and the prediction of fearfulness. *Behaviour Research and Therapy, 24,* 1–8.

Remschmidt, H. (1994). Psychosocial milestones in normal puberty and adolescence. *Hormone Research, 41,* 19–29.

Rescorla, R. A. (2001). Retraining of extinguished Pavlovian stimuli. *Journal of Experimental Psychology: Animal Behavior Processes, 27,* 115–124.

Riskind, J. H., Abreu, K., Strauss, M., & Holt, R. (1997). Looming vulnerability and spreading contamination in subclinical OCD. *Behaviour Research and Therapy, 35,* 405–414.

Rosenstein, D., & Oster, H. (1988). Differential response to four basic tastes in newborns. *Child Development, 59,* 1555–1568.

Rozin, P., & Fallon, A. E. (1987). A perspective on disgust. *Psychological Review, 94,* 23–41.

Rozin, P., Fallon, A. E., & Augustoni-Ziskind, M. (1986). The child's conception of food: Development of categories of accepted and rejected substances. *Journal of Nutritional Education, 18,* 75–81.

Rozin, P., Haidt, J., & McCauley, C. R. (2000). Disgust. In M. Lewis & J. Haviland (Eds.), *Handbook of emotions* (2nd ed., pp. 637–653). New York: Guilford Press.

Rozin, P., Hammer, L., Oster, H., Horowitz, T., & Marmora, V. (1986). The child's conception of food differentiation of categories of rejected substances in the 16 months to 5 year age range. *Appetite, 7,* 141–151.

Rozin, P., Lowery, L., Imada, S., & Haidt, J. (1999). The CAD triad hypothesis: A mapping between three moral emotions (contempt, anger, disgust) and three moral codes (community, autonomy, divinity). *Journal of Personality and Social Psychology, 76,* 574–586.

Rozin, P., & Millman, L. (1987). Family environment, not heredity, accounts for family resemblances in food preferences and attitudes: A twin study. *Appetite, 8,* 125–134.

Rozin, P., & Nemeroff, C. (1990). The laws of sympathetic magic: A psychological analysis of similarity and contagion. In J. W. Stigler, R. A. Shweder, & G. Herdt (Eds.), *Cultural psychology: Essays on comparative human development* (pp. 205–232). New York: Cambridge University Press.

Rozin, P., & Singh, L. (1999). The moralization of cigarette smoking in America. *Journal of Consumer Behavior, 8,* 321–337.

Rozin, P., Wrzcsniewski, A., & Byrnes, D. (1998). The elusiveness of evaluative conditioning. *Learning and Motivation, 29,* 397–415.

Rozin, P., & Zellner, D. A. (1985). The role of Pavlovian conditioning in the acquisition of food likes and dislikes. *Annals of the New York Academy of Science, 443,* 189–202.

Schafe, G. E., & Bernstein, I. L. (1996). Taste aversion learning. In E. D. Capaldi (Ed.), *Why we eat what we eat: The psychology of eating* (pp. 31–51). Washington, DC: American Psychological Association.

Schienle, A., Schafer, A., Stark, R., Walter, B., & Vaitl, D. (2005). Gender differences in the processing of disgust- and fear-inducing pictures: An fMRI study. *Neuroreport, 16,* 277–280.

Schwartz, M. D., Jacobsen, P. B., & Bovbjerg, D. H. (1996). Role of nausea in the development of aversions to a beverage paired with chemotherapy treatment in cancer patients. *Physiology & Behavior, 59,* 659–663.

Seligman, M. E. P. (1971). Phobias and preparedness. *Behavior Therapy, 2,* 307–320.

Siegal, M. S., & Share, D. L. (1990). Contamination sensitivity in young children.

Developmental Psychology, 26, 455–458.

Skre, I., Onstad, S., Torgersen, S., Philos, D. R., Lygren, S., & Kringlen, E. (2000). The heritability of common phobic fear: A twin study of a clinical sample. *Journal of Anxiety Disorders, 14*, 549–562.

Smits, J. A., Telch, M. J., & Randall, P. K. (2002). An examination of the decline in fear and disgust during exposure-based treatment. *Behaviour Research and Therapy, 40*, 1243–1253.

Soussignan, R., Schaal, B., Marlier, L., & Jiang, T. (1997). Facial and autonomic responses to biological and artificial olfactory stimuli in human neonates: Re-examining early hedonistic discrimination of odors. *Physiology & Behavior, 62*, 745–758.

Sprengelmeyer, R., Rausch, M., Eysel, U. T., & Przuntek, H. (1998). Neural structures associated with recognition of facial expressions of basic emotions. *Proceedings of the Royal Society of London Series B—Biological Sciences, 265*, 1927–1931.

Sprengelmeyer, R., Young, A. W., Calder, A. J., Karnat, A., Lange, H., Homberg, V., et al. (1996). Loss of disgust-perception of faces and emotions in Huntington's disease. *Brain, 119*, 1647–1665.

Steiner, J. E. (1979). Human facial expressions in response to taste and smell stimulation. *Advances in Child Development and Behavior, 13*, 257–296.

Sullivan, M. W., & Lewis, M. (2003). Emotional expressions of young infants and children: A practitioner's primer. *Infants and Young Children, 16*, 120–142.

Taylor, S., & Cox, B. J. (1998). Anxiety sensitivity: Multiple dimensions and hierarchical structure. *Behaviour Research and Therapy, 36*, 37–51.

Templer, D. I., King, F. L., Brooner, R. K., & Corgiat, M. (1984). Assessment of body elimination attitude. *Journal of Clinical Psychology, 40*, 754–759.

Thorpe, S. J., & Salkovskis, P. M. (1995). Phobic beliefs: Do cognitive factors play a role in specific phobias? *Behaviour Research and Therapy, 33*, 805–816.

Toyama, N. (1999). Developmental changes in the basis of associational contamination thinking. *Cognitive Development, 14*, 343–361.

Tucker, M., & Bond, N. W. (1997). The role of gender, sex role, and disgust in fear of animals. *Personality and Individual Differences, 22*, 135–138.

van Oppen, P. (1992). Obsessions and compulsions: Dimensional structure, reliability, convergent and divergent validity of the Padua Inventory. *Behaviour Research and Therapy, 30*, 631–637.

Walden, T., & Knieps, L. (1996). Reading and responding to social signals. In M. Lewis & M. W. Sullivan (Eds.), *Emotional development in atypical children* (pp. 29–42). Mahwah, NJ: Erlbaum.

Woody, S. R., & Teachman, B. A. (2000). Intersection of disgust and fear: Normative and pathological views. *Clinical Psychology: Science and Practice, 7*, 291–311.

Wronska, J. (1990). Disgust in relation to emotionality, extraversion, psychoticism and imagery abilities. In P. J. D. Drenth, J. A. Sergeant, & R. J. Takens (Eds.), *European perspectives in psychology* (Vol. 1, pp. 125–138). Chichester, England: Wiley.

◆第5章

Abe, J. A., & Izard, C. E. (1999). The developmental function of emotions: An analysis in terms of differential emotions theory. *Cognition & Emotion, 13,* 523–549.

Biehl, M., Matsumoto, D., Ekman, P., Hearn, V., Heider, K., Kudoh, T., & Ton, V. (1997). Matsumoto and Ekman's Japanese and Caucasian facial expressions of emotion (JACFEE): Reliability data and cross-national differences. *Journal of Nonverbal Behavior, 21,* 3–21.

Boucher, J. D., & Carlson, G. E. (1980). Recognition of facial expression in three cultures. *Journal of Cross-Cultural Psychology, 11,* 263–280.

Bristowe, W. S. (1932). Insects and other invertebrates for human consumption in Siam. *Transactions of the Entymological Society of London, 80,* 387–404.

Bristowe, W. S. (1945). Spider superstitions and folklore. *Transactions of the Connecticut Academy for Arts and Science, 36,* 53–90.

Curtis, V., & Biran, A. (2001). Dirt, disgust, and disease. *Perspectives in Biology and Medicine, 44,* 17–31.

Darwin, C. (1965). *The expression of the emotions in man and animals.* Chicago: University of Chicago Press. (Original work published 1872)

Davey, G. C. L., McDonald, A. S., Hirisave, U., Prabhu, G. G., Iwawaki, S., Jim, C. I., et al. (1998). A cross-cultural study of animal fears. *Behavior Research and Therapy, 36,* 735–750.

Ducci, L., Arcuri, L., Georgis, T. W., & Sineshaw, T. (1982). Emotion recognition in Ethiopia: The effect of familiarity with Western culture on accuracy of recognition. *Journal of Cross-Cultural Psychology, 13,* 340–351.

Ekman, P. (1972). Universals and cultural differences in facial expressions of emotion. In J. K. Cole (Ed.), *Nebraska symposium on motivation: Vol. 19. Cultural psychology* (pp. 207–283). Lincoln: University of Nebraska Press.

Ekman, P. (1992). An argument for basic emotions. *Cognition & Emotion, 6,* 169–200.

Ekman, P. (1994). Strong evidence for universals in facial expressions: A reply to Russell's mistaken critique. *Psychological Bulletin, 115,* 268–287.

Ekman, P. (1999). Basic emotions. In T. Dalgleish & M. Power (Eds.), *Handbook of cognition and emotion* (pp. 45–60). New York: Wiley.

Ekman, P., & Friesen, W. V. (1971). Constants across cultures in the face and emotion. *Journal of Personality and Social Psychology, 17,* 124–129.

Ekman, P., & Friesen, W. V. (1975). *Unmasking the face: A guide to recognizing emotions from facial clues.* Englewood Cliffs, NJ: Prentice Hall.

Ekman, P., & Friesen, W. V. (1978). *Facial Action Coding System: A technique for the measurement of facial movement.* Palo Alto, CA: Consulting Psychologists Press.

Ekman, P., & Friesen, W. V. (1986). A new pan-cultural facial expression of emotion. *Motivation & Emotion, 10,* 159–168.

Ekman, P., Friesen, W. V., O'Sullivan, M., Chan, A., Diacoyanni-Tarlatzis, I., Heider, K., et al. (1987). Universals and cultural differences in the judgments of facial expressions of emotion. *Journal of Personality and Social Psychology, 53,* 712–717.

Ekman, P., Levenson, R. W., & Friesen, W. V. (1983, September 16). Autonomic nervous system activity distinguishes among emotions. *Science, 221*, 1208–1210.

Ekman, P., Sorenson, E. R., & Friesen, W. V. (1969, April 4). Pan-cultural elements in facial displays of emotion. *Science, 164*, 86–88.

Fridlund, A. J. (1994). *Human facial expression: An evolutionary view.* San Diego, CA: Academic Press.

Galati, D., Schmidt, S., Sini, B., Tinti, C., Manzano, M., Roca, M., et al. (2005). Emotional experience in Italy, Spain, and Cuba: A cross-cultural comparison. *Psychologia, 48*, 268–287.

Haidt, J., & Keltner, D. (1999). Culture and facial expression: Open-ended methods find more expressions and a gradient of recognition. *Cognition & Emotion, 13*, 225–266.

Haidt, J., McCauley, C., & Rozin, P. (1994). Individual differences in sensitivity to disgust: A scale sampling seven domains of disgust elicitors. *Personality and Individual Differences, 16*, 701–713.

Haidt, J., Rozin, P., McCauley, C., & Imada, S. (1997). Body, psyche, and culture: The relationship between disgust and morality. *Psychology and Developing Societies, 9*, 107–131.

Hejmadi, A., Davidson, R. J., & Rozin, P. (2000). Exploring Hindu Indian emotion expressions: Evidence for accurate recognition by Americans and Indians. *Psychological Science, 11*, 183–187.

Huang, Y., Tang, S., Helmeste, D., Shioiri, T., & Someya, S. (2001). Differential judgment of static facial expressions of emotions in three cultures. *Psychiatry and Clinical Neurosciences, 55*, 479–483.

Izard, C. E. (1971). *The face of emotion.* East Norwalk, CT: Appleton-Century-Crofts.

Izard, C. E. (1991). *The psychology of emotions.* New York: Plenum.

Izard, C. E. (1992). Basic emotions, relations among emotions, and emotion–cognition relations. *Psychological Review, 99*, 561–565.

Levenson, R. W. (1992). Autonomic nervous system differences among emotions. *Psychological Science, 3*, 23–27.

Levenson, R. W., Ekman, P., & Friesen, W. V. (1990). Voluntary facial action generates emotion-specific autonomic nervous system activity. *Psychophysiology, 27*, 363–384.

Levenson, R. W., Ekman, P., Heider, K., & Friesen, W. V. (1992). Emotion and autonomic nervous system activity in the Minangkabau of West Sumatra. *Journal of Personality and Social Psychology, 62*, 972–988.

Matsumoto, D. (1992). American-Japanese cultural differences in the recognition of universal facial expressions. *Journal of Cross-Cultural Psychology, 23*, 72–84.

Matsumoto, D. (1993). Ethnic differences in affect intensity, emotion judgments, display rules, and self-reported emotional expression in an American sample. *Motivation & Emotion, 17*, 107–123.

Matsumoto, D., & Ekman, P. (1988). *Japanese and Caucasian facial expressions of emotion (JACFEE)* [Slides]. San Francisco, CA: Intercultural and Emotion Research

Laboratory, Department of Psychology, San Francisco State University.

Matsumoto, D., & Ekman, P. (1989). American-Japanese cultural differences in intensity ratings of facial expressions of emotion. *Motivation & Emotion, 13*, 143-157.

Matsumoto, D., Kasri, F., & Kooken, K. (1999). American-Japanese cultural differences in judgments of expression intensity and subjective experience. *Cognition & Emotion, 13*, 201-218.

Matsumoto, D., & Yoo, S. H. (2006). Toward a new generation of cross-cultural research. *Perspectives on Psychological Science, 1*, 234-250.

McAndrew, F. T. (1986). A cross-cultural study of facial recognition thresholds for facial expressions of emotion. *Journal of Cross-Cultural Psychology, 17*, 211-224.

Olatunji, B. O., & Sawchuk, C. N. (2005). Disgust: Characteristic features, social implications, and clinical manifestations. *Journal of Social and Clinical Psychology, 24*, 932-962.

Olatunji, B. O., Sawchuk, C. N., de Jong, P. J., & Lohr, J. M. (2006). The structural relation between disgust sensitivity and blood-injury-injection fears: A cross-cultural comparison of US and Dutch data. *Journal of Behavior Therapy and Experimental Psychiatry, 37*, 16-29.

Rozin, P. (1990). Social and moral aspects of food and eating. In I. Rock (Ed.), *The legacy of Somolon Asch: Essays in cognition and social psychology* (pp. 97-110). Hillsdale, NJ: Erlbaum.

Rozin, P. (1999). Food is fundamental, fun, frightening, and far-reaching. *Social Research, 66*, 9-30.

Rozin, P., Haidt, J., & McCauley, C. R. (2000). Disgust. In M. Lewis & J. M. Haviland-Jones (Eds.), *Handbook of emotions* (2nd ed., pp. 637-653). New York: Guilford Press.

Rozin, P., Lowery, L., Imada, S., & Haidt, J. (1999). The CAD triad hypothesis: A mapping between three moral emotions (contempt, anger, disgust) and three moral codes (community, autonomy, divinity). *Journal of Personality and Social Psychology, 76*, 574-586.

Rozin, P., & Nemeroff, C. J. (1990). The laws of sympathetic magic: A psychological analysis of similarity and contagion. In J. Stigler, G. Herdt, & R. A. Shweder (Eds.), *Cultural psychology: The Chicago symposia on human development* (pp. 205-233). New York: Cambridge University Press.

Russell, J. A. (1991). Culture and categorization of emotions. *Psychological Bulletin, 110*, 426-250.

Russell, J. A. (1994). Is there universal recognition of emotion from facial expression? A review of the cross-cultural studies. *Psychological Bulletin, 115*, 102-141.

Russell, J. A. (1995). Facial expressions of emotion: What lies beyond minimal universality? *Psychological Bulletin, 118*, 379-391.

Russell, J. A., & Sato, K. (1995). Comparing emotion words between languages. *Journal of Cross-Cultural Psychology, 26*, 384-391.

Russell, J. A., Suzuki, N., & Ishida, N. (1993). Canadian, Greek, and Japanese freely produced emotion labels for facial expressions. *Motivation & Emotion, 17*, 337-351.

Sawchuk, C. N., Olatunji, B. O., & de Jong, P. J. (2006). Disgust domains in the prediction of contamination fear: A comparison of Dutch and US samples. *Anxiety, Stress, & Coping, 19*, 397-407.

Scherer, K. R. (1997). Profiles of emotion-antecedent appraisal: Testing the theoretical predictions across cultures. *Cognition & Emotion, 11*, 113-150.

Scherer, K. R., & Wallbott, H. G. (1994). Evidence for universality and cultural variation of differential emotion response patterning. *Journal of Personality and Social Psychology, 66*, 310-328.

Shweder, R. A., Much, N. C., Mahapatra, M., & Park, L. (1997). The "Big Three" of morality (autonomy, community, divinity) and the "Big Three" explanations of suffering. In A. M. Brandt & P. Rozin (Eds.), *Morality and health* (pp. 119-169). New York: Routledge.

Tomkins, S. S., & McCarter, R. (1964). What and where are the primary affects? Some evidence for a theory. *Perceptual and Motor Skills, 18*, 119-158.

Tsai, J. L., & Chentsova-Dutton, Y. (2003). Variation among European Americans in emotional expression. *Journal of Cross-Cultural Psychology, 6*, 650-657.

Tsai, J. L., Chentsova-Dutton, Y., Freire-Bebeau, L., & Przymus, D. E. (2002). Emotional expression and physiology in European Americans and Hmong Americans. *Emotion, 2*, 380-397.

Yik, M. S. M., & Russell, J. A. (1999). Interpretation of faces: A cross-cultural study of a prediction from Fridlund's theory. *Cognition & Emotion, 13*, 93-104.

Yrizarry, N., Matsumoto, D., & Wilson-Cohn, C. (1998). American-Japanese differences in multiscalar intensity ratings of universal facial expressions of emotions. *Motivation & Emotion, 22*, 315-327.

◆第6章

al'Absi, M., & Bongard, S. (2006). Neuroendocrine and behavioral mechanisms mediating the relationship between anger expression and cardiovascular risk: Assessment considerations and improvements. *Journal of Behavioral Medicine, 29*, 573-591.

Alaoui-Ismaili, O., Robin, O., Rada, H., Dittmar, A., & Vernet-Maury, E. (1997). Basic emotions evoked by odorants: Comparison between autonomic responses and self-evaluation. *Physiology & Behavior, 62*, 713-720.

Alaoui-Ismaili, O., Vernet-Maury, E., Dittmar, A., Delhomme, G., & Chanel, J. (1997). Odor hedonics: Connection with emotional response estimated by autonomic parameters. *Chemical Senses, 22*, 237-248.

Balaban, M. T., & Taussig, H. N. (1994). Salience of fear/treat in the affective modulation of the human startle blink. *Biological Psychology, 38*, 117-131.

Beckham, J. C., Vrana, S. R., May, J. G., Gustafson, D. J., & Smith, G. R. (1990). Emotional processing and fear measurement synchrony as indicators of treatment outcome in fear of flying. *Journal of Behavior Therapy and Experimental Psychiatry, 21*, 153-162.

Boiten, F. (1996). Autonomic response patterns during voluntary facial action. *Psychophysiology, 33*, 123–131.

Boucsein, W. (1992). *Electrodermal activity*. New York: Plenum Press.

Bradley, M. M., Codispoti, M., Cuthbert, B. N., & Lang, P. J. (2001). Emotion and motivation. I: Defensive and appetitive reactions in picture processing. *Emotion, 1*, 276–298.

Bradley, M. M., Cuthbert, B. N., & Lang, P. J. (1999). Affect and the startle reflex. In M. E. Dawson, A. M. Schell, & A. H. Bohmelt (Eds.), *Startle modification: Implications for neuroscience, cognitive science, and clinical science* (pp. 157–183). New York: Cambridge University Press.

Cosmides, L., & Tooby, J. (1987). From evolution to behavior: Evolutionary psychology as the missing link. In J. Dupré (Ed.), *The latest on the best: Essays on evolution and optimality* (pp. 276–306). Cambridge, MA: The MIT Press.

Darwin, C. (1872). *The expression of the emotions in man and animals*. London: Murray.

Davey, G. C. L., Cavanagh, K., & Lamb, A. (2003). Differential aversive outcome expectancies for high- and low-predation fear-relevant animals. *Journal of Behavior Therapy and Experimental Psychiatry, 34*, 117–128.

Demeree, H. A., Schmeichel, B. J., Robinson, J. L., Pu, J., Everhart, D. E., & Berntson, G. G. (2006). Up- and down-regulating facial disgust: Affective, vagal, sympathetic, and respiratory consequences. *Biological Psychology, 71*, 90–99.

Dimberg, U. (1990). Facial electromyographic reactions and autonomic activity to auditory stimuli. *Biological Psychology, 31*, 137–147.

Ehrlichman, H., Brown, S., Zhu, J., & Warrenburg, S. (1995). Startle reflex modulation during exposure to pleasant and unpleasant odors. *Psychophysiology, 32*, 150–154.

Ehrlichman, H., Brown, S., Zhu, J., & Warrenburg, S. (1997). Startle reflex modulation by pleasant and unpleasant odors in a between-subjects design. *Psychophysiology, 34*, 726–729.

Ekman, P. (1973). *Darwin and facial expression: A century of research in review*. Oxford, England: Academic Press.

Ekman, P., & Friesen, W. (1975). *Unmasking the face: A guide to recognizing emotions from facial clues*. Oxford, England: Prentice-Hall.

Ekman, P., Levenson, R. W., & Friesen, W. V. (1983, September 16). Autonomic nervous system activity distinguishes among emotions. *Science, 221*, 1208–1210.

Finlay-Jones, R. A. (1983). Disgust with life in general. *Australian and New Zealand Journal of Psychiatry, 17*, 149–152.

Foa, E. B., & Kozak, M. J. (1986). Emotional processing of fear: Exposure to corrective information. *Psychological Bulletin, 99*, 20–35.

Fridlund, A. J. (1992). Darwin's anti-Darwinism in the expression of the emotions in man and animals. In K. T. Strongman (Ed.), *International review of studies on emotion* (Vol. 2, pp. 117–137). Oxford, England: Wiley.

Fridlund, A. J., & Izard, C. E. (1983). Electromyographic studies of facial expressions of emotions and patterns of emotions. In J. T. Cacioppo & R. E. Petty (Eds.), *Social psychophysiology: A sourcebook* (pp. 243–286). New York: Guilford

Press.

Graham, F. K. (1975). The more or less startling effects of weak prestimulation. *Psychophysiology, 12*, 238–248.

Grill, H. J., & Norgren, R. (1978). Mimetic responses to gustatory stimuli in neurologically normal rats. *Brain Research, 143*, 263–279.

Grillon, C., Ameli, R., Woods, S. W., Merikangas, K., & Davis, M. (1991). Fear-potentiated startle in humans: Effects of anticipatory anxiety on the acoustic blink reflex. *Psychophysiology, 28*, 588–595.

Gross, J. (1998). Antecedent- and response-focused emotion regulation: Divergent consequences for experience, expression, and physiology. *Journal of Personality and Social Psychology, 2*, 224–237.

Gross, J., & Levenson, R. (1993). Emotional suppression: Physiology, self-report, and expressive behavior. *Journal of Personality and Social Psychology, 64*, 970–986.

Haidt, J., Rozin, P., McCauley, C., & Imada, S. (1997). Body, psyche, and culture: The relationship between disgust and morality. *Psychology and Developing Societies, 9*, 107–131.

Hamm, A. O., Cuthbert, B., Globisch, J., & Vaitl, D. (1997). Fear and the startle reflex: Blink modulation and autonomic response patterns in animal and mutilation fearful subjects. *Psychophysiology, 34*, 97–107.

Hamm, A. O., Greenwald, M. K., Bradley, M. M., & Lang, P. J. (1993). Emotional learning, hedonic change, and the startle probe. *Journal of Abnormal Psychology, 102*, 453–465.

Hu, S., McChesney, K. A., Player, A. B., Buchanan, J. B., & Scozzafava, J. E. (1999). Systematic investigation of physiological correlates of motion sickness induced by viewing an optokinetic rotating drum. *Aviation, Space, and Environmental Medicine, 70*, 759–765.

Izard, C. E. (1971). *The face of emotion*. East Norwalk, CT: Appleton-Century-Crofts.

Johnsen, B. H., Thayer, J. F., & Hugdahl, K. (1995). Affective judgment of the Ekman faces: A dimensional approach. *Journal of Psychophysiology, 9*, 193–202.

Kaviani, H., Wilson, G. D., Checkley, S. A., Kumari, V., & Gray, J. A. (1998). Modulation of the human acoustic startle reflex by pleasant and unpleasant odors. *Journal of Psychophysiology, 12*, 353–361.

Lacey, J. I. (1967). Somatic response patterning and stress: Some revisions of activation theory. In M. H. Appley & R. Trumbull (Eds.), *Psychological stress: Issues in research* (pp. 14–42). New York: Appleton-Century-Crofts.

Lang, P. J. (1968). Fear reduction and fear behavior: Problems in treating a construct. In J. M. Shlien (Ed.), *Research in psychotherapy* (Vol. 1, 90–202). Washington, DC: American Psychological Association.

Lang, P. J. (1979). A bio-informational theory of emotional imagery. *Psychophysiology, 16*, 495–512.

Lang, P. J. (1995). The emotion probe: Studies of motivation and attention. *American Psychologist, 50*, 372–385.

Lang, P. J., Bradley, M. M., & Cuthbert, B. N. (1995). The international affective picture system (IAPS): *Technical manual and affective ratings*. Gainesville: Center for Research in Psychophysiology, University of Florida.

Leshner, G., Miles, S., Bolls, P. D., & Thomas, E. (2006). Yuck: The effect of fear appeal and disgust images on processing anti-smoking ads. *Psychophysiology, 43*, S59.

Levenson, R. W., Carstensen, L. L., Friesen, W. V., & Ekman, P. (1991). Emotion, physiology, and expression in old age. *Psychology and Aging, 6*, 28–35.

Levenson, R. W., & Ekman, P. (2002). Difficulty does not account for emotion-specific heart rate changes in the directed facial action task. *Psychophysiology, 39*, 397–405.

Levenson, R. W., Ekman, P., & Friesen, W. V. (1990). Voluntary facial action generates emotion-specific autonomic nervous system activity. *Psychophysiology, 27*, 363–384.

McNeil, D. W., Vrana, S. R., Melamed, B. G., Cuthbert, B. N., & Lang, P. J. (1993). Emotional imagery in simple and social phobia: Fear versus anxiety. *Journal of Abnormal Psychology, 102*, 212–225.

Mehrabian, A. (1970). A semantic space for nonverbal behavior. *Journal of Consulting and Clinical Psychology, 35*, 248–257.

Miltner, W., Matjak, M., Braun, C., Diekmann, H., & Brody, S. (1994). Emotional qualities of odors and their influence on the startle reflex in humans. *Psychophysiology, 31*, 107–110.

Olatunji, B. O., Williams, N. L., Sawchuk, C. N., & Lohr, J. M. (2006). Disgust, anxiety and fainting symptoms associated with blood-injection-injury fears: A structural model. *Journal of Anxiety Disorders, 20*, 23–41.

Öst, L., Sterner, U., & Lindahl, I. (1984). Physiological responses in blood phobics. *Behaviour Research and Therapy, 22*, 109–117.

Oxford American Dictionary. (1980). New York: Oxford University Press.

Page, A. C. (2003). The role of disgust in faintness elicited by blood and injection stimuli. *Journal of Anxiety Disorders, 17*, 45–58.

Panayiotou, G., & Vrana, S. R. (1998). Performance and physiological effects of self-focused attention among socially anxious and nonanxious individuals. *Psychophysiology, 35*, 328–336.

Plutchik, R. (1980). A general psychoevolutionary theory of emotion. In R. Plutchik & H. Kellerman (Eds.), *Emotion: Theory, research, and experience: Vol. 1. Theories of emotion* (pp. 3–33). New York: Academic Press.

Rachman, S., & Hodgson, R. (1974). I. Synchrony and desynchrony in fear and avoidance. *Behaviour Research and Therapy, 12*, 311–318.

Rozin, P., & Fallon, A. E. (1987). A perspective on disgust. *Psychological Review, 94*, 23–41.

Russell, J. A. (1980). A circumplex model of affect. *Journal of Personality and Social Psychology, 39*, 1161–1178.

Schienle, A., Stark, R., & Vaitl, D. (2001). Evaluative conditioning: A possible explanation for the acquisition of disgust responses? *Learning and Motivation, 32*, 65–83.

Sherman, G. D., Haidt, J., & Coan, J. A. (2006). Is immorality disgusting? Sociomoral disgust, throat tightness, and heart rate deceleration. *Psychophysiology, 43*, S89.

Stanley, J., & Knight, R. G. (2004). Emotional specificity of startle potentiation during the early stages of picture viewing. *Psychophysiology, 41*, 935–940.

Stark, R., Walter, B., Schienle, A., & Vaitl, D. (2005). Psychophysiological correlates of disgust and disgust sensitivity. *Journal of Psychophysiology, 19*, 50–60.

Steiner, J. E. (1979). Human facial expressions in response to taste and smell stimulation. In H. W. Reese & L. P. Lipsitt (Eds.), *Advances in child development and behavior* (Vol. 13, pp. 257–295). New York: Academic Press.

Tomkins, S. S. (1963). *Affect, imagery, and consciousness: Vol. 2. The negative affects.* New York: Springer Publishing Company.

Vianna, E. P. M., & Tranel, D. (2006). Gastric myoelectrical activity as an index of emotional arousal. *International Journal of Psychophysiology, 61*, 70–76.

Vrana, S. R. (1993). The psychophysiology of disgust: Differentiating negative emotional contexts with facial EMG. *Psychophysiology, 30*, 279–286.

Vrana, S. R. (1994). Startle reflex response during sensory modality specific disgust, anger, and neutral imagery. *Journal of Psychophysiology, 8*, 211–218.

Vrana, S. R., Cuthbert, B. N., & Lang, P. J. (1986). Fear imagery and text processing. *Psychophysiology, 23*, 247–253.

Vrana, S. R., & Lang, P. J. (1990). Fear imagery and the startle-probe reflex. *Journal of Abnormal Psychology, 99*, 189–197.

Vrana, S. R., Spence, E. L., & Lang, P. J. (1988). The startle probe response: A new measure of emotion? *Journal of Abnormal Psychology, 97*, 487–491.

Witvliet, C. V., & Vrana, S. R. (1995). Psychophysiological responses as indices of affective dimensions. *Psychophysiology, 32*, 436–443.

Yartz, A. R., & Hawk, L. W. (2002). Addressing the specificity of affective startle modulation: fear versus disgust. *Biological Psychology, 59*, 55–68.

◆第 7 章

Adler, C. M., McDonough-Ryan, P., Sax, K. W., Holland, S. K., Arndt, S., & Starkowski, S. M. (2000). fMRI of neuronal activation with symptom provocation in unmedicated patients with obsessive compulsive disorder. *Journal of Psychiatric Research, 34*, 317–324.

Adolphs, R. (2002). Neural systems for recognizing emotions. *Current Opinion in Neurobiology, 11*, 231–239.

Anderson, A. K., Christoff, K., Panitz, D., de Rosa, E., & Gabrieli, J. D. E. (2003). Neural correlates of the automatic processing of facial signals. *The Journal of Neuroscience, 23*, 5627–5633.

Augustine, J. R. (1996). Circuitry and functional aspects of the insular lobe in primates including humans. *Brain Research Reviews, 22*, 229–244.

Bradley, M. M., Sabatinelli, D., Lang, P. J., Fitzsimmons, J. R., King, W., & Desai, P. (2003). Activation of the visual cortex in motivated attention. *Behavioral Neuroscience, 117*, 369–380.

Breiter, H., Rauch, S. L., Kwong, K. K., Baker, J. R., Weisskoff, R. M., Kennedy, D. N., et al. (1996). Functional magnetic resonance imaging of symptom provocation in obsessive-compulsive disorder. *Archives of General Psychiatry, 53*, 595–606.

Calder, A. J., Lawrence, A. D., & Young, A. W. (2001). The neuropsychology of fear and loathing. *Nature Reviews Neuroscience, 2*, 352–363.

Damasio, A. R. (1999). *The feeling of what happens. Body and emotion in the making of consciousness.* New York: Harcourt Brace.

Damasio, A. R., Grabowski, T. J., & Bechara, A. (2000). Subcortical and cortical brain activity during the feeling of self-generated emotions. *Nature Neuroscience, 3*, 1049–1056.

Davidson, R. J. (2001). Toward a biology of personality and emotion. *Annals of the New York Academy of Sciences, 935*, 191–207.

Davidson, R. J., & Irwin, W. (1999). The functional neuroanatomy of emotion and affective style. *Trends in Cognitive Science, 3*, 11–21.

Davidson, R. J., Jackson, D. C., & Kalin, N. H. (2000). Emotion, plasticity, context, and regulation: Perspectives from affective neuroscience. *Psychological Bulletin, 126*, 890–909.

Dilger, S., Straube, T., Mentzel, H. J., Fitzek, C., Reichenbach, J., Hecht, H., et al. (2003). Brain activation to phobia-related pictures in spider phobic humans: An event-related functional magnetic resonance imaging study. *Neuroscience Letters, 248*, 29–32.

Ekman, P. (1992). An argument for basic emotions. *Cognition & Emotion, 6*, 169–200.

Fredrikson, M., Wik, G., Annas, P., Ericson, K., & Stone-Elander, S. (1995). Functional neuroanatomy of visually elicited simple phobic fear: Additional data and theoretical analysis. *Psychophysiology, 32*, 43–48.

Friston, K. J., & Büchel, C. (2004). Functional connectivity: Eigenimages and multivariate analyses. In R. S. J. Frackowiak, K. J. Friston, C. D. Frith, R. J. Dolan, C. J. Price, J. T. Ashburner, et al. (Eds.), *Human brain function* (2nd ed., pp. 999–1018). San Diego, CA: Academic Press.

Gorno-Tempini, M. L., Pradelli, S., Serafini, M., Pagnoni, G., Baraldi, P., Porro, C., et al. (2001). Explicit and incidental facial expression processing: An fMRI study. *Neuroimage, 14*, 465–473.

Gur, R. C., Schroeder, L., Turner, T., McGrath, C., Chan, R. M., Turetsky, B. I., et al. (2002). Brain activation during facial emotion processing. *Neuroimage, 16*, 651–662.

Haidt, J., McCauley, C. R., & Rozin, P. (1994). Individual differences in sensitivity to disgust: A scale sampling seven domains of disgust elicitors. *Personality and Individual Differences, 16*, 701–713.

Hatfield, E., Cacioppo, J. T., & Rapson, R. L. (1994). *Emotional contagion*. Cambridge, England: Cambridge University Press.

Haxby, J. V., Hoffmann, E. A., & Gobbini, M. I. (2000). The distributed human neural system for face perception. *Trends in Cognitive Sciences, 4,* 223–233.

Hennenlotter, A., Schroeder, U., Erhard, P., Haslinger, B., Stzahl, R., Weindl, A., et al. (2004). Neural correlates associated with impaired disgust processing in pre-symptomatic Huntington's disease. *Brain, 127,* 1446–1453.

Izard, C. E. (1999). *Die Emotionen des Menschen*. Weinheim, Germany: Beltz.

Johanson, A., Gustafson, L., Passant, U., Risberg, J., Smith, G., Warkentin, S., et al. (1998). Brain function in spider phobia. *Psychiatry Research Neuroimaging, 84,* 101–111.

Lane, R. D., Reiman, E. M., Ahern, G. L., Schwartz, G. E., & Davidson, R. J. (1997). Neuroanatomical correlates of happiness, sadness and disgust. *American Journal of Psychiatry, 154,* 926–933.

LeDoux, J. E. (1996). *The emotional brain: The mysterious underpinnings of emotional life*. New York: Simon & Schuster.

LeDoux, J. E. (2000). Emotion circuits in the brain. *Annual Reviews in Neuroscience 23,* 155–184

McGuire, P. K., Bench, C. J., Frith, S. D., Marks, I. M., Frackowiak, R. S. J., & Dolan, R. J. (1994). Functional anatomy of obsessive–compulsive phenomena. *British Journal of Psychiatry, 164,* 459–468.

Paquette, V., Lévesque, J., Mensour, B., Leroux, J. M., Beaudoin, G., Bourgouin, P., et al. (2003). "Change the mind and you change the brain": Effects of cognitive–behavioral therapy on the neural correlates of spider phobia. *Neuroimage, 18,* 401–409.

Paradiso, S., Robinson, R. G., Andreasen, N. C., Downhill, J. E., Davidson, R. J., Kirchner, P. T., et al. (1997). Emotional activation of limbic circuitry in elderly normal subjects in a PET study. *American Journal of Psychiatry, 1154,* 384–389.

Phan, K. L., Wager, T., Taylor, S. F., & Liberzon, I. (2002). Functional neuroanatomy of emotion: A meta-analysis of emotion activation studies in PET and fMRI. *Neuroimage, 16,* 331–348.

Phillips, M. L., Drevets, W. C., Rauch, S. L., & Lane, R. (2003). Neurobiology of emotion perception. I: The neural basis of normal emotion perception. *Biological Psychiatry, 54,* 504–514.

Phillips, M. L., Marks, I. M., Senior, C., Lythgoe, D., O'Dwyer, A. M., Meehan, O., et al. (2000). A differential response in obsessive–compulsive disorder patients with washing compared with checking symptoms to disgust. *Psychological Medicine, 30,* 1037–1050.

Phillips, M. L., Williams, L. M., Heining, M., Herba, C. M., Russell, T., Andrew, C., et al. (2004). Differential neural responses to overt and covert presentations of facial expressions of fear and disgust. *Neuroimage, 21,* 1484–1496.

Phillips, M. L., Young, A. W., Scott, S. K., Calder, A. J., Andrew, C., Giampietro, V., et al. (1998). Neural responses to facial and vocal expressions of fear and disgust. *Proceedings of the Royal Society of London, 265*, 1809–1817.

Phillips, M. L., Young, A. W., Senior, C., Brammer, M., Andrew, C., Calder, A. J., et al. (1997, October 2). A specific neural substrate for perceiving facial expressions of disgust. *Nature, 389*, 495–498.

Plutchik, R. (1980). A general psychoevolutionary theory of emotion. In R. Plutchik & H. Kellerman (Eds.), *Emotion: Theory, research, and experience: Vol. 1. Theories of emotion* (pp. 3–33). New York: Academic.

Rauch, S. L., Jenike, M. A., Alpert, N. M., Baer, L., Breiter, H. C., Savage, C. R., et al. (1994). Regional cerebral blood flow measured during symptom provocation in obsessive–compulsive disorder using oxygen 15-labeled carbon dioxide and positron emission tomography. *Archives of General Psychiatry, 51*, 62–70.

Rauch, S. L., Savage, C. R., Alpert, N. M., Miguel, E. C., Baer, L., & Breiter, H. C. (1995). A positron emission tomography study of simple phobic symptom provocation. *Archives of General Psychiatry, 52*, 20–28.

Rolls, E. T. (1999). *The brain and emotion*. New York: Oxford University Press.

Rozin, P., & Fallon, A. (1987). A perspective on disgust. *Psychological Review, 94*, 23–41.

Rozin, P., Haidt, J., & McCauley, C. R. (2000). Disgust. In M. Lewis & J. Haviland (Eds.), *Handbook of emotions* (2nd ed., pp. 637–653). New York: Guilford Press.

Schäfer, A., Schienle, A., & Vaitl, D. (2005). Stimulus type and design influence hemodynamic responses towards visual disgust and fear elicitors. *International Journal of Psychophysiology, 57*, 53–59.

Schienle, A., Schäfer, A., Hermann, A., Walter, B., Stark, R., & Vaitl, D. (2006). fMRI responses to pictures of mutilation and contamination. *Neuroscience Letters, 393*, 174–178.

Schienle, A., Schäfer, A., Stark, R., Walter, B., Kirsch, P., & Vaitl, D. (2003). Disgust processing in blood-injection-injury phobia: An fMRI study. *Journal of Psychophysiology, 17*, 87–93.

Schienle, A., Schäfer, A., Stark, R., Walter, B., & Vaitl, D. (2005a). Gender differences in the processing of disgusting and fear-inducing pictures: An fMRI study. *Neuroreport, 16*, 277–280.

Schienle, A., Schäfer, A., Stark, R., Walter, B., & Vaitl, D. (2005b). Relationship between disgust sensitivity, trait anxiety and brain activity during disgust induction. *Neuropsychobiology, 51*, 86–92.

Schienle, A., Schäfer, A., Walter, B., Stark, R., & Vaitl, D. (2005). Brain activation of spider phobics towards disorder-relevant, generally disgust- and fear-inducing pictures. *Neuroscience Letters, 388*, 1–6.

Schienle, A., Stark, R., Walter, B., Blecker, C., Ott, U., Sammer, G., & Vaitl, D. (2002). The insula is not specifically involved in disgust processing: An fMRI study. *NeuroReport, 13*, 2023–2026.

Schienle, A., Walter, B., Stark, R., & Vaitl, D. (2002). A questionnaire for the assessment of disgust sensitivity. *Zeitschrift für Klinische Psychologie und Psychotherapie, 31*, 110–120.

Schroeder, U., Hennenlotter, A., Erhard, P., Haslinger, B., Stahl, R., Lange, K. W., et al. (2004). Functional neuroanatomy of perceiving surprised faces. *Human Brain Mapping, 23,* 181–187.

Shapira, N., Yijun, L., He, A. G., Bradley, M. M., Lessig, M. C., James, G. A., et al. (2003). Brain activation by disgust-inducing pictures in obsessive–compulsive disorder. *Biological Psychiatry, 54,* 751–756.

Sprengelmeyer, R., Rausch, M., Eysel, U. T., & Przuntek, H. (1998). Neural structures associated with recognition of facial expressions of basic emotions. *Proceedings of the Royal Society of London, 265,* 1927–1931.

Stark, R., Schienle, A., Girod, C., Walter, B., Kirsch, P., Blecker, C., et al. (2005). Erotic and disgust-inducing pictures: Differences in the hemodynamic responses of the brain. *Biological Psychology, 70,* 19–29.

Stark, R., Schienle, A., Sarlo, M., Palomba, D., Walter, B., & Vaitl, D. (2005). Influences of disgust sensitivity on hemodynamic responses towards a disgust-inducing film clip. *International Journal of Psychophysiology, 57,* 61–67.

Stark, R., Schienle, A., Walter, B., Kirsch, P., Blecker, C., Ott, U., et al. (2004). Hemodynamic effects of negative emotional pictures: A test–retest analysis. *Neuropsychobiology, 50,* 108–118.

Stark, R., Schienle, A., Walter, B., Kirsch, P., Sammer, G., Ott, U., et al. (2003). Hemodynamic responses to fear- and disgust-inducing pictures. *International Journal of Psychophysiology, 50,* 225–234.

Surguladze, S. A., Brammer, M. J., Young, A. W., Andrew, C., Travis, M. J., Williams, S. C. R., et al. (2003). A preferential increase in the extrastriate response to signals of danger. *Neuroimage, 19,* 1317–1328.

Wicker, B., Keysers, C., Plailly, J., Royet, J.-P., Gallese, V., & Rizzolatti, G. (2003). Both of us are disgusted in my insula: The common neural basis of seeing and feeling disgust. *Neuron, 40,* 655–664.

Williams, L. M., Das, P., Liddell, B., Olivieri, G., Peduto, A., Brammer, M. J., et al. (2005). BOLD, sweat and fears: fMRI and skin conductance distinguish facial fear signals. *Neuroreport, 16,* 49–52.

Winston, J. S., O'Doherty, J., & Dolan, R. J. (2003). Common and distinct neural responses during direct and incidental processing of multiple facial expressions. *Neuroimage, 20,* 84–97.

Wright, P., He, G., Shapira, N. A., Goodman, W. K., & Liu, Y. (2004). Disgust and the insula: fMRI responses to pictures of mutilation and contamination. *Neuroreport 15,* 2347–2351.

◆第 8 章

Angyal, A. (1941). Disgust and related aversions. *Journal of Abnormal and Social Psychology, 36,* 393–412.

Armfield, J. M., & Mattiske, J. K. (1996). Vulnerability representation: The role of perceived dangerousness, uncontrollability, unpredictability, and disgustingness in spider fear. *Behaviour Research and Therapy, 34,* 899–909.

Arntz, A., Lavy, E., van den Berg, G., & van Rijsoort, S. (1993). Negative beliefs of spider phobics: A psychometric evaluation of the spider phobics belief questionnaire. *Advances in Behaviour, Research and Therapy, 15,* 257–277.

Arrindell, W. A., Mulkens, S., Kok, J., & Vollenbroek, J. (1999). Disgust sensitivity and the sex difference in fears to common indigenous animals. *Behaviour Research and Therapy, 37,* 273–280.

Arrindell, W. A., Pickersgill, M. J., Merckelbach, H., Ardon, A. M., & Cornet, F. C. (1991). Phobic dimensions. 3. Factor analytic approaches to the study of common phobic fears—an updated review of findings obtained with adult subjects. *Advances in Behaviour Research and Therapy, 13,* 73–130.

Barker, K., & Robertson, N. (1997). Selective processing and fear of spiders: Use of the Stroop task to assess interference for spider-related, movement, and disgust information. *Cognition & Emotion, 11,* 331–336.

Bernstein, D. A., & Allen, G. J. (1969). Fear Survey Schedule. II: Normative data and factor analyses based upon a large college sample. *Behaviour Research and Therapy, 7,* 403.

Burns, G. L., Keortge, S. G., Formea, G. M., & Sternberger, L. G. (1996). Revision of the Padua Inventory of obsessive compulsive disorder symptoms: Distinctions between worry, obsessions and compulsions. *Behaviour Research and Therapy, 34,* 163–173.

Chapman, T. F. (1997). The epidemiology of fears and phobias. In G. C. L. Davey (Ed.), *Phobias: A handbook of theory, research and treatment* (pp. 415–434). Chichester, England: Wiley.

Cook, M., & Mineka, S. (1989). Observational conditioning of fear to fear-relevant versus fear-irrelevant stimuli in rhesus monkeys. *Journal of Abnormal Psychology, 98,* 448–459.

Cook, M., & Mineka, S. (1990). Selective associations in the observational learning of fear in rhesus monkeys. *Journal of Experimental Psychology: Animal Behavior Processes, 16,* 372–389.

Costello, C. G. (1982). Fears and phobias in women: A community study. *Journal of Abnormal Psychology, 91,* 280–286.

Davey, G. C. L. (1992a). Characteristics of individuals with fear of spiders. *Anxiety Research, 4,* 299–314.

Davey, G. C. L. (1992b). Classical conditioning and the acquisition of human fears and phobias: A review and synthesis of the literature. *Advances in Behaviour Research and Therapy, 14,* 29–66.

Davey, G. C. L. (1994a). Disgust. In V. S. Ramachandran (Ed.), *Encyclopedia of human behavior* (Vol. 2, pp. 135–141). San Diego, CA: Academic Press.

Davey, G. C. L. (1994b). The 'disgusting' spider: The role of disease and illness in the perpetuation of fear of spiders. *Society & Animals, 2,* 17–25.

Davey, G. C. L. (1994c). Self-reported fears to common indigenous animals in an adult UK population: The role of disgust sensitivity. *British Journal of Psychology, 85,* 541–554.

Davey, G. C. L. (1995). Preparedness and phobias: Specific evolved associations or a generalized expectancy bias? *Behavioral and Brain Sciences, 18,* 289–297.

Davey, G. C. L. (1997). A conditioning model of phobias. In G. C. L. Davey (Ed.), *Phobias: A handbook of theory, research and treatment* (pp. 301–322). Chichester, England: Wiley.

Davey, G. C. L., Bickerstaffe, S., & MacDonald, B. A. (2006) Experienced disgust causes a negative interpretation bias: A causal role for disgust in anxious psychopathology. *Behaviour Research and Therapy, 44,* 1375–1384.

Davey, G. C. L., & Bond, N. (2006). Using controlled comparisons in disgust psychopathology research: The case of disgust, hypochondriasis and health anxiety. *Journal of Behavior Therapy and Experimental Psychiatry, 37,* 4–15.

Davey, G. C. L., Cavanagh, K., & Lamb, A. (2003). Differential aversive outcome expectancies for high- and low-predation animals. *Journal of Behavior Therapy and Experimental Psychiatry, 34,* 117–128.

Davey, G. C. L., McDonald, A. S., Hirisave, U., Prabhu, G. G., Iwawaki, S., Jim, C. I., et al. (1998). A cross-cultural study of animal fears. *Behaviour Research and Therapy, 36,* 735–750.

de Jong, P. J., Andrea, H., & Muris, P. (1997). Spider phobia in children: Disgust and fear before and after treatment. *Behaviour Research and Therapy, 35,* 559–562.

de Jong, P. J., & Merckelbach, H. (1998). Blood-injection-injury phobia and fear of spiders: Domain specific individual differences in disgust sensitivity. *Personality and Individual Differences, 24,* 153–158.

Delprato, D. J. (1980). Hereditary determinants of fears and phobias: A critical review. *Behavior Therapy, 11,* 79–103.

Doogan, S., & Thomas, G. V. (1992). Origins of fear of dogs in adults and children: The role of conditioning processes and prior familiarity with dogs. *Behaviour Research and Therapy, 30,* 387–394.

Edwards, S., & Salkovskis, P. M. (2006). An experimental demonstration that fear, but not disgust, is associated with the return of fear in phobias. *Journal of Anxiety Disorders, 20,* 58–71.

Eysenck, H., & Eysenck, S. B. G. (1984). *Manual of the Eysenck Personality Questionnaire (junior and adult).* London: Hedder & Stoughton.

Gloyne, H. F. (1950). Tarantism: Mass hysterical reaction to spider bite in the Middle Ages. *American Image, 7,* 29–42.

Haidt, J., McCauley, C., & Rozin, P. (1994). Individual differences in sensitivity to disgust: A scale sampling seven domains of disgust elicitors. *Personality and Individual Differences, 16,* 701–713.

Hecker, J. F. C. (1846). *The epidemics of the Middle Ages.* (B. G. Babington, Trans.). London: Woodfall.

Klorman, R., Weerts, T. C., Hastings, J. E., Melamed, B. G., & Lang, P. J. (1974). Psychometric descriptions of some specific fear questionnaires. *Behavior Therapy, 5,* 401–409.

Landy, F. J., & Gaupp, L. A. (1971). A factor analysis of the fear survey schedule—III. *Behaviour Research and Therapy, 9,* 89–93.

Lewontin, R. C. (1979). Sociobiology as an adaptationist program. *Behavioral Science, 24,* 5–14.

Marks, I. M. (1987). *Fears, phobias and rituals.* New York: Academic Press.

Martin, M., Williams, R. M., & Clark, D. M. (1991). Does anxiety lead to selective processing of threat-related information? *Behaviour Research and Therapy, 29,* 147–160.

Marzillier, S. (2003). *The role of disgust in anxiety disorders.* Unpublished master's thesis, University of Sussex, Sussex, England.

Marzillier, S., & Davey, G. C. L. (2004). The emotional profiling of disgust-eliciting stimuli: Evidence for primary and complex disgusts. *Cognition & Emotion, 18,* 313–336.

Marzillier, S., & Davey, G. C. L. (2005). Anxiety and disgust: Evidence for a unidirectional relationship. *Cognition & Emotion, 19,* 729–750.

Matchett, G., & Davey, G. C. L. (1991). A test of a disease-avoidance model of animal phobias. *Behaviour Research and Therapy, 29,* 91–94.

McNally, R. J. (1995). Preparedness, phobias, and the Panglossian paradigm. *Behavioral and Brain Sciences, 18,* 303–304.

Merckelbach, H., & de Jong, P. J. (1997). Evolutionary models of phobias. In G. C. L. Davey (Ed.), *Phobias: A handbook of theory, research and treatment* (pp. 323–348). Chichester, England: Wiley.

Merckelbach, H., de Jong, P. J., Arntz, A., & Schouten, E. (1993). The role of evaluative learning and disgust sensitivity in the etiology and treatment of spider phobia. *Advances in Behaviour Research and Therapy, 15,* 243–255.

Merckelbach, H., de Jong, P. J., Muris, P., & van den Hout, M. (1996). The etiology of specific phobias: A review. *Clinical Psychology Review, 16,* 337–361.

Merckelbach, H., Muris, P., & Schouten, E. (1996). Pathways to fear in spider phobic children. *Behaviour Research and Therapy, 34,* 935–938.

Mulkens, S. A. N., de Jong, P. J., & Merckelbach, H. (1996). Disgust and spider phobia. *Journal of Abnormal Psychology, 105,* 464–468.

Muris, P., Merckelbach, H., Schmidt, H., & Tierney, S. (1999). Disgust sensitivity, trait anxiety and anxiety disorders symptoms in normal children. *Behaviour Research and Therapy, 37,* 953–961.

Murray, E., & Foote, F. (1979). The origins of fear of snakes. *Behaviour Research and Therapy, 17,* 489–493.

Nabi, R. L. (2002). The theoretical versus the lay meaning of disgust: Implications for emotion research. *Cognition & Emotion, 16,* 695–703.

Öhman, A., Eriksson, A., & Lofberg, I. (1975). Phobias and preparedness: Phobic versus neutral pictures as conditioned stimuli for human autonomic responses. *Journal of Abnormal Psychology, 84,* 41–45.

Öhman, A., & Mineka, S. (2001). Fears, phobias and preparedness: Towards an evolved module of fear and fear learning. *Psychological Review, 108,* 483–522.

Renner, F. (1990). *Spinnen: Ungeheuer—sympathisch.* Kaiserslautern, Germany: Rainar Nitzche Verlag.

Rozin, P., & Fallon A. E. (1987). A perspective on disgust. *Psychological Review, 94,* 23–41.

Rozin, P., Fallon, A. E., & Mandell, R. (1984). Family resemblances in attitudes to food. *Developmental Psychology, 20*, 309–314.

Sawchuk, C. N., Lohr, J. M., Tolin, D. F, Lee, T. C., & Kleinknecht, R. A. (2000). Disgust sensitivity and contamination fears in spider and blood-injection-injury phobias. *Behaviour Research and Therapy, 38*, 753–762.

Seligman, M. E. P. (1971). Phobias and preparedness. *Behavior Therapy, 2*, 307–320.

Spielberger, C. D. (1983). *State-Trait Anxiety Inventory*. Palo Alto, CA: Consulting Psychologists Press.

Stroop, J. R. (1935). Studies of interference in serial verbal reactions. *Journal of Experimental Psychology, 18*, 643–662.

Thordarson, D. S., Radomsky, A. S., Rachman, S., Shafran, R., & Sawchuk, C. (1997, November). *The Vancouver Obsessional Compulsive Inventory (VOCI)*. Paper presented at the 31st annual meeting of the Association for the Advancement of Behavior Therapy, Miami Beach, FL.

Thorpe, S. J., & Salkovskis, P. M. (1995). Phobic beliefs: Do cognitive factors play a role in specific phobias. *Behaviour Research and Therapy, 33*, 805–816.

Thorpe, S. J., & Salkovskis, P. M. (1997). Information processing in spider phobics: The Stroop colour-naming task may indicate strategic but not automatic attentional bias. *Behaviour Research and Therapy, 35*, 131–144.

Thorpe, S. J., & Salkovskis, P. M. (1998). Studies on the role of disgust in the acquisition and maintenance of specific phobias. *Behaviour Research and Therapy, 36*, 877–893.

Tolin, D. F., Lohr, J. M., Sawchuk, C. N., & Lee, T. C. (1997). Disgust and disgust sensitivity in blood-injection-injury and spider phobia. *Behaviour Research and Therapy, 35*, 949–943.

Tucker, M., & Bond, N. W. (1997). The roles of gender, sex role, and disgust in fear of animals. *Personality and Individual Differences, 22*, 135–128.

van Overveld, M., de Jong, P. J., & Peters, M. L. (2006). Differential UCS expectancy bias in spider fearful individuals: Evidence toward an association between spiders and disgust relevant outcomes. *Journal of Behavior Therapy and Experimental Psychiatry, 37*, 60–72.

Walls, M. M., & Kleinknecht, R. A. (1996, April). *Disgust factors as predictors of blood-injury fear and fainting*. Paper presented to the annual meeting of the Western Psychological Association, San Jose, CA.

Ware, J., Jain, K., Burgess, I., & Davey, G. C. L. (1994). Disease-avoidance model: Factor analysis of common animal fears. *Behaviour Research and Therapy, 32*, 57–63.

Watson, J. B., & Rayner, R. (1920). Conditioned emotional reactions. *Journal of Experimental Psychology, 3*, 1–14.

Watts, F. N., McKenna, F. P., Sharrock, R., & Trezise, I. (1986). Color naming of phobia related words. *British Journal of Psychology, 77*, 97–108.

Webb, K., & Davey, G. C. L. (1993). Disgust sensitivity and fear of animals: Effect of exposure to violent or revulsive material. *Anxiety, Stress, & Coping, 5*, 329–335.

Wenzel, A., & Holt, C. S. (1999). Dot probe performance in two specific phobias.

British Journal of Clinical Psychology, 38, 407–410.
Wolpe, L., & Lang, P. J. (1964). A fear survey schedule for use in behaviour therapy. Behaviour Research and Therapy, 2, 27–30.

◆第 9 章

Accurso, V., Winnicki, M., Shamsuzzaman, A. S. M., Wenzel, A., Johnson, A. K., & Somers, V. K. (2001). Predisposition to vasovagal syncope in subjects with blood/injury phobia. Circulation, 104, 903–907.

Adler, P. S. J., France, C., & Ditto, B. (1991). Baroreflex sensitivity at rest and during stress in individuals with a history of vasovagal syncope. Journal of Psychosomatic Research, 35, 591–597.

American Psychiatric Association. (2000). Diagnostic and statistical manual of mental disorders (4th ed., text rev.). Washington, DC: Author.

Andrews, G., Creamer, M., Crino, R. D., Hunt, C., Lampe, L. A., & Page, A. C. (2003). The treatment of anxiety disorders: Clinician guides and patient manuals (2nd ed.). New York: Cambridge University Press.

Barlow, D. H. (2002). Anxiety and its disorders: The nature and treatment of anxiety and panic (2nd ed.). New York: Guilford Press.

Connolly, J., Hallam, R. S., & Marks, I. M. (1976). Selective association of fainting with blood-injury-illness fear. Behavior Therapy, 7, 8–13.

Davey, G. C. L. (1993). Factors influencing self-rated fear to a novel animal. Cognition & Emotion, 7, 461–471.

Davey, G. C. L. (1994). Self-reported fears to common indigenous animals in an adult UK population: The role of disgust sensitivity. British Journal of Psychology, 85, 541–554.

Davey, G. C. L., McDonald, A. S., Hirisave, U., Prabhu, G. G., Iwawaki, S., Jim, C. I., et al. (1998). A cross-cultural study of animal fears. Behaviour Research and Therapy, 36, 735–750.

de Jong, P. J., & Merckelbach, H. (1998). Blood-injection-injury phobia and fear of spiders: Domain specific individual differences in disgust sensitivity. Personality and Individual Differences, 24, 153–158.

de Jong, P. J., & Muris, P. (2002). Spider phobia interaction of disgust and perceived likelihood of involuntary physical contact. Journal of Anxiety Disorders, 16, 51–65.

Dorfan, N. M., & Woody, S. R. (2006). Does threatening imagery sensitize distress during contaminant exposure? Behaviour Research and Therapy, 44, 395–413.

Druschel, B. A., & Sherman, M. F. (1999). Disgust sensitivity as a function of the Big Five and gender. Personality and Individual Differences, 26, 739–748.

Exeter-Kent, H. A., & Page, A. C. (2006). The role of cognitions, trait anxiety and disgust sensitivity in generating faintness around blood-injury phobic stimuli. Journal of Behavior Therapy and Experimental Psychiatry, 37, 41–52.

France, C. (1995). Baroreflex sensitivity during noxious stimulation in vasovagal reactors to blood donation. Journal of Psychophysiology, 19, 13–22.

Fredrikson, M., Annas, P., Fischer, H., & Wik, G. (1996). Gender and age differences in the prevalence of specific fears and phobias. *Behaviour Research and Therapy, 34*, 33–39.

Gerlach, A. L., Nat, R., Spellmeyer, G., Vogele, C., Huster, C., Stevens, S., et al. (2006). Blood-injury phobia with and without a history of fainting: Disgust sensitivity does not explain the fainting response. *Psychosomatic Medicine, 68*, 331–339.

Graham, D. T. (1961). Prediction of fainting in blood donors. *Circulation, 23*, 901–906.

Graham, D. T., Kabler, J. D., & Lunsford, L. (1961). Vasovagal fainting: A diphasic response. *Psychosomatic Medicine, 23*, 493–507.

Haidt, J., McCauley, C., & Rozin, P. (1994). Individual differences in sensitivity to disgust: A scale sampling seven domains of disgust elicitors. *Personality and Individual Differences, 16*, 701–713.

Hepburn, T., & Page, A. C. (1999). Effects of images about fear and disgust upon habituation of responses to blood-injury phobic stimuli. *Behavior Therapy, 30*, 63–77.

Kleinknecht, R. A. (1994). Acquisition of blood, injury, and needle fears and phobias. *Behaviour Research and Therapy, 32*, 817–823.

Kleinknecht, R. A., Kleinknecht, E. A., & Thorndike, R. M. (1997). The role of disgust and fear in blood and injection-related fainting symptoms: A structural equation model. *Behaviour Research and Therapy, 35*, 1075–1087.

Kleinknecht, R. A., & Lenz, J. (1989). Blood/injury fear, fainting and avoidance of medically-related situations: A family correspondence study. *Behaviour Research and Therapy, 27*, 537–547.

Kleinknecht, R. A., Lenz, J., Ford, G., & DeBerard, S. (1990). Types and correlates of blood/injury-related vasovagal syncope. *Behaviour Research and Therapy, 28*, 289–295.

Kleinknecht, R. A., & Thorndike, R. M. (1990). The Mutilation Questionnaire as a predictor of blood/injury fear and fainting. *Behaviour Research and Therapy, 28*, 429–437.

Koch, M. D., O'Neill, H. K., Sawchuk, C. N., & Connolly, K. (2002). Domain-specific and generalized disgust sensitivity in blood-injection-injury phobia: The application of behavioral approach/avoidance tasks. *Journal of Anxiety Disorders, 16*, 511–527.

Levenson, R. W. (1992). Autonomic nervous system differences among emotions. *Psychological Science, 3*, 23–27.

Lewis, T. (1932). Vasovagal syncope and the carotid sinus mechanism. *British Medical Journal, 1*, 873–876.

Lumley, M. A., & Melamed, B. (1992). Blood phobics and nonphobics: Psychological differences and affect during exposure. *Behaviour Research and Therapy, 30*, 425–434.

Marks, I. M. (1988). Blood-injury phobia: A review. *American Journal of Psychiatry, 145*, 1207–1213.

Mattchett, G., & Davey, G. C. L. (1991). A test of a disease-avoidance model of animal phobias. *Behaviour Research and Therapy, 29*, 91–94.

McKay, D., & Tsao, S. D. (2005). A treatment most foul: Handling disgust in cognitive-behavior therapy. *Journal of Cognitive Psychotherapy: An International Quarterly, 19*, 355–367.

Menzies, R. G., & Clarke, J. C. (1995). The etiology of phobias: A non-associative account. *Clinical Psychology Review, 15*, 23–48.

Mineka, S., & Zinbarg, R. (1996). Conditioning and ethological models of anxiety disorders: Stress-in-dynamic-context anxiety models. In D. A. Hope et al. (Eds.), *Nebraska Symposium on Motivation: Vol. 43. Perspectives on anxiety, panic, and fear. Current theory and research in motivation* (pp. 135–210). Lincoln: University of Nebraska Press.

Mulkens, S. A. N., de Jong, P. J., & Merckelbach, H. (1996). Disgust and spider phobia. *Journal of Abnormal Psychology, 105*, 464–468.

Olatunji, B. O., Lohr, J. M., Sawchuk, C. N., & Westendorf, D. (2005). Using facial expressions as CSs and fearsome and disgusting pictures as UCSs: Affective responding and evaluative learning of fear and disgust in BII phobia. *Journal of Anxiety Disorders, 19*, 539–555.

Olatunji, B. O., & Sawchuk, C. N. (2005). Disgust: Characteristic features, social manifestations, and clinical implications. *Journal of Social and Clinical Psychology, 24*, 932–962.

Olatunji, B. O., Sawchuk, C. N., de Jong, P. J., & Lohr, J. M. (2006). The structural relation between disgust sensitivity and blood-injection-injury fears: A cross-cultural comparison of US and Dutch data. *Journal of Behavior Therapy and Experimental Psychiatry, 37*, 16–29.

Olatunji, B. O., Sawchuk, C. N., Lohr, J. M., & de Jong, P. J. (2004). Disgust domains in the prediction of contamination fear. *Behaviour Research and Therapy, 42*, 93–104.

Olatunji, B. O., Williams, N. L., Sawchuk, C. N., & Lohr, J. M. (2006). Disgust, anxiety and fainting symptoms associated with blood-injection-injury fears: A structural model. *Journal of Anxiety Disorders, 20*, 23–41.

Oppliger, P. A., & Zillmann, D. (1997). Disgust in humour: Its appeal to adolescents. *Humour: International Journal of Humour Research, 10*, 421–437.

Ortony, A., Clore, G. L., & Collins, A. (1988). *The cognitive structure of emotions.* New York: Cambridge University Press.

Öst, L.-G. (1992). Blood and injection phobia: Background and cognitive, physiological, and behavioral variables. *Journal of Abnormal Psychology, 101*, 68–74.

Öst, L.-G., Sterner, U., & Lindahl, I. L. (1984). Physiological responses in blood phobics. *Behaviour Research and Therapy, 22*, 109–117.

Page, A. C. (1994). Blood-injury phobia. *Clinical Psychology Review, 14*, 443–461.

Page, A. C. (1996). Blood-injury-injection fears in medical practice. *Medical Journal of Australia, 164*, 189.

Page, A. C. (1998). Blood-injury-injection fears: Nature, assessment, and management. *Behaviour Change, 15*, 160–164.

Page, A. C. (1999). Effects of images on the renewal of blood-injury fears. *Behaviour Change, 16*, 105–110.

Page, A. C. (2003). The role of disgust in faintness elicited by blood and injection stimuli. *Journal of Anxiety Disorders, 17,* 45–58.

Page, A. C., Bennett, K. S., Carter, O., & Woodmore, K. (1997). The Blood-Injection Symptom Scale (BISS): Assessing a structure of phobic symptoms elicited by blood and injections. *Behaviour Research and Therapy, 35,* 457–464.

Page, A. C., & Martin, N. G. (1998). Testing a genetic structure of blood-injury-injection fears. *American Journal of Medical Genetics (Neuropsychiatric Genetics), 81,* 377–384.

Prkachin, K. M., Williams-Avery, R. M., Zwaal, C., & Mills, D. E. (1999). Cardiovascular changes during induced emotion: An application of Lang's theory of emotional imagery. *Journal of Psychosomatic Research, 47,* 255–267.

Rachman, S. (1990). *Fear and courage* (2nd ed.). New York: Freeman.

Robinson, M. D. (1998). Running from William James' bear: A review of preattentive mechanisms and their contributions to emotional experience. *Cognition & Emotion, 12,* 667–696.

Rozin, P., & Fallon, A. E. (1987). A perspective on disgust. *Psychological Review, 94,* 32–41.

Rozin, P., Fallon, A. E., & Mandell, R. (1984). Family resemblances in attitudes to food. *Developmental Psychology, 20,* 309–314.

Rozin, P., Haidt, J., & McCauley, C. R. (1999). Disgust: The body and soul emotion. In T. Dalgleish & M. J. Power (Eds.), *Handbook of cognition and emotion* (pp. 429–446). New York: Wiley.

Rozin, P., Haidt, J., & McCauley, C. R. (2000). Disgust. In M. Lewis & J. M. Haviland (Eds.), *Handbook of emotions* (2nd ed., pp. 637–653). New York: Guilford Press.

Ruetz, P. P., Johnson, S. A., Callahan, R., Meade, R. C., & Smith, J. J. (1967). Fainting: A review of its mechanisms and a study in blood donors. *Medicine, 46,* 363–384.

Sawchuk, C. N., Lohr, J. M., Tolin, D. F., Lee, T. C., & Kleinknecht, R. A. (2000). Disgust sensitivity and contamination fears in spider and blood-injection-injury phobias. *Behaviour Research and Therapy, 38,* 753–762.

Sawchuk, C. N., Lohr, J. M., Westendorf, D. A., Meunier, S. A., & Tolin, D. F. (2002). Emotional responding to fearful and disgusting stimuli in specific phobia. *Behaviour Research and Therapy, 40,* 1031–1046.

Schienle, A., Schäfer, A., Stark, R., Walter, B., Kirsch, P., & Vaitl, D. (2003). Disgust processing in blood-injection-injury phobia: An fMRI study. *Journal of Psychophysiology, 17,* 87–93.

Schienle, A., Schäfer, A., Stark, R., Walter, B., & Vaitl, D. (2005a). Elevated disgust sensitivity in blood phobia. *Cognition & Emotion, 19,* 1329–1241.

Schienle, A., Schäfer, A., Stark, R., Walter, B., & Vaitl, D. (2005b). Relationship between disgust sensitivity, trait anxiety, and brain activity during disgust induction. *Neuropsychobiology, 51,* 86–92.

Schienle, A., Stark, R., & Vaitl, D. (2001). Evaluative conditioning: A possible explanation for the acquisition of disgust responses? *Learning and Motivation, 32,* 65–83.

Stark, R., Schienle, A., Walter, B., Kirsch, P., Blecker, C., Ott, U., et al. (2004). Hemodynamic effects of negative emotional pictures: A test–retest analysis. *Neuropsychobiology, 50,* 108–118.

Thyer, B. A., & Curtis, G. C. (1985). On the diphasic nature of vasovagal fainting associated with blood-injury-illness phobia. *Pavlovian Journal of Biological Science, 20,* 84–87.

Thyer, B. A., Himle, J., & Curtis, G. C. (1985). Blood-injury-illness: A review. *Journal of Clinical Psychology, 41,* 451–459.

Tolin, D. F., Lohr, J. M., Sawchuk, C. N., & Lee, T. C. (1997). Disgust and disgust sensitivity in blood-injection-injury and spider phobia. *Behaviour Research and Therapy, 35,* 949–953.

Tolin, D. F., Sawchuk, C. N., & Lee, T. C. (1999). The role of disgust in blood-injury-injection phobia. *The Behavior Therapist, 22,* 96–99.

Vaitl, D., Schienle, A., & Stark, R. (2005). Neurobiology of fear and disgust. *International Journal of Psychophysiology, 57,* 1–4.

Vingerhoets, A. J. (1984). Biochemical changes in two subjects succumbing to syncope. *Psychosomatic Medicine, 46,* 95–103.

Vrana, S. R. (1993). The psychophysiology of disgust: Differentiating negative emotional contexts with facial EMG. *Psychophysiology, 30,* 279–286.

Webb, K., & Davey, G. C. L. (1992). Disgust sensitivity and fear of animals: Effect of exposure to violent or repulsive material. *Anxiety, Stress, & Coping, 5,* 329–335.

Williams, L. M., Das, P., Liddell, B., Olivieri, G., Peduto, A., Brammer, M. J., et al. (2005). BOLD, sweat and fears: fMRI and skin conductance distinguish facial fear signals. *Neuroreport, 16,* 49–52.

Woody, S. R., & Teachman, B. A. (2000). Intersection of disgust and fear: Normative and pathological views. *Clinical Psychology: Science and Practice, 7,* 291–311.

Woody, S. R., & Tolin, D. F. (2002). The relationship between disgust sensitivity and avoidant behavior: Studies of clinical and nonclinical samples. *Journal of Anxiety Disorders, 16,* 543–559.

Wright, P., He, G., Shapira, N. A., Goodman, W. K., & Liu, Y. (2004). Disgust and the insula: fMRI responses to pictures of mutilation and contamination. *Neuroreport, 15,* 2347–2351.

◆第 10 章

Abramowitz, J. S. (1996). Variants of exposure and response prevention in the treatment of obsessive–compulsive disorder: A meta-analysis. *Behavior Therapy, 27,* 583–600.

Abramowitz, J. S., & Larsen, K. E. (2007). Exposure therapy for obsessive–compulsive disorder. In D. C. S. Richard & D. L. Lauterbach (Eds.), *Handbook of exposure therapies* (pp. 185–208). Amsterdam: Academic Press.

Abramowitz, J. S., McKay, D., & Taylor, S. (2005). Special series: Subtypes of obsessive–compulsive disorder. *Behavior Therapy, 36,* 367–369.

Abramowitz, J. S., Taylor, S., & McKay, D. (2005). Potentials and limitations of cognitive treatments for obsessive–compulsive disorder. *Cognitive Behaviour Therapy, 34,* 140–147.

American Psychiatric Association. (2000). *Diagnostic and statistical manual of mental disorders* (4th ed., text rev.). Washington, DC: Author.

Antony, M. M., Purdon, C., & Summerfeldt, L. J. (2007). *Psychological treatment of obsessive–compulsive disorder: Fundamentals and beyond.* Washington, DC: American Psychological Association.

Arrindell, W. A., Mulkens, S., Kok, J., & Vollenbroek, J. (1999). Disgust sensitivity and the sex difference in fears to common indigenous animals. *Behaviour Research and Therapy, 37,* 273–280.

Barlow, D. H. (2002). *Anxiety and its disorders* (2nd ed.). New York: Guilford Press.

Burns, G. L., Keortge, S. G., Formea, G. M., & Sternberger, L. G. (1996). Revision of the Padua Inventory of obsessive–compulsive disorder symptoms: Distinctions between worry, obsessions, and compulsions. *Behaviour Research and Therapy, 34,* 163–173.

Clark, D. A. (2004). *Cognitive–behavioral therapy for OCD.* New York: Guilford Press.

Craske, M. G. (2003). *Origins of phobias and anxiety disorders: Why more women than men?* Amsterdam: Elsevier.

De Houwer, J., Thomas, S., & Baeyens, F. (2001). Associative learning of likes and dislikes: A review of 25 years of research on human evaluative conditioning. *Psychological Bulletin, 127,* 853–869.

D'Zurilla, T. J., Wilson, G. T., & Nelson, R. O. (1973). A preliminary study of the effectiveness of graduated prolonged exposure in the treatment of irrational fear. *Behavior Therapy, 4,* 672–685.

Eddy, K. T., Dutra, L., Bradley, R., & Westen, D. (2004). A multidimensional meta-analysis of psychotherapy and pharmacotherapy for obsessive–compulsive disorder. *Clinical Psychology Review, 24,* 1011–1030.

Foa, E. B., & Kozak, M. J. (1986). Emotional processing of fear: Exposure to corrective information. *Psychological Bulletin, 99,* 20–35.

Foa, E. B., & Kozak, M. J. (1995). DSM–IV field trial: Obsessive–compulsive disorder. *American Journal of Psychiatry, 152,* 90–96.

Foa, E. B., Kozak, M. J., Goodman, W. K., Hollander, E., Jenike, M. A., & Rasmussen, S. A. (1995). 'DSM–IV field trial: Obsessive–compulsive disorder': Correction. *American Journal of Psychiatry, 152,* 654.

Foa, E. B., Kozak, M. J., Salkovskis, P., Coles, M. E., & Amir, N. (1998). The validation of a new Obsessive–Compulsive Disorder Scale: The Obsessive–Compulsive Inventory. *Psychological Assessment, 10,* 206–214.

Gianaros, P. J., & Quigley, K. S. (2001). Autonomic origins of a nonsignal stimulus-elicited bradycardia and its habituation in humans. *Psychophysiology, 38,* 540–547.

Haidt, J., McCauley, C., & Rozin, P. (1994). Individual differences in sensitivity to disgust: A scale sampling seven domains of disgust elicitors. *Personality and Individual Differences, 16,* 701–713.

Hodgson, R. J., & Rachman, S. J. (1977). Obsessional-compulsive complaints. *Behaviour Research and Therapy, 15,* 389–395.

Mancini, F., Gragnani, A., & D'Olimpio, F. (2001). The connection between disgust and obsessions and compulsions in a non-clinical sample. *Personality and Individual Differences, 31,* 1173–1180.

Matchett, G., & Davey, G. C. L. (1991). A test of a disease-avoidance model of animal phobias. *Behaviour Research and Therapy, 29,* 91–94.

McKay, D. (2006). Treating disgust reactions in contamination-based obsessive–compulsive disorder. *Journal of Behavior Therapy and Experimental Psychiatry, 37,* 53–59.

McKay, D., Abramowitz, J., Calamari, J., Kyrios, M., Radomsky, A., Sookman, D., et al. (2004). A critical evaluation of obsessive–compulsive disorder subtypes: Symptoms versus mechanisms. *Clinical Psychology Review, 24,* 283–313.

McKay, D., & Tsao, S. (2005). A treatment most foul: Handling disgust in cognitive–behavior therapy. *Journal of Cognitive Psychotherapy: An International Quarterly, 19,* 355–367.

McKay, D., & Tsao, S. (2006). *The effects of exposure on the generalization of habituation on multiple indices of disgust.* Unpublished manuscript.

McNally, R. J. (2002). Disgust has arrived. *Journal of Anxiety Disorders, 16,* 561–566.

Muris, P., Merckelbach, H., Nederkoorn, S., Rassin, E., Chandel, I., & Horselenberg, R. (2000). Disgust and psychopathological symptoms in a nonclinical sample. *Personality and Individual Differences, 29,* 1163–1167.

Olatunji, B. O., Sawchuk, C. N., Arrindell, W. A., & Lohr, J. M. (2005). Disgust sensitivity as a mediator of the sex differences in contamination fears. *Personality and Individual Differences, 38,* 713–722.

Olatunji, B. O., Sawchuk, C. N., Lohr, J. M., & de Jong, P. J. (2004). Disgust domains in the prediction of contamination fear. *Behaviour Research and Therapy, 42,* 93–104.

Phelps, E. A. (2006). Emotion and cognition: Insight from studies of the human amygdale. *Annual Review of Clinical Psychology, 2,* 27–53.

Riggs, D. S., & Foa, E. B. (2007). Treating contamination concerns and compulsive washing. In M. M. Antony, C. Purdon, & L. J. Summerfeldt (Eds.), *Psychological treatment of obsessive–compulsive disorder: Fundamentals and beyond* (pp. 149–168). Washington, DC: American Psychological Association.

Rozin, P., & Fallon, A. E. (1987). A perspective on disgust. *Psychological Review, 94,* 23–41.

Rozin, P., Fallon, A. E., & Mandell, R. (1984). Family resemblance in attitudes to foods. *Developmental Psychology, 20,* 309–314.

Rozin, P., Haidt, J., & McCauley, C. R. (2000). Disgust. In M. Lewis & J. M. Haviland (Eds.), *Handbook of emotions* (2nd ed., pp. 637–653). New York: Guilford Press.

Rozin, P., Millman, L., & Nemeroff, C. (1986). Operation of the laws of sympathetic magic in disgust and other domains. *Journal of Personality and Social Psychology, 50,* 703–712.

Sanovio, E. (1988). Obsessions and compulsions: The Padua Inventory. *Behaviour Research and Therapy, 26,* 169–177.

Sawchuk, C. N., Lohr, J. M., Tolin, D. F., Lee, T. C., & Kleinknecht, R. A. (2000).

Disgust sensitivity and contamination fears in spider and blood-injection-injury phobias. *Behaviour Research and Therapy, 38,* 753–762.

Schienle, A., Stark, R., Walter, B., & Vaitl, D. (2003). The connection between disgust sensitivity and blood-related fears, faintness symptoms, and obsessive–compulsiveness in a non-clinical sample. *Anxiety, Stress, & Coping, 16,* 185–193.

Schwarz, N. (1999). Self-reports: How the questions shape the answers. *American Psychologist, 54,* 93–105.

Shafran, R., Thordarson, D., & Rachman, S. (1996). Thought-action fusion in obsessive–compulsive disorder. *Journal of Anxiety Disorders, 10,* 379–391.

Smits, J. A. J., Telch, M. J., & Randall, P. K. (2002). An examination of the decline in fear and disgust during exposure-based treatment. *Behaviour Research and Therapy, 40,* 1243–1253.

Sookman, D., & Pinard, G. (2002). Overestimation of threat and intolerance of uncertainty in obsessive–compulsive disorder. In R. O. Frost & G. Steketee (Eds.), *Cognitive approaches to obsessions and compulsions: Theory, assessment, and treatment* (pp. 63–90). Oxford, England: Elsevier.

Taylor, S. (1998). Assessment of obsessions and compulsions. In R. Swinson, M. Antony, S. Rachman, & M. Richter (Eds.), *Obsessions and compulsions: Theory, assessment, and treatment* (pp. 229–257). New York: Guilford Press.

Taylor, S., Abramowitz, J. S., & McKay, D. (2007). Cognitive–behavioral models of obsessive–compulsive disorder. In M. M. Antony, C. Purdon, & L. J. Summerfeldt (Eds.), *Psychological treatment of obsessive–compulsive disorder: Fundamentals and beyond* (pp. 9–29). Washington, DC: American Psychological Association.

Taylor, S., McKay, D., & Abramowitz, J. (2005a). Is obsessive–compulsive disorder a disturbance of security motivation? Comment on Szechtman and Woody (2004). *Psychological Review, 112,* 650–657.

Taylor, S., McKay, D., & Abramowitz, J. (2005b). Problems with the security motivation model remain largely unresolved: Response to Woody & Szechtman (2005). *Psychological Review, 112,* 656–657.

Thordarson, D. S., Radomsky, A. S., Rachman, S., Shafran, R., Sawchuk, C. N., & Hakstian, A. R. (2004). The Vancouver Obsessional Compulsive Inventory. *Behaviour Research and Therapy, 42,* 1289–1314.

Thordarson, D. S., & Shafran, R. (2002). Importance of thoughts. In R. O. Frost & G. Steketee (Eds.), *Cognitive approaches to obsessions and compulsions: Theory, assessment, and treatment* (pp. 15–28). Amsterdam: Pergamon.

Thorpe, S. J., Patel, S. P., & Simonds, L. M. (2003). The relationship between disgust sensitivity, anxiety, and obsessions. *Behaviour Research and Therapy, 41,* 1397–1409.

Tolin, D. F., Lohr, J. M., Sawchuk, C. N., & Lee, T. C. (1997). Disgust and disgust sensitivity in blood-injection-injury and spider phobia. *Behaviour Research and Therapy, 35,* 949–953.

Tolin, D. F., Woods, C. M., & Abramowitz, J. S. (2006). Disgust sensitivity and obsessive–compulsive symptoms in a non-clinical sample. *Journal of Behavior Therapy and Experimental Psychiatry, 37,* 30–40.

Tolin, D. F., Worhunsky, P., & Maltby, N. (2004). Sympathetic magic in contam-

ination-related OCD. *Journal of Behavior Therapy and Experimental Psychiatry, 35*, 193–205.
Tsao, S. D., & McKay, D. (2004). Behavioral avoidance tests and disgust in contamination fears: Distinctions from trait anxiety. *Behaviour Research and Therapy, 42*, 207–216.
Walls, M. M., & Kleinknecht, R. A. (1996, April). *Disgust factors as predictors of blood–injury fear and fainting*. Paper presented at the annual meeting of the Western Psychological Association, San Jose, CA.
Watson, D. (2005). Rethinking the mood and anxiety disorders: A quantitative hierarchical model for DSM–V. *Journal of Abnormal Psychology, 114*, 522–536.
Weissman, M. M., Bland, R. C., Canino, G. J., Greenwald, S., Hwu, H. G., Lee, C. K., et al. (1994). The cross national epidemiology of obsessive–compulsive disorder: The cross national collaborative group. *Journal of Clinical Psychiatry, 55*, 5–10.
Woody, S. R., & Teachman, B. A. (2000). Intersection of disgust and fear: Normative and pathological views. *Clinical Psychology: Science and Practice, 7*, 291–311.
Woody, S. R., & Tolin, D. F. (2002). The relationship between disgust sensitivity and avoidant behavior: Studies of clinical and nonclinical samples. *Journal of Anxiety Disorders, 16*, 543–559.
Zhong, C. B., & Liljenquist, K. (2006, October 13). Washing away your sins: Threatened morality and physical cleansing. *Science, 313*, 1451–1452.

◆第11章

American Psychiatric Association. (1980). *Diagnostic and statistical manual of mental disorders* (3rd ed.). Washington, DC: Author.
American Psychiatric Association. (1994). *Diagnostic and statistical manual of mental disorders* (4th ed.). Washington, DC: Author.
Andrews, B. (1997). Bodily shame in relation to abuse in childhood and bulimia: A preliminary investigation. *British Journal of Clinical Psychology, 36*, 41–49.
Angyal, A. (1941). Disgust and related aversions. *Journal of Abnormal and Social Psychology, 36*, 393–412.
Barker, K., & Davey, G. C. L. (1994). *Categories of disgust: A factor analysis study*. Unpublished manuscript.
Bauer, S., Winn, S., Schmidt, U. H., & Kordy, H. (2005). Construction, scoring and validation of the Short Evaluation for Eating Disorders (SEED). *European Eating Disorders Review, 13*, 191–200.
Bornholt, L., Brake, N., Thomas, S., Russell, L., Madden, S., Anderson, G., et al. (2005). Understanding affective and cognitive self-evaluations about the body for adolescent girls. *British Journal of Health Psychology, 10*, 485–503.
Bourke, M. P., Taylor, G. J., Parker, J. D., & Bagby, J. M. (1992). Alexithymia in women with anorexia nervosa: A preliminary investigation. *British Journal of Psychiatry, 161*, 240–243.
Brown, G. W., & Harris, T. O. (1978). *Social origins of depression: A study of psychiatric disorder in women*. London: Tavistock.

Burney, J., & Irwin, H. J. (2000). Shame and guilt in women with eating disorder symptomatology. *Journal of Clinical Psychology, 56*, 51–61.

Casper, R. C. (1990). Personality features of women with good outcome from restricting anorexia nervosa. *Psychosomatic Medicine, 52*, 156–170.

Casper, R. C., Hedeker, D., & McClough, J. F. (1992). Personality dimensions in eating disorders and their relevance for subtyping. *Journal of the American Academy of Child and Adolescent Psychiatry, 31*, 830–840.

Cochrane, C. E., Brewerton, T. D., Wilson, D. B., & Hodges, E. J. (1993). Alexithymia in the eating disorders. *International Journal of Eating Disorders, 14*, 219–222.

Crisp, A. H. (1965). Clinical and therapeutic aspects of anorexia nervosa: A study of 30 cases. *Journal of Psychosomatic Research, 9*, 67–78.

Crisp, A. H. (1967). The possible significance of some behavioural correlates of weight and carbohydrate intake. *Journal of Psychosomatic Research, 11*, 117–131.

Davey, G. C. L. (1992). Characteristics of individuals with fear of spiders. *Anxiety Research, 4*, 299–314.

Davey, G. C. L. (1994). Self-reported fears to common indigenous animals in an adult UK population: The role of disgust sensitivity. *British Journal of Psychology, 85*, 541–554.

Davey, G. C. L., Buckland, G., Tantow, B., & Dallos, R. (1998) Disgust and eating disorders. *European Eating Disorders Review, 6*, 201–211.

Davey, G. C. L., Forster, L., & Mayhew, G. (1993). Familial resemblances in disgust sensitivity and animal phobias. *Behaviour Research and Therapy, 31*, 41–50.

Eating Disorders Association. (2008a). *Eating disorders: Bulimia nervosa and binge eating.* Retrieved January 24, 2008, from http://www.stardrift.net/survivor/eating.html

Eating Disorders Association. (2008b). *What are eating disorders? Survivors stories.* Retrieved January 24, 2008, from http://www.edauk.com/_baks/skinnyfragile.htm.0002.c7da.bak

Fairburn, C. G., Shafran, R., & Cooper, Z. (1999). A cognitive behavioural theory of anorexia nervosa. *Behaviour Research and Therapy, 37*, 1–13.

Garner, D. M., & Bemis, K. (1982). A cognitive-behavioral approach to anorexia nervosa. *Cognitive Therapy and Research, 6*, 123–150.

Garner, D. M., Olmsted, M. P., Bohr, Y., & Garfinkel, P. E. (1982). The Eating Attitudes Test: Psychometric features and clinical correlates. *Psychological Medicine, 12*, 871–878.

Garner, D. M., Olmsted, M. P., & Polivy, J. (1983). Development and validation of a multidimensional eating disorder inventory for anorexia nervosa and bulimia. *International Journal of Eating Disorders, 2*, 15–34.

Gee, A., & Troop, N. A. (2003). Shame, depressive symptoms and eating, weight and shape concerns in a non-clinical sample. *Eating and Weight Disorders, 8*, 72–75.

Gilbert, P. (1992) *Depression: The evolution of powerlessness*. Hove, England: Erlbaum.

Gilbert, P. (1995). Biopsychosocial approaches and evolutionary theory as aids to integration in clinical psychology and psychotherapy. *Clinical Psychology and Psychotherapy, 2*, 135–156.

Gilbert, P. (1997). The evolution of social attractiveness and its role in shame, humiliation, guilt and therapy. *British Journal of Clinical Psychology, 70*, 113–147.

Gilbert, P. (1998). What is shame? In P. Gilbert & B. Andrews (Eds.), *Shame: Interpersonal behaviour, psychopathology and culture* (pp. 3–38). New York: Oxford University Press.

Gilbert, P., & Andrews, B. (1998). *Shame: Interpersonal behaviour, psychopathology and culture*. New York: Oxford University Press.

Goss, K., & Gilbert, P. (2002). Eating disorders, shame and pride: A cognitive-behavioural functional analysis. In P. Gilbert & J. Miles (Eds.), *Body shame: Conceptualisation, research and treatment* (pp. 219–255). Hove, England: Brunner-Routledge.

Goss, K., Gilbert, P., & Allan, S. (1994). An exploration of shame measures. I: The Other As Shamer Scale. *Personality and Individual Differences, 17*, 713–717.

Greeno, C. G., & Wing, R. R. (1994). Stress-induced eating. *Psychological Bulletin, 115*, 444–464.

Griffiths, J., & Troop, N. A. (2006). Disgust and fear ratings of eating disorder-relevant stimuli: Associations with dieting concerns and fat intake. *Anxiety, Stress, & Coping, 19*, 421–433.

Haidt, J., McCauley, C., & Rozin, P. (1994). Individual differences in sensitivity to disgust: A scale sampling seven domains of disgust elicitors. *Personality and Individual Differences, 16*, 701–713.

Harder, D. W., & Zalma, A. (1990). Two promising shame and guilt scales: A construct validity comparison. *Journal of Personality Assessment, 55*, 729–745.

Harvey, T., Troop, N. A., Treasure, J. L., & Murphy, T. (2002). Fear, disgust and abnormal eating attitudes: A preliminary study. *International Journal of Eating Disorders, 32*, 213–218.

Herman, C. P., & Polivy, J. (1975). Anxiety, restraint and eating behavior. *Journal of Abnormal Psychology, 84*, 666–672.

King, A. (1963) Primary and secondary anorexia nervosa syndromes. *British Journal of Psychiatry, 109*, 470–479.

Koukounas, E., & McCabe, M. (1997). Sexual and emotional variables influencing sexual response to erotica. *Behaviour Research and Therapy, 35*, 221–230.

Kucharska-Pietura, K., Nikolaou, V., Masiak, M., & Treasure, J. L. (2004). The recognition of emotion in the faces and voice of anorexia nervosa. *International Journal of Eating Disorders, 35*, 42–47.

Maloney, M. J., McGuire, J. B., & Daniels, S. R. (1988). Reliability testing of a children's version of the Eating Attitude Test. *Journal of the American Academy of Child and Adolescent Psychiatry, 27*, 541–543.

Matchett, G., & Davey, G. C. L. (1991). A test of a disease-avoidance model of animal phobias. *Behaviour Research and Therapy, 29*, 95–97.

Mayer, B., Bos, A. E. R., Muris, P., Huijding, J., & Vlielander, M. (2008). Does disgust enhance eating disorder symptoms? *Eating Behaviors, 9*, 124–127.

McNamara, C., Chur-Hansen, A., & Hay, P. (2008). Emotional responses to food in adults with an eating disorder: A qualitative exploration. *European Eating Disorders Review, 16*, 115–123.

McNamara, C., Hay, P., Katsikitis, M., & Chur-Hansen, A. (2008). Emotional responses to food, body satisfaction and other eating disorder features in children, adolescents and young adults. *Appetite, 50,* 102–109.

Miller, W. (1997). *The anatomy of disgust.* Cambridge, MA: Harvard University Press.

Muris, P., Merckelbach, H., Nederkoorn, S., Rassin, E., Candel, I., & Horselenberg, R. (2000). Disgust and psychopathological symptoms in a nonclinical sample. *Personality and Individual Differences, 29,* 1163–1167.

Muris, P., van der Heiden, S., & Rassin, E. (2008). Disgust sensitivity and psychopathological symptoms in non-clinical children. *Journal of Behavior Therapy and Experimental Psychiatry, 39,* 133–146.

Murphy, T., Troop, N. A., Bond, A., Dalgleish, T., Dalton, J., Sanchez, P., et al. (2008). *Subjective and psychophysiological responses to food, body shape and emotional stimuli in anorexia nervosa and bulimia nervosa.* Manuscript in preparation.

Murray, C., Waller, G., & Legg, C. (2000). Family dysfunction and bulimic psychopathology: The mediating role of shame. *International Journal of Eating Disorders, 28,* 84–89.

Murray, L. K., Murphy, F., Perrett, D. I., & Treasure, J. L. (2008). *Altered facial expression sensitivity in eating disorders.* Manuscript in preparation.

Phillips, M. L., Senior, C., Fahy, T., & David, A. S. (1998). Disgust—The forgotten emotion of psychiatry. *British Journal of Psychiatry, 172,* 373–375.

Power, M., & Dalgleish, T. (1997). *Cognition and emotion: From order to disorder.* Hove, England: Erlbaum.

Royal College of Psychiatrists. (2007). *Changing minds: Anorexia and bulimia (section 5).* Retrieved February 6, 2007, from http://www.rcpsych.ac.uk/default.aspx?page=1428

Rozin, P., & Fallon, A. E. (1987). A perspective on disgust. *Psychological Review, 94,* 23–41.

Rozin, P., Fallon, A. E., & Mandell, R. (1984). Family resemblance in attitudes to disgust. *Developmental Psychology, 20,* 309–314.

Rozin, P., Haidt, J., & McCauley, C. R. (1999). Disgust: The body and soul emotion. In T. Dalgleish & M. Power (Eds.), *Handbook of cognition and emotion* (pp. 429–446). Chichester, England: Wiley.

Rozin, P., Lowery, L., Imada, S., & Haidt, J. (1999). The CAD triad hypothesis: A mapping between the other-directed moral emotions, disgust, contempt and anger and Shweder's three universal moral codes. *Journal of Personality and Social Psychology, 76,* 574–586.

Ruderman, A. J. (1986). Dietary restraint: A theoretical and empirical review. *Psychological Bulletin, 99,* 247–262.

Russell, G. F. M. (1970). Anorexia nervosa: Its identity as an illness and its treatment. In J. H. Price (Ed.), *Modern trends in psychological medicine* (pp. 131–164). London: Butterworth.

Sanftner, J. L., Barlow, D. H., Marschall, D. E., & Tangney, J. P. (1995). The relation of shame and guilt to eating disorder symptomatology. *Journal of Social and Clinical Psychology, 14,* 315–324.

Schienle, A., Schäfer, A., Stark, R., Walter, B., Franz, M., & Vaitl, D. (2002). Disgust sensitivity in psychiatric disorders: A questionnaire study. *The Journal of Nervous and Mental Disease, 191,* 831–834.

Schienle, A., Stark, R., Schäfer, A., Walter, B., Kirsch, P., & Vaitl, D. (2004). Disgust and disgust sensitivity in bulimia nervosa: An fMRI study. *European Eating Disorders Review, 12,* 42–50.

Schmidt, U. H., Jiwany, A., & Treasure, J. L. (1993). A controlled study of alexithymia in eating disorders. *Comprehensive Psychiatry, 34,* 54–58.

Schmidt, U. H., Tiller, J. M., Andrews, B., Blanchard, M., & Treasure, J. L. (1997). Is there a specific trauma precipitating onset of anorexia nervosa? *Psychological Medicine, 9,* 523–530.

Schmidt, U. H., & Treasure, J. L. (1993). From medieval mortification to Charcot's rose-red ribbon and beyond: Modern explanatory models of eating disorders. *International Review of Psychiatry, 5,* 3–7.

Serpell, L., & Troop, N. A. (2003). Psychological factors. In J. L. Treasure, U. H. Schmidt, & E. van Furth (Eds.), *Handbook of eating disorders* (2nd ed., pp. 151–167). London: Wiley.

Stice, E., Akutagawa, D., Gaggar, A., & Agras, S. (2000). Negative affect moderates the relation between dieting and binge eating. *International Journal of Eating Disorders, 27,* 218–229.

Strongman, K. T. (1996). *The psychology of emotion: Theories of emotion in perspective* (4th ed.). Chichester, England: Wiley.

Stunkard, A. (1990). A description of eating disorders in 1932. *American Journal of Psychiatry, 147,* 263–268.

Tangney, J. P., Wagner, P., & Gramzow, R. (1992). Proneness to shame, proneness to guilt and psychopathology. *Journal of Abnormal Psychology, 101,* 469–478.

Troop, N. A., Allan, S., Serpell, L., & Treasure, J. L. (in press). Shame in women with a history of eating disorders. *European Eating Disorders Review.*

Troop, N. A., Murphy, F., Bramon, E., & Treasure, J. L. (2000). Disgust sensitivity in eating disorders: A preliminary investigation. *International Journal of Eating Disorders, 27,* 446–451.

Troop, N. A., Schmidt, U. H., & Treasure, J. L. (1995). Feelings and fantasy in eating disorders: Factor analysis of the Toronto Alexithymia Scale. *International Journal of Eating Disorders, 18,* 151–157.

Troop, N. A., Sotrilli, S., Serpell, L., & Treasure, J. L. (2006). Establishing a useful distinction between current and anticipated bodily shame in eating disorders. *Eating and Weight Disorders, 11,* 83–90.

Troop, N. A., Treasure, J. L., & Serpell, L. (2002). A further exploration of disgust in eating disorders. *European Eating Disorders Review, 10,* 218–226.

Uher, R., Murphy, T., Friederich, H.-C., Dalgleish, T., Brammer, M. J., Giampietro, V., et al. (2005). Functional neuroanatomy of body shape perception in healthy and eating-disordered women. *Biological Psychiatry, 58,* 990–997.

Van Strien, T., Frijters, J. E. R., Bergers, G. P. A., & Defares, P. B. (1986). Dutch Eating Behavior Questionnaire for assessment of restrained, emotional and external eating behavior. *International Journal of Eating Disorders, 5,* 295–315.

Ware, J., Jain, K., Burgess, I., & Davey, G. C. L. (1994). Disease avoidance model: Factor analysis of common animal fears. *Behaviour Research and Therapy, 32,* 57–63.

Wolff, G., & Serpell, L. (1998). A cognitive model and treatment strategies for anorexia nervosa. In H. Hoek, J. L. Treasure, & M. Katzman (Eds.), *The neurobiology of eating disorders* (pp. 407–430). Chichester, England: Wiley.

◆第 12 章

Abromov, L., Wolman, I., & David, M. P. (1994). Vaginismus: An important factor in the evaluation and management of vulvar vestibulitis syndrome. *Gynecologic and Obstetric Investigation, 38,* 194–197.

American Psychiatric Association. (2000). *Diagnostic and statistical manual of mental disorders* (4th ed., text rev.). Washington, DC: Author.

Arntz, A., Rauner, M., & van den Hout, M. A. (1995). "If I feel anxious, there must be danger": Ex-consequential reasoning in inferring danger in anxiety disorders. *Behaviour Research and Therapy, 33,* 917–925.

Barlow, D. H. (1986). Causes of sexual dysfunction: The role of anxiety and cognitive interference. *Journal of Consulting and Clinical Psychology, 54,* 140–148.

Basson, R. (2002). Are our definitions of women's desire, arousal and sexual pain disorders too broad and our definition of orgasmic disorder too narrow? *Journal of Sex & Marital Therapy, 28,* 289–300.

Basson, R., Leiblum, S., Brotto, L., Derogatis, L., Foucroy, J., Fugl-Meyer, K., et al. (2003). Definitions of women's sexual dysfunction reconsidered: Advocating expansion and revision. *Journal of Psychosomatic Obstetrics and Gynecology, 34,* 221–229.

Beck, J. G. (1993). Vaginismus. In W. O'Donohue & J. G. Geer (Eds.), *Handbook of sexual dysfunctions: Assessment and treatment* (pp. 381–397). Needham Heights, MA: Allyn & Bacon.

Carnes, P. J. (1998). The çase for sexual anorexia: An interim report on 144 patients with sexual disorders. *Sexual Addiction & Compulsivity, 5,* 293–309.

Charash, M., & McKay, D. (2002). Attention bias for disgust. *Journal of Anxiety Disorders, 16,* 529–541.

Curtis, V., Aunger, R., & Rabie, T. (2004). Evidence that disgust evolved to protect from risk of disease. *Proceedings of the Royal Society B: Biological Sciences, 271*(Suppl. 4), S131–S133.

Davey, G. C. L., Bickerstaffe, S., & MacDonald, B. A. (2006). Experienced disgust causes a negative interpretation bias: A causal role for disgust in anxious psychopathology. *Behaviour Research and Therapy, 44,* 1375–1384.

Davey, G. C. L., Forster, L., & Mayhew, G. (1993). Familial resemblances in disgust sensitivity and animal phobias. *Behaviour Research and Therapy, 31,* 41–50.

de Jong, P. J. (2007, July). *Vaginismus: Automatic vs. deliberate associations with threat and disgust.* Paper presented at the World Congress of Behavioral and Cognitive Therapies, Barcelona, Spain.

de Jong, P. J., Andrea, H., & Muris, P. (1997). Spider phobia in children: Disgust and fear before and after treatment. *Behaviour Research and Therapy, 35*, 559–562

de Jong, P. J., Peters, M., & Vanderhallen, I. (2002). Disgust and disgust sensitivity in spider phobia: Facial EMG in response to spider and oral disgust imagery. *Journal of Anxiety Disorders, 16*, 477–493.

de Jong, P. J., Peters, M. L., Weijrher Schultz, W., & van Overveld, M. (2008). *Enhanced socio-moral disgust sensitivity and vaginismus*. Manuscript in preparation.

de Jong, P. J., van Overveld, M., Weijrher Schultz, W., Peters, M. L., & Buwalda, F. (2009). Disgust and contamination sensitivity in vaginismus and dyspareunia. *Archives of Sexual Behavior*.

de Jong, P. J., Vorage, I., & van den Hout, M. A. (2000). Counterconditioning in the treatment of spider phobia: Effects on disgust, fear, and valence. *Behaviour Research and Therapy, 38*, 1055–1069.

de Silva, P. (1988). The modification of human food aversions: A preliminary study. *Journal of Behavior Therapy and Experimental Psychiatry, 19*, 217–220.

Dorfan, N. M., & Woody, S. R. (2006). Does threatening imagery sensitize distress during contaminant exposure? *Behaviour Research and Therapy, 44*, 395–413.

Fessler, D. M. T., & Haley, K. J. (2006). Guarding the perimeter: The outside-inside dichotomy in disgust and bodily experience. *Cognition & Emotion, 20*, 3–19.

Genten, M. H. (2005). *Psychometric quality of the Sexual Disgust Questionnaire (SDQ)*. Unpublished doctoral dissertation, University of Maastricht, Maastricht, the Netherlands.

Ghazizadeh, S., & Nikzad, M. (2004). Botulinum toxin in the treatment of refractory vaginismus. *Obstetrics and Gynecology, 104*, 922–925.

Haidt, J., McCauley, C., & Rozin, P. (1994). Individual differences in sensitivity to disgust: A scale sampling seven domains of disgust elicitors. *Personality and Individual Differences, 16*, 701–713.

Harvey, A., Watkins, E., Mansell, W., & Shafran, R. (2004). *Cognitive behavioral processes across psychological disorders: A transdiagnostic approach to research and treatment*. Oxford, England: Oxford University Press.

Heiman, J. R. (2002). Psychological treatments for female sexual dysfunction: Are they effective and do we need them? *Archives of Sexual Behavior, 31*, 445–450.

Janssen, E., & Everaerd, W. (1993). Determinants of male sexual arousal. *Annual Review of Sex Research, 4*, 211–245.

Kaneko, K. (2001). Penetration disorder: Dyspareunia exists on the extension of vaginismus. *Journal of Sex & Marital Therapy, 27*, 153–155.

Koukounas, E., & McCabe, M. (1997). Sexual and emotional variables influencing sexual response to erotica. *Behaviour Research and Therapy, 35*, 221–231.

Leiblum, S. R. (2000). Vaginismus: A most perplexing problem. In S. R. Leiblum & R. C. Rosen (Eds.), *Principles and practice of sex therapy* (3rd ed., pp. 181–202). New York: Guilford Press.

McAnulty, R. D., & Burnette, M. M. (2004). *Exploring human sexuality, making healthy decisions*. Boston: Pearson.

Mogg, K., Bradley, B. P., Miles, F., & Dixon, R. (2004). Time course of attentional bias for threat scenes: Testing the vigilance-avoidance hypothesis. *Cognition & Emotion, 18*, 689–700.

Münchau, A., & Bhatia, K. P. (2000). Uses of botulinum toxin injection in medicine today. *British Medical Journal, 320*, 161–165.

Olatunji, B. O., Lohr, J. M., Sawchuk, C. N., & Tolin, D. F. (2007). Multimodal assessment of disgust in contamination-related obsessive-compulsive disorder. *Behaviour Research and Therapy, 45*, 263–276.

Olatunji, B. O., Sawchuk, C. N., Lohr, J. M., & de Jong, P. J. (2004). Disgust domains in the prediction of contamination fear. *Behaviour Research and Therapy, 42*, 93–104.

Payne, K. A., Binik, Y. M., Amsel, R., & Khalifé, S. (2005). When sex hurts, anxiety and fear orient attention towards pain. *European Journal of Pain, 9*, 427–436.

Rachman, S. (2004). Fear of contamination. *Behaviour Research and Therapy, 42*, 1227–1255.

Rathus, S. A., Nevid, J. S., & Fichner-Rathus, L. (2005). *Human sexuality in a world of diversity*. Boston: Pearson Education.

Reissing, E. D., Binik, Y. M., Khalifé, S. M. D, Cohen, D. M. D, & Amsel, R. M. A. (2003). Etiological correlates of vaginismus: Sexual and physical abuse, sexual knowledge, sexual self-schemata, and relationship adjustment. *Journal of Sex & Marital Therapy, 29*, 47–59.

Reissing, E. D., Yitzchak, B. M., Khalifé, S. M. D., Cohen, D. M. D., & Amsel, R. M. A. (2004). Vaginal spasm, pain and behavior: An empirical investigation of the diagnosis of vaginismus. *Archives of Sexual Behavior, 33*, 5–17.

Rempel, J. K., & Baumgartner, M. S. W. (2003). The relationship between attitudes towards menstruation and sexual attitudes, desires, and behavior in women. *Archives of Sexual Behavior, 32*, 155–163.

Rozin, P., & Fallon, A. E. (1987). A perspective on disgust. *Psychological Review, 94*, 23–41.

Rozin, P., Haidt, J., & McCauley, C. R. (1999). Disgust: The body and soul emotion. In T. Dalgleish & M. Power (Eds.), *Handbook of cognition and emotion* (pp. 429–446). Chichester, England: Wiley.

Rozin, P., Lowery, L., & Ebert, R. (1994). Varieties of disgust faces and the structure of disgust. *Journal of Personality and Social Psychology, 66*, 870–881.

Rozin, P., Nemeroff, C., Horowitz, M., Gordon, B., & Voet, W. (1995). The borders of the self: Contamination sensitivity and potency of the body apertures and other body parts. *Journal of Research in Personality, 29*, 318–340.

Rust, J., & Golombok, S. (1986). *The Golombok Rust Inventory of Sexual Satisfaction* [Manual]. Windsor, England: NFER.

Schwartz, S. H., & Bilsky, W. (1987). Toward a universal psychological structure of human values. *Journal of Personality and Social Psychology, 53*, 550–562.

ter Kuile, M. M., van Lankveld, J. J. D. M., de Groot, E., Melles, R., Nefs, J., & Zandbergen, M. (2007). Cognitive-behavioral therapy for women with lifelong vaginismus: Process and prognostic factors. *Behaviour Research and Therapy, 45,* 359–373.

ter Kuile, M. M., van Lankveld, J. J. D. M., Vlieland, C. V., Willekes, C., & Weijenborg, P. T. M. (2005). Vulvar vestibulitis syndrome: An important factor in the evaluation of lifelong vaginismus? *Journal of Psychosomatic Obstetrics & Gynecology, 26,* 245–249.

Trautman, J. (2006). *Vaginismus and dyspareunia: The role of disgust and disgust sensitivity.* Unpublished bachelor's thesis, University of Groningen, Groningen, the Netherlands.

van der Velde, J., & Everaerd, W. (2001). The relationship between involuntary pelvic floor muscle activity, muscle awareness and experienced threat in women with and without vaginismus. *Behaviour Research and Therapy, 39,* 395–408.

van der Velde, J., Laan, E., & Everaerd, W. (2001). Vaginismus, a component of a general defensive reaction. An investigation of pelvic floor muscle activity during exposure to emotion-inducing film excerpts in women with and without vaginismus. *International Urogynecology Journal and Pelvic Floor Dysfunction, 12,* 328–331.

van Lankveld, J. J. D. M., ter Kuile, M. M., de Groot, H. E., Melles, R., Nefs, J., & Zandbergen, M. (2006). Cognitive–behavioral therapy for women with lifelong vaginismus: A randomized waiting-list controlled trial of efficacy. *Journal of Consulting and Clinical Psychology, 74,* 168–178.

Vlaeyen, J. W., Seelen, H. A., Peters, M., de Jong, P. J., Aretz, E., Beisiegel, E., et al. (1999). Fear of movement/(re)injury and muscular reactivity in chronic low back pain patients: An experimental investigation. *Pain, 82,* 297–304

Vrana, S. R. (1993). The psychophysiology of disgust: Differentiating negative emotional contexts with facial EMG. *Psychophysiology, 30,* 279–286.

Weijmar Schultz, W. C., & van de Wiel, H. B. (2005). Vaginismus. In R. Balon & R. T. Segraves (Eds.), *Handbook of sexual dysfunction* (pp. 273–292). New York: Marcel Dekker.

Wheatley, T., & Haidt, J. (2005). Hypnotic disgust makes moral judgments more severe. *Psychological Science, 16,* 780–784.

Woody, S. R., McLean, C., & Klassen, T. (2005). Disgust as a motivator of avoidance of spiders. *Journal of Anxiety Disorders, 19,* 461–475.

Yartz, A. R., & Hawk, L. W., Jr. (2002). Addressing the specificity of affective startle modulation: Fear versus disgust. *Biological Psychology, 59,* 55–68.

◆第13章

Abramowitz, J. S., Franklin, M. E., Schwartz, S. A., & Furr, J. M. (2003). Symptom presentation and outcome of cognitive-behavioral therapy for obsessive–compulsive disorder. *Journal of Consulting and Clinical Psychology, 71*, 1049–1057.

Baeyens, F., Crombez, G., van den Bergh, O., & Eelen, P. (1988). Once in contact always in contact: Evaluative conditioning is resistant to extinction. *Behaviour Research and Therapy, 10*, 179–199.

Barlow, D. H., Allen, L. B., & Choate, M. L. (2004). Toward a unified treatment for emotional disorders. *Behavior Therapy, 35*, 205–230.

Barlow, D. H., Gorman, J. M., Shear, M. K., & Woods, S. W. (2000, May 17). Cognitive-behavioral therapy, imipramine, or their combination for panic disorder: A randomized controlled trial. *JAMA, 283*, 2529–2536.

Batsell, W. R., & Brown, A. S. (1998). Human flavor-aversion learning: A comparison of traditional aversions and cognitive aversions. *Learning and Motivation, 29*, 383–396.

Brown, T. A., Chorpita, B. F., & Barlow, D. H. (1998). Structural relationships among dimensions of the DSM–IV anxiety and mood disorders and dimensions of negative affect, positive affect, and autonomic arousal. *Journal of Abnormal Psychology, 107*, 179–192.

de Jong, P. J., Andrea, H., & Muris, P. (1997). Spider phobia in children: Disgust and fear before and after treatment. *Behaviour Research and Therapy, 35*, 559–562.

de Jong, P. J., Vorage, I., & van den Hout, M. A. (2000). Counterconditioning in the treatment of spider phobia: Effects on disgust, fear and valence. *Behaviour Research and Therapy, 38*, 1055–1069.

de Silva, P. (1989). The modification of human food aversions: New application of behaviour therapy. In H. G. Zapotoczky & T. Wenzel (Eds.), *Scientific dialogue: From basic research to clinical interventions* (pp. 177–180). Vienna, Austria: European Association of Behaviour Therapy.

Foa, E. B., Liebowitz, M. R., Kozak, M. J., Davies, S., Campeas, R., Franklin, M. E., et al. (2005). Randomized, placebo-controlled trial of exposure and ritual prevention, clomipramine, and their combination in the treatment of obsessive-compulsive disorder. *The American Journal of Psychiatry, 162*, 151–161.

Heimberg, R. G., Liebowitz, M. R., Hope, D. A., Schneier, F. R., Holt, C. S., Welkowitz, L. A., et al. (1998). Cognitive behavioral group therapy versus phenelzine therapy for social phobia: 12-week outcome. *Archives of General Psychiatry, 55*, 1133–1141.

Hellström, K., Fellenius, J., & Öst, L. G. (1996). One versus five sessions of applied tension in the treatment of blood phobia. *Behaviour Research and Therapy, 34*, 101–112.

Hollon, S. D., DeRubeis, R. J., Evans, M. D., Wiemer, M. J., Garvey, M. J., Grove, W. M., et al. (1992). Cognitive therapy and pharmacotherapy for depression: Singly and in combination. *Archives of General Psychiatry, 49*, 774–781.

Jacobson, N. S., & Truax, P. (1991). Clinical significance: A statistical approach to defining meaningful change in psychotherapy research. *Journal of Consulting and Clinical Psychology, 59,* 12–19.

Jones, M. K., & Menzies, R. G. (1997). Danger ideation reduction therapy (DIRT): Preliminary findings with three obsessive-compulsive washers. *Behaviour Research and Therapy, 35,* 955–960.

Jones, M. K., & Menzies, R. G. (1998). Danger ideation reduction therapy (DIRT) for obsessive-compulsive washers. A controlled trial. *Behaviour Research and Therapy, 36,* 959–970.

Krochmalik, A., Jones, M. K., & Menzies, R. G. (2001). Danger ideation reduction therapy (DIRT) for treatment-resistant compulsive washing. *Behaviour Research and Therapy, 39,* 897–912.

Lang, P. J. (1979). Presidential address, 1978. A bio-informational theory of emotional imagery. *Psychophysiology, 16,* 495–512.

Mataix-Cols, D., Marks, I. M., Greist, J. H., Kobak, K. A., & Baer, L. (2002). Obsessive-compulsive symptom dimensions as predictors of compliance with and response to behaviour therapy: Results from a controlled trial. *Psychotherapy and Psychosomatics, 71,* 255–262.

McKay, D. (2006). Treating disgust reactions in contamination-based obsessive-compulsive disorder. *Journal of Behavior Therapy and Experimental Psychiatry, 37,* 53–59.

McLean, P. D., Whittal, M. L., Thordarson, D. S., Taylor, S., Sochting, I., Koch, W. J., et al. (2001). Cognitive versus behavior therapy in the group treatment of obsessive-compulsive disorder. *Journal of Consulting and Clinical Psychology, 69,* 205–214.

Merckelbach, H., de Jong, P. J., Arntz, A., & Schouten, E. (1993). The role of evaluative learning and disgust sensitivity in the etiology and treatment of spider phobia. *Advances in Behavior Research and Therapy, 15,* 243–255.

Meunier, S. A., Lohr, J. M., & Olatunji, B. O. (2004, November). *The psychometric properties of a new measure of disgust sensitivity: The search for a valid measure.* Paper presented at the annual meeting of the Association for the Advancement of Behavior Therapy, New Orleans, LA.

Olatunji, B. O., Smits, J. A., Connolly, K., Willems, J., & Lohr, J. M. (2007). Examination of the decline in fear and disgust during exposure to threat-relevant stimuli in blood-injection-injury phobia. *Journal of Anxiety Disorders, 21,* 445–455.

Öst, L. G., Fellenius, J., & Sterner, U. (1991). Applied tension, exposure in vivo, and tension-only in the treatment of blood phobia. *Behaviour Research and Therapy, 29,* 561–574.

Öst, L. G., & Sterner, U. (1987). Applied tension. A specific behavioral method for treatment of blood phobia. *Behaviour Research and Therapy, 25,* 25–29.

Öst, L. G., Sterner, U., & Fellenius, J. (1989). Applied tension, applied relaxation, and the combination in the treatment of blood phobia. *Behaviour Research and Therapy, 27,* 109–121.

Page, A. C. (1994). Blood-injury phobia. *Clinical Psychology Review, 14,* 443–461.

Smits, J. A., Telch, M. J., & Randall, P. K. (2002). An examination of the decline in fear and disgust during exposure-based treatment. *Behaviour Research and Therapy, 40*, 1243–1253.

Vansteenwegen, D., Vervliet, B., Iberico, C., Baeyens, F., Van den Bergh, O., & Hermans, D. (2007). The repeated confrontation with videotapes of spiders in multiple contexts attenuates renewal of fear in spider-anxious students. *Behaviour Research and Therapy, 45*, 1169–1179.

◆第 14 章

American Psychiatric Association. (1994). *Diagnostic and statistical manual of mental disorders* (4th ed.). Washington, DC: Author.

Blashfield, R. K., & Livesley, W. J. (1999). Classification. In T. Millon, P. H. Blaney, & R. D. Davis (Eds.), *Oxford textbook of psychopathology* (pp. 3–28). New York: Oxford University Press.

Carey, C., & Harris, L. M. (2005). The origins of blood-injection fear/phobia in cancer patients undergoing intravenous chemotherapy. *Behaviour Change, 22*, 212–219.

Chambless, D. L., & Ollendick, T. O. (2001). Empirically supported psychological interventions: Controversies and evidence. *Annual Review of Psychology, 52*, 685–716.

Deacon, B., & Abramowitz, J. (2006). Fear of needles and vasovagal reactions among phlebotomy patients. *Journal of Anxiety Disorders, 20*, 946–960.

De Houwer, J., Thomas, S., & Baeyens, F. (2001). Association learning of likes and dislikes: A review of 25 years of research on human evaluative conditioning. *Psychological Bulletin, 127*, 853–869.

de Jong, P. J., Vorage, I., & van den Hout, M. A. (2000). Counterconditioning in the treatment of spider phobia: Effects on disgust, fear and valence. *Behaviour Research and Therapy, 38*, 1055–1069.

Edwards, S., & Salkovskis, P. M. (2006). An experimental demonstration that fear, but not disgust, is associated with return of fear in humans. *Journal of Anxiety Disorders, 20*, 58–71.

Friedman, B. H., Thayer, J. F., Borkovec, T. D., Tyrell, R. A., Johnson, B. H., & Columbo, R. (1993). Autonomic characteristics of nonclinical panic and blood phobia. *Biological Psychiatry, 34*, 298–310.

Haidt, J., Rozin, P., McCauley, C., & Imada, S. (1997). Body, psyche, and culture: The relationship between disgust and morality. *Psychology and Developing Societies, 9*, 107–131.

Hayes, S. C., Barlow, D. H., & Nelson-Gray, R. O. (1999). *The scientist-practitioner: Research and accountability in the age of managed care.* Boston: Allyn & Bacon.

Kupfer, D. J., First, M. B., & Regier, D. A. (2002). *A research agenda for DSM–V.* Washington, DC: American Psychiatric Association.

Matchett, G., & Davey, G. C. L. (1991). A test of a disease-avoidance model of animal phobias. *Behaviour Research and Therapy, 29,* 91–94.

McKay, D. (2006). Treating disgust reactions in contamination-based obsessive-compulsive disorder. *Journal of Behavior Therapy and Experimental Psychiatry, 37,* 53–59.

McKay, D., & Tsao, S. (2005). A treatment most foul: Handling disgust in cognitive-behavior therapy. *Journal of Cognitive Psychotherapy: An International Quarterly, 19,* 355–367.

Montagne, B., Schutters, S., Westenberg, H. G., van Honk, J., Kessels, R. P., & de Haan, E. H. (2006). Reduced sensitivity in the recognition of anger and disgust in social anxiety disorder. *Cognitive Neuropsychiatry, 11,* 389–401.

Mulkens, S. A., de Jong, P. J., & Merckelbach, H. (1996). Disgust and spider phobia. *Journal of Abnormal Psychology, 105,* 464–468.

Olatunji, B. O., & Broman-Fulks, J. (2007). A taxometric study of the latent structure of disgust sensitivity: Converging evidence for dimensionality. *Psychological Assessment, 19,* 437–448.

Olatunji, B. O., & McKay, D. (2007). Disgust and psychiatric illness: Have we remembered? *British Journal of Psychiatry, 190,* 457–459.

Öst, L. G., & Hellström, K. (1994). Blood-injury-injection phobia. In G. C. L. Davey (Ed.), *Phobias: A handbook of theory, research, and treatment* (pp. 63–78). Chichester, England: Wiley.

Quigley, J. F., Sherman, M. F., & Sherman, N. C. (1997). Personality disorder symptoms, gender, and age as predictors of adolescent disgust sensitivity. *Personality and Individual Differences, 22,* 661–667.

Rozin, P., & Fallon, A. E. (1987). A perspective on disgust. *Psychological Review, 94,* 23–41.

Sarlo, M., Palomba, D., Angrilli, A., & Stegagno, L. (2002). Blood phobia and spider phobia: Two specific phobias with different autonomic cardiac modulations. *Biological Psychology, 60,* 91–108.

Schienle, A., Schafer, A., Stark, R., Walter, B., Franz, M., & Vaitl, D. (2003). Disgust sensitivity in psychiatric disorders: A questionnaire study. *Journal of Nervous and Mental Disease, 191,* 831–834.

Thorpe, S. J., & Salkovskis, P. M. (1998). Studies on the role of disgust in the acquisition and maintenance of specific phobias. *Behaviour Research and Therapy, 36,* 877–893.

Watson, D. (2005). Rethinking the mood and anxiety disorders: A quantitative hierarchical model for DSM–V. *Journal of Abnormal Psychology, 114,* 522–536.

Williams, J. M. G., Watts, F. N., MacLeod, C. M., & Mathews, A. (1997). *Cognitive psychology and emotional disorders* (2nd ed.). Chichester, England: Wiley.

Wronska, J. (1990). Disgust in relation to emotionality, extraversion, psychoticism, and imagery abilities. In P. J. D. Drenth, J. A. Sergeant, & R. Takens (Eds.), *European perspectives in psychology* (Vol. I, pp. 125–138). Oxford, England: Wiley.

人名索引

A

Abe, J. A. 81
Abramowitz, J. S. 183,191,236,247
Abromov, L. 225
Accurso, V. 171
Adler, C. M. 135
Adler, P. S. J. 173
Adolphs, R. 128
al'Absi, M. 103
Alaoui-Ismaili, O. 111,120
Allen, G. J. 143
Amin, J. M. 58
Anderson, A. K. 130,131,137,140
Andresen, G. V. 70
Andrews, B. 211
Andrews, G. 168
Angyal, A. 4,146,156,195
Annas, P. 136
Antony, M. M. 183
Arguello, A. P. 71
Armfield, J. M. 152
Arntz, A. 77,152,155,156,222
Arrindell, W. A. 26,68,143,149,150,155,156,160,185
Augustine, J. R. 129,139

B

Baeyens, F. 238
Baker, A. 195
Balaban, M. T. 111
Barker, K. 153,202,203,205
Barlow, D. H. 170,185,217,220,233,234,238
Barnes, D. S. 15
Basson, R. 224
Batsell, W. R. 238
Bauer, S. 203
Baumgartner, M. S. W. 222,224

Beck, A. T. 49
Beck, J. G. 225
Becker, E. S. 8,13,49
Beckham, J. C. 108,121
Bemis, K. 197,214
Bennett, D. 65
Berenbaum, H. 41
Bergers, G. P. A. 203
Berle, D. 11
Bernstein, D. A. 143
Bernstein, I. L. 70
Bhatia, K. P. 225
Biehl, M. 84,85,91,92,100,101
Bilsky, W. 229
Biran, A. 20,93,94
Björklund, F. 17,27-29
Blashfield, R. K. 248
Bloom, P. 6
Bohr, Y. 203
Boiten, F. 118
Bond, N. 28,34,40,155
Bond, N. W. 68,149
Bongard, S. 103
Bornholt, L. 214
Boucher, J. D. 85
Boucsein, W. 117
Bourke, M. P. 209
Bouton, M. E. 77,78
Bradley, B. P. 49
Bradley, M. M. 104,107,109,111,112,118,138
Breiter, H. 135
Bristowe, W. S. 97
Broman-Fulks, J. 248
Brown, A. S. 238
Brown, G. W. 212
Brown, T. A. 234
Bryant, R. A. 49

Büchel, C.   139
Buckley, T. C.   49
Bundesen, C.   49
Burnette, M. M.   223
Burney, J.   211
Burns, G. L.   150,187

C

Calder, A. J.   69,128
Camara, L.   64
Carey, C.   247
Carlson, G. E.   85
Carnes, P. J.   217-219,223,225
Carrell, L. E.   70
Casper, R. C.   201
Cavanagh, K.   23,24,34
Ceschi, C.   56
Chambless, D. L.   250
Chapman, T. F.   143
Charash, M.   49,50,56,220
Chentsova-Dutton, Y.   90-93,101
Chirot, D.   16
Cisler, J.   28,40
Cisler, J. M.   50,58
Clark, D. A.   49,185
Clark, D. M.   51
Clarke, J. C.   167,176
Clsler, J. M.   45
Cochrane, C. E.   209
Connolly, J.   164
Connolly, K. M.   45
Cook, M.   145
Cosmides, L.   115
Costello, C. G.   143
Costello, K.   17
Cox, B. J.   74
Cox, C. R.   8
Craske, M. G.   186
Crisp, A. H.   197,202
Curtis, G. C.   163
Curtis, V.   20,93,94,218

D

D'Zurilla, T. J.   192

Dalgleish, T.   13,68,196,210
Damasio, A. R.   125,127
Daniels, S. R.   203
Darwin, C.   3,4,5,15,20,81,82,113
Davey, G. C. L.   ii,v,11-14,20,23,24,28,34,40,48,51,58
    71,97,143-151,154-160,170,172,195,197,202-205,221
    227,245
Davidson, R. J.   125,127
De Houwer, J.   190,250
de Jong, P. J.   ii,26-28,52,53,145,150-152,156,165,166
    169,217,226-228,230,237-239,250
de Silva, P.   70,231,239
Deacon, B.   247
Defares, P. B.   203
Delprato, D. J.   145
Demeree, H. A.   119
DesPres, T.   16
Dilger, S.   136
Dimberg, U.   112
Doogan, S.   145
Dorfan, N. M.   171,221
Druschel, B. A.   25,28,167
Ducci, L.   85

E

Eddy, K .T.   183
Edwards, S.   153,155,159,160
Ehrlichman, H.   112,120
Ekman, P.   4,64,81,83-88,90-93,100,101,108,113,117
    118,123
Elwood, L. S.   45,81
Ericson, K.   136
Everaerd, W.   217,219,220
Exeter-Kent, H. A.   25,174
Eysenck, H.   151
Eysenck, S. B. G.   151

F

Fairburn, C. G.   197,214
Fallon, A. E.   vi,7,9,14,46,63,65,66,68,70-72,74-76,108
    123,133,146,156,165,182,190,195,196,218,230,247
    249
Faulkner, J.   17,20
Fenichel, O.   iv

Fessler, D. M. T.   17,20,71,72,218
Fine, G. A.   21
Finlay-Jones, R. A.   108
Fiske, S. T.   16
Foa, E. B.   48,50,54-57,121,181,183,185
Foote, F.   144,146
France, C.   173
Fredrikson, M.   136,163
Fridlund, A. J.   88,105,112,115
Friedman, A. G.   70
Friesen, W. V.   81,83,85,86,90,100,101,108,118
Frijters, J. E. R.   203
Friston, K. J.   139

G

Galati, D.   95
Ganchrow, J. R.   65
Garcia, J.   70
Garfinkel, P. E.   203
Garner, D. M.   197,203,214
Gaupp, L. A.   143
Gee, A.   211
Geer, J.   41
Genten, M. H.   219
Gerlach, A. L.   163,174
Ghazizadeh, S.   225
Gianaros, P. J.   192
Gilbert, P.   210,211,215
Girod, C.   133
Gloyne, H. F.   157
Goldenberg, J. L.   8
Golombok, S.   229
Gorno-Tempini, M. L.   130,131
Goss, K.   211
Goudie, A. J.   70
Graham, D. T.   163
Graham, F. K.   109
Gray, J. M.   10,12,69
Greenberg, J.   8
Greeno, C. G.   197
Griffiths, J.   203,204,206-209,214
Grill, H. J.   113
Grillon, C.   110

Gross, J.   119
Grunfeld, D. I.   19
Gur, R. C.   131

H

Haidt, J.   ii,3,8-10,12,17,23,25,27-29,40,68,74,75,82,84,85,88,94,96,97,99-102,108,120,133,149,165-168,184,185,202-205,221,223,227
Haley, K. J.   20,218
Hallam, R. S.   164
Hamm, A. O.   105,110,112,118
Harder, D. W.   211
Harris, L. M.   247
Harris, T. O.   212
Harvey, A. G.   49, 220,224
Harvey, T.   203-208,214
Haslam, N.   16
Hatfield, E.   128
Hawk, L. W., Jr.   110,112,113,219
Haxby, J. V.   128
Hay, P.   207
Hayes, S. C.   250
Hecker, J. F. C.   157
Heiman, J. R.   217,231
Heimberg, R. G.   233
Hejmadi, A.   14,85,88,90,100,101
Hellström, K.   240,246
Hennenlotter, A.   136
Hepburn, T.   170,174
Herman, C. P.   203
Hodgson, R. J.   108,185
Hodson, G.   17
Hollon, S. D.   233
Holt, C. S.   154
Hu, S.   116
Huang, Y.   85,100
Huppert, J. D.   51,188
Hursti, T. J.   27-29
Husted, D. S.   11

I

Inbar, Y.   17
Irwin, H. J.   211
Irwin, W.   127

311

Izard, C. E. 4,45,64,81,82,84,85,108,112,123

J
James, W. 3,4
Janssen, E. 215,218
Johanson, A. 136
Johnsen, B. H. 118

K
Kaneko, K. 217,223
Kaviani, H. 112
Keltner, D. 84,85,88,94,99-101
King, A. 202
Kleinknecht, R. A. 23,24,29,30,150,164,171-173,175,187
Klorman, R. 150
Knieps, L. 64
Knight, R. G. 111,118
Koch, M. D. 37,38,165,169
Koelling, R. A. 70
Kordy, H. 203
Koukounas, E. 202,218,220,222
Kozak, M. J. 48,121,183
Krochmalik, A. 239
Kucharska-Pietura, K. 209

L
Lacey, J. I. 105
Landy, F. J. 143
Lane, R. D. 132
Lang, A. J. 77
Lang, P. G. 48
Lang, P. J. 103,104,106-110,148,233
Larsen, K. E. 183
Lawrence, A. D. 128
Lazarus, R. S. 4
LeDoux, J. E. 125,126
Leiblum, S. R. 215,225
Lenz, J. 164
Leshner, G. 119
Levenson, R. W. 20,64,83,92,101,117-119,172
Lewis, M. 63-65,68
Lewis, T. 163
Lewontin, R. C. 145

Lilienfeld, S. O. 34
Liljenquist, K. 18,188,194
Livesley, W. J. 248
Lohr, J. M. ii, 25,38,45,54,166,188
Lovibond, P. F. 58
Lowery, L. 8,16
Lumley, M. A. 172

M
MacLeod, C. 49,54
Maloney, M. J. 203
Mancini, F. 27,68,184,185
Marks, I. M. 143,163,164
Martin, M. 153
Martin, N. G. 171
Marzillier, S. 20,143,156,158,160
Mataix-Cols, D. 236
Matchett, G. v,11,48,71,148,150,155,156,160,172,197,245
Mathews, A. 54
Matsumoto, D. 84,85,91,100-102
Mattes, R. D. 70
Mattiske, J. K. 152
Mayer, B. 213
McAndrew, F. T. 85
McAnulty, R. D. 223
McCabe, M. 202,218,220,222
McCabe, R. E. 54
McCarter, R. 81
McCauley, C. R. ii,3,16,166
McGuire, J. B. 203
McGuire, P. K. 135
McKay, D. ii,iv,v,6,37,38,40,49,50,56,172,181,183,186,187,190,192-194,220,237,245,249-251
McLean, P. D. 236
McNally, R. J. v,28,49,68,73,74,145,182
McNamara, C. 199,207
McNeil, D. W. 105
Mehrabian, A. 104
Melamed, B. 172
Menzies, R. G. 167,176
Merckelbach, H. 25,26,145,146,150,152,165,166,169,236
Meunier, S. A. 233,243

Miller, S. B.   6,20
Miller, W. I.   6,16,20,21,196,210,214
Millman, L.   74
Miltner, W. H.   50,110,112,120
Mineka, S.   54,145,167,176
Mogg, K.   49,220
Moll, J.   12
Montagne, B.   247
Moretz, M. W.   181
Mulkens, S. A. N.   25,26,36,146,151,152,168
Münchau, A.   225
Mundy, P.   64
Muris, P.   25-27,150,155,166,184,203-204
Murphy, T.   207-209,214
Murray, C.   211
Murray, E.   144,146
Murray, L. K.   210

N

Nabi, R. L.   160
Navarette, C. D.   17
Nemeroff, C. J.   9,13,18,19,46,47,67,76,97
Neuberg, S.   20
Nikzad, M.   225
Norgren, R.   113

O

Öhman, A.   50,54,144,145
Öst, L. G.   71,116,163,164,166,233,240,246
Okifuji, A.   70
Olatunji, B. O.   ii,iv,iv,v,6,10-13,17,23-27,29,
    30,32,34,35,37-41,45,53,68,72,74,75,81,97,98,
    116,165,166,169,170,173,186-188,219,227,236,
    237,245,248
Ollendick, T. O.   250
Olmsted, M. P.   203
Oppliger, P. A.   167
Ortony, A.   170
Oster, H.   64,65

P

Page, A. C.   ii,25,41,71,118,163,164,166,170-
    175,177,240
Panayiotou, G.   105

Paquette, V.   136
Paradiso, S.   69,132
Payne, K. A.   217
Pelham, B. W.   5
Peters, M. L.   52,53,217
Phan, K. L.   138,139
Phelps, E. A.   192
Phillips, E. S.   11
Phillips, M. L.   10,23,69,128-130,135,137,138,
    196
Pinard, G.   189
Pinker, S.   6
Plutchik, R.   4,65,108,123
Polivy, J.   203
Power, M.   13,68,196,210
Pratt, M. W.   69
Prkachin, K. M.   172

Q

Quigley, J.   25,28,40
Quigley, J. F.   249
Quigley, K. S.   192

R

Rachman, S.   55-57,70,71,77,108,165,167,176,
    222
Rachman, S. J.   185
Radomsky, A. S.   55,56
Rathus, S. A.   220,225
Rauch, S. L.   135,136
Rayner, R.   143
Reiss, S.   28,74
Reissing, E. D.   225
Rempel, J. K.   222,224
Remschmidt, H.   68
Renner, F.   157
Rescorla, R. A.   77
Riggs, D. S.   181
Rinck, M.   50
Riskind, J. H.   31,47,48,76
Robertson, N.   153
Robin, O.   120
Robinson, M. D.   173
Rolls, E. T.   125,126,138

Rosen, A. 14
Rosenstein, D. 64,65
Rozin, P. ii, vi ,3-5,7-9,11,13,14,16-21,23,24,26,
28,33,36,39,46,47,59,63,65-68,70-72,74-76,82,
83,89,97,108,123,133,146,148,149,150,156,
165-167,172,182,184,188-190,195,196,198,
201-203,210,215,218,220-222,226,228,230,
247-249
Ruderman, A. J. 197
Ruetz, P. P. 164
Russell, G. F. M. 197
Russell, J. A. 81,84,85,87-89,99-101,104
Rust, J. 229

S ─────────────────────────
Salkovskis, P. M. 26,40,41,45,50,77,152-156,
159,160
Sanftner, J. L. 210
Sanovio, E. 186
Sarlo, M. 133,134
Sato, K. 99-101
Sawchuk, C. N. ii,vi,4,11,23-27,30,32,35,38,41,
45,50,54,55,63,72,74,75,97,98,150-152,165,
166,169,182
Schafe, G. E. 70
Schäfer, A. 133-136,169
Schaller, M. 20
Scherer, K. R. 20,95,96,101
Schienle, A. vi,13,68,113,118,123,132-137,139,
140,168,169,185,204,207,246,247,249
Schmidt, U. H. 202,203,209,212
Schroeder, U. 130,137,138
Schwartz, M. D. 70
Schwartz, S. H. 229
Seligman, M. E. P. 51,73,143,144
Serpell, L. 197,212,214
Shafran, R. 188,189
Shapira, N. 135
Shapiro, K. L. 49
Share, D. L. 65
Sherman, G. D. 119
Sherman, M. F. 25,28,167
Shweder, R. A. 8,89
Siegal, M. S. 14,65

Singh, L. 17
Singh, M. S. 72
Skinner, B. F. iv
Skre, I. 74
Smits, J. A. 25,77,192,236,237
Solomon, S. 8
Sookman, D. 189
Soussignan, R. 64
Spielberger, C. D. 148
Sprengelmeyer, R. 10,12,69,129,137,138
Stanley, J. 111,118
Stark, R. 20,28,114,118,132-134,139,168,169
Steiner, J. E. 64,65,113
Stern, R. M. 116
Sterner, U. 240
Stone-Elander, S. 136
Strice, E. 213
Strongman, K. T. 210
Stroop, J. R. 49,56,153
Stunkard, A. 200
Sullivan, M. W. 63-65,68
Surguladze, S. A. 130,131

T ─────────────────────────
Tan, B. J. 163
Tangney, J. P. 211
Tata, P. R. 50
Taussing, H. N. 111
Taylor, S. 33,74,185,194
Teachman, B. A. 11,31,41,45,46,49,54,70,71,
165-168,170,176,177,182,188,189
Tempter, D. I. 68
ter Kuile, M. M. 225
Thomas, G. V. 145
Thordarson, D. S. 150,186,189
Thorndike, R. M. 172
Thorpe, S. J. 26,28,40,41,45,50,77,152-156,
185
Thyer, B. A. 163
Tolin, D. F. ii ,23,25,27,28,36,38,39,41,42,46-
48,150,165,168,169,182,183,186,188,189,233
Tomarken, A. J. 52
Tomkins, S. S. 4,16,81,108
Tooby, J. 115

Toyama, N.　66
Tranel, D.　116
Trautman, J.　229
Treasure, J. L.　202
Treneer, C. M.　70
Troop, N. A.　27,195,197,203,204,206-209,211,212,214
Tsai, J. L.　90-93,101
Tsao, S .D.　37,38
Tsao, S. D.　172,186,187,190,192,194,250,251
Tucker, M.　68,149

U
Uher, R.　208,214

V
Vaitl, D.　133,134,168,169
Valentiner, D.　28,40
Van Strien, T.　203
van den Hout, M.　50
van der Velde, J.　219,220
van Lankveld, J. J. D. M.　217,225,226
van Oppen, P.　68
van Overveld, M.　154
van Overveld, W. J. M.　23,25,27,34
Vansteenwegen, D.　237
Vernet-Maury, E.　120
Vianna, E. P. M.　116
Vingerhoets, A. J.　164
Vlaeyen, J. W.　227
Vrana, S. R.　vi,103-105,107,110,112-114,119,172,228

W
Walden, T.　64
Wallbott, H. G.　20,96,101
Walls, M. M.　24,29,150,187
Walter, B.　133,135,136
Ware, J.　146-148,160,197
Watson, D.　194,248,249
Watson, J. B.　143

Watts, F. N.　153
Webb, K.　158,172
Webster, M. M.　70
Weijmar Schultz, W. C.　225
Weissman, M. M.　186
Wenzel, A.　154
Wheatley, T.　8,223
Wheeler, D. J.　48
Wicker, B.　130,137
Wilk, G.　136
Willems, J. L.　45
Williams, J. M. G.　45,49,250
Williams, L. M.　130,137,138,169
Williams, N. L.　24,31,32,45,47
Willoughby, J.　64
Wing, R. R.　197
Winn, S.　203
Winston, J. S.　130,131
Witvliet, C. V.　104
Wolff, G.　214
Wolpe, L.　148
Woody, S. R.　i,11,36,38,39,41,42,45,46,49,70,71,165-168,170,171,176,177,182,186,188,189,219,221
Wright, P.　134,169
Wronska, J.　68,249
Wulff, M.　199,200

Y
Yartz, A. R.　110,112,113,219
Yik, M. S. M.　84,85,88,89,100
Yoo, S. H.　102
Young, A. W.　128
Yrizarry, N.　88,89

Z
Zalma, A.　211
Zellner, D. A.　70-72
Zhong, C. B.　18,188,194
Zillmann, D.　167
Zinbarg, R.　167,176

事項索引

あ
IAPS　110,111
安全確保行動　76
安堵性失神者　164

い
胃筋電図　115
痛み　174,175,225
痛みへの恐怖　226
遺伝　74,171
イメージ　113-115,119,170
International Affective Picture Set（IAPS）　106

え
fMRI　124,129-137

お
オーガズム　221,223
OCD　→強迫性障害
汚染　9,13,18,21,65-67
汚染恐怖　37,54-56,181,183,226
汚染の法則　46,47,188
温和な被虐嗜好　21

か
外在化された恥　210,211
解釈バイアス　51
概念的な転換　230
回避行動　219
覚醒　104,125
確認強迫　135
感覚皮膚　126
観察学習　71
感情　103-105
感情価　104,125
感情回避　240

感情価非対称性モデル　127
感情障害　233
感情ストループ課題　153
感情特異性　125,127
感情の三面的な概念化　233
感情の普遍性　81

き
記憶バイアス　54
危険性観念の低減療法［DIRT］　239
拮抗条件づけ　238
基本感情　4,81
嗅覚　64,67,111
驚愕反応　109-112
強化子　126
共感呪術　9,26,46,67,182,188-190
強迫性障害（OCD）　11,37,54-56, 98,134,135, 181,183-186,188,189,193,194,236,237,239
恐怖　41,73,77,97,105,108,126,143,197
恐怖獲得の3経路モデル　70
恐怖管理理論　8
恐怖関連動物　148-150,154-157
恐怖症　11
恐怖症性回避　245
恐怖と嫌悪　41,76,160,165,170,177,208
共変動バイアス　51-54,58
緊張応用法　240
筋電活動　113

く
クモ恐怖　36,53,136,150-154,157,235,237

け
血圧　116,117,164,172,173
血液・注射・外傷（BII）恐怖　98,136,163
血管迷走神経性失神　163,164,171,173
嫌悪　3-5,20,21,94,108,165,182,195

316

事項索引

嫌悪感受性　23-43,68,74,98,133,134,146,148-152,154,155,158,167,168,182-187,188,189,202,226,234,237
嫌悪感受性の行動的測度　36-40
嫌悪傾向　33,34
嫌悪尺度（Disgust Scale）　10
嫌悪的信念　151,152
嫌悪に関する身体－精神前適応理論　6
嫌悪の維持　75
嫌悪の一次的評価　46
嫌悪の獲得　69
嫌悪の二次的評価　46
嫌悪の発達　63
嫌悪表情　64,69,82,84-88,91,92,100,101,130,131
嫌悪誘発子　7-9,67,93,95,96,186
言語報告と生理反応の同期　108
顕在記憶バイアス　55-57

こ

交感神経　173,192
交感神経系　172
交差文化的研究　83,99,102
後頭側頭皮質　132,169
行動的回避課題　186
語幹完成課題　55
古典的条件づけ　70,71,143

し

死　8,13
CAD 三幅対理論　16,89
CBT　234,235
視覚　67
視覚連合皮質　131,132,134,136,138
刺激般化　76
思考と行為の混同　188
自己嫌悪　198,200,201
思春期　67,68
視床　69,129,132,133
失神　163,164,171-174,176,240
児童期　65
社会道徳性嫌悪　96,221
自由再生課題　56
集団　16
集団 CBT　236

皺眉筋　112
呪術的思考　188
馴化　19,191,236-238,242
準備性理論　51,73,74
消去抵抗　73,238,250
状態嫌悪　234,235
情報処理　48,57
食餌性システム　109
食物拒否　66,156
食物嫌悪　70-72
触覚　68
自律神経　104,116,117,171
進化　20,123,145
唇挙筋　113
神経症傾向　167
神経性大食症　196,201,208
神経性無食欲症　196,198,201,202,208,212
身体損壊　26,165
身体分泌物　20,26
心拍　105,116-118,120
心理生理学　103

す

ストループ課題　49

せ

性交疼痛症　227
性機能不全　217,223,230,231
性差　185
制止学習　78
成人期　68
性的アノレキシア　219
性的覚醒　218,220
性的興奮　223
性的純潔　212
性的トラウマ　225
性的反応サイクルの3ステージモデル　223
性的欲求　223
生物学的準備性　144
生理反応・心理生理反応　92,104,105
摂食障害　197,202,205,207,209-211,243
先見的行動　75
潜在記憶バイアス　55,57
洗浄強迫　135

事項索引

前頭皮質　126,127,129,132,135,136,138

た

ダーウィンアルゴリズム　115
帯状皮質　127,130,131,135
対人嫌悪　8,165
大脳基底核　69,130,135-138

ち

膣痙攣　224-229
注意　49
注意バイアス　49,50
中核嫌悪　7,82,182,195,218
聴覚　68

つ

追体験感情課題　89,91

て

定位反応　105
Disgust and Contamination Sensitivity Questionnaire（DQ）　24
Disgust Emotion Scale（DES）　29
Disgust Scale（DS）　26
Disgust Propensity and Sensitivity Scale（DPSS）　34

と

トイレット・トレーニング　7,13
島　69,126,127,129-138,169
同音異義語書き取り課題　159
動機づけ　109
統合的多重システムモデル　125
闘争逃走反応　173
道徳　16,72,89,214,222,229
道徳性　17,201
道徳性嫌悪　8,165,188,222,228
道徳的　96
道徳判断　17
逃避性失神者　164
動物恐怖　97,143-151,154,155,158-160
動物性　7
動物性嫌悪　13,165,182,221
特異的感情処理機構モデル　125

特性嫌悪　234,235
特性不安　34,40
特定恐怖症　25,136
特定恐怖症の疾病回避モデル　48,76,150,197,245
特定恐怖症の条件づけモデル　144
ドット・プローブ課題　153

な

内在化された恥　210,211

に

ニオイ　111,120
乳幼児期　64
認知行動療法（CBT）　183,226,230,233
認知バイアス　31,46,47,153

の

ノイズ評定課題　55

は

吐き気　70,116,156,174,198
曝露　192
曝露反応妨害法　183,236
曝露療法　77,78,235
恥　16,170,200,210,211,214
恥とプライドの循環　211
ハンチントン病　10,12,136
反応的行動　75

ひ

BII 恐怖　52,169,170,164-168,171,176
BII 恐怖症　37
PET　124,132
BOLD　124
Big-5　168
非同期　107,108
非人間化　16
皮膚伝導反応　104,117-120
評価条件づけ　72,165,190,250
表情　64,117,129-131
表情認知　83,128,209
表情判定課題　83-85,87,88,90

ふ

不安　77
不安感受性　28,33,34,40,74
不安障害　11,31,46,50,150,237
副交感神経　172,173,192,240
不正確な感情命名モデル　41
負の強化　75
文化　75,81
文章再認課題　56

へ

辺縁系　69
扁桃体　126,127,129-136,138,169

ほ

防衛－嫌悪システム　109,113
本態性失神者　164

み

味覚　64,67,129,190

ゆ

ユーモア　21

よ

予期バイアス　52-54,58

り

リンケージ研究　102

る

類似の法則　47,189
Looming of Disgust Questionnaire（LODQ）　31
ルーミング脆弱性　31,47,48

れ

連合学習　51,52

【訳者一覧】（執筆順）

堀越　勝	国立精神・神経医療研究センター	監修
今田純雄	広島修道大学	監訳，第1章
岩佐和典	就実大学	監訳，第2章，第3章，第10章
河野和明	東海学園大学	第4章
羽成隆司	椙山女学園大学	第5章
和田由美子	九州ルーテル学院大学	第6章，第8章
望月　聡	筑波大学	第7章
川崎直樹	日本女子大学	第9章，第12章
福森崇貴	徳島大学	第11章
田中恒彦	滋賀医科大学	第13章，第14章

【監修者紹介】

堀越　勝（ほりこし・まさる）
1956 年　群馬県に生まれる
1995 年　米国バイオラ大学大学院臨床心理学博士課程　修了
1999 年　米国ハーバード大学医学部精神科医ポスドク　修了
現　在　国立精神・神経医療研究センター／認知行動療法センター
　　　　研修指導部長（臨床心理学博士 , Ph.D.）
主著・論文　精神療法の基本−支持から認知行動療法まで−（共著）　医学書院　2012 年
　　　　こころが癒されるノート（共著）　創元社　2012 年
　　　　Telephone cognitive-behavioral therapy for subthreshold depression and presenteeism in workplace: A randomized controlled trial. *PLoS ONE*, **7**, e35330.（共著）2012 年
　　　　Subjectivity and environmental influence in relation to sense of authenticity. *Psychol Reports*, **108**(3), 763-765.（共著）2011 年
　　　　A cross-sectional survey of age and sense of authenticity among Japanese. *Psychological Reports*, **105**, 575-581.（共著）2009 年
　　　　Changes after behavior therapy among responsive and nonresponsive patients with obsessive-compulsive disorder. *Psychiatry Research: Neuroimaging*, **172**(3), 242-250.（共著）2009 年
　　　　強迫性障害のサブタイプにおける行動療法前後の高次脳機能の変化の差異に関しての検討−洗浄強迫と確認強迫−　強迫性障害の研究 6, 63-66.（共著）2004 年
　　　　確認強迫と洗浄強迫の患者群における前頭葉機能パターンの違い　強迫性障害の研究 5, 133-135.（共著）2003 年

【監訳者紹介】

今田純雄(いまだ・すみお)
1953年　大阪府に生まれる
1983年　関西学院大学大学院文学研究科心理学専攻博士課程後期課程　修了
現　在　広島修道大学人文学部・同人文科学研究科教授(文学修士)
主　著　たべる：食行動の心理学(編著)　朝倉書店　1996年
　　　　食行動の心理学(編著)　培風館　1997年
　　　　美味学(共著)　建帛社　1997年
　　　　食べることの心理学：食べる，食べない，好き，嫌い(編著)　有斐閣　2005年
　　　　やせる：肥満とダイエットの心理　二瓶社　2007年
　　　　グローバル化と文化変容(編著)　いなほ書房　2013年
　　　　The CAD trial hypothesis: A mapping between three moral emotions (contempt, anger, disgust) and three moral ethics (community, autonomy, divinity). *Journal of Personality and Social Psychology*, 76, 574-586.(共著)　1999年

岩佐和典(いわさ・かずのり)
1981年　大阪府に生まれる
2010年　筑波大学大学院人間総合科学研究科一貫制博士課程　修了
現　在　就実大学教育学部講師(心理学博士)
主著・論文　APA心理学大辞典(分担翻訳)培風館　2013年
　　　　Rorschach texture responses are related to adult attachment via tactile imagery and emotion. *Rorschachiana*, 34(2), 115-136.(共著)　2013年
　　　　Telephone cognitive-behavioral therapy for subthreshold depression and presenteeism in workplace: A randomized controlled trial. *PLoS ONE*, 7(4), 1-9.(共著)　2012年

嫌悪とその関連障害
――理論・アセスメント・臨床的示唆――

2014年8月10日　初版第1刷印刷　　　定価はカバーに表示
2014年8月20日　初版第1刷発行　　　してあります。

編著者	B.O. オラタンジ
	D. マッケイ
監修者	堀越　　勝
監訳者	今田　純雄
	岩佐　和典
発行所	(株) 北大路書房

〒603-8303　京都市北区紫野十二坊町12-8
　　　　　　電　話　(075) 431-0361 (代)
　　　　　　FAX　(075) 431-9393
　　　　　　振　替　01050-4-2083

ⓒ2014　　　　　　　　　　　印刷／製本　モリモト印刷(株)
検印省略　落丁・乱丁はお取り替えいたします。
　　　　　ISBN978-4-7628-2873-7　Printed in Japan

・ JCOPY 〈(社)出版者著作権管理機構　委託出版物〉
本書の無断複写は著作権法上での例外を除き禁じられています。
複写される場合は，そのつど事前に，(社)出版者著作権管理機構
(電話 03-3513-6969, FAX 03-3513-6979, e-mail info@jcopy.or.jp)
の許諾を得てください。